比较新闻传播研究

孔正毅　包鹏程◎著

北京师范大学出版集团
BEIJING NORMAL UNIVERSITY PUBLISHING GROUP
安 徽 大 学 出 版 社

图书在版编目(CIP)数据

比较新闻传播研究/孔正毅,包鹏程著.—合肥:安徽大学出版社,2023.6
ISBN 978-7-5664-2566-9

Ⅰ.①比… Ⅱ.①孔…②包… Ⅲ.①比较新闻学—高等学校—教材 Ⅳ.①G210

中国国家版本馆 CIP 数据核字(2023)第 001662 号

比较新闻传播研究
Bijiao Xinwen Chuanbo Yanjiu

孔正毅　包鹏程　著

出版发行:北京师范大学出版集团
安 徽 大 学 出 版 社
(安徽省合肥市肥西路 3 号邮编 230039)
www.bnupg.com
www.ahupress.com.cn
印　刷:江苏凤凰数码印务有限公司
经　销:全国新华书店
开　本:787 mm×1092 mm　1/16
印　张:16.75
字　数:387 千字
版　次:2023 年 6 月第 1 版
印　次:2023 年 6 月第 1 次印刷
定　价:56.00 元
ISBN 978-7-5664-2566-9

策划编辑:方　青　马晓波
责任编辑:方　青
责任校对:李　健
装帧设计:李　军
美术编辑:李　军
责任印制:陈　如　孟献辉

前　言

与传统的文史哲等学科相比，新闻传播学在我国还是一门年轻的学科。如果从蔡元培先生支持倡导的“北京大学新闻研究会”成立算起，我国新闻学的发展迄今也只有百余年的历史。但同时新闻传播学又是新时期发展最为迅速的学科之一。从“文革”前仅几所大学设新闻传播类专业，到如今，大多高校均设立新闻传播学院、系或专业；从过去依附于其他学科，到 1997 年，教育部将新闻传播学确立为一级学科；从 2004 年初中共中央下发的《关于进一步繁荣发展哲学社会科学的意见》把“新闻学”列为八大哲学社会科学之一，到 2016 年，新闻学成为对哲学社会科学具有支撑作用的九大学科之一；从 1989 年由方汉奇等学者提议设立中国新闻史学会，到现在，中国新闻史学会分会达 23 个之多，几乎涵盖了新闻传播的所有领域；从 1988 年中国人民大学新闻系设立第一个新闻史方向博士点，到现在，全国有 29 个新闻传播学一级学科博士点。凡此种种，都见证了这门学科的迅猛发展之势。

新闻传播教育的发展也带来了新闻传播学研究的繁荣。近年来，新闻传播学论著的出版数量逐年上升，质量也在不断提高。从研究成果数量上看，党的十八大以来，“研究书籍有 485 种，平均数字为 80.83 种。研究文章为 3 251 篇，平均每年 464.43 篇。这两个数据均为历史最高纪录。”[①]一批西方新闻传播学经典著作被译介，不少传统哲学社会科学的学者涉足这一领城。总之，新闻传播学研究无论是在研究内容、研究领域还是研究方法上都取得了长足的进步，尤其在借鉴相关专业的研究方法上，更是出现了新的景象。

在坚持马克思主义新闻观指导地位的基础上，按照立足中国、借鉴国外，挖掘历史、把握当代，关怀人类、面向未来的思路，着力构建中国特色新闻传播学体系，在指导思想、学科体系、学术体系、话语体系等方面充分体现中国特色、中国风格、中国气派。

---

① 邓绍根：《回顾与前瞻：新中国 70 年新闻传播史研究》，35 页，《山西大学学报（哲学社会科学版）》，2019(5)。

本书就是在马克思主义新闻观指导下的一次积极探索。本书立足于全球视野、运用比较的理论和方法，系统考察中外新闻传播学的相互影响以及相关专业的互动关联。

首先，研究方法具有创新意义。目前国内比较新闻传播学著作不多，有六七部，应该说各有千秋。但就研究方法来说，基本上是传统的。而本书的研究则完全不同。我们借鉴了比较文学、比较政治学、比较教育学的研究方法，将中西新闻传播活动放在两个系统中进行比较研究（即影响研究和平行研究），从而在比较新闻传播的研究方法上，开辟出一条崭新的道路。

所谓"影响论"，是建立在两种或两种以上新闻传播活动之间，因相互接触、彼此互动的客观过程而产生作用，其着眼点在于国际新闻传播之间的相互交流和彼此影响。事实上，就中国新闻传播发展、特别是近代以来新闻传播过程来看，这种中西交流现象是十分明显的。本书抓住近代中西新闻传播的几次接触高潮，以中、西两种视角从传播者、传播载体、传播技术和传播理论著作的译介等几个方面，全面阐释中西新闻传播间的互动影响。运用此种方法进行研究，目前在国内新闻传播学界还不多见。"平行论"则是从跨文化、跨学科、边缘交叉的视角进行的研究。这就把新闻传播学与其他学科的研究关系建立起来，为新闻传播学的跨文化研究提供多方面的启示。

其次，本书试图建构比较新闻传播学科框架体系。比较新闻传播学是新闻传播学的一个分支学科，学科起步较晚，目前成果不多。如果说童兵等先生的著作论文拉开了建立比较新闻传播学科体系大幕，而拙作则在童兵先生"探讨学科新体系，论证学术新观点，寻找研究新方法，使用论述新话语，摸索论文新写法"的创新精神鼓舞下，作出了一次大胆的尝试。

新闻传播学研究需要创新，创新意识值得提倡，创新精神需要鼓励，创新行为需要扶持——姑且不论其体系是否科学严密、史料是否翔实丰富、构思是否完美无缺。

再次，为了让这种"体系建构"更有说服力，更加坚实可靠，我们作了相当充分的资料准备。仅"平行论"这一部分，复印的各类学术论文资料就已"著作等身矣"。我们自己清楚，本来都不是新闻传播学的"科班出身"，应该说系统的新闻传播学理论知识是不够扎实的，但是我们发挥了各自原来从事学科的专业优势，从学科交叉和学科边缘方面，进行整合，正好可以发挥新闻传播学与相关学科比较研究方面的特长。所谓它山之石，可以攻玉。

当然，书中不足或有待完善的地方还有不少，如对中西新闻传播的影响过程，论述尚欠充分；关于跨学科交叉理论的梳理还有欠圆通；特别是对于当代西方新闻传播现状的了解还不够全面，对于新闻传播本质的把握还有待提升。所有这些缺憾都只能在今后的学习中不断弥补和完善。

孔正毅　包鹏程

2023年5月

目　录

下编　比较新闻传播现象聚焦

引 论

人类文化发展的历史告诉我们：任何一个民族文化的发展，一是依靠自身的创新不断积累，二是借助于外来文化的冲击、启发、补充。没有文化的创新、交流和融合，就没有文化的进步。[①] 联合国教科文组织每年都调查、收集国际信息流动的数据，以此作为该组织对“以文字和图像促成思想自由流动”[②]研究的一部分。该组织在分析新闻国际流动时认为，新闻国际流动主要发生在 100 多个国家、地区和国际性的通讯社之间，其中路透社、美联社、合众国际社、法新社等在国际新闻流动中处于绝对的垄断地位。施拉姆在 20 世纪 70 年代为联合国教科文组织所作的一项研究发现，亚洲地区 15 份报纸的国外消息竟有 3/4 来自于该四大通讯社。1995 年“国际传播研究协会”(IAMCR)的研究发现，29 个国家的报纸所强调的国际消息及主题都是该四大通讯社所强调的。20 世纪末到 21 世纪初，世界政治格局的多极化、经济的全球化和技术的普及化，特别是互联网的出现，国际传播出现了多元传播的格局。国际传播的多元化也就意味着，除了肩负国际传播功能的国际广播、电视，网络化的传统媒体和网络新媒体都纷纷加入国际传播行列中，而且每种媒体传播的内容各有侧重，也形成了各自的特点。一些大的通讯社，如美联社、合众国际社、路透社、法新社、俄罗斯塔斯社等，依然在国际新闻传播中保持龙头的地位，他们在原有文字和图片业务的基础上逐步拓展广播电视业务以及互联网业务。由于互联网媒体在传播中的作用日益凸显，以致在 1998 年 5 月联合国新闻委员会召开的年会正式将其称为“第四媒体”。第四媒体以其独特的传播优势也很快就加入国际传播行列。网络媒体的出现为国际传播提供了一个无限的信息平台，扩大了国际传播的信息量，也为处于边缘地位的国家和地区参与国家传播提供了机遇，但在现实中，国际传播领域还是由西方国家占主导地位，网络媒体中的传播霸权问题也十分突出。有学者认为这是一种新

① 郁龙余:《中西文化异同论》,7 页,生活·读书·新知三联书店,1989。
② 联合国教科文组织:《世界交流报告》,280 页,中国华侨出版社,1992。

的殖民主义,或称“赛伯殖民化”。[1] 比如,美国对全球互联网资源拥有绝对的掌控力,也拥有对他国实施网络制裁的单边优势。到2020年6月,全球42.9亿个IPv4地址已分配36.8亿个,美国拥有约16.1亿个,占已分配总量的43.8%,而未分配的基本都在美国手中。美国掌握着国际互联网主根和大部分辅根域名服务器,对他国服务器IP地址的使用和状态实施监控极为便利。在全球信息产业中,美国目前CPU(中央处理器)的产量占全世界的92%,系统软件产量占86%,在全球近3000个世界性大型数据库中,设在美国的就占70%。互联网上的信息80%都是英语信息,这是美国人的贡献。另外互联网还使美国文化产品,如好莱坞电影、迪士尼动画片、葛莱梅音乐等传播更为便捷。他们还对技术手段做手脚,为他们获取他国的信息提供“后面”或者“暗窗”。[2]

在这一波媒介发展的多元化的浪潮中,国际媒体的商业化整合趋势也十分突出,这进一步加剧了西方在信息传播中的霸权地位。如,默多克国际新闻公司旗下拥有出版、报纸、杂志、音乐和电台、体育、制片厂、电视和互联网新媒体等多个产业。在美国,它除了拥有福克斯电视网和《电视导报》外,还拥有20世纪福克斯公司的大量股份;在欧洲,它除拥有天宇频道90%的股份和一个体育节目网外,还通过在伦敦的《泰晤士报》和《星期日泰晤士报》开办了一个24小时播出的新闻频道;在香港,它拥有香港的卫星电视;它还控制了澳大利亚报纸发行的2/3。2012年新闻集团宣布收购洋基国际集团下属的体育电视网Yankees Entertainment and Sports Network 49%的股份,并在当年12月收购了美国地方体育频道俄亥俄州体育时间(SportsTime Ohio)。2013年其全资子公司News Adelaide已斥资3.47亿欧元,将其在德国付费电视运营商德国天空电视台(Sky Deutschland)的股份增至54.5%。默多克传媒帝国已然成型。由于拥有庞大的传媒产业,国际传媒的集团化加剧了新闻信息的垄断现象。[3]

随着经济信息全球性的实时传播,生产、流通和消费也呈现出一体化的趋向,而国内事务、地缘政治往往与国际政治关系密不可分,世界正越来越成为相互依赖的整体,所以我们需要获取广泛的信息,而复杂的全球新闻网络则为国际信息的流通提供了广阔的天地。

新闻传播作为人类文化传播的一种方式,其交流、融合与发展的背后有许多值得我们警惕的现象,比如,如何在新闻传播过程中保持新闻的独立性?如何拒斥外来新闻信息霸权?如何促进世界新闻传播事业的共同繁荣与发展?而这一系列问题,都需要我们有清醒的认识,同时也需要我们研究、探求中西新闻传播的规律和特点,寻找中西新闻传播的共同点与差异性。而在世界新闻传播的大背景下,运用比较的方法、建立比较新闻传播理论、多维透视新闻传播现象无疑是一种有效的方法。

① 郭可:《国际传播学导论》,28页,复旦大学出版社,2004。

② 甘满堂:《网络时代的信息霸权与文化殖民主义》,29页,《开放导报》,2002(9)。

③ 李少南:《国际传播》,96页,台湾:黎明文化事业公司,1994。

第一节　比较与比较方法

联系是世界存在的普遍法则，人和人、人和社会、人和自然都存在着联系，而联系又表现为相似性或对立性的关系。在现实生活中，人们常常用容易明白的事(或物)来解释、说明不易明白的事(或物)，这种方法被称为比喻，也称为“打比方”，就是将相似性的东西联系起来，这其中也有比较的意思。比喻虽是修辞手法，但也隐含着联系和比较。例如，“江南的夏夜，蛙声如潮，月色似银”“荷花成了一把撑开的小伞”，就是将潮水比作蛙声、银色喻为月光，将荷花看作小伞。比喻抓住了事物的相似性特点，这样就可将不熟悉的东西变成熟悉的东西，将抽象的东西具象化。当然，这些不是真正意义上的比较，因为这些简单、形象、人们所熟悉的东西只是用来说明、解释另一个复杂、抽象、陌生的事物而已。联系中对立关系也大多如此。

“比较”在《现代汉语词典》中被解释为：“就两种或两种以上同类事物辨别异同或高下。”[①]其实比较的意思是指“对比几种同类事物的高下”，更进一步说，就是“根据一定标准，在两种或两种以上有某种联系的事物间，辨别高下”“用以比较性状、程度的差别”等。比较既有横向比较也有纵向比较，而且比较要有供比较的对象，也要有比较的共同基础。英、法、意等欧洲语系中的“比较”一词都来自拉丁语的词根 par，意思是“相等”，par 和 com 组合起来的 compar 意为“相像”“相等”，当这个词演化成 comparare 的时候就有了“配对”“匹配”等意思，以致英、法、意等西文中的“比较”一词在后来的演化中都有了“比较”“比拟”“比方”“相像”“类似”“语法中的比较级”等义。[②] 其实，比较不仅仅只是比较“有联系的事物”或“同类事物”间的同异和优劣，同时比较还是一种推理力，即根据相类似事物发展规律推究新事物的发展方向。例如，虽然西方现代化给西方社会的发展注入了活力，但也引来了许多问题，所以我们在实现现代化的过程中，通过与西方现代化的比较而推测我们在实现现代化的过程中可能出现的前景以及可能遇到的各种问题。

由此可见，比较就是依据一定标准将两种或两种以上彼此联系或相类似的事物加以对照，从而确定它们之间的相同点与不同点，抑或在同异性的基础上推衍事物的发展趋向、探求事物的发展规律。

从对“比较”内涵的探究中我们可以发现，比较在三重意义上给我们以启示：其一，就范围而言，比较是发生在两种或两种以上事物之间的。其二，就关系而言，比较涉及事物与事物间的联系。联系，既存在于具体事物之间，也存在于抽象事物之间；既关涉事物间的相似性，也包括事物的相异性。其三，就目的而言，比较可以用来确立事物的共同点和不同点，也可以作为推论或预测某种结果的方法。正如美国人类学家所说：“没有比较的

---

① 中国社会科学院语言研究所词典编辑室：《现代汉语词典》(第7版)，57页，商务印书馆，2016。

② 刘象愚：《从比较文学到比较文化》，130页，复旦大学出版社，2011。

思维是不可思议的。如果不进行对比，一切科学思想和所有的科学研究，也都是不可思议的。明显的和隐含的比较充斥着社会科学家的著作，并且从一开始就是这样：角色之间的对比，组织之间以及社团、机构、社会和文化之间的对比，任何人都不应该对此感到惊讶。”[①]

对比较定义的推衍，其实就是从认识论的角度对“比较”这个概念的内在规定的理论思考。比较作为一种方法，不仅仅反映出人类思维的一般特点，也是人类认识世界和改造世界的方法。具体说来：

其一，比较是人的思维方式。人对自然和人自身的认识都离不开比较，“我能直接认识自己的心的状态和活动，但不能认识你的心的状态和活动。我意识到自己的感觉、意志、情感和思想，我在内省中审视它们的内容。但我无法在内省中观察或意识到你内心的活动。我所以能确定你真有一个心的根据只是从你的躯体行为所作的复杂而脆弱的推论”。[②] 只能依你的行为和我心的存在，在比较中推导出你心的存在。我们在认识自然和社会时，比较就是最常见的方法。当我们看到一幅画时我们会想到真实的自然风光，这种联想不仅是十分普遍的，而且是以相似性的比较为基础的。而对风景画中没有的要素进行补充，也是通过联想来实现的，同样离不开比较。[③] 比较是人思维的一种特殊方法，是其他思维方法无法替代的。

其二，比较可以让我们推测未知。用比较的方法推知未知，可以是经验性的，如赖尔就凭借经验开展心与心的推测。当然，比较推测也可以是科学性的，科学发现可以看作对自然信息的编码，其主要目标就是创立理论模型，而比较（特别是类比）则是重要的辅助方法。卢瑟福在研究核模型时发现：太阳与原子核之间、行星与电子之间作为系统构成元素具有相似性，原子系统中库仑定律和宇宙系统中的万有引力定律相似。卢瑟福有关原子系统与宇宙系统的相似性就建立在比较的基础上，请看下表[④]：

	太阳系	原子系统
诸相似性因素	太阳	原子核
	诸行星	核外电子
	行星绕太阳运行	电子绕原子核运转
	万有引力定律	库仑电子定律

玻尔在卢瑟福核模型基础上，运用比较建立了“分层轨道”模型，由此可见比较在自然科学中应用的广泛性。

其三，比较是构成学科知识门类的基础。列维·斯特劳斯在《野性的思维》中讨论社

① [美]斯梅尔塞：《社会科学的比较方法》，2～3页，社会科学文献出版社，1992。

② [英]赖尔：《心的概念》，161页，上海译文出版社，1988。

③ [德]冯特：《人与动物心理学论稿》，316～317页，浙江教育出版社，1997。

④ 张巨青：《科学研究的艺术》，102页，湖北人民出版社，1988。

会系统分类时认为:“这个系统是借助于一对对比关系来发挥作用的:一个是一般与特殊的对比,另一个是自然与文化的对比。”[①]菲律宾萨巴农人根据对比原则对疾病加以分类,他们先把皮肤病和创伤区分开来,再将皮肤病细分为“炎症”“疮”“金钱癣”。然后,这三种的每一组以几组双项对立加以说明:单一/众多,隐蔽/暴露,严厉/温和,浅/深,周边/中心。[②] 如,单一的疮和众多的疮、隐蔽的疮和暴露的疮、严厉的疮和温和的疮,等等。

其四,比较在一定条件下还可以发现事物间的因果关系或相关程度。徐志摩擅长写诗,他的诗作中的清雅、和平、超脱与湖畔派诗人和泰戈尔的极其相似;诗中高扬的自我、怒目抗争的气质又如拜伦、雪莱;而诗对完美的追求和至情的缠绵又有济慈诗的影子。[③]从以上的比较中我们可以发现,徐志摩的诗深受浪漫派诗人的影响,甚至可以说,是浪漫派诗人催生了徐志摩。

我们在讨论比较方法的作用时,选用了自然科学和社会科学各方面的例证,其主旨就在于说明,比较的方法是具有普遍运用价值的一种方法。当然,比较的方法也可以运用到新闻传播的理论与实践中,但作为一种独立的研究领域,其研究的域、研究的具体方法,还有待我们细致地加以发掘。有关比较的阐释与研究为我们提供了一种背景,也可以视作比较新闻传播的理论生发点。

第二节 比较新闻传播

比较作为思维方式和研究世界的方法,很早以前就被运用到自然科学、社会科学以及自然科学和社会科学的交叉学科研究中。随着比较研究领域和研究方法的确立,具有学科特色的比较研究逐步建立起来,如比较政治学、比较文学和比较文化学等。

现代意义上的新闻传播活动最早可以追溯到15—16世纪,但从比较的角度对不同文化、不同语言、不同国家的新闻传播的研究起步却很晚,20世纪初期,一些媒介研究者开始关注国外的媒介发展现状,这其中也隐含着比较的意味,1928年意大利的帕鲁扎大学首次开设比较新闻学课程,也就是说,比较新闻学走进了研究的殿堂。1956年,威尔伯·施拉姆等发表了《报刊的四种理论》的著作,这开创了比较新闻学研究的先河。冷战的开启,意识形态对立也表现到学术研究中,具有意识形态色彩的比较新闻学,在这一时期也是举步维艰的。直到20世纪80年代初,比较新闻学才迎来了新转折,比如吉姆·理查斯坦德和麦克·安德森的《世界性的危机:政策和展望》,以及乔治·马登,安居·格瓦拉编著的《媒介制度的比较研究》等著作都出现在这一时期。[④]

---

① [法]列维·斯特劳斯:《野性的思维》,153页,商务印书馆,1987。

② [法]列维·斯特劳斯:《野性的思维》,153页,商务印书馆,1987。

③ 范伯群等:《中外文学比较史》,436～437页,江苏教育出版社,1993。

④ 张威:《比较新闻学:方法与考证》,74页,南方日报出版社,2003年。

中国早期留学国外的新闻研究者都有比较的视野，比如杜超彬的《最近百年中日两国新闻事业之比较观》是早期比较新闻学的代表作。自中华人民共和国成立后到改革开放以前，因为对西方新闻持批判性态度，比较新闻学失去了社会发展的根基，直到 20 世纪 90 年代，中国比较新闻学才得以快速发展，同时也出现了一大批比较新闻学著作，但是理论性、系统性和方法论都存在诸多不足。而作为一门有理论、有方法、有特点、有稳定研究客体的比较新闻传播学科的确立似乎更晚，所以对比较新闻传播学科的内涵和研究领域进行检视和理论归纳是我们必须面对的问题。

无论是一般的研究者还是普通的读者，都很容易把比较新闻传播学视作“比较的新闻传播”，这乍看起来很合乎逻辑，又容易为一般人所把握，但比较什么样的新闻传播？其意义很含混。

那么，“比较新闻传播”是不是新闻传播的比较呢？同样不是，新闻传播的比较就是将新闻传播中的现象、理论并置，并进一步加以解释，这样往往会导致将表面相似的东西进行类比，而忽视对与比较对象有关的新闻本质的透视。

除上述两种原因对比较新闻传播造成误解外，“新闻传播”概念本身的复杂性也会加剧比较“新闻传播”概念意义的裂变。因为“新闻”与“传播”并列，会使人们想到比较新闻传播，既是新闻的比较、传播的比较，也是新闻与传播间的比较。所以，从理论和学科实践对比较新闻传播加以研究是非常有意义的。

我们首先来看“新闻传播”这一概念，这个概念是新闻学的自然延伸。从理论角度看，“一方面在‘新闻学’这一名称下，随着媒介的不断发展，研究的外延也在不断扩大；另一方面，对新闻学这一学科自身理论的探究，在现有的研究框架里，内涵却无法深入”。[①] 媒介技术带来最直接的变化就是信息量的激增，同时媒介技术的变革也对传统新闻学中的媒介理论提出了挑战，并引发一系列变化，如，原先新闻信息的单向流动变成了互动，这些都必然会引发人们的思考。“传播学将信息传播视作为当然的研究对象，新闻信息则是其中很重要的一个成分”。[②] 同时，传播学是多门学科综合、交叉和融合的产物，所以，“任何传播都必须用不同的理论和证据加以构筑”。其理论的超学科性和综合性可想而知，而“传播学的基本理论如媒介研究、传播过程研究、受众研究、效果研究等等，都可以用来解释新闻传播中的种种问题”。[③] 新闻学研究在这样的背景下开始向新闻传播研究的方向转向。但就传播学与新闻学之间的关系而论，研究者往往见仁见智。

自 20 世纪 80 年代开始，有一些学者认为传播学可以涵盖新闻学，其理由是：其一，传播学突破了传统新闻学研究的领域；其二，传播学突破了传统新闻学以哲学、文学为基础的模式，而将社会学、心理学等学科引入传播学研究领域；其三，方法论的突破，新闻学

① 宁树藩等：《关于新闻学理论研究历史与现状的对话》，10 页，《新闻大学》，1997（冬）。
② 宁树藩等：《关于新闻学理论研究历史与现状的对话》，13 页，《新闻大学》，1997（冬）。
③ 宁树藩等：《关于新闻学理论研究历史与现状的对话》，13 页，《新闻大学》，1997（冬）。

重视“学理”的研究，而忽视受众心理和效果的实证研究，传播学则很好地将宏观理论与实证研究结合起来。

当然，也有学者对此提出不同的看法，他们大多是从传播学自身的理论缺陷入手的，如将传播行为本能化，回避了社会控制对传播的影响，等等。① 正是对新闻学与传播学的关系的不同认识，才使新闻传播的研究受到各种观点的影响。那么，什么是新闻传播呢？童兵的看法或许有一些代表性。他说：“新闻传播学不是新闻学加传播学，而是研究新闻传播过程及其规律的学科，它是在传统新闻学基础上，吸收传播学的一些学术成果，运用传播学的一些学术名词，用新的视角和方法审视新闻传播现象，考察新闻传播过程，讨论这种不同于一般大众传播的新闻传播的特殊规律及其原理、原则。”②新闻传播不是新闻和传播的简单相加，同样，比较新闻传播也不是比较与新闻传播的简单相加。比较新闻传播有它内在的规定性，它必然有稳定的研究对象以及研究目的，同时也必须有具体的研究方法。

其一，比较新闻传播的研究对象和范围。比较是发生于“两种或两种以上事物”之间，对比较新闻传播而言，就是对不同国家、不同地区，或不同文化条件下的新闻传播理论和实践进行比较，但哪些实践、哪些理论能进入比较新闻传播研究领域，则往往见仁见智。

张威在他的《比较新闻学：方法与考证》一书中，将比较新闻学（我们姑且视其与比较新闻传播同义）研究对象设定在“中国和西方的新闻现象”，③而童兵则将新闻传播研究的对象扩展到“比较新闻传播学是通过对不同国家、地区的新闻传播现象、新闻传播事业进行系统的比较研究”。④

由于研究者的角度不同，故研究对象和研究范围的不同是可以理解的，这种现象在其他比较研究中也普遍存在。同样，具有意识形态特征的比较文学研究中有关文学比较范围及对象的确立对比较新闻传播也是有启发的。布吕奈尔认为，对比较文学的研究应该从历史、批评和哲学的角度，将其限定在“对不同语言间或不同文化间的文学现象”的分析性描述、条理性和区别性对比和综合性说明。⑤ 美国的 A. 吉布斯认为，比较文学“是超越单一民族文学范围的文学研究”，⑥而雷马克对比较文学则予以更宽泛的规定：“比较文学是一国文学与另一国或多国文学的比较，是文学与人类其他表现领域的比较。”⑦因

---

① 有仁：《传播学在我国的发展与论争》，20 页，《当代传播》，2000(6)。

② 童兵：《比较新闻传播学》（前言），2 页，中国人民大学出版社，2002。

③ 张威：《比较新闻学：方法与考证》，36 页，南方日报出版社，2003。

④ 童兵：《比较新闻传播学·前言》，1 页，中国人民大学出版社，2002。

⑤ ［法］布吕奈尔等：《什么是比较文学》，228 页，北京大学出版社，1989。

⑥ ［美］A. 吉尔斯：《阿布拉姆斯艺术四要素与中国古代文论》，选自张隆溪《比较文学译文集》，205 页，北京大学出版社，1982。

⑦ ［美］雷马克：《比较文学的定义与功用》，South Illinois Clniversity Press，1961。

此说，比较文学具有跨语言、跨国家、跨民族、跨文化和跨学科的特点。

如果将比较文学中有关对象和范畴沿用到新闻传播领域，我们的新闻传播研究应该是对不同文化、不同国家、不同民族、不同语言的新闻传播现象以及新闻传播与其他相关学科间的比较研究。在这里，不同文化、不同国家、不同民族、不同语言之间既有相交叉的成分，又表现出各自的本质规定性。

对于“文化”，学术界一直有不同的看法，其内涵和外延也各不相同。文化可以包含“东方文化”“西方文化”等大形态，也可以包含“徽文化”“纳西文化”等具体形态；既可以指物化的形态，也可以指精神形态。在比较新闻传播中，可以是大文化概念下的新闻传播比较，如在“中、西文化”背景下的新闻比较；也可以是以文化为特色、国家为单元的新闻传播比较，如，中、法新闻比较，虽然是以中、法两个国家为比较单元，但二者文化差异也是显然的。

“民族性”的概念，运用到新闻传播中，对于单一民族的国家当然不会有问题，一旦涉及多民族国家，国家意识就会在新闻传播中占上风，而且国家形态对新闻传播的影响也是最大的。所以，不同国家间的新闻传播比较是最常见的。在新闻传播中，“国家”的概念有时甚至可以和“民族”的概念互用。

新闻学就是从其他学科中慢慢演化而来的，新闻又与许多其他学科相关联，所以跨学科研究应该是其十分重要的研究内容。

由此，新闻传播的对象和范畴应设定在：不同国家、不同文化间新闻传播比较，以及新闻传播与其他相邻学科的关系。也正是因为如此，新闻传播才具有跨文化、跨国家和跨学科的特点。

其二，比较新闻传播学科中的对象关系。比较新闻传播的跨学科、跨国家、跨文化的特征也确立了比较新闻传播的对象是以不同学科、不同国家及不同文化的新闻传播现象为研究单位和研究范围。但是由于其研究领域的广泛和研究对象的杂多，对其不加以限定必然会导致研究的无序，甚至会影响研究的深度。从经验角度看，对任何不同对象的比较研究都应以对象间的关系为研究的主要依据。张威在《比较新闻学：方法与考证》中从方法论的角度予以限定：“通过对异质文化之间的互识、互证、互补和对话来促进彼此的沟通和理解。”①他这里提及的“互识、互证、互补和对话”是建立在异质文化之间存在着相同性和相异性及相互交流的基础上的，这些因素实际上就是异质文化间的关系。童兵有关论述是隐含性的，因为他强调的是“系统的比较研究”，其实，如果我们进一步分析，其系统也必然指涉关系。

新闻传播的研究应包含研究主体和研究客体，“研究客体是指从事学术研究之学者所研究的对象”。② 比较新闻传播所研究的客体，既不是对以国家、政体为承载单位的新

---

① 张威：《比较新闻学：方法与考证》，36页，南方日报出版社，2003。

② 杨乃乔：《比较文学概论》，74页，北京大学出版社，2002。

闻传播的研究，也不是对以文化为单元的新闻传播的研究，而是研究不同国家、政体之间，不同文化之间和不同学科之间的新闻传播现象之间的关系。更具体地说，这种关系应包含材料事实关系、新闻价值关系和学科交叉关系。

(1)材料事实关系是新闻传播历史中既存的事实关系，寻找、发掘这种事实联系，对于了解新闻传播中的各种现象，以及新闻传播因影响而产生融合趋势和新闻传播的发展趋向都是极有意义的。影响是一个过程，即放送者→材料→接收者。放送者发送材料，接收者接收材料，二者是以材料为链结点的，但最终的效果还需要具体的材料来证明。例如，我们说《中外新报》是受西方影响，就基于《中外新报》最初是由《孖剌西报》排印的，此外，其办报形式、经营方式等也都有《孖剌西报》的影子。

(2)新闻价值关系是对事实材料关系的一种超越。从新闻本身的内在价值出发，寻找不同新闻传播现象的本质关系，是我们研究者无法回避的。李希光等在研究中、美媒体对中国驻南使馆被炸和中国学生抗议的报道中，就强调“旨在通过报道主题、关键词、图表和新闻来源对《人民日报》《北京青年报》《纽约时报》和《华盛顿邮报》的相关报道进行构架分析”。[①] 以此分析中美媒体新闻的来源、报道立场的异同。

(3)学科交叉关系是新闻传播与毗邻学科之间的关系。为什么相邻学科之间存在联系？究其原因在于，首先，人类的思维、情感表现出人性的共通性，这不仅表现在人类心理、行为方面，而且表现在表达人类思想、情感和认识的文化载体上；其次，在人类文化大系统下的各个分支系统互相依存，互为主体，各个分支系统又往往呈现开放性和涵盖力，学科渗透也是必然的；再次，人类对知识的认识不断加深，知识的扩张力也随之加强，跨学科的交叉研究就是知识扩张的结果。正因为如此，单纯的新闻传播也向着边缘的领域里渗透，出现了新闻传播心理学、新闻传播法学、新闻传播政治学等一系列边缘学科。

比较对象关系是比较研究的重要领域，是比较研究重要的支持结构，也是整个学科大厦的支柱。我们在后面章节的探讨中还会有所深入。

其三，比较新闻传播研究的目的。无论是对对象、范围，还是对对象关系的追寻，最终都要回到目的上来。许多从事比较研究的学者认为，比较不是目的，那么，比较的目的是什么呢？应该说比较新闻传播在运用比较方法时，在多个向度上实现着自己的目的。

第一，拓展研究的视野。人们出于对不同于自己环境的好奇，自然会将目光投射到其他环境中。依此类推，我们在注意研究自己的新闻传播规律的同时，自然会关注其他地区和国家的新闻传播事实，这不仅是对知识的积累，更为重要的是为我们的研究提供更为开阔的视野。在资讯如此发达的时代，缺乏深广的世界性的背景知识，我们只能是“井底之蛙”。

第二，寻找普遍性和差异性。“似乎所有文化，所有已知的语言都认为人类一切实践

---

① 李希光、赵心树：《媒体的力量》，130 页，南方日报出版社，2002。

对象间具有某种共同点”。[①] 那么,非共同性的东西便是差异性,也可以说,普遍性是建立在差异性的基础上的。人是一种特殊生物,能思想、会用语言、会制造工具,并且具有组成社会群体的能力,这是普遍性。但种族、环境、语言、文化的差异,又使得各种语言和多样文化存在着差异性。新闻传播属于文化的范畴,当然不能例外。

承认新闻传播的普遍性和差异性,并对新闻传播的普遍性和差异性进行研究,必须进一步了解两种传播之间的关系,以及两者相互描述的方法;进而依据相似类比和互补的原则,了解各自认识方式之间的可能契合之处,在此基础上认识其普遍性和差异性的内容。

第三,验证理论。爱因斯坦说过:“知识不能单从经验中得出来,而是从理智的发明同观察到的事实二者的比较中得出。”[②]对于从事新闻传播的研究者来说,对新闻事实的研究不只是单纯地出自解释,而是要力图从中进行抽象和概括,并从中发现可以推广的一般规律和原理。而这种学术努力的结果只能是一种理论假设,因此需要验证和补充。但作为不可控制的新闻事实,无法对其进行反复验证。而比较研究可以在更大的范围内提供相似性的经验材料,从而验证理论规律的合理性或悖谬。

通过以上的论述,我们认为比较新闻传播研究应限定在以下的范围内:

比较新闻传播以不同国家、不同文化条件下的新闻传播事实,以及与之相邻近的学科为研究对象,同时以材料事实关系、新闻价值关系和学科交叉关系为研究内容,通过跨国界、跨文化、跨学科的研究,以拓展研究视野,寻找中、西新闻传播中的普遍性和差异性为目的,以发展既具有普遍性又有特殊性的新闻传播理论为旨归的学科研究。

第三节　比较新闻传播学形成的条件

比较作为人类认识事物的方法和实现目的的手段,其理论意义和方法论的价值是毋庸置疑的。比较新闻传播学不是简单的方法论问题,也不是人为地将其他方法借鉴运用到新闻实践中,其实其学科的形成是历史的必然,是新闻传播实践与理论发展的必然。

一、比较方法是学术研究的传统方法

早在古罗马时代,罗马人在师法古希腊人的同时,还愿意将自己的作品与希腊人的作品相类比,这大概算得上最早将比较方法运用到实践中的例证。随着民族国家的形成,艺术、文化的民族特性凸显出来,对不同民族的艺术、文化进行比较,成为众多学者研究的主要方法。但随着启蒙主义运动的出现,理性成为引导人类前进的永恒武器,文化、

① [法]阿兰·莱伊:《从文化的多样性到人类的普遍性》,引自乐黛云,勒·比雄《独角兽与龙》,20页,北京大学出版社,1995。

② 爱因斯坦:《爱因斯坦文集》(第1集),278页,商务印书馆,1996。

艺术冲破民族的界限而建立了闪耀着理性主义光辉"统一的文艺共和国"。在研究生物进化中，比较也有广泛的运用空间。例如，达尔文的进化论就是通过对物种现实形态进行比较而发现物种进化历史的。在19世纪，比较的方法被运用到自然科学中。到了20世纪，比较的方法被广泛运用到各种学科中，比较文学、比较政治学、比较文化学等相继作为独立的学科出现。20世纪初，比较新闻开始出现，但比较新闻传播作为一门科学，还是经历了中、西方学者很长一段时间的努力。

二、比较新闻传播是新闻传播实践的必然

比较新闻传播是新闻传播的分支学科，它是从新闻传播实践中逐步发展而来的，早期新闻传播观念和新闻实践相互借鉴，就是立足于比较，因为只有在比较中才能发现彼此的优劣，才能建立具有自身特色的新闻传播业。如最早西方传教士传入中国的新闻观念有"新闻""报纸"，并且宣扬"报纸可以言及国事、政事；报纸可以传播知识传播文明"。[①]王韬主编的《循环日报》就受到西方传教士办报思想的影响。"我国近代意义的报业及新闻传播观念，正是在中国文人向西方学习，把西方作为参照的过程中导入的"。[②] 当然，这些还不是比较新闻传播。具有比较新闻传播学科特征的著作是杜超彬的《最近百年中日两国新闻事业之比较观》。而随着马克思主义的思想、理论被广泛运用到中国革命的实践中，用马克思主义的理论阐释中国新闻理论和实践，这种从政治、经济理论到新闻传播理论与实践的跨学科整合是比较新闻传播在特定时间最重要的实践。

从20世纪80年代起，中国改革开放的政策使中国以更宽广的胸怀面向世界。中国新闻传播事业、新闻传播观念和新闻传播实践在与西方的交流、碰撞、对话中发生了迅速的变化，中国的新闻传播事业也成为世界新闻传播事业的一部分，所以，用世界的眼光对新闻传播现象进行研究，成为中国许多学者的共识，同时也出现了一批比较新闻传播学的著作和论文。[③] 从1992年起，比较新闻传播的学科地位得以确立。这也就标志着比较新闻传播从新闻传播学中独立出来了。

三、全球化对比较新闻传播的影响

20世纪早期的国际间政治、经济、文化关系，受制于地理、历史以及政治、文化的共同性等因素。自20世纪80年代以来，经济、政治的全球化已成为引人注目的趋向。这种趋向无疑是以信息全球化为基础的。

全球化的趋向带来全球性的视野，也必然给新闻传播研究带来诸多需要思考的问题：全球视野下的新闻将如何生存、发展，有关产业对新闻传播业的冲击与影响如何等

① 顾潜：《中西方新闻传播：冲突·交融·共存》，5页，复旦大学出版社，2003。
② 顾潜：《中西方新闻传播：冲突·交融·共存》，6页，复旦大学出版社，2003。
③ 张威：《比较新闻学：方法与考证》，75页，南方日报出版社，2003。

等，这些都必然将新闻传播带入一个更为开阔的地带，我们也必将从全新的视角来捕捉这些变化，比较似乎顺理成章被归入新闻传播研究的方法论体系中。

四、相互依存与相互冲突的新闻交流

全球化的趋势并不能掩盖当今世界所面临的棘手问题：人口膨胀、贫困、饥荒、自然资源枯竭、环境污染、种族问题、宗教问题、军备竞赛、核武器扩散、全球性的疫情……对这些国际事件的关注与报道可谓具有真正的国际性，在关注与报道的背后，既有各媒体间的竞争，也有各媒体间的相互协作。2014 年 3 月 8 日，由马来西亚吉隆坡国际机场起飞的 MH370 航班在飞行途中失联，引起了各个国家媒体的争相报道。来自中国、美国、英国、法国、马来西亚、泰国、新加坡、澳大利亚、印度、孟加拉国等多个国家的主要媒体均参与报道。他们既相互竞争，抢夺报道调查的最新结果；又相互合作、分享线索，关注马航后续搜救工作，体现出竞争与合作的新闻交流。

当然，新闻的国际交流及相互依存并不能消除彼此间的冲突，因为在新闻传播的背后还有复杂的政治、经济、意识形态和文化利益的存在。2003 年的海湾战争期间，美国媒体高举“解放伊拉克人民”的大旗，美军士兵的死亡或受伤被赋予英雄和正义的色彩；而在伊拉克的媒体中，美军是武装到牙齿的侵略者，是不义之师，而士兵死伤是他们应得的下场。我们可以从电视画面中——美军受伤士兵回国后受到英雄般的欢迎，与出现在伊拉克媒体被俘、受伤的士兵的胆怯、无助中充分地感受到这一点。

世界媒体间的相互依存与冲突所引发的理论思考，这也是比较新闻传播所必须予以关切的问题。从另一个角度看，也正是依存性与冲突关系引发了人们对比较新闻传播更进一步的认识。

第四节　比较新闻传播的学理基础

比较研究的合理性、合法性一直受到人们的质疑。在 20 世纪 20 年代，美国康奈尔大学的雷恩・库柏(Lane・Cooper)就对文学的比较研究表示出轻蔑的态度，他认为比较文学是一个既无意义又不符合句法的杜撰术语，“你还不如允许你自己说比较土豆或比较果壳好了”。[①] 澳大利亚悉尼大学一位著名学者说：“比较什么呢？有什么可比的呢？你在拿一个苹果和一个香蕉相比，能有什么结果？”[②]这种质疑出现在许多国家和许多理论著作中。换句话说，他们对学科成立的基础，即可比性产生了怀疑。所以，从学理上对比较新闻传播可比性进行探讨，其理论意义是可想而知的。

---

① [美]韦勤克：《比较文学的名称与性质》，选自孙景尧编《新概念、新方法、新探索》，69 页，漓江出版社，1987。

② 张威：《比较新闻学：方法与考证》，492 页，南方日报出版社，2003。

首先，可比性研究关系到学科研究对象的划界和确定，新闻学、传播学等学科的研究对象相对来说比较单一、确定。如传播学研究的是社会信息系统及其运行规律的科学，[①]而比较新闻传播将不同国家、不同文化、不同学科和不同时间内存在的新闻传播现象纳入同一视域中进行研究，对其研究对象的抉择要么会陷于手足无措的茫然中，要么会陷入错综复杂的陷阱里。对可比性的追问，就是对各种复杂对象关系的追求，相关对象也就是我们的研究域，从而将摇曳的对象关系最终予以确认。

其次，对可比性的研究是比较新闻传播追求科学性的必然。早期的社会科学研究者大都致力于资料的整理，并对这一过程予以描述，间或提出自己的主观判断或一般性的价值判断。20 世纪后期，社会科学追求科学性已成为一种不可逆转的趋向，而科学性是建立在系统的概念、方法和理论的基础上的。可比性不仅表现在方法意义上，而且表现于相应的理论法则和规范中，可比性的确立从根本上奠定了比较学科合理存在的基础。

可比性在比较新闻传播的研究中十分重要，跨国界、跨文化、跨学科的新闻传播事实之间为什么存在着可比性，我们当然可用事实证明的方法，即在对相互比较的对象之间找到可以证明其相类似的事实材料。这种方法对于一些比较孤立的现象是行之有效的，但面对复杂的比较对象关系，单纯的实证方法还是有其局限的，为此只有建立可比性的一般原理。可比性的一般原理可分成建立在一般理性认识的外在原理和建立在学科自身逻辑基础上的内在法则。简单地说，即外在原理和内在法则。

可比性的外在原理如下。

首先，表现为事物的普遍性和共同性。虽然大千世界万物纷呈，但其普遍性和共同性的存在则毋庸置疑。普遍性和共同性既是事物的固有属性，又与人们的主观印象有关，因此说，普遍性与共同性来自事物的客观性和人们的思维方式与情感方式。这也是比较研究的前提。共同性和普遍性（又称为“共性”）可以分为绝对共性、基本共性、随机共性、事实共性、形式共性等不同的类型。绝对共性、基本共性和随机共性是就对象之间的共同之处的程度而言的：绝对共性（最大程度相似）＞基本共性（基本方面相似）＞随机共性（偶然性相似）；事实共性是事物间的客观存在，但又能为人们所把握；经验共性建立在经验和体验的基础上，如共鸣或移情；形式共性则为事物间形式要素间的相似性。当然，这些共性有的单独具有意义，但更多的是在不同层面中共同发挥作用。

其次，表现为事物之间的类似性。现代主义思潮的出现，对理性主义和逻各斯的力量提出了挑战，同时出自对理性主义追求统一性而忽视多样性和对在理性统一下的文化霸权的反动，汇聚在现代思潮大旗下的人们，也对事物普遍性与共同性提出了批评。这样，原先被认为是天经地义的普遍性与共同性就受到了挑战，在绝对意义的普遍性与共同性之外，又派生出相对意义的类似性。

类似性(affinity)源自拉丁语 offinis，原意指有关系、有联系的属性。它强调的是彼

---

① 郭庆光：《传播学教程》，6 页，中国人民大学出版社，1999。

此的关系与联系，彼此发生感应和作用的特征，具有动态的性质。与普遍性和共同性原则强调共同性而忽视差异性不同，类似性突出的差异性才是事物的本质属性，但也承认类型上的相似。类型相似是指个体存在具有个别性，但可以归属于某类，在类型层面却表现出更多的共同性，所以类似性更多地表现在两个或更多的系统之间，在细微处则更多地呈现出差异性。

相似性与类似性讨论的对象物的客观属性是可比性形成的前提条件。比较新闻传播探讨的是对象之间的关系，"一种心智的产物是罕有孤立的。不论作者有意无意，像一幅画、一座雕像、一个奏鸣曲一样，一部书也是归入一个系列之中的，它有着前驱者，它也会有后继者"。[①] 对象之间序列关系以及共时性关系是比较学科存续的内在学理依据。其具体表现为：其一，同异关系。相似性与类似性是同异关系的基础，它们从不同侧面暗含着对比较对象间存在的相同性和相异性的研究，也即在相似中求似、类似中求类似，而在不同中求同、相同中求异，这似乎是对两者关系的深化。至于共同性和差异性形成的原因，有学者认为，"似乎所有文化、所有已知的语言都认为人类的一切实践对象具有某种共同点"。[②] 而这一切都建立在人的普遍性的基础之上。因为无论是作为生物的人类，还是具有人性的人类，都有许多共同的东西。或许是由于任何人类社会都必须对被感知的对象加以区分，才使得普遍性和统一性分为各种类别，也就出现了差异性。但人类追求共同性的努力从没停止过，无论是具有内在沉思特点的宗教，还是理性主义，都竭力追求内在的统一性。所以，对共同性和差异性的追求是人类的一种永恒追求。在传统的意义上，只有政治制度、历史文化相近的国家新闻传播才能比较，一旦将比较的视域拓展到世界性的范围，比较新闻传播的科学性就会受到怀疑。而在同中求异和异中求同实际上完成了这种超越，这当然也与众多的比较研究学者的努力分不开。《报业的四种理论》就是以全球性的视角，对世界报业纷杂现状进行归纳。1983 年，美国乔治·马登与安居·格瓦拉编著的《媒介制度比较研究》，将世界传媒分为西方、第三世界国家和共产主义国家的尝试也是非常有意义的，而从具体技术层面上的异中求同和同中求异的学术研究更为普遍。其二，动态关系（点状类似）。一方面，比较研究的求同、求异在实际研究中也存在诸多悖论：过于追求新闻传播中的相同性，会忽视个性的差别；只关注差异而舍弃相似性，就会将比较研究推到一般性的死胡同，甚至会导致学科研究的倒退。所以，比较研究中有关同、异的分析，就成了动态的，而不只是静态的。另一方面，从学科的发展来看，由于受认识程度和各自知识背景的制约，以及所运用理论的不同，对比较对象关系的认识也是变化的。如对党报的党性原则的认识就是一例，党性原则最早由列宁提出，中国共产党创办的第一份机关报《向导》就将党性原则作为党报必须坚持的原则，而中华人民共

① [法]梵·第根：《比较文学论》，7 页，商务印书馆，1937。

② [法]莱伊：《从文化的多样性到人类的普遍性》，选自乐黛云，勒·比雄《独角兽与龙》，20 页，北京大学出版社，1995。

和国成立以后，我国新闻界系统学习列宁、斯大林的办报思想、办报实践后认识到，必须加深对党性原则的认识，这是对党性认识由原先的因袭转化为创造性的吸收。这些都与人的认识变化有关系，尽管那不是从比较的角度。其三，系统关系（系统类似）。比较研究是对象与对象间的比较关系，从对象关系来看，既可以是单个对象间的比较，也可以是对象集合的比较；从运用的方法看，既可以是经验或单一方法的比较，也可以是综合性的比较。为了兼顾各种复杂的情况，要求有一个广阔的、系统的视野。具体来说，从个别或具体的文本比较开始，就必须研究对象本身的系统；同时，还要将这种文本或现象放到更大的系统中，研究更大系统内的结构关系，并且全方位地、立体化地研究系统关系。系统类似主要用于概括最大范围的类似状况，是一种兼具结构性质和具体细节的总体程度的结论。从具体的操作层面上，建立在类似研究上的模式理论可以为类似关系的比较及概括提供一个有效的工具。

第五节　比较新闻传播的研究范式及方法论

一、比较新闻传播研究范式

1962年，托马斯·库恩在《科学革命的结构》中提出"范式"这一概念以后，社会科学工作者开始频繁地使用这一概念。范式（paradigm）在希腊文中意指词根或词源，或者表示词性变化的规则，后来引申为某种思想形态的源头或母体。库恩认为范式是这样一些科学成就，它能够使一些研究者脱离科学活动的其他竞争模式，同时，他也认为范式是看待世界时运用科学的不同方式，科学理论，专业教育中的思想框架，科学试验活动中某些公认的范例——包括定律、理论、应用以及仪器设备系统在内的范例、共同的信念、基本原则等等。[①] 库恩在《再论范式》中进一步指出："不管范式在这本书中有多少种用法，还是可以分为两类。范式的第一种意义是综合的，包括一个科学群体所共有的全部约定；另一种含义则是把其中重要的约定抽出来，成为前者的一个子集。"[②]

如果对"范式"作一个概括的话，其实它涉及内容、方法和观念。从内容上看，范式包括定律、理论、应用和仪器的综合，也能够为特定的连贯的科学研究的传统提供模型。从方法上看，范式就是一个公认的模型或模式。从观念层面看，科学共同体取得一个范式就是有了一个选择问题的标准。[③] 例如，对媒体收视调查，就调查过程来说，大致可分为准备阶段（课题确定、方案制定等）→实施阶段（选择调查对象、收集数据）→数据处理阶

---

① 马费成等：《IRM—KM范式与情报学发展研究》，1页，武汉大学出版社，2008。

② 马费成等：《IRM—KM范式与情报学发展研究》，2页，武汉大学出版社，2008。

③ 张帆：《科学、知识与行动》，21页，上海人民出版社，2013。

段(数据整理和统计、数据分析处理、调查结果的解释)。[1] 这里从选题到结果分析都会受相应的理论或观念的指导,而对调查方法、数据处理也有相应的规定。应该说这就是范式。根据范式理论涵盖力的强弱,范式有高低层次之分,而那些作为具体运用的范式,可视为概念工具的范式,即人工范式或构造范式,如种属概念或分类概念就属于这个范畴。"各种研究类型是比较文学学科基本研究范式的具体表现形式"。[2] 同样,范式和类型研究也是比较新闻传播研究的重要领域。离开了范式和类型研究,比较学科的学理问题就难以说得清楚,比较研究的视域就难以界定,比较研究的体系就会陷入混乱,比较研究的方法也难以系统化。

类型的概念被赋予如此重负,因此确立比较新闻传播的各种类型,阐明它们之间的关系,就成了主要的问题。

类型,约而言之,"这个概念包含了对自己共同性和对他物的相异性两个方面的含义,是从这两个方面把握的一定范围内的存在者群"。[3] 具体来说,一方面是在对多个个体的比较中,发现其共同的本质特征;另一方面,把这种以共同特征的规定的存在与属于同一层次的存在相比较,发现其不同的特质。如亨廷顿在他的"文明冲突与世界秩序的重建"中,依照价值观、规范、制度及思维方式等因素,将世界分成中国文明、日本文明、印度文明、西方文明、拉丁美洲文明、非洲文明。如果套用我们的类型概念来解读的话,西方文明是由许多国家构成的,但其文明的构成要素具有共同本质,但又和属于同一层次的中国文明、日本文明等相区别,正是在这两重意义上,西方文明构成类型的特征。

同物质世界可以根据分析的方法拆解成要素相比,精神的存在"必须由一般的原理论进入类型论",并且"必须着眼于类型的统一,探索它们之间的发展联系"。[4] 类型与各自对象领域的存在特性相对应,具有明显的等级差别。而类型的构成是相当综合的,但为了将类型划分清晰,则往往要依照某些重点要素和次要要素划分大类和次类,并形成相应的类型体系。

从比较新闻传播的客体对象以及新闻传播实践看,比较新闻传播研究,一方面强调新闻传播现象之间的事实联系,即所谓的影响研究;另一方面,新闻传播事实之间虽然没有联系却在许多方面表现出共同性的特征,这就需要立足于某一特定的学理关系研究这种新闻传播现象,即所谓的平行研究。以新闻传播为本位,研究新闻传播与其他学科之间的关系被称为"学科交叉研究"。而新闻传播的实践告诉我们,新闻传播是变化、发展的,立足于中国新闻传播实际,从影响的角度讨论中国新闻传播的发展、变革的轨迹,是研究新闻传播的必然,也是一种值得关注的新范式。综上所述,新闻传播可分为以下几

---

① 郭庆光:《传播学教程》,279页,中国人民大学出版社,1999。

② 乐黛云等:《比较文学原理新编》,132页,北京大学出版社,1998。

③ [日]竹内敏雄:《艺术理论》,80页,中国人民大学出版社,1990。

④ [日]竹内敏雄:《艺术理论》,77页,中国人民大学出版社,1990。

种范式:①新闻传播的影响研究;②新闻传播的平行研究;③学科交叉研究;④新闻传播的发展研究。

比较新闻传播的等级差是多层次的,在影响研究、平行研究、交叉研究和发展研究的大范式类型下,还有次级,甚至次次级的范式。具体来说,影响研究立足于新闻传播的事实联系,即“影响”,同时“影响”是一种双边的存在。从接受的角度看,影响可以是中国对外来新闻传播思想、理论的接受,即外国新闻传播在中国;也可以是中国新闻传播对其他国家的影响,即中国新闻传播在国外。从发送者(传播者)的角度,影响是通过具体的行为来实现的,如外国人是如何在中国传播他们的新闻思想,又如何通过实践活动对中国产生“影响”的。形象研究其实也是影响研究的一大分支,它关注的重点是一国在他国媒体中的形象。当然,影响研究还可以讨论媒介的作用。这样,影响的次级范式就分为三类,而且这三大类的每一类还可以分出次一级的范式。

平行研究既可以是对新闻内涵的比较,也可以是对外延的比较,即新闻传播与其邻近学科之间的关系,也就是学科交叉研究,这是平行研究域的自然延伸。平行研究主要是探讨新闻传播的本质问题,而以理论作为其后设性的“话语”,可以使新闻传播研究不再流于一般肤浅的材料堆砌,所以也被称为“阐发研究”。

比较新闻传播研究具有跨文化、跨时空的特点,这也使得比较新闻传播研究范围十分广泛,研究的对象十分庞杂,但比较新闻传播研究作为一种研究领域和特定的研究方法,相关研究也有着特定的规定性。新闻传播的发展对于比较新闻传播研究既是一种机遇,也有一定的挑战,这就需要我们在比较新闻传播研究的实践中不断发展和丰富比较新闻传播研究。

二、比较新闻传播研究方法

我们现在开始转到对比较新闻传播方法的研究上。“‘方法’一词源于希腊文uéιαōδōs,其中uéca表示‘沿着’,ōδōs表示‘道路’,所以‘方法’也就是沿着某条道路向前走的意思”。[①] “人们通常把达到目的途径(手段)称为‘方法’……科学方法就是人们为实现达到认识客观世界这一基本目的而采用的手段和途径。以科学方法作为研究对象的学科称为‘科学方法’,它探讨科学研究活动的规律性(程序、模式、手段)与逼近真理的有效规则”。[②] “比较方法是一种相对宽泛的、一般的研究方法,而不是狭窄的、专门化的研究方法”。[③] 所以在其他学科、特别是在比较新闻学中被广泛运用的研究方法都可以被引入比较新闻传播研究的实践中,但对这些方法的运用必须以比较为归依。

比较方法作为一种方法论体系,其体系的建立依据于对象关系或对象的数量关系。

① 童兵:《比较新闻传播学·前言》,3页,中国人民大学出版社,2002。
② 张巨青:《科学研究的艺术》,17页,湖北人民出版社,1988。
③ 张小劲、景跃进:《比较政治学导论》,84页,中国人民大学出版社,2001。

对象关系表现为影响关系、平行关系、学科交叉关系。影响的过程也就是接收和传播的过程。接收虽然是从外向内的输入，但和影响的从内向外的传播一样是多向性的。“多向性”不仅指影响源多，而且指更多文化遭遇碰撞的相互反应。此外，影响有直接、间接之分，从影响的结果看，有肯定影响和否定影响。形象研究作为影响研究的延伸，讨论的是一国在他国传媒中的形象。

平行关系涉及的领域十分广阔，基本点是关于新闻传播的内涵和外延的异同比较，从方法论的角度看，各分支学科，如研究新闻文体、新闻主题都有其具体的方法。学科交叉研究可作为平行研究的延伸，在具体的研究中应从交叉学科都适用的方法出发。

从对象数量关系看，有两种方法，即个案研究和变量研究。个案研究主要是指“针对某一宽泛的分类类型框架内的特定国家或特定主题即研究个案所展开的深入细致的研究以及在此基础上所展开的理论思考”。[①] 个案研究有 6 种“理想”类型，即描述性的、阐释性的、假说建构型的、理论增值型的、理论减值型的和异常型的。[②] 有学者认为“比较”的个案研究是十分有价值的，而多个案研究是“检视由多个事例、部分或者成员组成的某一事物的特殊研究”，也能够更好地理解“共同议题”在不同的情况下是如何运转的。[③]“共同议题”成为比较的基础和出发点。在此基础上，比较可以在三个维度上充分展开：一是水平维度，这样不仅可以将一个案例与另一个案例比较，还能够跟踪其社会行动者、文献或者其他影响这些个案的因素；二是垂直维度，比较不同层次的影响因素，从全球到国家，再到地区和当地社区三个层次；三是随着时间的推移进行横向迁移的比较的维度，[④]比如 19 世纪的报业与 20 世纪的报纸的比较等。但个案研究存在许多不足，比如，这几种类型研究中降低了个案研究开展理论介入的程度。所谓的变量研究则“是指在多个个案研究的基础上对这些个案展开综合性的分析和测度，意图辨析出其间的变量及其相互间关联的研究”。[⑤] 包括真伪对照分析和统计分析。介于两者之间的有集中比较，可以是双边比较，也可以是三边比较。

我们虽然是分开讨论两种方法论体系，但实际上，两者是相互融合的。此外，各种方法和方法论体系还要和具体的理论相结合，这样我们的比较研究才不至于沦为方法论的附庸。

---

① 张小劲、景跃进:《比较政治学导论》,89 页,中国人民大学出版社,2001。

② 张小劲、景跃进:《比较政治学导论》,90 页,中国人民大学出版社,2001。

③ 莱丝利·巴特利特,弗兰·维弗露丝,田京,倪好:《比较个案研究》,26 页,《教育科学研究》,2017(12)。

④ 莱丝利·巴特利特,弗兰·维弗露丝,田京,倪好:《比较个案研究》,26 页,《教育科学研究》,2017(12)。

⑤ 张小劲、景跃进:《比较政治学导论》,89 页,中国人民大学出版社,2001。

上编

比较新闻传播的影响研究

第一章
影响及影响研究理论

第一节　影响的基本内涵

一、比较的方法论意义

提到比较新闻传播学的研究方法，人们会自然想到比较的方法。比较法是一切科学领域最为普遍的研究方法，有科学研究的地方就有比较法存在。但是，对于比较新闻传播研究来说，比较法不仅是最重要、最常见的研究方法，而且具有方法论的意义。

“方法”是人类社会研究客观世界的某种工具，而对“方法”本身认识与掌握的理论就构成“方法论”。也就是说，“比较法”对于“比较新闻传播学”不能简单地停留在一般的工具意义层面，而要将其上升到系统的理论层面。如果比较法在比较新闻传播学领域仅作为一般工具使用，那么它就很难突破现有的研究水平而达到一个更高的层次，也就很难有新的发现、新的进步。

关于比较法在新闻传播领域的方法论意义，20 世纪 90 年代已有学者开始提及。比如关于可比性原则问题、同类比较和异类比较问题、纵向比较和横向比较问题等，这些问题的探讨都涉及对比较研究方法论意义的追寻。它标志着比较新闻传播研究向深层发展。不过这类认识和研究才刚刚开始，还有待于新闻传播研究者的继续努力。

我们认为，比较新闻传播研究中的“比较”至少有四个方面的内涵：新闻传播的影响比较；新闻传播的平行比较；新闻传播的阐释比较；新闻传播的译介比较。由上述四种比较视角，进而形成比较新闻传播学科的四个研究领域：影响研究、平行研究、阐释研究和译介研究。这四个方面构成比较新闻传播研究的完备系统，从而将“比较法”上升到比较新闻传播研究的方法论层面，这就可以有效地避免目前比较新闻传播学研究中简单的现象罗列和盲目的史料排对现象，进而为本学科的发展提供一个新的研究思路。

由于译介研究涉及历史、文化、语言、文字、翻译等多种学科，可以单独进行讨论。同时，译介又非比较新闻传播学研究的特有现象，它是跨学科研究中的普遍现象，因此，这里不作重点探讨。本书将集中笔力从影响、平行、阐释三个视角，展开中西新闻传播的比较研究。此种工作，就目前来看，还没有人做过，虽有些冒险，但也不失为童兵先生所说的“研究新问题，寻找新方法，获得新知识，发现新观点，论证新结论”的一次大胆尝试。

二、影响的概念

“影响”是跨学科研究中的一种普遍现象，新闻传播学领域也不例外。正如亚里士多德在《修辞学》中所说：“所有传播的目的是施加影响。”“影响研究”在所有跨学科研究中都处于十分重要的地位。

所谓“影响”是指两种或两种以上的事物之间因“事实联系（rapports de fait）”而产生的相互作用、相互改变的过程。

日本学者大塚幸男曾对“影响”一词作过追溯：“根据《小罗伯尔》辞典以及《法语大拉罗斯》辞书所释，具有影响含义的英文和法文 influence（德语是 influenz）一词，是由中世纪拉丁语 influentia 衍化而来的，因而在原本意义上，它包含有‘主宰人类命运的天体之力’的意思。这种‘力’，具有‘神秘’的本质。而且，这一名词是由古典拉丁语的动词 influere（流向、流出的意思）演变而成的，后转义为‘主宰他者的精神的、理智的力量’，被‘法国文艺对外国的影响（influence）’这样的文艺批评所采用。”[①]可见，“影响”理论是由比较文学理论家首先提出来的。乌尔利希·韦斯坦因也从比较文学的角度阐述了影响研究的重要意义：影响应该被认为是比较文学研究中十分关键的一个概念，因为它把两个有所区别的，因而也是可资比较的实体放在一起：发生影响的作品和影响所及的作品。这里有一点无须强调就可以明白，正如韦勒克指出的，在一个民族文学范围内的影响研究，并没有本质和方法上的不同。[②] 韦勒克突出影响的跨文化性与相互促进性。

三、事实联系与实证方法

从比较文学的视角来看，“影响研究”的核心和关键是“事实联系”和“实证方法”。

（1）“事实联系”是指两种或两种以上的事物之间要产生影响，必须在它们之间存在事实的客观的联系，否则，就不构成彼此的影响。换言之，联系是产生影响的必要条件。没有发生过联系也就无所谓影响，影响以两者或多者的联系为前提。在不同文化、不同地区、不同国家和不同种族的新闻传播事业发展过程中，曾发生这样那样或多或少的接触和碰撞，由此带来本土原生新闻境况的突然变异：或催生新的本土所没有的新闻现象、或改变旧的新闻传播状况。这些就是所谓的“事实联系”。在中外新闻传播史上，有过多

① ［日］大塚幸男：《比较文学原理》，陈秋峰、杨国华译，22～23页，陕西人民出版社，1985。
② ［美］乌尔利希·韦斯坦因：《比较文学与文学理论》，刘象愚译，27页，辽宁人民出版社，1987。

次这样的“事实联系”。从元代马可·波罗来中国以后，中外的新闻传播就开始了越来越多的事实联系和充分交流，直至诞生了清代中叶后的近代中国新闻事业。大凡由他种新闻事实介入而导致的原生新闻传播发生改变，均属“影响”研究的范畴。“事实联系”可以是某个具体的内容，如某个具体的新闻理论——新闻自由、新闻写作模式等，也可以是全方位的，如新闻传播理念、新闻传播实务、新闻传播管理、新闻传播技术和新闻传播教育等。影响研究就是集中力量探寻中西新闻传播活动中发生“事实联系”的内容，揭示它们之间的联系过程及其成因效果。

(2)实证方法是阐述事实联系的最重要、最基本的研究方法。事实联系要求比较新闻传播研究必须依托新闻文献学和新闻史学而展开。实证方法表明：揭示事物之间的联系要通过广泛的史料来证明。所谓无证不信、孤证不立，即表明“实证方法”对于研究“事实联系”的重要作用。“实证方法”就是通过大量的新闻史材料，来揭示在异质文化下各国新闻传播的生存状态。实际上，实证方法就是传统的考据学方法。它是从不同国家、不同民族的新闻传播相互影响的史料考证中来反映其中的效果和规律。

事实联系和实证方法构成“影响研究”的客观条件和研究方法。在比较文化学、比较政治学、比较经济学、比较文学和比较教育学等学科中，事实联系和实证方法都是其研究的基本立足点和基本研究方法。

由此形成比较新闻传播学“影响研究”的四个理论支点。一是，影响是超国界、跨文化的存在。各民族文化各国新闻传播之间在全球传播语境下长期存在着相互影响和相互作用的事实。这种影响既超越民族国家，又跨越文化语言。二是，影响是事实的联系。不同新闻传播事业之间的联系往往存在于大量的人物、事件和实务之中，即存在于“事实的联系”之中。如近代西方新闻观念何时、何地、在何种情况下传入中国，中国近代以来新闻事业又是如何走向西方等，其来龙去脉的过程就是所谓的事实联系。三是，影响是一个历史的过程。不同国度的新闻传播之间相互影响，是一个长期渐进的过程，不可能一蹴而就，影响研究就是要考查这一历史过程。四是，影响研究必须遵循历史发展的原则，在历史维度中展开研究。无论是西方新闻传播影响中国，还是中国新闻事业走向世界，都存在于一定的历史背景下，因此，影响研究者必须具有历史意识和历史观念。

概而言之，影响研究所关注的是不同新闻传播之间的“同”，“影响”一般具有双重规定性：其一，包括某个国家新闻传播中出现某种新的质素，而这种质素在该国自身传统里又无法找到其渊源，通过细致考证，这种质素的来源恰好能够从其他国家的新闻传播中得到很好的解释。其二，这种新质素已被本土新闻实践充分地吸收融化，成为本土新闻传播的一个有机构成因素。由此可见，所谓“影响”实为某一个国家新闻传播对另一个国家新闻传播的部分摄取。成功的影响总是意味着被摄取的部分已被消化，融入本土的新闻传播之中。因此，影响总是指新闻传播新素质的跨民族、跨语言或跨文化的“迁移”。

当然，影响研究对那些没有发生过联系的新闻传播活动则不感兴趣，正如法国文艺理论家巴尔登斯伯格所说：“仅仅对两个不同的对象同时看上一眼就作比较，仅仅靠主观记忆和印象的拼凑，靠一些主观臆想把可能游移不定的东西扯在一起来找点类似点，这样的比较决不可能产生论证的明晰。"①

四、建构影响研究的一般模式

影响研究不仅是建立在事实联系基础上的，而且是通过实证的方法来进行考证的。但是新闻传播的影响研究不能只停留在历史维度的简单比较上，要把影响研究上升到理论的高度，还必须建立新闻传播影响的一般模式，从而更好地认识新闻交流的实质及其对跨文化新闻对话的意义。

关于跨文化交流模式，雅克布逊（Roman Jacbson）提出过一个很好的模式（见下图）②：

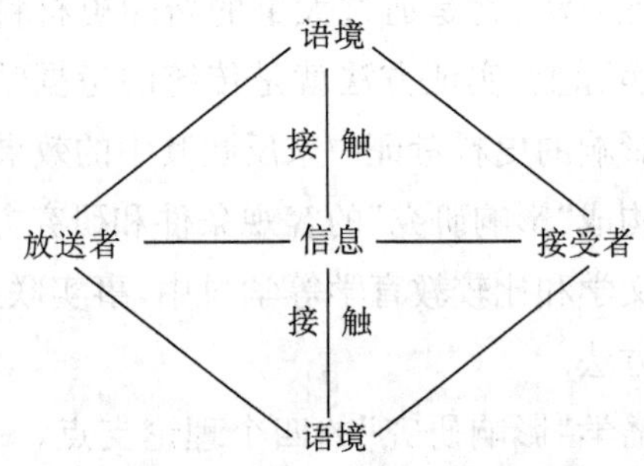

以上的模式图直观地告诉我们，异质文化背景下新闻活动之间的相互影响关系，主要由五个因素构成：放送者、接受者、信息、语境和接触。所谓"放送者"即输出影响的一方，而"接受者"则指受影响的一方，影响的内容即信息，影响的方式是通过接触来进行。

更为重要的是，从这一模式图，我们清晰地看出，任何一次新闻传播的放送与接受都不是单纯的线形过程，而是双向交流的反馈共存的过程。新闻传播间的事实联系不是单纯的信息单向传输的结果，而是彼此之间相互对话、调试的成果。在这种对话中，"语境"就显得十分重要。所谓"语境"就是事实联系所发生的文化背景与时代特征。每一次跨文化的新闻传播影响，都必须深入研究特定的文化和时代背景，这样才能真正理解影响的意义和出现的新闻现象的深层原因。无论是近代中国新闻事业的创生，还是海外华文报刊的大量涌现，其进程、内容、形式，都是上述五种因素共同作用的结果。相反，从五种因素中我们也会更清楚地考察出各国新闻传播之间相互影响的历史轨迹。因此，上述模式图是我们从事新闻传播影响研究的一把金钥匙。

---

① 杨乃乔：《比较文学概论》，14页，北京大学出版社，2002。

② 乐黛云：《比较文学原理新编》，104页，北京大学出版社，1998。

第二节　影响研究的特点

由上可见，构成新闻传播影响关系必须具备四个因素，或称四个条件：影响源、影响路径、影响对象和影响效果。由此形成比较新闻传播影响研究的四个层面：放送研究——从主体施事主动的角度进行比较；媒介（载体）研究——从载体介质层面进行比较；接受研究——从客体受事被动的视角进行比较；新闻形象研究——从影响效果的角度进行比较。新闻传播的影响研究，从本质上说就是围绕着这四个方面来进行的。

放送是行为主体影响关系的发出者，属影响源；媒介是影响关系的中介，承载左右着影响的路径和方式；接受则是影响行为的对象和归宿点；而新闻形象则属主体发出的影响信息对受体所产生的效果。如，近代以来西方新闻媒介对中国新闻的影响就包括这四个因素：放送者——西方；媒介——报刊、广播电视、通讯社、网络等；接受者——中国；新闻形象——中国的世界形象。此四点构成一个完整的对应系统，展示出一次新闻传播影响的完整过程。分析新闻传播影响关系的四个要素，我们发现，新闻传播影响具有以下四个方面的特点。

一、跨文化性与跨国界性

跨文化性与跨国界性是所有异质文化之间发生影响作用的一个普遍特点。所谓“异质文化”是相对于同质文化而言的。同质文化就是在共同或相似的宗教信仰、政治观念、道德观念、审美判断和地域环境下形成的思维方式、价值观念的趋同性或相似性的族群文化现象，而异质文化则是不同的宗教信仰、政治观念、道德观念、审美判断和地域环境下形成的思维方式、价值观念的趋异性的族群文化现象。由于历史的、人文的、地理的原因，全球人类被分隔在多元的文化区间内。据英国著名历史学家汤因比研究，世界历史上有过21种大的文化，其中有16种已消失在历史长河中，只有5种还活着。至今还活着的这几种文化，随着世界全球化的到来、人类“地球村”的出现，其交流的步伐也日益加快。但是，异质文化的先天性隔膜，使得他们之间的交流并非一帆风顺，冲突与矛盾、交流与融合将伴随着异质文化相互渗透的始终。从目前各个弱势文化、弱势族群对文化霸权由小心提防到高举全球地方化（glocalization）的大旗，再到逆全球化（degloblization）的呼喊，就可以略见一斑。

从上述异质文化的交流背景可知，跨文化跨国界的影响过程只能是一种循序渐进的渗透式过程，而不可能是摧枯拉朽的急风暴雨式。从文化人类学的角度看，跨文化间的交流主要有四种形式。

1. 种族间交流

种族间的交流是指信息放送者和信息接受者分属不同人种的交流。从人类肤色、毛发、眼睛和颅骨等方面的差别，可将其划分为黄、白、黑、棕等四大人种。通常不同人种间的交流是跨文化交流，如中国人和美国白人之间的文化交流就是跨文化交流之一种。

2. 民族间的交流

民族间的交流是指虽属同一人种，但分属不同民族之间的交流。跨民族间的交流往往发生在一个多民族的国家内，我国各民族间的文化交流就是一种跨民族交流。

3. 国际间的交流

国际间的交流是指发生在主权国家之间、政府之间的交流，常指外交和宣传领域的交流，具有跨种族和跨民族性。国际间交流通常更具有目的性，要受到国家政策、目标、需要、经济等方面的影响。

4. 亚文化交流

亚文化交流是指在同一文化背景下，由于地域、历史、社会发展水平的不同，在交流上产生差异。譬如，广东人与北京人之间、闽南人与四川人之间就有文化上的差异，甚至男女之间、老少之间的交流都属于跨文化交流之一种形式。

比较新闻传播研究实际上就是跨文化影响研究之一种。在跨文化情境下，各国新闻媒介之间的相互影响是比较新闻传播学的重要课题。21 世纪以来，全球媒体的互渗、强势媒体的“欺行霸市”，已是不争的事实。但同时又必须看到新闻传播间的影响所存在的巨大阻抗，媒介影响是在不断冲破各种文化阻力中缓慢前行的。新闻传播的影响过程充满艰辛，表现出明显的渐进性和渗透性特点。

以近代中国新闻事业的创生为例。中国近代的新闻事业是在西方近代报业的直接影响下产生的。19 世纪初，以马礼逊、米怜、郭士立、麦都思为代表的西方第一批报人传教士试图将近代新闻事业的第一缕阳光带给中国，但在当时，“近代报刊”亦如洋人的名字、语言、服饰、长相一样，被视为洪水猛兽，一律被国人拒之门外。所以，马礼逊等不得不采取循序渐进的方式，让中国人有一个适应的过程，其具体做法如下。

第一，在办报地点上，他们将第一份华文报刊——《察世俗每月统记传》放在东南亚的马六甲，然后由远及近，再到沿海地带的澳门、香港，最后深入广州、上海等内地。

第二，在报刊形式上，他们则运用中国书籍的装帧形式——册页式，同时，采取自右向左竖排文字，右侧装订，与中国旧式线装书十分相似。报刊的封面也极具中国特色：使用中国纪年，引用中国古代哲人名言等。如《察世俗每月统记传》封面有“嘉庆×年×月，子曰多闻择其善者而从之”等字样；《东西洋考每月统记传》封面有“道光×年×月，人无远虑必有近忧”等字样。

第三，在报刊内容上，传教士们虽然十分清楚他们的任务——传经布道，“以阐发基督教义为根本要务”，但往往不是直接正面宣传，而采用中国传统伦理道德的说教方式，循序渐进，不急不躁。将中国儒家道德精神赋予西方宗教教义，进行解释，如《论仁》《仁义之心人皆有之》《古皇怨人》《自不欲不施之于人》等都借用了儒家思想来进行宗教宣传。

第四，在写作方法上，他们也大量使用中国古典章回小说的一贯做法，在连稿结尾处常用“欲知后事如何，且听下回分解”等字样。

中国近代新闻事业的出现表明，第一代西方报人面对闭关锁国多年的中国民众，他们不可能采用西方的说教方式，而是缓缓导入，循序渐进。他们深谙“终欲取之，必先予之”的道理，首先采用迎合中国人的思维习惯并运用中国人所熟悉的形式来进行。将基督教义附会于儒家学说之中，收到了良好的效果。近代中国新闻事业的出现充分证明，新闻传播活动在进行异质文化跨越影响时，必须遵循循序渐进的原则。

二、接触性与互动性

1. 接触性

前文已述，影响研究是以事实联系为基础的。换言之，新闻传播的影响当然就以考察各国新闻传播的实际接触过程为指归。事实联系就是影响研究接触性的具体表现。按照新闻传播史的线索，从新闻传播理论、实务、技术、管理和教育等多个层面进行比较，展示彼此间直接发生影响的每一个环节，包括影响的具体过程、成功经验、失败教训等，客观叙述各国新闻传播交流过程中相互碰撞排斥、接纳融合与共同发展的历史，试图发现和探索一些新闻传播学科的自身发展规律。

新闻传播的影响研究一般不作抽象的学理推论，而是以新闻史的事实为根据，按照新闻发展的历史阶段，逐一考察不同历史时期中西新闻之间的交流过程。它是直接将异质新闻传播之间放送和接受的事实呈现出来，直接对话，让人们感受到新闻传播的传承与嬗变，进而总结出符合客观事实的结论。

从前一节的模式图可以知道，影响的重要前提和基础是接触，没有接触就很难谈得上影响。近代西方新闻传播对中国新闻的影响，就是由传教士的直接介入开始的。

2. 互动性

互动性是指异质新闻传播之间的相互融合以及相互适应改变的特点。具体包括以下两层含义。

其一，就接受者而言，是指在接受异质新闻文化、新闻理念、新闻实践影响时所发生的质和量的变异。如我国新闻事业由古代新闻向近代新闻的质的飞跃，就是在西方近代文化和近代报业的直接影响下产生的。它既有古代新闻的某些样式，在性质上又不完全等同于古代新闻。

其二，就放送者来说，当实施影响的新闻传播主体，在向他国进行发送影响时，为了达到预期目的，有时不得不作出相应的调整，其调整的幅度和范围或大或小，因时因地因情而变。以西方新闻对近代中国新闻的影响为例，由于古老封建的中国视西方人、西方文化及西方新闻为洪水猛兽，一开始，根本无法接受，因此西方传教士在实施传播西方宗教文化时，不得不绞尽脑汁调整自己的战略战术。这种调整互动不仅必要，而且取得了良好的预期效果。

任何异质新闻传播之间的影响都是客观接触和主观互动的过程。

三、历时性和史料性

如果说上面两点主要侧重于比较新闻传播影响的特点，那么历时性和史料性则反映出影响研究的立足点。

1. 历时性

就是按照中外新闻传播之间发生影响的时间顺序来进行研究，将中外新闻传播影响分成几个时期来进行考察。如西方新闻对中国的影响主要有三个时期：近代外国人在中国的办报；现代外国人在华的新闻事业；当代西方媒介著作在中国的译介情况。以时间为经，以媒体类型（包括报刊、广播、电视和网络等媒体）为纬，探讨不同历史时期，西方新闻传播对中国新闻事业是如何影响的。又如，探讨中国新闻传播对国外的影响，主要分维新派在国外的办报时期、资产阶级在国外的办报时期，以及抗日战争时期的海外华文报刊等几个时期。本书从宏观的历史线索中，着重考察几个重要历史时期的中外新闻交流状况，探讨其中相互影响的过程。点线结合，既有宏观线性描述，又有微观重点考察。

2. 史料性

史料性与接触性是密切相关的，因为有直接接触才有可能存在影响的历史史料。当然，间接影响是有的，但是，绝对的隔绝，没有丝毫的信息管道流通，间接影响恐怕也很难产生，如近代以来西方文化学者对中国文化颇感兴趣，像德国哲学家莱布尼茨（1646—1716）、沃尔夫（1679—1754）、康德（1724—1804）、诗人歌德（1749—1832），法国思想家孟德斯鸠（1689—1755）、伏尔泰（1694—1778）等很多人，都深受中国文化的影响，但他们中绝大多数根本没到过中国。这种间接影响的产生，就得益于中国文化典籍的西传，没有这一间接信息渠道，影响是不可能产生的。同时，史料的丰富与否也直接反映异质新闻传播之间相互影响的程度。中外新闻传播之间的影响研究都建立在实证的基础上，通过大量的历史事实来展示它们之间的影响过程及其规律。

就新闻传播而言，比较研究的史料形态是多种多样的，而且不同时期史料形态主体也在不断变化。如近代中外新闻交流和影响主要是报纸期刊，现代以后扩展到广播电视，当代则主要表现在网络信息技术等方面。影响研究就是以各个时期新闻事业的主体形态为内容展开研究的，突出其史料性和实证性。

第三节　影响研究的层面

新闻传播学是一门包罗甚广的学科门类，包括理论、体制、实务、管理、技术和教育等多个方面。从理论上说，异质新闻传播之间的相互影响总是全方位整体进行的，因此，影响研究应该涉及新闻传播的方方面面。当然，对新闻传播活动产生直接而重大影响的不外乎是新闻观念和新闻实务等少数几个方面的内容。本书主要从新闻史实、新闻理论和新闻实务等角度进行影响研究的阐释。

一、影响研究的史实层面

史实层面就是通过新闻传播的影响事实，展示在中外新闻传播的相互影响下，各自的新闻传播成果。主要以中外新闻工作者各自在别国所从事的新闻传播活动为对象，历时地、客观地叙述其新闻活动的全过程。所选媒体类型有报刊、广播、著述等。

如西方人在中国的办报过程。近现代西方人所办报刊，包括创办人员、创办时间、创办背景、刊物数量、刊物品种、刊物的内容和形式、有何特色、产生影响等。又如，现代西方人在华的广播事业，广播品种、效果影响等。本书将分几个时期、几种类型进行叙述。

同时，近现代中国人在国外(海外华文报刊)的办报经过，则是中国新闻传播国际影响的重要表现。海外华文报刊的形成发展大致经历了以下几个重要时期：早期华侨在国外的办报过程，维新派的海外办报过程，资产阶级革命派的海外办报过程，抗战时期爱国华侨的海外办报过程等。

以上视角虽然不同，但都是在异质文化背景下所从事的新闻传播活动，或多或少会对所在国的新闻传播事业产生这样或那样的影响。所以，比较新闻传播的影响研究，首先就是要分章分节论述中外新闻交流的历史，在此基础上，再进一步总结探讨彼此之间深层次的影响规律。

二、影响研究的理论层面

任何一门学科都有自己的理论体系，尽管这种体系的建立有时会比较漫长，而有时则相对迅速，很多时候还显得不够完善。学科理论体系的完整与否在某种意义上可以反映一门学科的成熟度。学科理论往往决定其学科的性质、学科的价值和学科的意义，新闻传播的影响研究将以新闻的理论传播为线索，探寻中外新闻传播理念是如何跨文化、跨地域、跨国度进行影响的。

新闻传播理论众多，就中国新闻传播史来看，很多重要的新闻理论都来源于西方。如“新闻”含义，无论是陆定一的“报道论”，还是宁树藩的“信息论”，还有“事实论”“新奇论”等，都是在西方近百种新闻定义的基础上完善总结出来的。又如新闻自由理念，主要产生于西方，它是如何发展起来的，对中国有何影响。再如新闻真实性理论、新闻价值理论、客观报道理论、社会责任理论、新闻职业道德，等等。而现代传播学理论则几乎完全由西方传入，在中华大地上是没有所谓传播学理论的，从理论到实务都是“舶来品”。然而，今天中国传播学界却显得相当火爆，这当然归功于西方传播理论的影响。影响研究的理论层面着重探讨中西新闻理论之间的影响过程，特别是西方新闻传播理论对中国新闻事业的影响。

三、影响研究的实务层面

从严格意义上说，新闻传播学应该属于应用型学科，新闻学是由于人们对新闻信息的迫切需要而产生的，新闻作为"术"的状态持续了相当长的时间，以至今天仍有"新闻无学有术"之说。直到近代以来，人们才开始对新闻学进行学理上的探讨。即使在今天，新闻学的探讨与研究，"术"的成分仍然占有重要的比重。因此，影响的实务研究应当是比较新闻传播研究的重要组成部分。

新闻实务内容丰富，大到媒介管理、媒介制度、媒介文化政策，小到编辑部的编辑方针、新闻策划、新闻采访、新闻写作、新闻编辑、新闻评论等都属于新闻实务的范畴。影响研究的实务层面，就是试图探究中外新闻业务方面的影响过程，特别是西方新闻业务对中国新闻事业的影响。

由于新闻业务总是渗透在每一次的新闻传播的实践过程中，而且新闻实践又具有历时性的特点，因此，业务影响往往是零星的、漫长的，但它总是自始至终伴随着新闻传播的每一个环节。例如，就报刊类型论，我们在总结西方近代新闻事业影响中国时，自然会想到宗教报刊。宗教报刊是中国近代报业发端的一个典型形式。它的办刊目的、管理方式、宗教文化内容、采写编评都围绕着传教来进行，而它的少社会现实内容多宗教教义宣传的策略、它的中国古典线装直排半文言表达方式，以及报刊发行多免费赠送，等等，都是特定历史背景下独特的新闻传播方式，值得研究。其次是商业报刊，随着西方商业经济在中国的渗透与发展，人们对商业信息和船期的关注与期待日益迫切，于是近代报刊的商业性明显加强，直至发展形成近代商业化报刊。如我国近代第一份纯粹商业性报纸——《香港船头货价纸》就是一例，还有如党派报刊、文化报刊、专业报刊等。

不同类型的报刊，其目的不同，业务方式自然差异很大。西方的宗教报刊、商业报刊、党派报刊、文化专业报刊在管理、编辑、经营方式上显然有诸多区别。新闻业务上的变化，对后来中国的报业影响相当大。这些都是影响研究实务层面所关注的内容。

又如，就传播媒体类型论，大众传播的主要媒体，其发展经历了四个重要阶段——新闻报刊阶段，广播阶段，电视阶段，网络阶段。现代意义上的新闻传播四种媒体都无一例外产生于西方（尽管中国古代也有报纸，如唐代孙樵的《开元杂报》，宋代的朝报、小报，明代的《天变邸钞》《万历邸钞》等，但它与近代意义上的报刊是有性质区别的）。可以说，现代意义上的新闻事业产生于西方，现代意义的新闻传播学研究也是从西方传入的。比较的目的就是要研究它是如何传入中国、如何影响中国的新闻传播实务的。

此外，影响研究还涉及新闻教育、传播技术等方面，限于篇幅，本书暂不作深入探究。

第四节　全球化与影响研究理论

一、全球化的必然趋势

自人类进入 21 世纪以来，全球化已经成为世界各国无法回避的现实。现在，全世界的文化学者，包括新闻学者，都在从不同领域、不同视角关注全球化的问题。

何谓全球化？“全球化”一词最早被收入《韦氏大词典》和《牛津英语词典》是20世纪60年代的事。随着科学技术、信息通信、交通运输日益表现出洲际性特点，人们对全球化的理解逐渐深入，全球化的基本特征日益被人们认识。全球化最明显的特征在于共时性，按照安东尼·吉登斯的解释：世界范围内社会关系的强化，这些关系以一种方式不同的地方性联系起来，以致地方性事变的形态受到远距离以外的事变的影响。反之亦然。具体来说，就是空间上的世界压缩和地域上的紧密联结。借用加拿大传播学者麦克卢汉的说法，就是“地球村”。在小如村庄的地球上，每时每刻发生的事情都会在极短时间内传遍全球，仿佛从村东传到村西那么简单、方便、快捷。

如今全球化的特征表现为全球经济一体化、全球科技一体化、全球信息网络化，以及全球政治的透明化和文明的冲突等多个方面。全球化虽然会出现一些曲折，短期还可能产生“逆全球化”的变数，但全球化是一种必然趋势，又会带来空前的文明和文化的大碰撞。由于发达国家与发展中国家对全球化的理解存在着很大的差异，故而引发了诸多的论争。

二、文化全球化的争论

全球化给全球社会带来了前所未有的挑战，它对现代社会的各个方面都构成了冲击。无论是对经济全球化、政治全球化，还是对文化全球化、军事全球化、环境全球化，都会产生两种截然不同的态度：接受理解与抵制对抗。与比较新闻传播关系密切的是文化全球化的讨论。文化全球化涉及文化霸权、文化殖民与民族主义（即全球化与本土化），文化身份与文化认同，精英文化与大众文化，文化同质与文化多元等问题。

抵制和反对全球化者（逆全球化）多为发展中（或弱势）国家的民族主义者。他们认为全球化几乎是帝国主义、霸权主义或殖民主义的代名词，是从外部强加给发展中国家的，是资本主义市场经济体制（WTO的本质就是资本主义经济体制的全球化）和民主制度（以美国民主制为其标志）的扩张与征服。全球化是西方价值观念的象征和代表，与殖民主义、霸权主义有着千丝万缕的联系，而文化全球化更是文化霸权主义蚕食鲸吞的策略。

文化全球化带来的另一个问题就是大众文化与精英文化的空前紧张。在传统的文化观念中，精英文化与大众文化或曰高雅文化与通俗文化的区别是泾渭分明的，而且精英文化或高雅文化总是以正统和经典的高级文化自居，严肃高雅文化对自设为低级文化的大众或通俗文化一直处于支配和统治地位。但是，随着后现代主义的出现和现代传播媒介网络技术的异军突起，传统文化观中的权威和中心逐渐被消解，大众文化不仅没有降低其地位，而且发展势头迅猛，大有超越精英文化之势。在市场经济和大众流行文化背景下，精英与经典被无端地冷落，就是最好的说明。

尽管在大众文化研究中，以德国法兰克福学派为代表的批判学派，对大众文化进行了有力的抨击，认为大众文化是资产阶级国家意识形态、欺骗民众的工具，扼杀了人的精神创造力，削弱了个体意识和批判精神，但是，进入后工业社会，兴起于城市的以全球化现代传媒为介质、大批量生产的、复制的当代文化形态——大众文化，仍冲击着整个精英文化价值系统。文化全球化是全球文化大众化的重要契机。传统意义上的文学日渐式微，经典文化渐受冷落，代之而起的是好莱坞大片、通俗小说、时尚报刊、网络文学等所谓的"消费文化"或"快餐文化"。

三、全球化与比较新闻传播学的研究意义

1. 国际新闻传播的全球展开

20世纪后期，以互联网为代表的通信技术的飞速发展，全球新闻直播、E-Mail、信息高速公路不断进步，原来意义上的国家、民族和文化，仿佛在一夜之间发生了根本的改变，原来的空间感、时间感都失去了真实感或实在感。现代传媒让地球的地域联结更加紧密。阿富汗战事、"9·11"事件、伊拉克战争、"SARS""新冠病毒"等事件在全球的广泛传播，使得地球的联系空前紧密。而且愈是世界性的事件，新闻传媒的作用就愈显突出。当今世界，新闻媒介的作用已经是不可或缺的，离开全球新闻传播的世界将是不可想象的。全球新闻传播既是全球化的结果，又是全球化的重要推动力，两者彼此互动共存。然而，由于世界各地的文化类型、种族特征、民族信仰的不同，在实施国际新闻传播过程中，必然出现各种障碍，为了更好地沟通交流，必须对此进行理论上的探讨，由此，比较新闻传播学便应运而生。

同时，文化的大众化和文化的全球化，让人们重新思考现代传媒在大众文化传播中的特殊地位。也就是说，全球化为比较新闻传播学研究带来了新的机遇。如何实施跨文化、跨国界、跨民族的新闻传播活动，是当今新闻传播学者特别是比较新闻研究者必须面对的课题。而且此课题研究对于调节全球新闻传播，将具有非常重要的理论价值和现实意义。

2. 比较新闻传播学研究意义

从当今国际新闻传播的现状看，存在的问题是明显而众多的，比如，全球新闻传播资源的贫富不均；新闻传播技术的力量悬殊，形成少数发达国家新闻传媒的绝对优势地位，发展中国家新闻传播的声音微弱甚至消失的现象；发展中国家新闻形象被歪曲或被"妖魔化"等。

以上诸种情况是构成新闻霸权、文化霸权和文化殖民的一种重要原因。如何调节或改变此种不良状况，将历史地落到比较新闻传播学者的身上，这就构成了比较新闻传播学的研究意义。

第二章 西方新闻传播人在中国

我们知道，要探讨中西新闻传播之间的相互影响，必须从新闻交流史的角度来进行研究，注重“事实联系”与“实证方法”。在中西新闻传播的交流过程中，无论是影响的深度和广度，还是产生的事实效应，西方新闻传播对中国新闻事业的作用都要比中国新闻活动对西方新闻事业影响大得多。只要回顾一下，一百年来西方新闻传播者来华从事新闻活动的历史轨迹，就会清楚地感受到西方新闻观念对中国新闻事业影响之深远，而所有这些影响都起源于早期西方人在中国的文化探索。

第一节　早期西方人在中国的文化探寻

新闻事业说到底是文化事业之一种。比较新闻传播，其实质是一种跨文化传播现象。中西新闻事业的相互接触影响是在中西文化的相互交流碰撞中出现的。换言之，西方新闻传播思想及实践是伴随着西学东渐而传入中国的。因此，有必要简单考察一下早期西方人在中国的探寻活动。

西方人对东方世界的文化探寻已有好几百年的历史。虽然这些人的身份不同、国度不同、目标任务也不尽相同，但是他们行动的效果是一致的：沟通东西方文化、了解东方社会，为西方文化的大规模传播做好了战略上的准备。

一、马可·波罗

最早来中国进行探寻并对中西文化交流产生重大影响的西方人，要算意大利旅行家马可·波罗(1254—1324)。尽管对他是否来过中国尚有争论，但是关于他在中国的传奇经历，是东西方人们津津乐道的美妙话题。据说他在中国生活了 17 年之久，先后游历过元首都——大都等中国许多地方。他的《马可·波罗游记》就是从中西文化比较的角度进行记述的。作者在本书中不仅记载了中西文化的差异，而且表现出对东方文化的无限赞赏和向往。他称赞中国都城的雄奇宏大、皇宫内苑的富丽恢宏、全国驿道的四通八达、通都大邑的繁华富庶、风俗民情的宁静淳朴。他说:“合全国驿站计之,备马有三十万匹,专为钦使所用,驿站大房屋,有一万余所,皆设备艳丽,其华靡情景,诗人难以笔述也。”①他对中国古都的赞美羡慕之情,溢于言表。在《马可·波罗游记》中,还讲到元朝皇帝(大可汗)对于“新闻”信息的渴望:“马可字罗以前曾经听见过派到世界各处的钦使回来的时候,报告他们的职务以外,总是不能拿他们所到各国的别种新闻,告诉大可汗。所以大可汗常说他们是傻子,是无知无识的人。他说他愿意听外国的奇事风俗习惯,比较听他们服告职务更深。马哥很晓得这种情形,所以他这次奉使,特别注意所见到的奇怪事情,预备回来的时候讲给大可汗听。”

继马可·波罗之后,1312年,另一位意大利人鄂多立克也来到中国。他在中国居住了3年,先后漫游过广州、泉州、杭州、南京等当时的大都市,后来也到达元朝的大都。他在《东游记》中对异域文化的新奇与欣赏,曾引起西方人对于东方古国的无限遐想。当然,对于中西文化真正进行理性自觉比较的西方人还是明朝来华的利玛窦。

二、利玛窦

利玛窦(1552—1610)是意大利的一名传教士。自1583年来到中国,到1610年5月2日在北京去世,他在中国生活了23年。利玛窦给中国人带来了西方先进的科技知识,也让西方人更多地了解到了这个神秘的东方古国。他对中西文化的交流产生过巨大影响。他的一生,著述等身。其著作的基本主题有两个:西方科技知识和宗教教义;中国儒家文化。代表作有《几何原本》《天主实义》《西国记法》《徐光启行略》《乾坤体义》《万国舆图》等。他的著作较为理性客观地评价了中西方文化的优劣,譬如他对中国文化和中国人作这样的评价:

> 中国人不仅在道德哲学上还在天文学上和很多数学分支方面取得很大的进步……他们大部分机械工艺都很发达,他们的按脉方法和我们一样,治病也相当成功。在这样一个几乎具有无数人口和无限幅员的国家,而各种物产又极为丰富,虽然他们有装备精良的陆军和海军,很容易征服邻近的国家,他们的皇上和人民都从未想过要发动侵略战争,他们很满足自己有的东西,没有征服的野心。在这方面,他们与欧洲人很不相同。欧洲人常常不满自己的政府,并贪求他人的东西。

语言虽朴实无华,但道出了中西方人格心理的深层内涵和文化差异。他对中国人的礼仪和友善极为推崇,而对欧洲人的贪多务夺心理,深为不满。当然,他的书中,对中国人的夜郎自大、处处以“天朝上国”自居、由极端自尊而至极端自卑的心理,也是一针见

① 《马可·波罗游记》卷二,吕超《外国人的中国观》,28页,辽宁教育出版社,1995。

血，毫不留情。

三、汤若望

明末清初来华的传教士中，德国天主教徒汤若望(1591—1666)也是对中西文化的交流产生过重大影响的西方人士。他精通天文、历法、数学、机械制造。入清以后备受清廷重视。多尔衮命其修历法，重编"时宪历"，掌管钦天监监印，委以重任。顺治二年(1645)加封太常寺少卿衔，成为正四品清朝官员。福临亲政后，汤氏地位更是青云直上。顺治十年(1653)三月，赐名"通玄教师"，十二年(1655)授为通政使，十五年(1658)诰封光禄大夫，为正一品衔。甚至孝庄文皇后也称汤氏为义父，福临称他"玛法"，即汉语"爷爷"的意思。汤若望见皇帝福临时，特赐免跪。福临皇帝还多次亲临汤若望住处，"作较长之晤谈"，"皇帝亲到民宅，这是非常稀少的事件"。[①] 甚至在立三子玄烨为皇太子这一重大事情上，也采纳过汤若望的意见。由此可见，汤氏在当时清廷的崇高地位。正是这种特殊身份，极大地方便了他的文化图书译介工作。汤若望一生著述颇丰，对于近代西方文化的大量东输，作出了巨大贡献。

四、明清之际西方传教士在中国

除上述几位之外，明清之际还有一大批西方传教士在中西文化交流中扮演过重要角色。如意大利人理雅格、艾略儒、利类思，比利时人南怀仁，法国人白晋、金尼阁，西班牙人徐日升等。关于明清之际耶稣传教士在中国及其著述情况见下表(以卒年先后为序)。[②]

原名	译名	国籍	来华年	卒年	卒地	著作
Saint Francoi de Xavier S. Franci scus Xaverius	方济各沙勿略	西班牙	未详	明嘉靖三十一年(1552)	上川岛	
Eduardus de Sande	孟三德	葡萄牙	明万历十三年(1585)	明万历二十八年(1600)	澳门	《崇祯历书》《长历补注解惑》《主制群征》《主教缘起》《远镜说》《进呈书像浑天仪说》
Joao Soerio	苏如汉	葡萄牙	明万历二十三年(1595)	明万历三十五年(1607)	澳门	《圣教约言》

① 白寿彝：《中国通史》第18册，126页，上海人民出版社，1996。

② 梁启超：《中国近三百年学术史》，38～46页，东方出版社，1996。

续表

原名	译名	国籍	来华年	卒年	卒地	著作
Mattaeus Ricci	利玛窦	意大利	明万历十一年(1583)	明万历三十八年(1610)	北京	《天主实义》《几何原本》《交友论》《同文算指通篇》《西国记法》《勾股义》《二十五言》《圜容较义》《畸人十篇》《徐光启行略》《辨学遗迹》《乾坤体义》《经天该》《奏疏》《斋旨》《测量法义》《西字奇迹》《浑盖通宪图说》《万国舆图》
Didacus de Pantoja	庞迪我	西班牙	明万历二十七年(1599)	明万历四十六年(1618)	澳门	《耶稣苦难祷文》《未来辩论天主实义续篇》《庞子遗诠》《七克大全》《天神魔魂说》《人类原始》《受难始末》《辩揭》《奏疏》
Sabbath inus de Ursis	熊三拔	意大利	明万历三十四年(1606)	明泰昌元年(1620)	澳门	《泰西水法》《表度说》《简平仪说》
Joannees de Rocha	罗如望	葡萄牙	明万历十六年(1588)	明天启三年(1623)	杭州	《天主圣教启蒙》《天主圣像略说》
Nicolans Trigault	金尼阁	法国	明万历三十八年(1610)	明崇祯元年(1628)	杭州	《宗教祷文》《西儒耳目资》《况义》《意拾谕言》《推历年瞻礼法》
Joannes Terrenz	邓玉函	德国	明天启元年(1621)	明崇祯三年(1630)	北京	《远西奇器图说录》《人身概说》《测天约说》《黄赤距度表》《正球升度表》《大测》《诸器图说》
Joannes Froez	伏若望	葡萄牙	明天启四年(1624)	明崇祯十一年(1638)	杭州	《五伤经礼规程》《善终助功》《苦难祷文》
Alphonsus Vagnoni	高一志 王丰肃	意大利	明万历三十五年(1607)	明崇祯十三年(1640)	漳州	《则圣十篇》《齐家西学》《天主圣教圣人行实》《达道纪言》《四末论》《修身西学》《譬学》《励学古言》《教要解略》《寰宇始末》《圣母行实》《神鬼真纪》《十慰》《童幼教育》《空际格致》《西学治平》《斐录汇答》《推验正道论》
Lazarus Cattaneo	郭居静	瑞士	明万历二十五年(1597)	明崇祯十三年(1640)	杭州	《性灵诣主》

续表

原名	译名	国籍	来华年	卒年	卒地	著作
Roderieius de Figueredo	费乐德	西班牙	明天启二年(1622)	明崇祯十五年(1642)	开封	《念经总牍》《圣教源流》《念经劝》
Augusinus Tudeschini	杜奥定	德国	明万历二十六年(1598)	明崇祯十六年(1643)	福州	《渡海苦迹记》《杜奥定先生东来渡海苦迹》
Joannes Motheiro	孟儒望	葡萄牙	明崇祯十年(1637)	清顺治五年(1648)	印度	《天学略义》《天学辨敬录》《炤迷镜》
Julius Aleni	艾儒略	意大利	明万四十一年(1613)	清顺治六年(1649)	福州	《弥撒祭义》《天主降生言行纪略》《出像经解》《耶稣言行纪略》《性灵篇》《景教碑颂》《圣体祷文》《坤舆图说》《十五端图像》《熙朝崇正集》《杨淇圆行略》《张弥格遗迹》《万物真原》《涤罪正规》《三山论学纪》《圣体要理》《圣教歌》《圣教四字教文》《悔罪要旨》《几何要法》《口铎日钞》《五十言余》《西方答问》《西学凡》《职方外纪》《性学粗述》《天主降生引义》《大西利西泰子传》《大西利西泰先生行迹》《艾先生行述》《思及先生行迹》《泰西思及艾先生行述》《西海艾先生行略》《泰西艾先生思及先生语录》
Gaspar Ferreira	费奇规	葡萄牙	明万历三十二年(1604)	清顺治六年(1649)		《振心诸经》《周年主保圣人单》《玫瑰经十五编》
Franciscus Sambiaso	毕方济	意大利	明万历四十二年(1614)	清顺治六年(1649)	广东	《画答》《睡画二答》《灵言蠡勺》《奏折皇帝御制诗》
Franciscus Furtado	傅汎斋	葡萄牙	明天启元年(1621)	清顺治十年(1653)	澳门	《名理探》《寰有诠》
Nicolaus Longobardi	龙华民	意大利	明万历二十五年(1597)	清顺治十一年(1654.9.1)	北京	《丝说》《念珠规程》《灵魂道体》《圣教日课》《圣若撒法始末》《地震解》《急救事宜》《圣人祷文》
Alvarus de Semedo	曾德昭	葡萄牙	明万历四十一年(1613)	清顺治十五年(1658)	澳门	《字考》

续表

原名	译名	国籍	来华年	卒年	卒地	著作
Emmanuel Diaz Jeune Junior	阳玛诺	葡萄牙	明万历三十八年(1610)	清顺治十六年(1659)	杭州	《圣若瑟行实》《天问略》《十诫真诠》《圣经真解》《天学举要》《唐景教碑颂正诠》《代疑论》《袖珍日课》《经世全书》《经世全书句解》《避罪指南》《天神祷文》
Cunba Simon de	瞿西满	葡萄牙	明崇祯二年(1629)	清顺治十七年(1660)	澳门	《经要直指》
Ferran Andreas	郎安德	葡萄牙	清顺治十五年(1658)	清顺治十八年(1661)	福州	
Martinus Martini	卫匡国	匈牙利	明崇祯十六年(1643)	清顺治十八年(1661)	杭州	《真主灵性理证》《逑友篇》
Hierongmus de Gravina	贾宜睦	意大利	明崇祯十年(1637)	清康熙元年(1662)	漳州	《提正编》《辨惑论》
Costa Ignatius de Costa	郭纳爵	葡萄牙	明崇祯七年(1634)	清康熙五年(1666)	广东	《原染亏益》《身后编》《老人妙处》《教要》
J. Adam Schall Von Bell	汤若望	德国	明天启二年(1622)	清康熙五年(1666)	北京	《真福训诠》《古今交食考》《西洋测日历》《星图》《交食历指》《交食表》《恒星历指》《恒星表》《共译各图八线表》《恒星出没》《学历小辨》《测食略》《测天约说》《大测》《奏疏》《新历晓惑》《新法历引》《历法西传》《新法表异》《敕谕》《寿文》
Michall Guggieri	罗明坚	意大利	明万历九年(1581)	清康熙六年(1667)	未详	《天主圣教实录》
Antonio de Santama ria	利安定	西班牙	明崇祯六年(1633)	清康熙八年(1669)	广东	《正学镠石》
Francisc us Brancati	潘国光	意大利	明崇祯十年(1637)	清康熙十年(1671)	上海	《十诫劝谕》《圣体规仪》《圣教四规》《圣安德助宗徒瞻礼》《天阶》《瞻礼口铎》《天神规课》《天神会课》
Franciscus de Rougem ont	卢日满	荷兰	清顺治十六年(1659)	清康熙十五年(1676)	漳州	《要理六端》《天主圣教要理》《问世编》

续表

原名	译名	国籍	来华年	卒年	卒地	著作
Antonius de Gouvea	何大化	葡萄牙	明崇祯九年(1636)	清康熙十六年(1677)	福州	《蒙引要览》
Gabriel de Magala hens	安文思	葡萄牙	明崇祯十三年(1640)	清康熙十六年(1677)	北京	《复活论》
Andreas Lobelli	陆安德	未详	清顺治十六年(1659)	清康熙二十二年(1683)	澳门	《圣教略说》《真福直指》《善生福终正路》《圣教问答》《圣教撮言》《圣教要理》《默想大全》《默想规矩》《万民四末图》
Ludovicus Buglio	利类思	意大利	明崇祯十年(1637)	清康熙二十三年(1684)	北京	《天主正教约征》《圣教要旨》《超性学要》《狮子说》《司铎典要》《灵性说》《不得已辨》《御览西方纪要》《圣母小日课》《已亡者日课经》《圣教简要》《善终瘗茔礼典》《弥撒经典》《日课概要》《圣事礼典》《安先生行述》《天主圣体》《三位一体》《万物原始》《天神形物之造》《灵鬼》《首人受造》《昭祀经典》《进呈鹰论》
Ferdinandus Verbiest	南怀仁	比利时	清顺治十六年(1659)	清康熙二十七年(1688)	北京	《妄推吉凶辨》《熙朝定案》《验气图说》《坤舆图说》《告解原义》《善恶报略说》《教要序论》《不得已辨》《仪象志》《仪象图》《康熙永年历法》《测验纪略》《坤舆全图》《简平规总星图》《赤道南北星图》《妄占辨》《预推纪验》《形性理推》《光向异验理推》《理辨之引咎》《目司图总》《理推各国说》《御览简平新仪式用法》《进呈穷理学》
Jacobus Motel	穆迪我	荷兰	清顺治十四年(1657)	清康熙三十一年(1692)	武汉	《圣洗规仪》
Philipus Couplet	柏应理	比利时	清顺治十六年(1659)	清康熙三十二年(1693)	未详	《天主圣教永年瞻礼单》《天主圣教百问答》《四末真论》《圣波尔日亚行实》《圣若瑟祷文》《周岁圣人行略》

续表

原名	译名	国籍	来华年	卒年	卒地	著作
Augustinde San Poscual	利安定	西班牙	清康熙九年(1670)	清康熙三十四年(1695)	未详	《永福天衢》《天成人要集》
Prosper Lntercetta	殷泽铎	意大利	清顺治十六年(1659)	清康熙三十五年(1696)	杭州	《耶稣会例》《西文四书直解》《泰西殷觉斯先生行述》
Adrianus Creslon	聂仲迁	法国	清康熙十四年(1675)	清康熙三十六年(1697)	赣州	《古圣行实》
Basillio Brollo	叶宗贤	未详	清康熙二十三年(1684)	清康熙四十三年(1704)	西安	《宗元直指》
Thomas Pereyra	徐日升	西班牙	清康熙十二年(1673)	清康熙四十七年(1708)	北京	《南先生行述》《律吕正义续篇》
Gaspard Kastner	庞嘉宾	德国	清康熙十八年(1679)	清康熙四十八年(1709)	北京	
Manuel de Sanjuan Bautista	利安宁	西班牙	清康熙二十四年(1685)	清康熙四十九年(1710)	北京	《破迷集》《圣文都竦圣母日课》
Emeriede Chavagnac	沙守真	未详	清康熙三十九年(1700)	清康熙五十六年(1717)	饶州	《真道自证》
Franciscus Noel	卫方济	比利时	清康熙二十六年(1687)	清雍正七年(1729)	未详	《人罪至重》
Joach Bouvet	白晋	法国	清康熙二十六年(1687)	清雍正八年(1730)	北京	《天学本义》《古今敬天鉴》
Emmanuel Tellez	德玛诺	葡萄牙	清康熙四十三年(1704)	清雍正十一年(1733)	饶州	《显相十五端玫瑰经》
Jacnbus Rho	罗雅各	意大利	明天启四年(1624)	清乾隆三年(1738)	澳门	《圣若瑟传》《杨淇圆行迹》《天主经解》《天主圣教启蒙》《斋克》《哀矜行诠》《求说》《圣记百言》《圣母经解》《周岁警言》《测量全义》《比例规解》《五纬表》《五纬历指》《月离历指》《月离表》《黄赤正球》《筹算》《历引》《日躔考昼夜刻分》
Dominicus Parrenin	巴多明	法国	清康熙二十八年(1689)	清乾隆六年(1741)	北京	《济美篇》《德行谱》

续表

原名	译名	国籍	来华年	卒年	卒地	著作
Fr. Xav. Dentrecolles	殷弘绪	法国	清康熙三十七年(1698)	清乾隆六年(1741)	未详	《主经体味》《逆耳忠言》《莫居凶恶劝》《训慰神编》
Emmanuel Mendez	孟由义	葡萄牙	清康熙二十三年(1684)	清乾隆八年(1743)	澳门	
Romanus Hinderer	德玛诺	法国	清康熙四十六年(1707)	清乾隆九年(1744)	南京	《与弥撒功程》
Jgnatius Kogler	戴进贤	德国	清康熙五十五年(1716)	清乾隆十一年(1746)	北京	《仪象考成》
Jos. Pr. Moyriac de Mailla	冯秉正	法国	清康熙四十二年(1703)	清乾隆十三年(1748)	北京	《朋来集说》《圣心规条》《圣体仁爱经规条》《圣经广益》《盛世刍荛》《圣年广益》《避静汇钞》
Francisco Varo	万济谷	未详	清顺治十一年(1654)	未详	未详	《圣教明证》
Horlis Ortij	白多玛	西班牙	清康熙三十四年(1695)	未详	未详	《圣教切要》《四终略意》
Antonius de Sievza	林安多	葡萄牙	清康熙三十四年(1695)	未详	未详	《崇修精蕴》
Joannes Dnarte	聂若望	葡萄牙	清康熙三十九年(1700)	未详	未详	《八天避静神书》

第二节　影响中国新闻事业的西方传教士

在中国一百多年的新闻传播史上，西方人扮演着非常特殊的角色。正是西方传教士开启了中国近代新闻事业的大幕，创办了近代第一批中文宗教报刊。接着，从西方来中国淘金的商人们，本着赚钱盈利的目的，纷纷来华办报，开创了近代中国商业化报刊的先河。到了现代，一些有着探险精神的西方记者，以记者的身份来到中国，开始自己的新闻传播活动。他们都对中国的新闻传播事业产生过这样或那样的影响。仔细分析可知，在这些西方人中，影响中国新闻事业的主要有三类：西方传教士、西方报业商人和西方新闻记者。

一、近代西方传教士来华传教

继明末清初西方传教士大批来华之后，19 世纪初，西方传教士再度掀起来华的高潮。

中国这个广大的市场对于欧美新兴的资产阶级和基督教教会具有无比的魅力。尽管两次来华的传教士的目的是一致的:传播宗教教义,但是这两个不同时期的传教士所采取的方法却有很大的不同,前者采用直接翻译宗教教义和西方科技知识的手段,后者则通过创办报刊来实现传道的目的。

最早向中国派遣传教士的是伦敦基督教新教布道会。1807年,伦敦布道会派马礼逊来到中国。同时,他们还在华侨聚居的南洋、马六甲、新加坡等地派员传教。鸦片战争后,英国人占领香港,1843年,"英国及海外圣经会"便以香港作为传教中心,不久,又将总部迁至上海,开始在中国进行大规模的传教活动。

1829年,"美国海外传教委员会"派传教士裨治文到广州传教。1833年,美国又派卫三畏来华传教。同时,"美国长老会"也在马六甲、爪哇、澳门等地开展活动。1835年后,传教活动扩展到广州、香港。1843年,已经发展到上海、山东、海南等地。

"加拿大长老会"于1871年在台湾传道,1888年进入河南。此外,当时派遣传教士来华的还有挪威路德教会、挪威教会、英国长老会、英格兰国家圣经会、基督复临安息日会和安息日浸礼会等。

在众多教会组织的传教士中,有一部分人是与中国的新闻传播事业有着密切关系的,如马礼逊、米怜、麦都思、郭士立、伟烈亚力、理雅格、林乐知、卫三畏、裨治文、傅兰雅、李提摩太、李佳白、艾约瑟、韦廉臣等。中国近代的新闻事业就是在这些传教士手中发展起来的,其中尤以下面几位最具代表性。

二、马礼逊(Robert Morrison,1782—1834)

马礼逊是伦敦布道会会员,也是第一个来华的基督教新教传教士。1807年5月12日,他乘坐美国"三叉戟"号货轮从纽约启程来华。在当时闭关锁国又夜郎自大的封建中国,一个外国人要想来此传教布道,谈何容易。9月4日,马礼逊到达澳门,首先遭到信奉天主教的葡萄牙人的敌视。9月8日,被迫转移到广州。来中国后,伦敦布道会给马礼逊的首要任务就是学习中文。马礼逊最初几年大部分精力都用来学习汉语,他先后延请过好几位家庭教师。同时,又想方设法搜集到500多本中文书籍。在当时,外国人所面临的最为棘手的问题就是语言,甚至不少西方人怀疑是否真的能够学会中文。但是,马礼逊经过刻苦学习,不到三年,就能顺利阅读中文书籍,还能操一口流利的中国官话。

在中国,由于方言众多,本国人语言交流都相当困难,更何况外国人。口语传教几乎不可能。另外,口语传教,必须面对面进行人际传播,在当时的历史条件下,洋人是不可能随便在中国领土上走动的。要达到播道的目的,最好的办法就是创办中文定期刊物。其一,中国的文字是统一的,无论何时何地,人们彼此都可以通过文字进行沟通。其二,可以避免传教士直接与中国大众接触,产生情绪上的抵触,给传教带来麻烦。于是,在1815年,马礼逊和米怜向伦敦提出了创办一份中文报刊的建议,这就是后来在马六甲创办的近代第一份中文月刊——《察世俗每月统记传》。马礼逊虽然没有直接主编过这份报刊，但他参与了整个报刊的策划和设计，是公认的创办中文报刊的总发起人。

该刊本来打算在中国境内创办，无奈清政府对异质文化一向采取敌视态度，只好将办报地点选择东南亚的马六甲。康、雍年间，清廷就明令禁止外国传教士在中国开展传教活动，其后禁教更加严格。嘉庆十六年(1811)，清廷正式颁发禁止外国人印书和传教的谕旨，严正申明："嗣后西洋人有私自刊刻经卷，倡立讲会，蛊惑多人，及旗民人等向西洋人转为传习，并私立名号，煽惑及众，确有实据，为首者竟当定为绞决；其传教煽惑而人数不多，亦无名号者，着定为绞候；其仅止听从入教，不知悔改者发往黑龙江，给索伦达呼尔为奴，旗人销去旗档。"[①]不仅传教受到如此严格控制，就是在华生活的西方人也时时受到制约。马礼逊来中国后，开始是秘密行动，小心谨慎。为了迎合中国民众心理，他学习华人的生活方式，吃中国饭，使用筷子，穿中国式长袍和厚底鞋，留长指甲，脑后还留辫子，一心一意地想传播教义，但中国禁令森严，马礼逊传教一无进展，很感沮丧。1817 年，他在致友人的信函中吐露了这种郁闷的心情："此为一非常可厌之处，令人常在孤寂恐惧之中。予希冀神之臂膀向所呵护吾者，此后仍保佑予不致受害。"在另一封信中说得更为明白："吾来此已届十年，但愿觅致一得能享受自由滋味及有宗教团契之地域。予长期感压迫者威胁之恐怖。不特此也，协助予工作之本地华人，长在通缉之列，或不免身陷缧绁。"[②]就是在这种艰苦的环境下，马礼逊揭开了中国新闻事业的序幕。马礼逊可以说是影响中国新闻传播事业的西方第一人。

此外，马礼逊还完成了几件重要的中外文化交流工作：翻译出版《圣经》；编纂《华英辞典》；发展了中国第一批教徒和传教士，如蔡高、梁发等人；协助创办了英华书院，为外国人学习汉语提供了个较为正规的场所，直到鸦片战争之前，英华书院都是培养中国通的惟一学校，在这所书院里，涌现了许多精通中文的欧洲人士。

三、米怜(William Milne，1785—1822)

米怜是伦敦布道会的会员，也是中西近代新闻交流史上非常重要的人物。1813 年，为了协助马礼逊的工作，伦敦布道会派遣米怜来中国。7 月 4 日，米怜偕妻子来到澳门，与马礼逊来时一样不受澳门政府的欢迎，被迫到广州马礼逊处暂住。米怜的首要任务当然也是学习中文。经过 6 个月的苦学，他居然能初懂汉语。根据马礼逊与米怜的研究，要想在中国布道，首要任务是开辟一个良好的传教基地，重点应放在"文字播道和教育播道"上，其中，文字播道就是计划创办报刊。关于创办中文报刊的重要性，米怜曾有记述："不管是以何种洗练的语言来表达，在传播人或有关神的知识上，印刷媒体显然要比其他

---

① 卓南生：《中国近代报业发展史》，13 页，中国社会科学出版社，2002。

② 赖光临：《中国近代报人与报业》，4～5 页，台湾商务印书馆，1979。

媒体更占优势。因此加深理解的手段，中文书籍之重要性也许比其他传播媒体还要大。因为阅读中文的人口要远比其他民族为多。”①

本着这样的想法，1815年4月17日，米怜偕妻子和刻字工梁发离开广州，前往马六甲。1815年8月1日，近代第一份中文月刊——《察世俗每月统记传》在马六甲正式创刊。

米怜除承担该刊的编辑外，还担任英华书院院长，负责书院的一切事务。创办英华书院是米怜进行拓教活动的重要工作之一，此院也是西方人培养中文人才的重要基地。

四、郭士立(Karl Friedrich August Gutzlaff，1803—1851)

上述两位传教士所办报刊虽是中文的，但毕竟不在中国境内，所以不能算严格意义上的近代中国最早新闻传媒，真正可以算作近代中国最早中文传媒的是郭士立1833年7月在广州创办的《东西洋考每月统记传》。

郭士立，又译郭实腊，1826年在神学院毕业成为牧师，由荷兰布道会信贤会派遣到东方荷属殖民地传教。1827年，他到爪哇传教。在那里，他开始学习福建闽南话，了解中国情况。1828年，郭士立到达暹罗，在曼谷受到葡萄牙领事馆接待，开始在华人间传教，并继续学习汉语和中国文化。

1829年，郭士立脱离荷兰布道会成为一名独立的普鲁士传教士。1831年，郭士立决心到中国沿海地区去活动，他穿起中国人服装，改用中国人姓名，自称“郭实腊”。6月3日，他登上一艘250吨的中国货船，先后经海南、厦门、台湾、定海、宁波、上海，最后到达天津。他沿途了解中国风土人情，散发《圣经》。在天津，他还在福建商人家过中秋节。他希望能进入北京城，但由于不会北京官话，又没有熟人，终未能成行。

1831年10月17日，郭士立离开天津南下，年底到达澳门。这次旅行对郭士立产生了很大影响。他说：“我早在离开暹罗之前，就已经归化了中华帝国，成为其国民了。我采用福建同安县郭氏家族的姓，取名郭士立，偶尔也穿中国服装，已被认可为该大国的分子。”1832年2月，郭士立应聘到英国东印度公司，作为向导乘坐“阿美士德”号船又从澳门出发，开始中国沿海的第二次旅行。此行用时7个月，后经朝鲜、日本回到澳门。1832年10月，郭士立再次从澳门出发，进行了沿中国海的第三次航行，直到1833年4月才回到澳门。经过以上几次长时间的旅行，郭士立掌握了大量的中国文化、政治、军事、经济、商业等情况。

1833年7月，郭士立在广州创办了《东西洋考每月统记传》，这是我国境内的第一份中文报刊。1834年11月29日，广州外侨组织“在华实用知识传播会”，郭士立担任中文秘书，起草该会“宗旨”。1837年3月10日，“在华实用知识传播会”举行会议，决定《东西洋考每月统记传》由该会接管并迁至新加坡出版。郭士立仍参与该报编辑工作。

① 卓南生：《中国近代报业发展史》，17～18页，中国社会科学出版社，2002。

1840年鸦片战争爆发，由于具有出色的中文功底和三次到中国的经历，郭士立充任英军陆军总司令卧乌古的翻译，参与了这次战争的全过程。他并作为英方翻译，与清政府谈判，参与起草了《南京条约》。

1844年，郭士立在香港成立"汉会"组织，宣传教义。1849年，他重回欧洲，在英国成立"中国福音会"，到欧洲各地演讲，希望实现"全中国的基督化"。他于1851年2月返回香港，在港英政府当翻译，同年8月9日病逝，年仅48岁。

郭士立是一个传教士，又是一位汉学家，他在近代中国文化研究方面是一位重量级人物。更为重要的是，他是中国近代新闻事业的开拓者之一。他是一位有着鲜明思想的报人，他有很多报学思想理念值得研究。《东西洋考每月统记传》在形式上虽然与《察世俗每月统记传》《特选撮要每月统纪传》相近，但是，办刊宗旨、目的和编辑方针却大相径庭。

首先，他背离传教士以"阐发基督教义为主要任务"，而是以宣传西方文化、改变中国人对西方人的偏见为首要任务。强调多闻博学，大谈中外一家，意在消除中国人对西方人的成见。他大量介绍西学文明成果，为中国早期有识之士认识世界打开了一扇窗户。如，中国第一批"睁眼看世界"的知识分子魏源、梁廷楠、徐继畬，他们在写作《海国图志》《海国四说》《瀛环志略》时，就曾多处引用《东西洋考每月统记传》中的文章。

其次，他又自觉地借用中华传统哲学中的"和合"观念，来提高西学在中国的传播效果。同时，为了破除中国人的"华夷之辨"思想，他特别撰文为"夷"字正名，显示出他办报的文化和政治目的。因此，《东西洋考每月统记传》在中外文化和新闻交流史上产生了巨大影响。

第三节　近代西方商业报人在中国

早期的中文报刊主要以宗教宣传和传播西方科技知识为目的，随着中国社会商业化的不断发展，商业信息日益受到经营者的关注。同时，报纸的受众越来越多，报纸的广告价值也日益明显，一些精明的西方商人开始投资中国报业，其中最成功而且给中国近代新闻事业带来巨大影响的就是英国人美查及其创办的《申报》。

美查并非国外在中国创办商业报纸的第一人，近代报纸的商业性早在19世纪50年代的香港中文报刊上就已经产生。但就商业报纸的影响来看，《申报》在中国报业私营化和经济化方面无疑是最具代表性的。他也算是开启近代中国商业报纸的重要人物。研究中国近代报纸的商业化以及西方商业报业理念如何影响近代中国，就不可不了解这个人。

美查大约在清朝同治年间与他的哥哥弗力德利克·美查来到上海。他本来是经营茶叶和布匹生意的，在1862年前后，又开办过江苏药水厂等企业。

关于美查为什么要投资报业出版报纸，说法不一。一说：他倦于从事多年的生意，

“思改业”,才想起创办报纸;另一说:认为他经营的江苏药水厂的生意不错,挣钱较多,因而将剩余的资金用来办报。不管怎么说,总之,他敏锐地感觉到,办报是一件有利可图的事,能给他带来可观的经济收入。可见,美查是把报纸当作商业来经营的。他从《上海新报》所获得的巨大商业价值中,感受到报纸能帮助他实现经济目的。

1872 年 4 月 30 日,美查邀请三位朋友伍华德、普约尔和麦基洛,合资创办了一份报纸——《申报》。每人投资 400 两银子,共 1600 两,由美查担当报馆负责人。

美查办报纸的宗旨就是谋利,他把办报当作生意来做。如戈公振所说:“美查虽为英人,而一以营业为前提。”《申报》牟利性表现在单独核算、自负盈亏等方面。这一点与当时其他的商业报刊明显不同。近代的许多商业报刊,虽都希望钱挣得越多越好,但它们通常都有洋行和其他政治或经济机构的支持,基本上没有经济上的风险。

为了受众的需要,美查所办的《申报》在完善商业信息广告(物价行情、航运消息等)的同时,特别重视社会言论、社会热点事件的报道。如关于“杨乃武与小白菜”事件、关于“杨月楼案件”的报道,都是当时社会的热点新闻,极大地吸引了读者的目光,报纸的发行量迅速上升。

另外,美查还运用商业规则,打压对手。例如,为了与《上海新报》竞争,他不惜暂时亏本,降价销售,每张仅售 8 文钱。最终打败对手,迫使《上海新报》于 1872 年末停刊。

美查在出版发行《申报》的同时,还出版其他刊物。1872 年 11 月 11 日创刊的《瀛寰琐记》月刊,这是我国最早的文艺期刊。1876 年 3 月 30 日,他又发行一份通俗性报纸——《民报》,读者对象是下层市民,销量也很好。1884 年 5 月 8 日,申报馆创办了我国第一个石印画报——《点石斋画报》,历时 13 载,直到 1896 年底才停刊,在我国近代画报史上产生了巨大的影响。

美查是中国近代非常成功的报业资本家。1889 年他将申报馆改组为美查兄弟有限公司,成立董事会。在大获全胜之后,全身而退,回到英国。美查兄弟在中国近代报业经营史上写下了精彩的一笔,为我国后来的民营报业经营提供了宝贵的经验,产生了诸多良好的启示。

第四节 现代西方著名记者在中国

一、埃德加·斯诺(Edgar Snow,1905—1972)

埃德加·斯诺,1905 年 7 月 11 日出生于美国密苏里州堪萨斯城的一个贫苦家庭。他从小当过农民、铁路工人和印刷学徒。1926 年,他在密苏里大学新闻学院学习,开始与新闻接触,并最终走上毕生从事的新闻工作道路。大学毕业后,斯诺在堪萨斯城的《星报》和纽约的《太阳报》工作过一段时间。

1928 年,他开始作环球旅行,历经中美洲、夏威夷,最后到达上海。来中国后,斯诺受聘于上海的《密勒氏评论报》，兼纽约《太阳报》和伦敦《每日先驱报》的特约通讯员，以及美国《芝加哥论坛报》驻华记者等职。1930年以后，他担任美国统一报业协会驻远东旅行记者，遍访中原主要城市、东北三省、西南地区、东南沿海等地。"九一八"事变后，他立即去东北报道战事；"一·二八"期间，他冒着枪林弹雨报道战争境况，写下了大量的战地新闻，后编辑成《远东前线》一书，该书1933年在美国出版。此后，他还在北平燕京大学担任新闻系教授两年，讲授"新闻特写""旅行通讯"课程，同时学习汉语。其间，他认识了美国著名记者艾格妮丝·史沫特莱，还和宋庆龄、鲁迅等人有过接触。1935年"一二·九"学生运动爆发，他积极支持爱国学生，及时向全世界报道中国的学生爱国运动。1936年，斯诺翻译的中国现代作家短篇小说集《活的中国》(*Living China*)在英国出版。他是最早把鲁迅等左翼作家作品译介到西方的人之一。

1936年6月至10月，是斯诺一生中新闻事业最辉煌的时期。6月，他经宋庆龄介绍，在中共地下党的安排下，从北平出发，进入苏区。他和毛泽东进行了长时间的交谈，搜集了关于二万五千里长征的第一手资料。10月，经西安返回北平。在陕甘宁苏区的92天里，他还访问了周恩来、朱德等中共领导人，大量采访了苏区工农群众、干部和士兵。并从1936年11月14日始，向上海《密勒氏评论报》以及国内外其他报纸公开发表《毛泽东访问记》等苏区的通讯报道和照片，轰动了中外新闻界。为了让世人了解陕北苏区的真实情况，斯诺还将所写的通讯报道及照片交给北平的爱国人士王福时等人，请他们译成中文，以《外国记者西北印象记》为名，在北平出版。

1937年10月，斯诺报道苏区的通讯报道——《红星照耀中国》(*Red Star Over China*)由英国戈兰茨出版公司出版。其书原名《红星在中国》(*Red Star in China*)，编者不慎将"in"写成"Over"，但无意一错，书名意境顿生，令人拍案叫绝。该书出版后，几星期销量达10万册，到11月，就已发行5版。此时，斯诺身处"孤岛"时期的上海，此书在上海公开出版是不可能的。1938年2月，在得到斯诺本人同意的情况下，上海租界内的一群抗日救亡人士，以"复社"的名义，集体翻译、印刷、出版和发行了这本书的中译本。斯诺除对原著的文字作了少量增删外，还为中译本写了序言。取名《西行漫记》，书名较为隐晦，便于发行。不到几个月，该书就轰动了国内及国外华侨界。此后，该书被陆续翻译成法、德、俄、意、西、日、蒙、瑞典、印尼、荷兰、哈萨克、希伯来、塞尔维亚等多种文字。

斯诺是第一个进入红色苏区采访的西方记者。他首次向全世界报道了中国工农红军可歌可泣的英雄业绩，以及二万五千里长征的伟大创举，彻底粉碎了国民党当局的新闻封锁和对共产党的种种"妖魔化"诬蔑。他的《西行漫记》被誉为报告文学的样板和经典。他对中国共产党和陕北苏区的报道，有人称为"与哥伦布对美洲大陆的发现一样是震撼世界的成就"。

抗战爆发以后，他担任英美报纸驻华记者，报道中国人民的抗战事业。1939年9月，斯诺再次来到延安采访，所写的报道后来编成《为亚洲而战》一书。1941年2月，斯诺发文如实报道“皖南事变”的真相，被国民党政府取消记者特权，被迫离开中国。1942 年 3 月，斯诺任美国《星期六晚邮报》世界记者，到世界很多国家或地区进行采访。在美国麦卡锡主义猖獗时期，他的文章不允许在报刊发表。1959 年，他全家迁居瑞士。直到 1960 年 6 月，他得到我国政府的单独签证，才第一次来到新中国，会见了毛泽东、周恩来等中国领导人，后来撰成《大河彼岸》一书。1964 年 10 月，斯诺作为法国《新直言》周刊记者再访中国，拍摄成纪录影片《四分之一的人类》。1970 年 8 月，他三访中国，并于翌年 4 月在美国《生活》杂志上发表与毛泽东的重要谈话，传达了中国政府欢迎尼克松访华的信息，为中美建交作了舆论上的准备。这位中国人民的好朋友，不幸于 1972 年 2 月 15 日在瑞士去世。他在弥留之际所说的最后一句话是：“我热爱中国。”根据他的遗愿，他的骨灰被分葬在中美两国，作为中美两国文化和新闻交流的重要象征。

二、艾格妮丝·史沫特莱(Agnes Smedley，1890—1950)

艾格妮丝·史沫特莱是近代另一位到中国进行新闻采访交流的著名西方记者。1928 年 12 月，史沫特莱以《法兰克福日报》记者的身份来到中国，这是她生命中最重要的一章。来中国后，她开始在各地采访旅行。当时正值国民党白色恐怖笼罩中国大地，共产党和进步人士经常遭到国民党的逮捕与杀害。史沫特莱对共产党领导的革命斗争深表同情，写下了大量反映中国现状的文章，揭露国民党的残暴，并首次将中国共产党领导的江西苏区建设情况公之于众，向全世界传递中国无产阶级革命的真实情景。同时，她还参加宋庆龄领导的中国民权保障同盟，担任英语出版、通讯工作，支持鲁迅等进步作家的正义斗争，并将自己的寓所作为通讯联络地点。1931 年，左联五位作家被害以后，她将鲁迅的《黑暗中国的文艺现状》一文译成英文，使得 50 多位美国一流作家联名向国民党抗议。1933 年，史沫特莱撰成《中国人的命运》(*Chinese Destinies*)在美国出版。同年 5 月，她在苏联疗养过程中，写成《中国红军在前进》一书，后改名为《中国红色风暴》，记述了中国工农红军的创建以及与国民党长期斗争的英勇业绩。

1934 年，史沫特莱再次来到中国，与美国共产党派遣来华的格兰尼奇夫妇创办英文期刊《中国呼声》(*The Voice of China*)，反映中国共产党的呼声。1936 年，她去西北采访，目睹了西安事变的全过程，并作了详细报道，还亲自上电台用英文向全世界广播。1937 年，史沫特莱到延安，采访了毛泽东、朱德等红军领导人。这段时间，她掌握了朱德总司令的大量第一手材料，为以后撰写朱德传记提供了必要的准备。抗战爆发后，她随八路军赴山西前线，进行战地采访，写成《中国在反击》一书，该书于 1939 年由美国先锋出版社出版。1938 年，她去汉口，为缺医少药的中国军队呼吁，并促成中国红十字会的成立。1938 年 10 月，武汉沦陷，她作为《曼彻斯特卫报》记者写下了大量的战地报道和报告文学。1941 年，史沫特莱因病回美国。

1943 年，史沫特莱在美国出版了《中国的战歌》一书，该书受到各国人民的高度赞赏，被誉为第二次世界大战中的优秀报告文学作品。该书主要介绍了 1928—1941 年她在中国的所见所闻，记载了中国人民抗击日本帝国主义侵略的英勇事迹。后来她专心致志撰写朱德的传记《伟大的道路》，该书详尽记述了中国人民的总司令朱德60年革命斗争的艰难历程，展现了中国现代社会纷繁复杂的历史内容，是中国新民主主义革命的生动缩影。该书写成后因作者拒绝加入反共内容而未能在美国出版，直到1955年，才以日文在日本首次出版。新中国建立后，史沫特莱打算来华，遗憾的是1950年5月她在英国伦敦不幸去世。根据她的遗愿，骨灰安放在北京八宝山烈士陵园，朱德亲笔题写碑文。

作为"中国人民之友"，史沫特莱为中国人民的革命事业作出了卓越的贡献；作为一名新闻工作者、战地记者，她的作品至今仍是我们学习的典范；同时，作为中西文化的使者，在中西新闻交流方面也留下了一份宝贵的遗产，供今天的新闻传播学者探讨和研究。

三、基希(Egon Erwin Kisch，1885—1948)

在中国现代新闻史上，除斯诺和史沫特莱之外，还有一位杰出人物担当过中西新闻交流的使者，他就是捷克报告文学大师埃贡·埃尔文·基希。

1885年4月29日，基希出生在捷克首都布拉格的一个犹太商人家庭。1903年中学毕业后，进入布拉格的德国大学学习。1905年，开始从事新闻工作，先在《布拉格日报》实习。1906年，担任《波希米亚报》的记者。1913年，迁居德国柏林，任职于《柏林日报》。1914年，第一次世界大战爆发，他应征入伍。1918年，在维也纳参加左翼组织。1919年，加入奥地利共产党。1921年，再回柏林，为多家报纸工作。1923年，他出版《经典新闻学》一书。1924年，开始专门从事报告文学的写作。1925年11月，出版报告文学集《迅急的报告者》，引起轰动，成为他报告文学的成名作。此后，他一发不可收，写下了20多本报告文学集，足迹遍及五大洲。他的作品几乎本本畅销，被译成多种文字。1941年，他在美国出版一本回忆录式的报告文学集——《轰动事件》，反映了基希报告文学的写作历程和成功经验，是研究其人生经历和写作经验的重要作品。

基希在从事新闻事业的同时，还积极参加革命活动。1925年，加入德国共产党。1930年11月，作为无产阶级革命作家出席第二次世界革命作家大会。1933年2月，被希特勒政府逮捕，后驱除出境。1934年，出席在澳大利亚墨尔本举行的世界反战大会，被澳政府逮捕。1935年，在巴黎的国际作家保卫文化大会上作了题为《作为艺术形式和战斗形式的报告文学》的演讲。1937年，投身于西班牙反法西斯战争。1939年，第二次世界大战爆发，去美国，再到墨西哥。1946年，经伦敦回捷克。1948年3月在布拉格去世。

1932年3月3日，他由莫斯科秘密来华，20日抵达上海，5月底到北京，7月再到南京，8月经东京回莫斯科，在中国逗留了5个月的时间。他深入实际考察了中国当时的现实，还会见了鲁迅等著名作家。离开中国后，他立即着手写作《秘密的中国》报告文学集。1933年，该书在德国出版，被评为年度最佳图书之一。1938年，作家周立波根据英文版译成中文。全书共23篇，虽各自独立成篇，但整体上揭露了帝国主义在中国的罪恶行径以及在帝国主义和封建制度双重压迫下的中国民众的悲惨命运。《秘密的中国》以一个外国人的视角，向世界人民客观介绍了日本帝国主义在华的侵略扩张及其犯下的滔天罪行。

在中国现代新闻史上，以上几位外国新闻工作者，都为中西新闻传播交流作出了重要贡献。在当代，还有如美国著名新闻记者索尔兹伯里、被称为“传播学理论集大成”的施拉姆等，都为中西新闻传播的交流作出了卓越的贡献，此不赘述。

第三章
近代外国人在华新闻传播活动

中西新闻传播事业的相互影响，具有不平衡性，整体表现为西强东弱。近代以来，中西新闻传播之间的影响，以西方新闻业务、新闻观念的全方位东输为特点。外国人在中国的新闻活动，时间上，始于19世纪早期；形式上，以创办报刊为主；动因上，以宣传宗教教义为主；文种上，分中文和外文两种。随着时代的发展，因社会政治文化背景的不同，外国人在华新闻活动的内容也因时因地而不断变化。纵观整个外国人在华新闻传播史，办报是其主要形式，不仅报刊数量众多，而且影响也最大。下面将外国人在华办报活动分成近代和现代两个时期来进行考察，意在展示其报刊创办的全过程以及对中国近现代社会的客观影响。

第一节　近代外国人所办中文报刊

就语种而言，外国人在华办报可分中文和外文两种。19世纪初，西方传教士开始在东南亚地区创办华文报刊。截至中日甲午战争前，外国人在华所办中文报刊80多种、外文报刊130多种。19世纪末到20世纪初，又出现一股外国人在华办报风潮，此时，外报的特点是以外文为主。下面就以中文和外文为标准，按照外报在中国的不同地区分布进行总结，从宏观上揭示外报在中国的产生、发展及影响。

一、近代中文外报在东南亚

近代中国的中文报业起源于东南亚。1815年8月5日，英国传教士米怜和马礼逊在东南亚的马六甲创办了一份中文报刊——《察世俗每月统记传》。这是近代第一份中文报刊，每月一期，雕版印刷，中国古典线装书的装帧形式。创刊宗旨是“以阐发基督教义为根本要务”。同时，也介绍浅显的西方科技知识。宗教色彩十分浓厚。1821年停刊。

《特选撮要每月统记传》。1823年创刊于印尼巴达维亚(即今天的雅加达)。创办者是伦敦布道会的传教士麦都思。该刊物内容和形式均以《察世俗每月统记传》为范本，属宗教月刊。1826 年停刊。

《天下新闻》。1828 年在马六甲创刊。创办人是英国人、时任英华书院院长的吉德。该刊主要内容包括西方科技、历史宗教与伦理知识等。其中连载麦都思的《东西史记和合》摘要，最为引人注目。1829 年停刊。

二、近代中文外报在香港

香港地区是我国早期报刊最为集中的地区。就中文报刊而言，从 1853 年香港第一份中文报刊出现到 20 世纪初，先后有近百种中文刊物。

《遐迩贯珍》。创刊于 1853 年 9 月 3 日。由马礼逊教育会主办，英华书院印刷发行。主编先后为麦都思、奚礼尔和理雅谷。该刊在我国近代新闻传播史上有几点突破：其一，它是香港出现的第一份中文月刊。使用铅活字、白色洋纸、木板印刷。每月约印 3000 份，分送到中国东南沿海各主要城市，如香港、澳门、广州、厦门、宁波、福州、上海等地，少量销往海外。其二，在内容上分前后两个部分，前半部分，主要介绍西方科技知识，后半部分是国际国内新闻。其中，极有新闻价值的栏目是“近事杂报”，它对当时社会重要事件较为关注，如太平天国运动等。其三，该刊出现了中文报刊史上最早的“读者之声”栏目，同时，还实行了广告收费制度。这些在近代报刊史上都具有首创意义。其四，它也是我国第一家使用活字印刷的中文报刊，结束了中文报刊雕版印刷的历史。

《香港船头货价纸》和《香港中外新闻》。《香港船头货价纸》于 1857 年 11 月 3 日在香港创刊，该报是《香港中外新闻》的前身。《香港中外新闻》是中国第一份“现代日报”，在中国报业发展史上具有里程碑意义。《香港船头货价纸》以刊登商业情报、船期广告为主，每期新闻仅二三条。而《香港中外新闻》内容则相当丰富，包括商业行情、中外新闻和广告等。该刊后来分成两刊：“行情纸”和“新闻纸”。前者每周一、三、五出版，后者二、四、六出版，成为比较成熟的日报。

《中外新闻七日报》和《香港华字日报》。前者创刊于 1871 年 3 月 11 日。该报虽由被称为“西学巨擘”的陈蔼廷主持，但实际上是《德臣报》的中文专页。周刊，每逢周六出版，属于外报的范畴。发行与《德臣报》一样，但实际读者仅限于能阅读华文的香港华人。1872 年 4 月 6 日停刊。《香港华字日报》的前身就是《中外新闻七日报》，在前者停刊后不久，1872 年 4 月 17 日后者创刊。日报。发行范围较广，甚至到达日本、安南（越南）、暹罗（泰国）、西贡、新加坡、槟榔城（槟城）、新金山（悉尼）及旧金山等地。该报也是由《德臣报》主办。以上两报的内容基本上包括以下几个方面：本港新闻、中外新闻、选录京报及上海新报等，还有少量的广告商情等。

《德华朔报》。1908 年由德国人在香港出版的一份中文报纸。

三、近代中文外报在上海

《六合丛谈》,创刊于1857年1月26日。这是上海出现的第一份宗教月刊,也是上海第一家中文报刊。主编为英国传教士伟烈亚力,由上海墨海书馆印刷。每月一期,其内容主要包括宗教宣传、天文地理等自然科学知识、商业行情信息,以及中外时事新闻等四个方面。1858年停刊。

《上海新报》,1861年11月在上海创刊。由字林洋行出资经营。始为周刊,1862年5月起改为周三刊,1872年7月正式改为日报。报纸主编先后是伍德(M. F. Wood)、傅兰雅(J. Fryer)、林乐知(Y. J. Allen)等英美传教士。它是上海最早的中文报纸,也是一份商业性很强的报刊,其内容主要有商业信息、船期广告等。1872年12月31日停刊。

《字林沪报》,1882年4月2日在上海创刊。由字林洋行出资。它是《字林西报》的著名主编巴尔福(F. H. Balfour)倡议创办的一份中文报刊,先后聘任中国人戴谱笙、蔡尔康担任主笔。其内容有新闻、时事评论、文艺副刊等。

《申报》,1872年4月30日在上海创刊。由英国商人美查等人出资创办,但编辑多为华人。初为双日刊,自第5期起改为日刊。单面铅印,每期8版。美查创办宗旨明确——就是营利。其内容主要有新闻、言论、文艺副刊和广告四个方面。《申报》基本上奠定了我国近代报业的模式,它是一份在近代中国新闻史乃至历史上产生过广泛影响的近代化报刊。尽管1908年美查病故,1909年《申报》转让给买办席裕福,已经完全由中国人主持经营,但开始是由美查一手经营起来的。申报馆除经营《申报》之外,还出版了其他刊物。

《瀛寰琐记》,1872年11月创刊,由申报馆出资经营。它是我国最早的一份文艺性月刊,内容以文艺作品为主。1875年2月改名为《四溟琐记》,后又改为《环宇琐记》。1877年11月停刊。

《民报》,1876年3月30日由申报馆创办。它是一份通俗类报纸,以普通市民为阅读对象,周三刊,每周二、四、六出版。

《点石斋画报》,1884年5月8日由申报馆出资创办。它是我国第一个运用石印技术印刷的时事画报。旬刊。主编是近代著名画家吴友如。其内容主要有时事性很强的新闻画,如近代史上著名的中法战争、中日战争等历史事件。另外,还有关于市井生活的社会新闻画等。《点石斋画报》对近现代美术、绘画、新闻摄影、印刷技术都产生了深远的影响。

《新闻报》,1893年2月17日在上海创刊。形式上是一份中外合资经营的报纸,实际上由英商丹福士所掌控,他任总董,报刊业务则由中国人蔡尔康、袁祖志、孙玉声等先后负责管理。它是我国近代具有广泛影响的商业报纸。特别是福开森接办以后,该报进入了黄金时期,进而形成了近代上海新闻史上中文日报申、新、沪三足鼎立的局面。

《中外杂志》,1862年创刊于上海,属宗教性报刊。

《中国教会新报》和《万国公报》，前者于1868年9月5日在上海创刊，周刊，由美国监理会传教士林乐知创办。以宣传宗教信息为宗旨。1874年9改名为《万国公报》。

《圣书新报》，1871年在上海创刊。

《福音新报》，1874年在上海创刊。

《小孩月报》，1875年创刊于上海。

《益智新录》，1876年创办于上海。

《格致汇编》，1876年创办于上海。

《益闻录》，1879年3月16日在上海徐家汇创刊。它是天主教会在华创办的一份中文报刊。毛边纸单面铅印，初为半月刊，后改为周刊，最后为周二刊。该报内容以时事新闻为主，辅以宗教教义宣传和教会人物介绍等。

《圣心报》，1887年7月21日在上海创刊。也是天主教所办的宗教月刊。内容以天主教教义为主。该刊直到1949年5月才终刊，办刊长达60年之久。

《佛门日报》，1894年在上海创办的中文报刊。它是日本人在华创办的第一家中文日报。

《苏报》，1896年6月26日由华人胡璋的日本籍妻子生驹悦创办。1899年才将报纸产权售予中国退职官吏陈范。20世纪著名的《苏报》由此而来。

《亚东时报》，1898年6月25日由日本乙未会创办。始为月刊，后改为半月刊。日本人山根虎之助主持。6期后聘请维新派人士唐才常任主编。该报以疏通中日心志、敦促中日友谊为宗旨，1900年并入《同文沪报》。

《同文沪报》，1900年2月3日创刊。日人田野桔次任社长，井手三郎任主笔。它是日本在上海影响最大的一张中文报刊。

《协和报》，1910年德国人在上海出版的一份中文报刊。

四、近代中文外报在广州

《东西洋考每月统记传》，该刊分前后两个时期：1833—1835年，1837—1838年。前期是1833年8月1日由普鲁士传教士郭士立在广州创办。后期由郭士立和马儒翰（马礼逊之子）在新加坡复刊。该刊在中国近代新闻传播史上具有多重意义。首先，它是中国领土上第一份中文近代报刊。其次，在内容上它第一次开辟“新闻”栏目和“贸易”栏目。再次，该刊是首次转载北京《京报》内容的外报。另外，1833年12月所刊登的《新闻纸略论》一文，被誉为近代中文报刊的第一篇新闻学论文。更为重要的是该刊打破了此前宗教月刊专登宗教内容的缺陷，开始大量刊登西方科学技术文化知识简介，对近代中国社会的影响巨大而深远。

《各国消息》，1838年10月由麦都思和他的女婿英国商人奚礼尔在广州创办。月刊。它是我国境内最早使用石印技术印刷的中文报刊。其内容是以《东西洋考》为范本，主要刊登各国国情及商业信息等。停刊时间不详。

《中外新闻七日录》，1865年2月2日创刊。由英国伦敦布道会传教士湛约翰（John Chalmers）创办并担任第一任主编，后由英国人丹拿、美国传教士丕思业先后接编。内容包括新闻报道、科技知识介绍、时事评论和文艺作品等，单张分栏印刷。该报已经接近于近代化新闻纸。1870年停刊。

《广州新报》《西医新报》和《博医会报》。《广州新报》1865年创刊。创办人是美国传教士医生嘉约翰（John Glasgow Kerr）。内容以刊登中外新闻、介绍西方科技知识为主，特别是介绍关于西方的医学知识是其特色。小型周刊，单面印刷，1871年停刊。《西医新报》1884年也由嘉约翰在广州创办。这是一份专门介绍西医知识的月刊。《博医会报》1887年同样是由嘉约翰所创办，内容以传播西医知识为主。

五、近代中文外报在我国其他地区

除了上述地区，其他地方的近代中文外报也有一些。

1. 北京

《中西闻见录》，1872年8月在北京创刊。该刊是英美传教士成立的“在华实用知识传播会”的机关刊物，也是北京第一家近代中文科技报刊。月刊。编务工作由传教士丁韪良负责。该刊主要内容由两部分组成：其一是西方科技知识；其二为新闻报道。关于宗教的内容明显减少。1875年停刊。

《奇闻报》和《北京晚报》。分别于1897年和1904年在北京创刊。德国人创办。1917年德驻华公使将其转让给美国传教士李佳白。不久停刊。

《顺天时报》，1901年10月在北京创刊。日本人中岛真雄与顺天府要员勾结出版的报刊。这是日本在华影响最大的一份中文报纸，也是外国人在北京创办的第一份中文日报。《顺天时报》一直是日本在华侵略的主要舆论工具，1930年3月26日停刊。

《燕都报》，1904年俄国人在北京创办的一家中文报刊。不久停刊。

2. 天津

《时报》，1886年8月创刊。由天津怡和洋行出资筹办。每日出版。内容包括言论、中外新闻、广告和文艺作品。1890年7月英国传教士李提摩太（Timothy Richard）任主笔时，该报言论的政治性日趋明显。1891年停刊。

《直报》，1890年8月23日在天津创刊。李提摩太任主编。周刊。内容以转载《时报》上面的内容为主。

《咸报》，1899年由日本人西村博创办。次年为义和团所毁，后改名为《天津日日新闻》。

《国闻报》，1899年4月前该报为严复所办，后将所有产权出卖给日本驻津领事郑永昌。该报成为日本在天津的重要喉舌。

《北洋商报》，1904年由德国人创办。宗旨是“开商智、联商情、合商力”，后改名为《中国实报》。

3. 福州

《中国读者》,1868 年由传教士创办。主要介绍西方宗教和科学文化知识,创刊不久就迁往上海。

《小孩月刊》和《郇山使者报》,1874 年由美国教士普芦姆夫妇创办。皆为月刊。前者是我国境内第一份儿童刊物。

《闽省会报》,1876 年创刊。1881 年前后停刊。

《闽报》,1897 年,日本人井手三郎和前田彪购得原来由福州人出版的《福报》,同年 12 月改名为《闽报》。该报被称为日本在"华南的惟一大报纸",1932 年停刊。

4. 宁波

《中外新报》,1854 年创刊。这是宁波出现的第一份中文报刊,也是鸦片战争后,全国出版的第三份中文刊物。创办人为美国传教士马高温(D. J. Macgwan),应思理任主笔。半月刊,每期 4 页。内容包括中外新闻、宗教宣传、科学和文学知识等。1861 年停刊。

《甬报》,1881 年 2 月创刊。英国牧师阚斐迪创办,徐澇园任主编。主要内容有京报选刊、言论、新闻报道、劝诫文译文和广告等。1882 年停刊。

5. 汉口

《谈道新编》,1872 年创刊。它是汉口出现的第一份中文报刊。伦敦布道会所有,中国人沈子星、杨鉴堂任主编。月刊。1876 年停刊。

《汉皋日报》,1874 年创刊。这是汉口第一家中文日报,罗底斯所办。

《昭文日报》,1880 年创刊。基督教会所办。

《武汉近事编》,1883 年 5 月由传教士所办。1887 年 2 月改名为《益文月报》,杨鉴堂任主编。内容以介绍西方科技知识、时事新闻、诗词文学为主。

《汉报》,该报原为中国人所办,甲午战争后,日本人宗方小太郎购得所有权。至 1900 年该报转售于张之洞。

6. 其他地方

主要有以下几处。

汕头,《潮惠会报》,1889 年创刊。该报是用汕头方言写作的一份宗教月刊。

九江,《护教者》,1890 年创刊。传教士所办。这是一份用官话和文言文合刊的宗教月刊。

沈阳,《盛京时报》,1906 年 10 月 18 日在奉天(沈阳)创办。主持人是中岛真雄。它是日俄战争后日本在中国最早出版的报纸,也是日本在东北影响最大、在华历史最长的中文报纸。1944 年 9 月 14 日停刊。《盛京报》,1904 年,俄国人在沈阳创办的中文报纸。

青岛,《德华日报》和《胶澳官报》,1900 年德国人创办的两份中文报刊。

旅顺,《关东报》,1904 年俄国人创办。

哈尔滨,《远东报》,1906 年俄国人创办的一份中文报纸。

第二节　近代外国人在华所办外文报刊

中国近代新闻史上，外国人在我国境内所办的外文报刊也数量众多，特别是鸦片战争以前，外文报刊数量远远超过中文报刊，达17种之多。而且规模较大，办刊时间较长。到了19世纪末20世纪初，外文报刊出现新的发展趋势。日文报刊势头强劲，英文等报刊发展平稳。外文报刊最早出现在港澳地区，澳门出现了我国第一份外文报刊。以下略作介绍。

一、在港澳的外文报刊

1. 澳门

《蜜蜂华报》(*A Abelha da China*)，1822年9月12日在澳门创刊。这是我国境内出版的第一份外文报纸。葡萄牙文，周刊。由澳门教会领袖安东尼奥(Frey Antonio)主编，1824年改名为《澳门报》(*Gazeta de Macao*)，1826年停刊。

《澳门钞报》(*A Chronica de Macao*)，1834年10月12日创刊。初为周刊，后改为双周刊。葡萄牙文。1837年停刊。

《帝国澳门人》(*Macaista Imparcial*)，1836年6月9日创刊。菲力西诺主编，每逢周一、四出版，葡萄牙文。1838年7月24日被封。

《澳门政府公报》(*Boletin official do Gorerna de Macao*)，1838年9月5日创刊，葡萄牙文，1839年改名为《中国澳门人报》(*O Portuguez na China*)。此外，葡萄牙文报刊还有《澳门邮报》(*O Conrrcio Macaense*)、《商报》(*O Commercial*)、《真爱国者》(*O Verdadeiro Patriota*)。

《依泾杂说》，1828年在澳门创刊。它是我国第一份中英文合刊的报刊。

《澳门杂文录》，1833年5月1日马礼逊在澳门创办。英文，宗教月刊，后遭葡萄牙政府查封。

2. 香港

外文报刊在鸦片战争后开始崛起。首先是英文商业报刊大量出现。

《香港钞报》(*Hongkong Gazette*)，1841年5月1日创刊于澳门，不久迁港。马儒翰创办。

《中国之友》(*Friend of China*)，1842年3月17日在澳门创办，同月24日迁港。英商奥斯威尔德创办。1843年售于卡尔。1850年台仁特拥有该报，成为主编兼发行人。1869年台氏将该报出售，不久停刊。

《香港纪录报》(*Hongkong Register*)，1843年由澳门迁港，前身是《广州纪录报》。1863年停刊。

《德臣报》(*The China Mail*)，1845年2月在香港创刊。它是香港历史最久、影响最大的英文报纸，创办人和主编是英国出版商肖锐德，英商德臣（Andrew Dixon）参与创办。

《孖刺报》（*Daily Press*），1857 年创刊。由美商茹达（George M · Ryder）和英商莫罗（Yorick Jones Murrow）合办，第二年归莫罗所有。当时华人称“Murrow”为“孖刺”，该报因而得名。它是外国人在华的第一份日报。

《士蔑西报》，1881 年 8 月 15 日在香港创刊。英国商人史密斯（Robert Fraser－Smith）创办并任主编。

《香港天主教纪录报》，1877 年创刊。它是天主教在中国出版的最早英文报刊。

《南华早报》，1903 年 11 月 7 日在香港创刊。创办人是英国人克银汉，兴中会会员谢赞泰任编辑。以普通百姓为发行对象，至今仍是香港很有影响的一份报纸。

二、在广东的外文报刊

《广州纪录报》（*Canton Register*），1827 年 11 月创刊。英国马地臣创办。英文报刊，首任编辑是美国商人伍德，后由马礼逊、济廷和史雷得任编辑。初为双周刊，后改为周刊。该报内容以商业信息为主，同时也十分关注政治新闻。该报还首次探讨关于出版自由的理论，是广州地区影响最大的外文报刊。鸦片战争前后迁往澳门，后迁香港，改名为《香港纪录报》。

《广州周报》（*Canton Press*），1835 年 9 月 12 日在广州创刊。英文报刊，英国人弗兰克林和普鲁士人摩勒先后担任编辑。该报后迁往澳门，1844 年 3 月停刊。

《中国差报与广州钞报》（*Chinese Courier and Canton Gazette*），1831 年 7 月 28 日在广州创刊。这是美国人在华创办的第一家外文报刊。英文，主持人美商伍德。内容以商业信息、国际新闻为主，还辟有“广州”专栏，报道中国当地新闻。1833 年伍德离开广州去菲律宾，报该停刊。

《中国丛报》（*Chinese Repository*），1835 年 5 月在广州创刊。由美国著名传教士裨治文主编，后由格兰杰、卫三畏继任主编，广州基督教联合会资助。宗教英文月刊，但内容以报道有关中国政府、政治法律制度、军事装备、中外关系、山林矿藏、河流港口、文化教育、风俗习惯为主，目的为西方人提供有关中国情况。该刊受到在华外国人的广泛欢迎，销路很广。1839 年 5 月迁往澳门，1844 年 10 月再迁广州，直至终刊。

此外，还有《每日广告报》（*Daily Advertiser*），《广州每日航运消息》（*Canton Daily Shipping News*）和《广州每日广告报》（*Canton Daily Advertiser*）

《爱国者》，1900 年创刊，葡萄牙文报刊。

三、在上海的外文报刊

上海的外文报刊约出现在 1850 年以后，1850 年至 1919 年上海创办的外文报刊前后达百种之多，成为名副其实的国际报刊出版中心。最有代表性的外文报刊有以下几种。

1. 英文报刊

《北华捷报》(*North China Herald*)和《字林西报》(*North China Daily News*),前者于1850年8月3日创刊,是上海出现的第一份近代报刊。每周六出版,每期对开一张,共4页。该报馆于1856年增出日刊《每日航业新闻》(*Daily Shipping News*),1862年改名为《每日航运和商业新闻》(一译《航物商业日报》*Daily Shipping and Commercial News*)。1864年7月1日该报独立出版,定名为《字林西报》(*North China Daily News*)。《北华捷报》作为《字林西报》的星期刊出版。

《上海每日时报》(*Shanghai Daily Times*),1861年9月创刊。它是上海出版的第二家英文报刊,也是上海第一张日报,为英商威脱洋行所有。

《上海记载报》(*Shanghai Recorder*),1862年创刊。琼斯主编。1869年停刊。

《上海晚差报》(*The Shanghai Evening Express*),1867年10月1日创刊。它是上海第一家晚报,琼斯创办兼主编。1871年琼斯离华,该报停刊。

《上海通讯》(*Shanghai News－Letter for Califomia and Atlantic States*),1867年10月16日创刊。创办人是美商索恩和汤伯利。它是美国人在上海出版的第一份报刊。1871年被英商休·兰购买。

《上海晚邮报》(*The Shanghai Evening Courier*),1868年10月1日创刊。英国人休·兰创办。

《上海锦囊与上海差报》(*Shanghai Budget and Weekly Courier*),1871年1月4日休·兰创办,1873年并入《上海晚邮报》。

《晚报》(*Evening Gazette*),1873年6月2日创刊。由英国著名报人巴尔福(F. Henry Balfour)创办和主编。1889年巴尔福去世后该报售出。

《华洋通闻》(*The Celestial Empire*),1874年创刊。周刊。葡萄牙人陆芮罗创刊。巴尔福主编,随后巴尔福取得产权,该报成为《上海晚邮报》的航邮版。

《文汇报》(*The Shanghai Mercury*),1879年4月英商克拉克(John D. Clark)创办。主编先后有克拉克、金斯米尔、尼希等人。

《犹太月刊》,1904年由犹太人创办。

《益新报》,1897年在上海创刊。创办者是克银汉。1905年停刊。

《上海泰晤士报》,1901年创刊。美国人布什创办,后为英国人诺丁汉所有。辛亥革命后为日本人掌控。抗战后被国民党收买,易名为《自由西报》。此外,这一时期上海的英文报刊还有《东亚杂志》《教育季刊》《中国公论报》《上海社会》《禁酒会周报》等。

2. 法文报刊

《上海新闻》(*Le Nouvelliste de Changhai*)、《进步》(*Le Progres*)和《上海差报》(*Le Courrier de Changhai*),是1870—1873年在上海出现得最早的三家法文报刊。

《上海回声报》(*L'Echo de Changhai*),1886年创办。创办人是萨拉培利。

《中法新汇报》,1897年7月1日创刊。法国驻沪领事馆负责,雷墨尔任主编。1927

年停刊。

《中国差报》,1896 年由瑞士人创办的法文报刊。

此外,这一时期还有《上海日报》《亚东法报》《法公董局市政公报》等。

3. 德文报刊

《德文新报》(*Der Ostasiatische Lloyed*),1886 年 1 月在上海创刊。这是德国人在上海创办的第一家德文报刊,自称为"远东德国人之声",为德国人在华最重要的宣传工具,创办人和主编为纳瓦拉(Bruno R. A. Navarra)。1917 年 8 月 17 日停刊。

4. 葡文报刊

《北方报》(*Oaqailao*),1867 年在上海创刊。

《前进报》(*Oprogresso*),1888 年创办,不久停刊。

5. 日文报刊

1890—1894 年,日本人在上海开展了最早的在华办报活动,一共出版了 4 种报刊,其中 3 种为日文。《上海新报》,1890 年 6 月 5 日由松野平三郎在英租界修文书馆创办,周刊。《上海时报》,1892 年创刊。创办者是上海日本青年会。《上海周报》,1894 年创刊。

四、我国其他地区的外文报刊

1. 北京

《北京德国人》,德文报刊,1900 年 1 月创刊。它是北京出现的第一家德文报纸。《益闻西报》。1901 年创刊,英国人高文创办。这是北京出版的第一家英文报纸。此外还有《北京邮报》《警伟报》等。法文报纸有《北京回声报》和《北京新闻报》,1905 年至 1910 年之间创刊。

2. 天津

《中国时报》,1886 年 11 月创刊。英国人宓吉主编,英文周刊。1891 年停刊。《京津泰晤士报》。1894 年 3 月创刊。贝令汉任经理和主编,史密斯、伍德海、彭纳尔先后任主笔。初为周刊,1902 年改为日报。这是北方影响最大的一份英文报刊,1941 年停刊。《北洋德华日报》。1904 年创刊,德文报纸。《远东意大利人公报》。1898 年创办,意大利文报纸。法文报纸有《天津信使报》,1903 年创刊。《天津回声报》,1909 年前后创办。

3. 福州

《福州府差报》(*Foochow－foo Courier*),1858 年 12 月创刊,一年后停刊。《福州捷报》(*Foochow Herald*)。1873 年创刊。该报经理是麦克马洪(J. P. Macmahon),帕特里克(John Patrik)任主编。这是福州影响最大的一份英文报刊。《福州每日回声报》(Foochow Daily Echo)。1873 年创刊。罗扎利欧创办主编。

4. 厦门

《厦门航运报道》(*Amoy Shipping Report*),1872 年创刊。这是厦门出现的第一份英文报刊,1878 年改名为《厦门公报和航运报道》(*Amoy Gazette and Shipping Report*),

马卡尔任主编。

5. 武汉

《汉口时报》,1866年出版。这是汉口出现的第一份英文报刊。汤姆逊主持,1868年停刊。《楚报》,1904年由美国商人创办。这是汉口影响最大、历史最久的外文报纸,1938年停刊。《汉口每日新闻》,1906年创办。

6. 台湾

《教会新闻》(*The Church News*),1885年创刊。拉丁文宗教刊物。

7. 烟台

《芝罘快报》,1894年英商沙泰创办。1902年停刊。

第三节　近代外报对中国社会的影响

1815年至1895年甲午战争前夕,基本上是外报在中国的统治时期。中国人自办近代报刊始于甲午战争后。第一批基督教(新教)传教士来华办报,由此揭开了中国近代报业的序幕。自那时起,不断有外国人远道来华办报。至19世纪末,逐渐形成以英美报刊为主刊,以香港、澳门、上海为基地,辐射广州、汕头、福州、台湾、宁波、烟台、天津、北京、九江、汉口等各大城市的在华外报网络,出现了一大批以外国传教士、报业商人和资深记者为主创办的、影响深远的中外文报刊,它们形成一种特有的新闻景观,以致中国新闻史上出现了一个独特的"外报时期"。外报对中国近代社会的影响是全方位的、深刻的,具体表现在政治外交、经济军事、科学文化、新闻传播等各个方面。

近代报刊的出现有赖于两个基本条件,一是社会政治条件,二是出版发行所需要的物质技术条件。尽管在洋务运动时期,西方科学技术已大量输入中国,德国人古登堡发明的机械铅活字印刷技术也传入中国,印刷报刊所需的技术已基本为国人所掌握,但在当时清政府的封建统治下,出版近代报刊所需要的社会政治条件并不具备。

清朝是言禁、书禁、报禁都十分严酷的一个朝代,清廷对图书新闻出版的控制历来十分严格,大小百余起文字狱就可略见一斑。康熙五十三年(1714)宣布:"各省提塘除传递公文本章并奏旨科抄事外,其余一应小抄,概行禁止。"雍正六年(1728)宣布:"未经御览批发之本章,一概严禁,不许刊刻传播。"乾隆十一年(1746)也宣布:"直隶、江南、浙江等省在京提塘,将不发之事件,钞寄该督抚等,似此行私报密,甚为浅陋,传谕申饬。"①同时,清政府对外国传教士的活动也是严加管制。嘉庆十五年(1810)清廷严正申明:"如有洋人秘密印刷书籍,或设立传教机关,及有满汉人等受洋人委派传扬其教,及该称名字,扰乱治安者,应严为防范,为首者立斩。"清代的报禁之严,可见一斑。

清廷报禁如此严密,外报是如何打开中国大门的呢?一般认为有两种途径:武力进

① 程曼丽:《略论外报对中国近代社会的影响》,新华网,2003(06)。

入与和平进入。如英、美、法、日等国早期报刊就是在坚船利炮的掩护下进入中国的。而像葡萄牙所创办的葡文报刊《蜜蜂华报》等就是葡萄牙政府在获得清政府的特殊"优待"之下创生的。外国人在中国获得办报权之后,西方的政治思想、价值观念、科学技术,通过这一媒介源源不断地流向中国。因此,如果说是西方坚船利炮打开了中国的海疆之门,那么,真正敲开中国人心门的则是近代的外报外刊。外报在中国的近代化过程中具有特别的意义。

一、对中国社会历史进程的影响

在西方近代文化未闯入中国之前,古老的中华帝国雄踞东方已有几千年的历史。人们按照既定的儒家思想及其道德规范,传承古代封建文明,发展封建社会文化。明清以来,随着西方传教士的大批东进,特别是部分传教士,运用近代报刊这一新型媒介,传播西方资产阶级思想和资本主义文明,为中国封建知识分子精英打开了一扇天窗,使之通过西方人的报刊,"睁眼看到了外面的世界"。也让封建王朝的统治者们知道:中国之外还有国家,而且西方列国并非他们想象的"不知人伦未曾开化"的蛮夷小邦,而是科技进步、经济发达的列强诸侯。可以说是早期西方传教士的报刊,惊破了封建清王朝"天朝上国"的美梦。

近代报刊所宣传报道的资产阶级文化思想,是比封建文化思想要进步得多的意识形态。因此,对长期处于封建文化禁锢下的中国民众来说,无疑具有重要的启蒙意义。外报的资产阶级舆论宣传和西方科技文明成果的广泛刊登,对封建专制制度和愚昧形成猛烈的冲击,从此中国社会由改良到资产阶级革命成为时代的主旋律。结束了几千年的封建历史,开启了近代中国半殖民地半封建的社会形态。近代外报对于加速中国社会的资本主义性质、对于中国社会的发展进程,起到了催化剂的作用。

二、对我国政治外交的影响

西方人在中国创办近代报刊是有明确的政治目的的。总体上看都是为各国侵华活动窃取中国情报、出谋划策、提供舆论支持,为各国在华利益服务。具体表现在以下几个方面:

其一,外报都不同程度地肩负窃取中国各类情报的任务。关于这一点,尤以英国人所办的英文外报最为明显。如在鸦片战争前,英文报刊广泛刊登中国的政治、经济、外交、文化政策,乃至军事设施、沿海地形和风俗民情等情况。英文报刊在鸦片战争中成了英军的军事参谋。有的英文报刊甚至把当时中国沿海一带的防务状况都调查得一清二楚,包括战船的数量、炮火的质量等。它们既是信息员、情报员,又是分析员、指挥员,为英军迅速取得鸦片战争的胜利,起到了至关重要的作用。

其二,舆论工具作用。当时的外报成为西方列强向中国进行舆论宣传的一个平台,充当了对中国进行舆论战的重要工具。西方列强几乎每一次军事行动之前都先在他们主办的报刊上进行舆论鼓吹，所谓“兴大师动大役，必有一番名正言顺之词，既以强凌弱，以众暴寡，亦有一段理直辞壮之慨”。[①] 由于各报刊主办者都各自代表本国利益，在他们掌握的话语平台上，极尽舆论工具之能事，或颂扬吹捧，或挖苦打击，有时甚至不惜颠倒黑白，是非不分，大造荒谬不实之词，为侵略者的行径张目辩解。外报的舆论宣传，有时具有双重欺骗性，既欺骗了中国政府和民众，又左右或影响本国政府的政治外交和军事策略。最典型的如1856年的“亚罗号事件”，当时很多英美报刊都唯恐天下不乱，大肆鼓噪，要求英国政府向中国宣战。

其三，外报也为我国政府了解国外情况提供了一个窗口。当时，清政府中的有识之士、政府官员，也清楚外报的军事情报价值，十分重视收集外报所透露的各方面信息，如林则徐在广州进行禁烟过程中就特别注意通过译报来了解“夷情”，他曾派人专门搜集在澳门出版的各国报刊，翻译成中文，从中了解敌情。他说：“澳门地方，华夷杂处，各国夷人所聚，闻见较多。尤须密派精干稳实之人，暗中坐探，则夷情虚实，自可先得。又有夷人刊印之新闻纸，每七日一礼拜后，即印刷出……因而辗转购得新闻纸，密为译出，其中所得夷情，实为不少。”于此我们可以知道，近代澳门外报在其抗英过程中，起到了非常关键的作用。可以说，外报是当时林则徐了解“夷情”的唯一窗口。林则徐的译报成果有幸被保留了下来，这就是有名的“澳门新闻纸”。

三、对我国沿海经济的影响

外报对我国经济特别是沿海经济的影响是巨大而深远的。鸦片战争前，中国的经济形态基本上是小农业和家庭手工业相结合的自给自足的经济结构。鸦片战争后，由于外国资本主义的入侵，原有的经济模式遭受猛烈冲击，开始分崩离析，特别是沿海地区经济逐渐被卷入资本主义市场的旋涡。从局部和短时间来看，外国资本的入侵会带来小农经济的悲剧，但从历史和社会发展的宏观视角来看，突破小农经济向资本主义迈进则是中国近代化的必然选择，这是历史的一大进步。这种态势的形成，一个很重要的因素就是外报商业信息的传递。应该说，报纸对经济的影响是多方面的，特别是商业报人所办的商业性报刊，他们办报的目的就是追求商业价值，报业经营的一切行为都围绕经济这一轴心来进行。但是报刊上最能体现经济属性的有三个方面：

其一，货物价格、商业行情。近代报刊无论中文、外文均辟有商业行情专栏或专版。货物的品类应有尽有，一方面是洋货行情，另一方面是国货行情。洋纱洋布、鸦片洋硝、膏药樟脑、松木煤炭，无所不包。有些报刊还出版专门的货价行情报，如被称为中国第一家以商业新闻为主的报纸《香港船头货价纸》，开始就是《孖刺报》的中文行情版，以船期、货价、行情和广告等商业讯息为主。报刊行情几乎成了商业行情的晴雨

① 陈衍：《论中国宜设洋文报馆》。见张之华《中国新闻事业史文选》，12页，中国人民大学出版社，1992。

表。报刊不仅是商人商家关注的对象，也成了普通消费者的消费指南，对市场具有明显的导向作用。

其二，航运船期信息。近代社会，长距离交通运输以船运为主，航运成了中外贸易的生命线。因此，船期信息备受商家的关注。近代报刊非常敏锐地感觉到航运船期的商业价值，一开始就特别注意刊登这方面信息，而且随着贸易对航运船期需求量的增大而增加版面。鸦片战争后，中国沿海通商口岸由5个逐渐增多，到第二次鸦片战争后增至16个，各国在中国的航运船只迅速增加，航班次数也与日俱增。到甲午战争后，外国的轮船公司几乎垄断了中国所有的远洋和内河航运。为配合商业活动，很多影响较大的报纸期刊都辟有一定的航运信息版面，专载航运船期信息。这在客观上促进了中国沿海经济的发展，加速了中国近代社会资本主义的进程。

其三，广告刊布。广告是商品经济的产物，同时它又是商品社会中非常重要的信息来源。今天社会如果没有广告，那将是不可想像的。广告的载体多种多样，其中，报刊就是非常重要的载体之一。报刊广告源于西方，中国近代报刊广告大约开始于19世纪初，首先出现在英文外报上，到1843年在香港出现了第一份广告报纸——《东半球与商业广告报》。后来，广州、上海、福州等地，都出版了类似的广告报纸。近代中文广告报纸始于《遐迩贯珍》。

广告的内容相当丰富，主要有各类商品介绍、租赁买卖，还有金融保险业务介绍，另有少数公司形象广告等。报刊广告对于货物贸易交流，促进经济发展，无疑会起到积极的推动作用。当然，中国近代外报广告商，主要以洋人为主，其经济行为和经济目的，大部分是为洋商经济活动服务的。

四、对中国文化的影响

近代以来，如果说西方商品的入侵对中国社会的影响是直接的、有形的，那么，西方文化的输入对中国社会所产生的影响则是间接的、无形的，而且是深远的。几千年来，东西方文化处于相对隔绝状态，彼此独立发展。近代以后，国门大开，西方文化开始全方位登陆中国，包括西方人的宗教信仰、思想观念、西方的科学技术，尤其是各种闻所未闻的实用技术令国人眼界大开。而西方文化的东渐，报刊是最直接最有效的手段之一。

西方人通过报刊首先向中国人宣传的是他们的宗教信仰，包括基督教新教、天主教等。正如戈公振在《中国报学史》中所说："基督教之传入，极注意文字上之宣传欲以新偶像代替旧偶像，流弊所及，遂养成一种功利主义。"因此，近代早期报刊又称为"宗教月刊"。如《察世俗每月统记传》《东西洋考每月统记传》《遐迩贯珍》《六合丛谈》等都以宗教宣传为首要目的。西方人的宗教观念是最能直接体现西方文化和价值观念的东西之一。这一宗教观念对中国人的思想观念影响也是相当深远的。

近代报刊的文化影响，更为强大的是对于西方科技文明的宣传。据统计，《东西洋考每月统记传》涉及的西方文化知识就相当丰富，包括治河、防火、炼铁、探矿、采煤、玻璃制造、修筑公路、造纸、织布、种茶、养蜂、灭虫、粮食贮藏、住宅卫生、溺水急救、种牛痘、戒鸦片，等等。同时也介绍了令中国人眼界大开的西方科技上的新发明、新成果，诸如轮船、铁路、蒸汽机、织布、印刷机、写字机、电灯、电话、电报、照相、千里镜、显微镜，等等。再就是进行自然科学的基本知识、基本理论的普及工作。最早介绍的是有关天文、自然地理方面的知识，当时称为“天学”和“地学”。西方人比较通俗地解释了日食、月食、地球运转、金星过日、腾云致雨、潮汐起落、闪电、雷击、地震、火山爆发等现象。洋务运动以后，各种报刊对自然科学基本理论知识的介绍，更是扩展到数学、物理学（包括力学、电学、声学、光学、热学等）、化学、生物学、动植物学等学科领域，牛顿力学三定律、生物进化论、微生物与细菌学说也传入中国。此外，西方的经济观念、价值观念也通过报刊在潜移默化地影响着中国人的行为，这里不赘叙。

五、中国人自办报刊的开始

就新闻发生论角度来看，广义上的新闻传播活动，我国古代也曾出现过，如先秦的“悬书”、汉代的“木简报”、魏晋大量出现的“露布”、唐代的“进奏院状报”、宋代以后的“邸报”等。但近代意义的新闻事业是西方人传入的。到 1873 年，才有中国人艾小梅在汉口独资创办华文报刊《昭文新报》，1874 年，容闳在上海创办《汇报》、王韬在香港创办《循环日报》，标志着国人自办报纸的开始。所以，外报对中国近代新闻事业的影响是直接的。首先是人员培训，像梁发、黄胜、陈蔼亭、伍廷芳、王韬等中国近代著名报人，都曾在西方人的报馆实习、学习过。其次，报业管理模式的影响。早期中国报馆几乎全部是按照西方报馆模式创办、经营、管理、运营起来的。一方面是因为西洋报馆本身具有组织管理的科学性，另一方面可不需投入人力、资金学习培训。再次，技术影响。近代报刊是伴随着近代科学技术的发展而发展起来的，古代中国仅有雕版印刷术和活字印刷术，而铅活字印刷术、石印技术、平版印刷、凹版印刷、凸版印刷、铜版印刷、影印、彩印技术等都是直接从西方引进中国的。中国近代报业的突飞猛进，与西方印刷技术的引进是分不开的。

第四章
现代外国人在华新闻传播活动及当代西方新传著作译介

历史进入现代以来，外国人在中国的办报活动有了明显的变化。首先，外报的影响力大大削弱。无论是外报的数量，还是外国资本对中国报纸的影响度，都远不能和近代相比。随着中国人自己办报能力的增强，从办报业务、媒介管理到经济实力、资本运作，都有了长足进步。同时，出现了一大批经营成功的商业性报纸，也涌现出一大批成功的报业资本家、资深记者、著名编辑。通过几十年的经验积累，他们已经完全有能力经营本国新闻业。当然，这一时期外国人对中国新闻事业的影响也是不容忽视的，他们随着复杂多变的政治形势而产生或多或少的作用。换言之，中国的现代新闻事业基本上是以中国人自办新闻为主、辅以外国人在华办报为主要特征。其次，外报的资源分割也发生了巨大变化，总的趋势是英美报业的传统优势受到冲击，代之而来的是日本报业在中国的崛起。

第一节　现代英美人在华的新闻传播活动

近代以来，英国人在华的新闻活动一直处于优势地位。到了1919年以后，英国在华的报刊数量开始少于日本，而且原来所拥有的在华中文报纸，不少也已停办或转让给中国人。但是，英国人在华的英文报刊仍然具有相当强的势力，办报的范围也较为广泛，占据当时中国主要城市的新闻市场。

在香港，英国的传统英文报纸《德臣报》《孖刺报》《香港电讯报》《南华早报》仍具有绝对实力，成为香港报业的领军。

在上海，最具影响力的英文报刊仍然是历史悠久的老牌报纸《字林西报》，此外还有《文汇报》《上海泰晤士报》等。

在天津,《京津泰晤士报》继续成为英国在华的舆论机关。

在北京,《东方时报》,1923 年创刊,该报是中英文合璧,创办人是英国著名记者辛普森,1928 年停刊。

在汉口,英国传教士约翰创办的《楚报》继续发行,是英国在我国华中的主要舆论机关。

美国人在华的办报活动到了 1919 年以后,又开始复苏,其中尤以上海最为突出。

在上海,《新闻报》是当时全国影响最大的中文报刊,该报的实际主要股东是美国人福开森。

英文报纸有:《大陆报》,1911 年 8 月由美国人密勒创办,1918 年转卖给犹太商人爱兹拉。

《密勒氏评论报》,1917 年创刊,创办人是美国记者密勒。此外还有商业性报刊《远东时报》和《商务周报》等。

在天津,《华北明星报》,英文报纸,1918 年创刊,创办人是美国记者福克斯。董显任董事和编辑,1926 年由埃文斯接任,1940 年停刊。

在汉口,《自由西报》,英文报纸,1923 年创刊,美国人施瓦茨创办,林芳伯任主编。1932 年卖给国民党政府。

这一时期,英美两国除了在华办报,还加强了本国通讯社和记者的在华活动。英国路透社 1872 年在中国设立远东分社,1912 年后进一步扩大该社的供稿量,当时的订稿量达 18 家之多。同时还大量派遣记者进入中国。美国的通讯社在中国的活动大约始于 1922 年。美国联合通讯社总社设在上海,还在北京、天津、汉口、南京、香港设立分社,新闻业务遍及全中国。

在此期间,美国向中国派遣记者数量日益增多,像《纽约时报》《基督教科学箴言报》《芝加哥论坛报》等极富影响的报纸都派有常驻记者在中国采访,对中国的新闻事业产生了很大的影响。

第二节　现代日本人在华的新闻传播活动

现代史上,日本人对中华民族造成的灾难性影响是多方面的。在中日甲午战争、日俄战争和抗日战争过程中,日本不仅在军事、政治、经济上妄图全面控制中国,而且在精神文化和新闻舆论上也不断推行奴化政策,办报纸就是其整个侵略政策的一个有机组成部分。

日本人在中国的办报活动始于 19 世纪 90 年代。纵观日本人在华办报历史,出现过两个高潮时期:1895 年甲午战争以后和 1931 年"九一八"事变以后。据统计,五四运动前夕,日本人在华所办日文报纸累计 50 多家,中文报纸 20 多家,遍及中国东北、沿海、台湾等地区。从 1919 年至 1927 年,又新创刊报纸 17 家,远远超过其他国家。因此,在中国现代新闻传播史上，日本人在华办报的影响是十分重大的，我们比较新闻学研究者必须给予足够的重视。

在东北，日本人所办报纸时间最早、数量也最多，据统计，到 1918 年前后就达 30 种。至 1927 年前后，又新增报纸 40 余家。可以说，日本人所办报纸在东北占绝对垄断地位。主要的日文报纸有大连的《辽东新报》、沈阳的《奉天新闻》、哈尔滨的《哈尔滨日日新闻》、安东的《安东新报》和营口的《满洲新闻》等。影响最大的中文报纸为沈阳的《盛京时报》，该报 1906 年由中岛真雄创办。

在上海，1919 年至 1927 年，上海有日本人主办的报刊 4 家，其中，日文 3 家，英文 1 家：《上海日报》，1904 年由户出三郎创办；《上海日日新闻》，1914 年由宫地贯地创办；《上海经济日报》，1918 年由佐久次郎创办；《文汇报》，1923 年由日本人购得的一份英文报纸。

在京津地区，日本人所办报纸包括中文日报《天津日日新闻》、日文报纸《天津日报》《津京日日新闻》，其中影响最大的还是中文报纸《顺天时报》，该报主持人是斋藤次郎。

在山东，据统计，到 1927 年，在山东济南和青岛共创办有日文报纸 17 种之多，中文报纸也有 4 种。

在台湾，1895 年，《马关条约》签订后，日本开始对台湾省进行长达 50 年的殖民统治，台湾省也因此成为日本人办报的一个重要基地。到 1905 年日俄战争爆发，日本人在台湾省出版报纸达 17 种之多。由此形成了以《台湾日日新报》为核心，联合台南的《台南新报》、台中的《台中每日新闻》的整个台湾省报业体系。

此外。日本人还在福州创办中文报纸《闽报》、日文报纸《福州时报》，在汉口创办日文报纸《汉口日日新闻》《汉口公论》，在厦门创办中文报纸《全闽新日报》，在广州创办日文报纸《广州日报》，在香港创办日文报纸《南支那新报》等。

日本人除了在中国办报，也开始在中国开展通讯社业务。1914 年，日本东方通讯社在中国开展业务。1920 年，进行改组，在中国很多城市设立分社，派驻记者。1926 年与国际通讯社合并为日本新闻联合社。1918 年，日本另一家通讯社——日本电报通讯社也开始向中国供稿，并在中国多个城市设立分社，派驻记者。

第三节　现代其他国家在华的新闻传播活动

现代以来，除了英、美、日等国在华办报较为突出，还有俄国、德国、法国也曾在中国办过报纸或进行过新闻传播活动。

一、俄国在华新闻传播活动

俄国在华新闻传播活动始于 20 世纪初。

在黑龙江有《哈尔滨每日电讯广告报》，于 1901 年 8 月 14 日创刊，创办人是俄国人洛文斯基。它是俄国在中国出版的第一份报纸，也是黑龙江第一份近代化报纸。据统计，到1917年，俄文报刊达30种之多。其中有代表性的报纸有：《光明报》，1919年3月5日在哈尔滨创刊，创办人是白俄将军谢苗诺夫；《霞光报》，1920年在哈尔滨创刊，创办人是俄国报人列姆比奇；《俄声报》，1920年7月1日在哈尔滨创刊，创办人为沃斯特罗金，1926年该报改名为《俄语报》；《传声报》，1920年10月创刊，创办人为俄国人高福满。

十月革命后，俄国布尔什维克革命党人也开始在华的新闻传播事业。《前进报》，1920年3月1日在哈尔滨创刊，它是中东铁路俄国职工联合会的机关报，也是俄国布尔什维克在华所办的第一份报纸。《南方社会主义革命者报》，1922年8月2日在哈尔滨创刊，创办者是苏俄西伯利亚青年社会主义者。此外，进步俄文报纸还有《风闻报》《回声报》等。

现代上海的俄文报刊高潮产生于十月革命以后。大批俄国贵族逃亡到上海，俄文报刊的受众条件基本成熟。1921年至1922年，俄文报《上海生活日报》《露西亚回声报》《自由的俄国思潮》《新生活报》相继创刊。《霞报》，1925年在上海创刊，它是当时俄文报刊中影响较大的一份报纸；《新俄》，1924年创刊，它是共产国际在上海的机关报，主编是苏联人布尔连亚。

共产国际代表鲍罗廷到广州后，迅速创办了《广州布尔什维克》，后改名为《广州》。

国民政府迁武汉后，《广州》在武汉出版。《太平洋工人》也在共产国际领导下在武汉出版。

苏俄国家通讯社塔斯社(前身罗斯塔)，也于1921年6月在上海设立分社。1925年8月在哈尔滨设立分社，派驻记者。同时，苏联《真理报》等著名报纸也派记者来中国进行新闻传播活动。

二、法国在华新闻传播活动

法国在华办报始于1870年，前文已述。现代以来，累计办报十多家。

1. 上海

《中法新汇报》，1897年创刊，1927年2月10日停刊，后改名为《上海法文日报》；《上海法商会报》，1915年创刊，时名为《远东商务》，法文月刊，旅华商会总干事费雷泽任主编；《上海新闻》，1927年上海法商会创办，黄德乐任主编。

2. 北京

《北京新闻》，1911年创刊，法国人冯勒培创办，1916年转给亚尔培·那巴，1933年停刊；《北京政闻报》，法文周刊，后改为月刊，孟烈士特任主编。

3. 天津

《天津人报》，1921年创刊，创办人是亚尔培·那巴，另外还有《天津回声报》等。

法国通讯社在华活动大约始于五四运动前后，首先来华的法国通讯社是太平洋安南无线电报社。太平洋安南无线电报社在我国北京、上海、香港等大城市均派驻记者，法国哈斯社 1931 年也在中国设立分社。

三、德国在华的新闻传播活动

德国在华开展新闻传播活动较早，第一次世界大战，中国对德宣战，所有在华报刊全部停刊。1921 年中德恢复外交关系后，德文报刊开始再次在中国出现。《德华新闻周刊》，1922 年在上海创刊，创办人是德国人李希德，采用德、中、英三种文字出版；《衡桥》，1925 年创刊，德文周刊，创办人为斯德司。

德国通讯社——海通社于 1921 年在北京设立分社，1928 年迁往上海。

总之，1919 年以来，外国人在中国的新闻传播活动其影响程度虽不及近代那么明显和强烈，但对中国现代社会尤其是新闻事业也产生过许多新的影响。特别值得一提的是，近代西方新的传播媒介——广播的出现及其在中国的传播，对中国新闻传播事业产生了根本性的影响。就媒介类型而言，广播这一现代化媒介的出现，掀开了西方新闻传播对中国新闻传播影响的新的一页，它将中国的新闻传播事业带到第二个发展阶段——电子阶段。

第四节　现代西方广播电子媒介的传入

广播媒体是西方人发明并且首先运用于新闻传播事业的。1895 年，俄国人波波夫和意大利人马可尼，分别发明了无线电接收机。1899 年，马可尼的无线电发报取得成功。1901 年，无线电技术开始运用于军事和新闻信息传输。1906 年，美国出现了一批实验性广播电台。

1920 年 11 月 2 日，世界上最早的广播电台——美国匹兹堡 KDKA 广播电台开始播音，标志着广播新闻传播的正式创生。继美国使用广播媒介后，英、法、俄等国也相继创办广播电台，将无线电运用于新闻传播。

中国出现的第一个广播电台，与近代报刊和通讯社一样，也是西方人首先开办的。1922 年 12 月，美国亚洲无线电公司子公司中国无线电公司经理奥斯邦来到上海，筹建广播电台。

1923 年 1 月 23 日，“大陆报—中国无线电公司广播电台”正式开播。它是我国境内的第一座广播电台，呼号 XRO，发射功率 50 瓦，波长 200 米，每晚播报《大陆报》的新闻和娱乐节目。随后，上海出现了广播热。1924 年 5 月 15 日，开洛电话材料公司创办的广播电台开播。呼号 KRC，波长 365 米，功率 100 瓦。它是外国人在上海所办时间较长、影响较大的一家广播电台，直到 1929 年 10 月宣告结束。

在西方人办电台的影响下，中国人自办电台开始起步。我国第一台自办广播电台出现在黑龙江的哈尔滨。1923 年 5 月，北洋奉系军阀在哈尔滨建立东三省无线电台。随后在沈阳、长春、齐齐哈尔等地设立分台。1926 年 10 月 1 日，刘瀚筹建的哈尔滨广播无线电台正式播音。呼号 XOH,功率 100 瓦,每天播音 2 小时,内容包括新闻、音乐等。这是中国人自办的第一座广播电台。

1927 年 5 月 15 日,天津广播无线电台开始播音。呼号 COTN,功率 500 瓦。同年 9 月 1 日,北京广播无线电台也开始播音。呼号 COPK,起初功率 20 瓦,后增至 100 瓦。两台均以播发新闻、音乐、商情和戏曲为主。据不完全统计,到 1928 年 6 月,北京装配广播收音机的用户就有 1900 户,销售收音机的厂家达 45 家,可见当时北京人对广播媒体的喜好。

中国早期的广播电台除官办之外,民办广播也开始出现。1927 年 3 月 19 日,上海新新公司广播电台开始播音,这被称为我国第一座自办民营广播电台。与此同时,北京也出现了第一家私营广播电台——燕声广播电台。

广播作为完全崭新的传播媒介,在西方出现后,迅速传入中国,并且运用于新闻传播事业。尽管在当时数量还较少、影响还不大,而且没有一家全国性的中央级电台。但作为新媒介,其前景是无限广阔的,必将带来广播事业的繁荣和发达。

第五节　当代西方新闻传播学理论著作译介

理论与实务作品的翻译和介绍是比较新闻传播研究成果的最直接的反映。改革开放以来,西方新闻传播学著作又一次大规模地传入中国,对我国的新闻传播事业产生了巨大影响。据笔者不完全统计,截至 2022 年,被翻译到中国的新闻传播学著作有:

《多种声音　一个世界》,联合国教科文组织编写,第二编译室翻译,中国对外翻译出版公司,1981 年。

《传播媒介的垄断》(美)巴格迪坎著,林珊等译,新华出版社,1983 年。

《传播学概论》(美)施拉姆、波特著,陈亮等译,新华出版社,1984 年。

《传播学概论:传媒 · 信息与人》(美)宣伟伯著,余也鲁等译,中国展望出版社,1985 年。

《信息学概论》谢尔茨基著,刘克译,江苏科技出版社;1985 年。

《电视的影响与儿童电视病》(美)穆迪著,卜卫译,中国广播电视出版社,1988 年。

《跨文化传播》(美)萨姆瓦著,陈南等译,三联书店,1988 年。

《大众传播通论》(美)德弗勒、(英)邓尼斯著,颜建华译,华夏出版社,1989 年。

《大众传播模式论》(英)麦奎尔、(瑞典)温德尔著,祝建华、武伟译,上海译文出版社,1989 年。

《人际沟通论》(美)库什曼 · 卡恩著,宋晓亮译,上海知识出版社,1989 年。

《媒介的权力:新闻媒介在人类事务中的作用》(美)阿特休尔著,黄煜、裘志康译,北京,华夏出版社,1989 年。

《大众传播社会学》(日)竹内郁郎编,张国良译,复旦大学出版社,1989 年。

《媒介社会学》(英)巴特勒著,赵伯英、孟春译,社会科学文献出版社,1989年。

《大众传播学诸论》(美)德弗勒、鲍尔—洛基奇著,杜力平译,新华出版社,1990年。

《日常接触:社会学交往方面的两个问题》(美)戈夫曼著,徐江敏译,华夏出版社,1990年。

《人际传播:社会交换论》(美)罗洛夫著,王江龙译,上海译文出版社,1991年。

《文化的传播》(美)斯密思著,周骏章译,上海译文出版社,1991年。

《传播媒介与美国人的思想》(美)切特罗姆著,黄静生、黄艾禾译,中国广播电视出版社,1991年。

《非语言交流》(美)巴克著,孟小平译,北京语言学院出版社,1991年。

《人际传播新论》(美)泰勒著,朱进东等译,南京大学出版社,1992年。

《跨文化传播》(美)罗滨逊著,马啸、王斌等译,华夏出版社,1992年。

《世界交流报告》(上下册),联合国教科文组织编,新华社新闻所译,中国华侨出版社,1992年。

《人的延伸:媒介通论》(加)麦克鲁汉著,何道宽译,四川人民出版社,1992年。

《信息崇拜》(美)罗斯扎克著,苗华健等译,中国对外翻译出版社,1994年。

《未来之路》,(美)比尔·盖茨著,辜正坤等译,北京大学出版社,1996年。

《信息高速公路透视》(美)迈克尔·沙利文著,程时瑞等译,科学文献出版社,1997年。

《数字化生存》(美)尼古拉·尼葛洛庞帝著,胡泳、范海燕译,海南出版社,1997年。

《大众传播法概要》(美)巴顿·卡尔著,中国社会科学出版社,1997年。

《信息媒体革命》(加)弗兰克·凯尔奇著,陈泽华等译,上海译文出版社,1997年。

《未来日记:未来十年网际网络对我们的影响》(加拿大)威廉姆森著,傅凯琳等译,辽宁教育出版社,1998年。

《皇帝的虚衣:网际网络文化实情》(美)摩尔著,王克迪、冯鹏志译,河北大学出版社,1998年。

《进入传播业》(美)秀兰·诺蓝哈著,黄宝玉等译,中国友谊出版社,1998年。

《数字化犯罪》(美)巴尔·巴雷特著,郝海洋译,辽宁教育出版社,1998年。

《世界传播概览:媒体与新技术的挑战》(法)洛特菲·马赫兹著,师淑云等译,中国对外翻译出版社,1999年。

《传播理论》(美)小约翰著,叶辉译,中国社会科学出版社,1999年。

《文化帝国主义》(英)汤林森著,冯建三译,上海人民出版社,1999年。

《未来会如何:信息新世界展望》(美)迈克尔·德图佐斯著,周昌忠译,上海译文出版社,1999年。

《数字化成长:网络时代的崛起》(美)唐·泰普斯科特著,陈晓开等译,东北财经大学出版社,1999年。

《比特之城:空间·场所·信息高速公路》(美)威廉·米切尔著,范海燕等译,三联书店,1999 年。

《跨文化传播学:东方的视角》(美)史蒂夫·莫滕森著,关世杰等译,中国社会科学出版社,1999 年。

《未来时速:数字神经系统与商务新思维》(美)比尔·盖茨著,蒋显璟等译,北京大学出版社,1999 年。

《多媒体时代与大众传播》(日)桂敬一著,刘学雁译,新华出版社,2000 年。

《传播理论:起源、方法与应用》(美)赛佛林、坦卡德著,郭镇之等译,华夏出版社,2000 年。

《组织传播》(美)凯瑟琳·米勒著,袁军等译,华夏出版社,2000 年。

《媒介形态变化:认识新媒介》(美)菲德勒著,明安香译,华夏出版社,2000 年。

《信息空间》(英)布瓦索著,王寅通译,上海译文出版社,2000 年。

《传播政治经济学》(加)文森特·莫斯可著,胡正荣等译,华夏出版社,2000 年。

《大众媒介概论》(美)雪丽·贝尔吉著,赵劲松译,东北财经大学出版社,2000 年。

《世界新闻多棱镜:变化中的国际传媒》(美)利贝卡·鲁宾著,黄晓兰译,华夏出版社,2000 年。

《大众传播研究:现代方法与应用》(美)迈克尔·辛格尔特里著,刘燕南译,华夏出版社,2000 年。

《国际传播:全球都市的历史、冲突及控制》(美)罗伯特·福特纳著,刘利群译,华夏出版社,2000 年。

《组织中的传播和权利:话语、意识形态和统治》(美)邓尼斯·姆贝著,陈德民译,中国社会科学出版社,2000 年。

《第二媒介时代》(美)马克·波斯特著,范静哗译,南京大学出版社,2000 年。

《麦克鲁汉精华》(加)埃里克·麦克汉、弗兰克·泰格龙等著,何道宽译,南京大学出版社,2000 年。

《信息方式:后结构主义与社会语境》(美)马克·波斯特著,范静哗译,南京大学出版社,2000 年。

《信息规则:网络经济的战略指导》(美)卡尔·夏皮罗、哈尔·瓦里安著,张帆译,中国人民大学出版社,2000 年。

《数字达尔文主义:网络时代的生存竞争策略》(美)埃文·施瓦茨著,陈正平译,企业管理出版社,2000 年。

《文化与交流》(英)艾德蒙·利奇著,郭凡译,上海人民出版社,2000 年。

《美国新闻史:大众传播媒介解释史》(美)迈克尔·埃默里著,展江译,新华出版社,2000 年。

《媒介事件》(美)丹尼尔·戴扬、伊莱休·卡茨著,麻争旗译,北京广播学院出版社,

2000 年。

《全球媒体:全球资本主义的新传教士》(美)赫尔曼·麦克切斯尼著,甄春亮译,天津人民出版社,2001 年。

《认识媒介文化:社会理论与大众传播》(英)尼克·史蒂文森著,王文斌译,商务印书馆,2001 年。

《传播史:一种传记式的方法》(美)罗杰斯著,殷晓蓉译,上海译文出版社,2002 年。

《网络新闻导论》(美)罗兰·德·沃尔克著,彭兰译,人民大学出版社,2003 年。

《帝国与传播》(加)哈罗德·伊尼斯著,何道宽译,中国人民大学出版社,2003 年。

《传播的偏向》(加)哈罗德·伊尼斯著,何道宽译,中国人民大学出版社,2003 年。

《世界大战中的宣传技巧》(美)哈罗德·拉斯韦尔著,田青、张洁译,中国人民大学出版社,2003 年。

《作为话语的新闻》(荷)托伊恩·梵·迪克著,曾庆香译,华夏出版社,2003 年。

《话语与社会变迁》(英)诺曼·费尔克拉夫著,殷晓蓉译,华夏出版社,2003 年。

《广告:艰难的说服》(美)迈克尔·舒德森著,陈安全译,华夏出版社,2003 年。

《意义的输出:〈达拉斯〉的跨文化解读》(英)利贝斯·卡茨著,刘自雄译,华夏出版社,2003 年。

《传播生态学:文化的控制范式》(美)大卫·阿什德著,邵志择译,华夏出版社,2003 年。

《分割美国:广告主与新媒介世界》(美)约瑟夫·塔洛著,洪兵译,华夏出版社,2003 年。

《通俗文化理论导论》(英)斯特里纳蒂著,阎嘉译,商务印书馆,2003 年。

《大众传播动力学—数字时代的媒介(第七版)》(美)约瑟夫·多米尼克著,蔡骐译,中国人民大学出版社,2004 年。

《新闻写作与报道训练教程(第三版)》(美)卡罗尔·里奇著,钟新译,中国人民大学出版社,2004 年。

《美国新闻史—大众传播媒介解释史(第九版)》(美)埃德温·埃默里著,展江译,中国人民大学出版社,2004 年。

《创造性的采访(第三版)》(美)肯·梅茨勒著,李丽颖译,中国人民大学出版社,2004 年。

《一个自由而负责的新闻界》(美)新闻自由委员会著,展江译,中国人民大学出版社,2004 年。

《机器新娘—工业人的民俗》(加)马歇尔·麦克卢汉著,何道宽译,中国人民大学出版社,2004 年。

《报纸的良知:新闻事业的原则和问题案例讲义》(美)利昂·纳尔逊·弗林特著,萧严译,中国人民大学出版社,2004 年。

《广告符码(中文版)》(美)苏特·杰哈利著,马姗姗译,中国人民大学出版社,2004年。

《美国报纸产业》(美)罗伯特·皮卡德、杰弗里·布罗迪著,周黎明译,中国人民大学出版社,2004年。

《〈新时代〉:打造专业化报纸》(斯洛伐克)塔特安娜·瑞普科瓦著,钟新译,中国人民大学出版社,2004年。

《票房营销》(英)菲利普·科特勒、乔安妮·雪芙著,陈庆春译,中国人民大学出版社,2004年。

《国际传播 延续与变革》(英)达雅·屠苏著,董关鹏译,新华出版社,2004年。

《网络研究数字化时代媒介研究的重新定向》(英)戴维·冈特利特著,彭兰译,新华出版社,2004年。

《新闻采写教程》(美)谢丽尔·吉布斯著,姚清江译,新华出版社,2004年。

《寻找方法 焦点小组和大众传播研究的发展》(美)大卫·莫里森著,王宁译,新华出版社,2004年。

《市场新闻业》(美)麦克马纳斯著,张磊译,新华出版社,2004年。

《至关重要的新闻:电视与美国民意》(美)仙托·艾英戈、唐纳德·金德著,刘海龙译,新华出版社,2004年。

《媒介研究的出路》(英)奥利费·博伊德·巴雷特著,王凯、刘晓红译,新华出版社,2004年。

《全球电视和电影》(美)考林·霍斯金斯、斯图亚特·麦克法蒂耶、亚当·费恩著,刘丰、张慧宇译,新华出版社,2004年。

《关键概念:传播与文化研究辞典》(美)约翰·费斯克著,李彬译,新华出版社,2004年。

《获得信息:新闻、真相和权力》(美)埃尔德里奇著,张威译,新华出版社,2004年。

《富媒体 穷民主:不确定时代的传播政治》(美)罗伯特·麦克切斯尼著,谢岳译,新华出版社,2004年。

《尴尬的接近权》(美)史蒂文·拉克斯著,禹建强、王海译,新华出版社,2004年。

《大众传播研究方法》(英)安德斯·汉森著,崔保国、金兼斌、童菲译,新华出版社,2004年。

《现代传媒史》(日)佐藤卓己著,诸葛蔚东译,北京大学出版社,2004年。

《媒介公正:案例与道德论据》(美)克里斯蒂安著,姜桂华、汪昌琪、蔡文美译,华夏出版社,2004年。

《媒体文化:介于现代与后现代之间的文化研究、认同性与政治的新描述》(美)凯尔纳著,丁宁译,商务印书馆,2004年。

《电视受众研究》(英)约翰·塔洛克著,严忠志译,商务印书馆,2004年。

《全能记者必备(第七版)》(美)凯利·莱特尔著,宋铁军译,中国人民大学出版社,2005年。

《解放·传媒·现代性:关于传媒和社会理论的讨论》(美)尼古拉斯·加汉姆著,李岚译,新华出版社,2005年。

《电视受众与文化研究》(英)戴维莫利著,史安斌译,新华出版社,2005年。

《新闻业与新媒介》(美)帕夫利克著,张军芳译,新华出版社,2005年。

《媒介研究:文本、机构与受众》(英)利萨·泰勒著,吴婧译,北京大学出版社,2005年。

《电子媒介节目设计与运营:战略与实践》(美)苏珊·泰勒·伊斯特曼著,谢新洲译,北京大学出版社,2005年。

《电子媒介经营管理》(美)艾伦·阿尔巴朗著,谢新洲译,北京大学出版社,2005年。

《作为文化的传播》(美)詹姆斯·凯瑞著,丁未译,华夏出版社,2005年。

《做文化研究:索尼随身听的故事》(英)保罗·杜盖伊、斯图尔特·霍尔、琳达·简斯、休·麦凯、基恩·尼格斯著,霍炜译,商务印书馆,2005年。

《电视文化》(美)约翰·菲斯克著,祁阿红、张鲲译,商务印书馆,2005年。

《媒介、传播、文化:一个全球性的途径》(美)詹姆斯·罗尔著,董洪川译,商务印书馆,2005年。

《理解视觉文化的方法》(英)巴纳德著,常宁生译,商务印书馆,2005年。

《商业文化礼赞》(英)泰勒·考恩著,严忠志译,商务印书馆,2005年。

《当代媒体新闻写作与报道(第六版)》(美)布鲁斯·伊图尔,道格拉斯·A·安德森著,中国人民大学出版社,2006年。

《媒介伦理学:问题与案例(第四版)》(美)菲利普·帕特森,李·威尔金斯著,中国人民大学出版社,2006年。

《理解电视:受众解读的心理学》(英)利文斯通著,龙耘译,新华出版社,2006年。

《健康传播:个人文化与政治的综合视角》(美)帕特丽夏·盖斯特－马丁、艾琳·伯林·雷、芭芭拉·沙夫著,龚文庠、李利群译,北京大学出版社,2006年。

《符号经济与空间经济》(美)斯科特·拉什、约翰·厄里著,王之光、商正译,商务印书馆,2006年。

《新闻报道与写作》(美)布雷恩·布鲁克著,范红译,新华出版社,2007年。

《传播法判例:自由、限制与现代媒介》(美)约翰·泽莱兹尼著,王秀丽译,北京大学出版社,2007年。

《技术垄断:文化向技术投降》(美)尼尔·波斯曼著,何道宽译,北京大学出版社,2007年。

《媒介环境学:思想沿革与多维视野》(美)林文刚(Casey Man Kong Lum)著,何道宽译,北京大学出版社,2007年。

《模仿律》(法)加布里埃尔·塔尔德著,何道宽译,中国人民大学出版社,2008年。

《传媒研究导论:过程与符号》(美)菲斯克著,许静译,北京大学出版社,2008年。

《媒介效果研究概论》(美)格兰·斯帕克斯著,何朝阳、王希华译,北京大学出版社,2008年。

《口语文化与书面文化:语词的技术化》(美)沃尔特·翁著,何道宽译,北京大学出版社,2008年。

《做新闻》(美)盖伊·塔奇曼著,麻争旗、刘笑盈、徐扬译,华夏出版社,2008年。

《文化理论:导论》(英)菲利普·史密斯著,张鲲译,商务印书馆,2008年。

《议程设置》(美)马克斯韦尔·麦库姆斯著,郭镇之、徐培喜译,北京大学出版社,2008年。

《传播学批判研究:美国的传播、历史和理论》(美)汉诺·哈特著,何道宽译,北京大学出版社,2008年。

《重组话语频道》(美)罗伯特·艾伦著,牟岭译,北京大学出版社,2008年。

《大众传播效果研究的里程碑(第三版)》(美)希伦·洛厄里,梅尔文·德弗勒著,刘海龙等译、中国人民大学出版社,2009年。

《传播理论史:一种社会学的视角》(法)麦格雷著,刘芳译,中国传媒大学出版社,2009年。

《传媒是什么:新实践·新特质·新影响》(法)雷米·里埃菲尔著,刘昶译,中国传媒大学出版社,2009年。

《传媒殖民政治:传媒殖民政治》(德)托马斯·梅耶著,刘宁译,中国传媒大学出版社,2009年。

《传媒影响力:操控、说服机制研究》(法)阿莱克斯·穆奇艾利著,宋嘉宁译,中国传媒大学出版社,2009年。

《创意工厂:意大利传媒市场》(意)安东尼奥·皮拉蒂、朱塞佩·里盖利著,史克栋译,中国传媒大学出版社,2009年。

《生活中的传播》(英)朱莉亚·伍德著,董璐译,北京大学出版社,2009年。

《媒介效果:理论与研究前沿》(美)简宁斯·布莱恩特、道尔夫·兹尔曼著,石义彬、彭彪译,华夏出版社,2009年。

《公共新闻事业的理念》(美)西奥多·格拉瑟编,邬晶晶译,华夏出版社,2009年。

《美国政治中的媒体》(美)帕雷兹著,宋韵雅、王璐菲译,南京大学出版社,2009年。

《媒体伦理》(英)马修·基兰编,张培伦、郑佳瑜译,南京大学出版社,2009年。

《创造性的采访(第三版)》(美)肯·梅茨勒著,李丽颖译,中国人民大学出版社,2010年。

《传媒、现代性和科技:“新”的地理学》(英)戴维·莫利著,郭大为译,中国传媒大学出版社,2010年。

《如何发表公共演讲》(美)谢丽尔·汉密尔顿著,何姝、朱熠译,北京大学出版社,2010年。

《作为变革动因的印刷机:早期近代欧洲的传播与文化变革》(美)伊丽莎白·爱森斯坦著,何道宽译,北京大学出版社,2010年。

《数字化崇拜:迷思、权力与赛博空间》(加)文森特·莫斯可著,黄典林译,北京大学出版社,2010年。

《新闻社会学》(美)迈克尔·舒德森著,徐桂权译,华夏出版社,2010年。

《为什么民主需要不可爱的新闻界》(美)迈克尔·舒德森著,贺文发译,华夏出版社,2010年。

《互联网政治学:国家、公民与新传播技术》(英)安德鲁·查德威克著,任孟山译,华夏出版社,2010年。

《公共新闻研究》(美)坦尼·哈斯著,曹进译,华夏出版社,2010年。

《全球新闻事业》(美)阿诺德·S. 戴比尔、约翰·梅里尔著,郭之恩译,华夏出版社,2010年。

《大众艺术哲学论纲》(法)诺埃尔·卡洛尔著,严忠志译,商务印书馆,2010年。

《草根媒体》(美)丹·吉摩尔 著,陈建勋译,南京大学出版社,2010年。

《媒介研究经典文本解读》(美)伊莱休 、卡茨著,常江译,北京大学出版社,2010年。

《无声的语言》(美) 爱德华·霍尔著,何道宽译,北京大学出版社,2010年。

《超越文化》(美) 爱德华·霍尔著,何道宽译,北京大学出版社,2010年。

《美国传媒体制的兴衰》(美) 韦斯特著,董立译,北京大学出版社,2010年。

《移民报刊及其控制》(美)罗伯特·E·帕克著,陈静静、展江译,中国人民大学出版社,2011年。

《传播的历史:技术、文化和社会》(加)戴维·克劳利、保罗·海尔著,董璐、何道宽、王树国译,北京大学出版社,2011年。

《媒介法原理》(美)韦恩·奥弗贝克著,周庆山译,北京大学出版社,2011年。

《制造共识:大众传媒的政治经济学》(美)爱德华·S·赫尔曼、诺姆·乔姆斯基著,邵红松译,北京大学出版社,2011年。

《高科技无产阶级的形成:真实世界里的虚拟工作》(英)乌苏拉·胡斯著,任海龙译,北京大学出版社,2011年。

《新闻的力量》(美)迈克尔·舒德森著,刘艺娉译,华夏出版社,2011年。

《新新媒介》(美)保罗·莱文森著,何道宽译, 复旦大学出版社,2011年。

《软利器》(美)保罗·莱文森 著,何道宽译, 复旦大学出版社,2011年。

《大众传媒与美国政治》(美)道瑞斯·戈瑞伯尔著,张萍译,南京大学出版社,2011年。

《美国总统的信息管理:白宫的新闻操作》(美)玛莎·乔伊恩特·库玛著,朱健迅译,南京大学出版社,2011 年。

《新闻的十大基本原则》(美)比尔·科瓦齐、汤姆·罗森斯蒂尔著,刘海龙、连晓东译,北京大学出版社,2011 年。

《新闻写作与报道训练教程(第六版)》(美)卡罗尔·里奇著,钟新、王春枝译,中国人民大学出版社,2012 年。

《国际新闻报道:前线与时限》(英)约翰·欧文、希瑟·普迪著,李玉洁译,中国人民大学出版社,2012 年。

《美国电视史》(美)加里·埃杰顿著,李银波译,中国人民大学出版社,2012 年。

《全球公民社会》(英)约翰·基恩著,李勇刚译,中国人民大学出版社,2012 年。

《比较媒介体制——媒介与政治的三种模式》(美)丹尼尔·哈林、(意)保罗·曼奇尼著,陈娟、展江译,中国人民大学出版社,2012 年。

《人民的选择(第三版)》(美)保罗·F·拉扎斯菲尔德、伯纳德·贝雷尔森、黑兹尔·高德特著,唐茜译,中国人民大学出版社,2012 年。

《媒介素养》(美)詹姆斯·波特著,李德刚译,清华大学出版社,2012 年。

《信息不等于传播》(法)多米尼克·吴尔敦著,宋嘉宁译,中国传媒大学出版社,2012 年。

《拯救传播》(法)多米尼克·吴尔敦著,刘昶译,中国传媒大学出版社,2012 年。

《传播理论史:回归劳动》(美)丹·席勒著,冯建三、罗世宏译,北京大学出版社,2012 年。

《电影与文化的现代性》(英)吉尔·布兰斯顿著,闻钧、韩金鹏译,北京大学出版社,2012 年。

《被展示的文化:当代“可参观性”的生产》(英)贝拉·迪克斯著,冯悦译,北京大学出版社,2012 年。

《流行音乐文化》(英)安迪·班尼特著,曲长亮译,北京大学出版社,2012 年。

《文化公民身份:全球一体的问题》(英)尼克·史蒂文森著/王晓燕、王丽娜译/北京大学出版社,2012 年。

《品牌新中国》(美)王瑾著,何朝阳、韦琳译,北京大学出版社,2012 年。

《融合文化:新媒体和就媒体的冲突地带》(美)亨利·詹金斯 著,杜永明译,商务印书馆,2012 年。

《媒介、传播、文化:一个全球性的途径》(美)詹姆斯·罗尔著,董洪川译,商务印书馆,2012 年。

《媒介融合:网络传播、大众传播和人际传播的三个维度》(丹)延森著,刘君译,复旦大学出版社,2012 年。

《字母表效应:拼音文字与西方文明》(加)罗伯特·洛根著,何道宽译,复旦大学出版社,2012 年。

《理解媒介：延伸麦克卢汉》(加)罗伯特·洛根著，何道宽译，复旦大学出版社，2012年。

《传播学史：一种传记式的方法》(美)E.M.罗杰斯著，殷晓蓉译，上海译文出版社，2012年。

《传播学》(美)鲁道夫·韦尔德伯尔、凯瑟琳·韦尔德伯尔、贝恩纳·塞尔诺著，周黎明译，中国人民大学出版社，2013年。

《视频基础(第六版)》(美)赫伯特·泽特尔著，雷蔚真、贾明锐译，中国人民大学出版社，2013年。

《电视现场制作与报道(第五版)》(美)弗雷德·舒克、约翰·拉森、约翰·德·塔尔西奥著，雷蔚真、贾明锐译，中国人民大学出版社，2013年。

《媒介效果研究概论(第四版)》(美)格兰·斯帕克斯著，何朝阳、王希华译，中国人民大学出版社，2013年。

《娱乐产业经济学：财务分析指南(第8版最新版)》(美)哈罗德·沃格尔著，支庭荣、陈致中译，中国人民大学出版社，2013年。

《另类世界化——基于传播学的思考》(法)多米尼克·吴尔敦著，尹明明、贾燕京译，中国传媒大学出版社，2013年。

《新闻学原理》(美)卡斯珀·约斯特著，王海译，中国传媒大学出版社，2013年。

《社会传播的结构与功能》(美)哈罗德·拉斯韦尔著，何道宽译，中国传媒大学出版社，2013年。

《传播的偏向》(美)哈罗德·伊尼斯著，何道宽译，中国传媒大学出版社，2013年。

《帝国与传播》(加)哈罗德·伊尼斯著，何道宽译，中国传媒大学出版社，2013年。

《变化中的时间观念》(加)哈罗德·伊尼斯著，何道宽译，中国传媒大学出版社，2013年。

《表征：文化表征与意指实践》(英)斯图尔特·霍尔著，徐亮、陆兴华译，商务印书馆，2013年。

《理解视觉文化的方法》(英)马尔科姆·巴纳德著，常宁生译，商务印书馆，2013年。

《认识媒介文化：社会理论与大众传播》(英)尼克·史蒂文森著，王文斌译，商务印书馆，2013年。

《中国网络政治的历史考察：电报与清末时政》(美)周永明著，尹松波、石琳译，商务印书馆，2013年。

《全球新闻记者》(英)兰德尔著，邹蔚苓译，复旦大学出版社，2013年。

《传播政治经济学》(加)文森特·莫斯可著，胡春阳、黄红宇、姚建华译，上海译文出版社，2013年。

《沉默的螺旋：舆论——我们的社会皮肤》(德)伊丽莎白·诺尔-诺依曼著，董璐译，北京大学出版社，2013年。

《文化对话:跨文化传播导论》(美)迈克尔·普罗瑟著,何道宽译,北京大学出版社,2013年。

《媒介伦理:案例与道德推理(第九版)》(美)克利福德·克里斯琴斯、马克·法克勒、凯西·布里坦·理查森、佩吉·克里谢尔、小罗伯特·伍兹著,孙中有、郭石磊、范雪竹译,中国人民大学出版社,2014年。

《新闻价值》(英)保罗·布赖顿、丹尼斯·福伊著,周黎明译,中国人民大学出版社,2014年。

《大众传媒革命》(美)查尔斯·斯特林著,王家全、崔元磊、张祎译,中国人民大学出版社,2014年。

《媒介、风险与科学》(英)斯图尔特·艾伦著,陈开和译,北京大学出版社,2014年。

《信息方式:后结构主义与社会语境》(美)马克·波斯特著,范静哗译,商务印书馆,2014年。

《通俗文化理论导论》(英)多米尼克·斯特里纳蒂著,阎嘉译,商务印书馆,2014年。

《信号与噪音:尼日利亚的媒体、基础设施与都市文化》(美)布莱恩·拉金著,陈静静译,商务印书馆,2014年。

《媒介、社会与世界:社会理论与数字媒介实践》(英)库尔德利、尼克·库尔德利著,何道宽译,复旦大学出版社,2014年。

《新新媒介(第二版)》(美)保罗·莱文森著,何道宽译,复旦大学出版社,2014年。

《精确新闻报道:记者应掌握的社会科学研究方法(第四版)》(美)菲利普·迈耶著,肖明译,中国人民大学出版社,2015年。

《当代媒体新闻写作与报道(第七版)》(美)布鲁斯·伊图尔、道格拉斯·安德森著,贾陆依译,中国人民大学出版社,2015年。

《大众传播动力学:转型中的媒介(第12版)》(美)约瑟夫·多米尼克著,黄金、蔡骐译,中国人民大学出版社,2015年。

《传播与劝服:关于态度转变的心理学研究》(美)卡尔·霍夫兰、欧文·贾尼斯、哈罗德·凯利著,张建中、李雪晴、曹苑译,中国人民大学出版社,2015年。

《媒介学生用书(第五版)》(美)吉尔.布兰斯顿、罗伊.斯塔福德著,李德刚译,清华大学出版社,2015年。

《电脑游戏:文本、叙事与游戏》(英)戴安娜·卡尔、大卫·白金汉、安德鲁·伯恩、加雷思·肖特著,丛治辰译,北京大学出版社,2015年。

《城市与城市文化》(澳)史蒂文森著,李东航译,北京大学出版社,2015年。

《媒体世界:人类学的新领域》(美)费·金斯伯格、里拉·阿布·卢赫德、布莱恩·拉金著,丁惠民译,商务印书馆,2015年。

《观文化,看政治:印度后殖民时代的电视、女性和国家》(美)普尔尼马·曼克卡尔著,晋群译,商务印书馆,2015年。

《新媒介:关键概念》(英)尼古拉斯·盖恩、戴维·比尔著,刘君、周竞男译,复旦大学出版社,2015年。

《人际传播研究手册》(美)耐普、戴利著,胡春阳、黄红雨译,复旦大学出版社,2015年。

《媒介心理学:记者思维模式与新闻文本生成》(俄)叶琳娜·普罗宁娜著,薛冉冉译,中国人民大学出版社,2016年。

《广告调查:理论与实务(第2版)》(美)乔尔·戴维斯著,杨雪睿、田卉译,中国人民大学出版社,2016年。

《大众传播概论:媒介素养与文化(第8版)》(美)斯坦利·巴兰著,何朝阳译,中国人民大学出版社,2016年。

《人际影响:个人在大众传播中的作用》(美)伊莱休·卡茨、保罗·拉扎斯菲尔德著,张宁译,中国人民大学出版社,2016年。

《个性动理论》(美)库尔特·卢因著,何道宽译,中国传媒大学出版社,2016年。

《控制论》(美)诺伯特·维纳著,陈娟译,中国传媒大学出版社,2016年。

《理解国际新闻》(美)雅普·梵·吉内肯著,李江涛译,中国传媒大学出版社,2016年。

《国际传播理论前沿》(美)迈赫迪·萨马迪著,吴飞译,中国传媒大学出版社,2016年。

《文本盗猎者:电视粉丝与参与式文化》(美)亨利·詹金斯著,郑熙青译,北京大学出版社,2016年。

《国家戏剧:埃及的电视政治》(美)阿布一卢赫德著,张静红、郭建斌译,商务印书馆,2016年。

《新媒体批判导论(第二版)》(英)马丁·李斯特著,吴炜华、付晓光译,复旦大学出版社,2016年。

《国际传播与文化间传播研究手册》(英)古狄昆斯特、莫迪、陈纳等著,复旦大学出版社,2016年。

《视觉新闻》(英)大卫·梅钦、莉迪亚·波尔策著,朱戈、陈伟军译,清华大学出版社,2017年。

《战争、影像与国际关系》(英)米连那·米哈尔斯基著,李智译,华夏出版社,2017年。

《对空言说:传播的观念史》(美)约翰·杜翰姆·彼得斯著,邓建国译,上海译文出版社,2017年。

《媒介伦理学:问题与案例(第8版)》(美)菲利普·帕特森,李·威尔金斯著,李青蔡译,中国人民大学出版社,2018年。

《新闻:幻象的政治(第9版)》(美)兰斯·班尼特著,杨晓红、王家全译,中国人民大学出版社,2018年。

《新闻伦理学》(美) 纳尔逊·安特宁·克劳福德著,江作苏、王敏译,中国传媒大学出版社,2018年。

《文化与社会的媒介化》(德)施蒂格·夏瓦著,刘君、李鑫、漆俊邑译,复旦大学出版社,2018年。

《被误读的麦克卢汉》(加) 罗伯特·洛根著,何道宽译,复旦大学出版社,2018年。

《传播研究量表手册(Ⅰ)》(美)丽贝卡·鲁宾、菲利普·帕尔姆格林、霍华德·E.西弗尔著,邓建国译,复旦大学出版社,2018年。

《舆论》(美)沃尔特·李普曼著,常江、肖寒译,北京大学出版社,2018年。

《用数字说话:民意调查如何塑造美国政治》(美)苏珊·赫伯斯特著,张健译,北京大学出版社,2018年。

《作为文化的传播:"媒介与社会"论文集(修订版)》(美)詹姆斯·凯瑞著,丁未译,中国人民大学出版社,2019年。

《大众媒介研究导论(第十版)(翻译版)》(美) 罗杰·维曼,约瑟夫·多米尼克著,金兼斌、景刚、刘于思译,清华大学出版社,2019年。

《媒介研究批评术语集》(美)米歇尔、马克·汉森著,肖腊梅、胡晓华译,南京大学出版社,2019年。

《在群中:数字媒体时代的大众心理学》(德)韩炳哲著,程巍译,中信出版社,2019年。

《文化理论与大众文化导论(第七版)》(英)约翰·斯道雷著,常江译,北京大学出版社,2019年。

《改编理论》(加)琳达·哈琴、西沃恩·奥弗林著,任传霞译,清华大学出版社,2019年。

《新闻社会学(第二版)》(美)迈克尔·舒德森著,徐佳权译,中国人民大学出版社,2020年。

《注意力分散时代:高速网络经济中的阅读、书写与政治》(美)罗伯特·哈桑著,张宁译,复旦大学出版社,2020年。

《习以为常:手机传播的社会嵌入》(美)理查德·林著,刘君、郑奕译,复旦大学出版社,2020年。

《工作中的新闻:信息充裕时代的模仿》(美)帕布鲁·博奇科夫斯基著,周亭译,北京大学出版社,2020年。

《传媒规范理论》(美)克利福德·克里斯琴斯、西奥多·格拉瑟、(英)丹尼斯·麦奎尔,(芬)卡勒·诺登斯特伦,(美)罗伯特·怀特著,黄典林、陈世华译,中国人民大学出版社,2022年。

《〈全国新闻〉:电视与受众研究》(英)戴维·莫利、夏洛特·布伦斯顿著,李鹏译,中国人民大学出版社,2022年。

《做新闻:现实的社会建构》(美)盖伊·塔克曼著,李红涛译,中国人民大学出版社,

2022年。

《把关理论》(美)帕梅拉J·休梅克、蒂姆·沃斯著,孙五三译,中国人民大学出版社,2022年。

《依附之路:传播、资本主义、意识和加拿大》(加)达拉斯·斯迈思著,吴畅畅、张颖译,北京大学出版社,2022年。

《国际传播:沿袭与流变》(英)达雅·基山·屠苏著,胡春阳、姚朵仪译,复旦大学出版社,2022年。

由上述统计,我们可以发现:第一,当代西方新闻传播理论研究,硕果累累,呈现出迅猛发展的态势,研究向纵深方向发展。第二,中国新闻传播学界对西方新闻传播学成果的高度重视,翻译工作几乎同步进行。第三,西方新闻传播学对中国的影响是全方位的,从理论建构到业务实践、从研究方法到史料整理,都产生了不同程度的影响,而且这种作用将继续下去。当然,随着西方新闻传播学著作的译介,另一个关键性问题将日渐凸显,即如何甄别、吸收,洋为中用的问题。

第五章
华文新闻传播在海外

前文已述，中外新闻传播间的影响具有不平衡性，总体上看是西强东弱，但这并不等于说中国新闻传播在国外就毫无声息。纵观中国新闻传播史，中国新闻的国外传播不仅存在，而且在某些历史时期产生过较大影响，这种影响至今仍然存在。据程曼丽先生研究，目前海外华文报刊遍及五大洲 50 多个国家。下面我们以中华文明传播为背景，集中阐述华文报刊在国外的传播和影响。

第一节　古代中国造纸印刷术的全球传播

海外华人新闻传播事业，是与一定时期的政治、经济、文化状况紧密联系的，同时它又是在中华文明的全球传播基础上进行的。中华民族几千年来对世界文明的影响是多方面的，其中与新闻传播密切相关就有两大发明创造——造纸术和印刷术。这两项发明对于世界文明的推动作用是无法估量的，也是中华文明影响世界的集中代表之一。新闻传播所赖以生存的两项基本内容——媒介载体和复制技术，都是由中国人首先发明和运用的，其意义不难想象。下面就造纸术和印刷术的发明及其传播过程作一概述。

一、造纸术的发明及其西传

造纸术是我国古代的一项伟大发明，对于科技、文化、新闻出版、图书印刷都具有特别重要的意义。就新闻传播而言，探讨造纸技术的起源及传播，将有利于弄清这项技术是如何影响新闻传播事业的，同时也能进一步看清中西新闻传播之间的相互影响、共同发展的历史过程。

(一)纸的发明

关于植物纤维纸的发明时间，有两种说法。

其一，东汉说。这是较为传统的观点，主要依据是《后汉书·蔡伦传》："自古书契多编以竹简，其用缣帛者，谓之为纸，缣贵而简重，并不便于人。伦乃造意，用树肤、麻头及敝布渔网以为纸。元兴元年奏上之。"此段文字被认为是纸的发明最为有力而完整的证据。它清楚记载纸的发明时间——元兴元年，即公元105年，发明人是蔡伦，造纸材料是树皮、麻头等植物纤维。《后汉书》作者南朝史学家范晔距离东汉时间较近，属后代人记前朝事，言之凿凿，似无可争辩。但是，近年来，在大量事实面前，人们提出了另一种说法。

其二，西汉说。此种观点认为中国纸早在西汉时就已经发明，其主要证据是近一个世纪以来的考古发现。特别是1957年在西安灞桥出土的西汉古纸，成叠放置在铜镜下面，颜色黄褐，根据同墓出土的文物"半两钱"推算，该墓不会晚于汉武帝下令废"半两钱"的元狩五年，即公元前118年。经鉴定，灞桥纸原料是麻类纤维。虽然目前还很难搞清发明人及其发明过程，但在事实面前，传统的东汉说已被动摇了。

一般来说，任何一项伟大的发明，都不可能是一个人在一夜之间突然创造出来，往往是经过很多人，甚至很多代人长期积累的结果。纸的发明就极有可能经历过这样的过程。首先，秦朝统一中国后，"书同文"，文字统一了，社会信息流通加快，客观上对文字载体的要求提高了，原来的载体——竹木简牍和缣帛，非重即贵，严重限制了信息流通量和流通速度。其次，西汉社会稳定，经济繁荣，文化教育事业都有长足进步，无论是政府文书还是儒生读书学习，对方便廉价的文字载体需求都日益强烈。再次，经过西汉劳动人民的不断摸索，他们在纺织业中发现植物纤维的一些特点，然后不断改进，终于研制成西汉古纸。

到了东汉，蔡伦对造纸术的贡献主要有两点：其一，他在任尚方令时，有机会对造纸的原料进行改造，扩大了原料的范围，对于造纸的普及起到了关键性作用。其二，他提高了造纸的技术水平，能够将树皮作为原料，经过剥切、沤烂、蒸煮、舂捣、抄造、定型、漂白等工序，创造出树皮纤维纸，这在几千年的造纸史上无疑具有里程碑意义。

（二）造纸术的全球传播

在中国劳动人民发明造纸术并且广泛使用纸张时，世界上其他国家也有自己的原始的书写材料，而且各不相同。比如，古埃及人用尼罗河的芦苇秸秆压平制成"纸草"记载文字，巴比伦人用泥土制成"泥版"来记载信息，古印度人长期使用棕榈叶抄写佛经，号称"贝叶经"，古代欧洲人用羊皮作为记录的载体。但是，以上载体都有诸多弊端。与它们相比，纸的优越性十分明显："它有纸草之便而不易破裂，有竹木之廉而体积不大，有缣帛羊皮之柔软而无其贵，有金石之久而无其笨重。"[①]

关于中国人发明造纸术，西方学者曾一度表示怀疑，认为植物纤维纸最早是意大利人或法国人发明的。后来，埃及发现了公元8世纪的古纸，又有人认为纸是阿拉伯人发

① 张秀民：《中国印刷术的发明及其影响》，肖东发《中国编辑出版史》，143页，辽宁教育出版社，1996。

明的。直到在中国西北地区发现了公元2世纪的古纸，并经化验证实是植物纤维纸，中国人最早发明造纸说才最终为世人所承认。如美国学者卡特在《中国印刷术的发明及其西传》中，简明扼要地论证了中国是造纸术和印刷术的故乡，对亚洲及欧洲造纸和印刷业产生了直接的影响。历史学家韦尔斯也在其名作《历史大纲》一书中说："造纸一事，尤为重要。即为欧洲再兴之得力乎纸，亦未为过也。造纸之术创始于中国，其应用盖在西元前之二世纪。"①

对造纸技术的传播路线目前虽仍有小的分歧，但总的路线是明确的。一般认为，公元3世纪前后造纸术首先传入越南（戈公振则认为造纸之术东渐而入高丽，即今朝鲜，后300年，由高丽僧人传至日本），在4世纪前后造纸术传入朝鲜，5世纪由朝鲜僧人传入日本。7世纪前后，造纸术传至印度。造纸术传入西方是经丝绸之路来进行的。2世纪前后，西域地区开始有纸的使用，5世纪时，整个中亚地区，纸的使用较为普遍。公元751年，大唐帝国与大食（今阿拉伯）人开战，安西节度使高仙芝率领的唐军被击败，许多中国士兵被俘，留在了阿拉伯，其中不少士兵本身就是造纸工人，他们"遂传其技术于斯土"，阿拉伯人首先在撒马尔罕（今乌兹别克斯坦境内）开设造纸厂。从此，纸张成了阿拉伯人的重要商品。793年在巴格达、795年在大马士革、900年在埃及、1100年在摩洛哥相继建立工厂，8至12世纪，阿拉伯人垄断了西方造纸技术达400年之久。其后造纸术达到极盛时期，很快传播于西方文明诸国。

12世纪，阿拉伯人入侵欧洲时，造纸术传入西班牙，1150年在西班牙西南部的萨地瓦开设了欧洲大陆的第一个造纸厂。1189年，法国建立起造纸作坊。1176年，造纸术传至意大利的威尼斯，1320年，德国建立纸厂，1323年在荷兰、1350年在瑞士、1391年在奥地利、1450年在比利时、1494年在英国、1540年在瑞典和挪威、1567年在俄罗斯、1575年在墨西哥、1690年在美国费城、19世纪末在澳大利亚的墨尔本，纷纷建立起造纸厂。经过一千多年的时间，中国的造纸技术最终传遍了整个世界。

在中国造纸术的基础上，19世纪后，西方人对此进行了大规模的技术革新。1870年机械造纸法由西方传入日本，1891年李鸿章在上海杨树浦建立伦章造纸厂，这是新式机械造纸术在中国的开始，从而完成了造纸技术环世界一周的认祖归宗的传播历程。

二、印刷术的发明及其传播影响

印刷术是通过一定的手段和程序对图文信息进行复制的技术。它的最大优点就在于便于迅速记载信息、传播信息和保存信息。关于印刷与新闻的关系，借用美国新闻教育家威廉的话可以形象地说明，1929年，他在北京大学演讲时说："中国为印刷术最先发明之国家，世界若无印刷之术，新闻学绝对不能产生；是以余在中国谈新闻学，犹如小儿

① 转见戈公振：《中国报学史》，321页，台湾学生书局，1982。

女向父母报告晚辈之经验，实为最为有兴趣之事。”①

古代的印刷技术主要有两种——雕版印刷术和活字印刷术。雕版印刷术又叫“整版印刷术”，是把图文整版反刻在一定的载体上，加墨进行整版印刷的方法。活字印刷是先将文字制成一个一个单字，印刷时进行拼版，然后加墨印刷的方法。这两种印刷方法都是中国人发明并使用的。

1. 雕版印刷术的发明

关于雕版印刷术的发明时间，目前仍有不少争论。归纳起来有七种观点：汉代说、东晋说、北齐说、隋代说、唐代说、五代说、北宋说等。每一种说法都有一些学者举出这样或那样的证据，但证据最有说服力且为大多数学者赞成的是唐代说。唐代说的主要依据有以下几个方面。

其一，文献证据。就目前见到的各种文献资料，有很多能够直接或间接证实唐代说。如 824 年，元稹在白居易《白氏长庆集》的序言中说：“缮写模勒，炫卖于市井，或持之以交酒茗者，处处皆是。”文中的“模勒”即为“雕印”。又如，835 年，唐文宗时，东川节度使冯宿上奏要求禁止民间私刻日历时说：“剑南、两川及淮南道皆以版印历日鬻于市。”非常清楚，当时的私人印刷业已经较为普遍。文献证据除了有唐人的直接记述，还有后代人的间接记录，兹不细述。

其二，实物证据。唐代的印刷品尚有少量存于世上，如在敦煌发现的咸通九年(868年)的《金刚经》，就是现知世界上最早的刻印有确切日期的雕版印刷品。又如，1944 年在成都东门外望江楼唐墓中发现的印本《陀罗尼经咒》，就是国内现存最早的印刷品。实物证据除在国内考古发现之外，在国外也有新的发现。1966 年 10 月 18 日，在韩国庆州佛国寺释迦塔内发现了汉字印刷品《无垢净光大陀罗尼经》，文中有四个武则天时创造的“制字”，该塔完工于 751 年，可见，这件印品刊印时间约在 704 年至 751 年之间，比《金刚经》至少还早 120 年。雕版印刷术至迟起源于唐代是令人信服的。

2. 活字印刷术的发明

活字印刷术是对雕版印刷的革新和发展，尽管都是印刷，但活字印刷其意义要大大超过前者，其理论价值远非雕版印刷所能比拟。关于活字印刷术的发明情况，最权威的记载是沈括的《梦溪笔谈》卷十八“技艺”：“板印书籍，唐人尚未盛为之。自冯瀛王始印五经，以后典籍皆为板本。庆历中，有布衣毕昇，又为活版。其法：用胶泥刻字，薄如钱唇，每字为一印，火烧令坚。先设一铁板，其上以松脂、蜡和纸灰之类冒之；欲印，则以一铁范置铁板上，乃密布字印，满铁范为一板，持就火炀之。药稍镕，则以一平板按其面，则字平如砥。若止印三二本，未为简易。若印数十百千本，则极为神速。常作二铁板，一板印刷，一板已自布字，此印者才毕，而第二板已具，更互用之，瞬息可就。每一字皆有数印，如‘之’‘也’等字，每字有二十余印，以备一板内有重复者。不用则以纸贴之。每韵为一

① 童兵、林涵：《20 世纪中国新闻学与传播学·理论新闻学卷》，171 页，复旦大学出版社，2001。

帖，木格贮之。有奇字素无备者，旋刻之，以草火烧，瞬息可成。不以木为之者，木理有疏密，沾水则高下不平，兼与药相粘不可取。不若燔土，用讫，再火令药熔，以手拂之，其印自落，殊不沾污。升死，其印为予群从所得，至今宝藏。"[①]

这是目前最早的最为详尽地记述活字印刷术的资料，沈括与毕昇同为宋代人，所记应值得信赖。毕昇的活字术当时并没有真正付诸实践，用泥活字印刷的书籍，至今还没有发现。毕昇发明的活字术在印刷史上仅存在理论价值和启发意义。后来不断总结改进，有用铜活字的、有用木活字的，并且印刷出像《古今图书集成》和《四库全书》这样的皇皇巨著。关于中国人发明印刷术及其传入西方的问题，很多西方学者予以肯定。如美国学者卡特在其所著的《中国印刷术的发明和它的西传》(*The Invention of Printing in China and Its Spread Westword*)中说："欧洲木板之初创，最有价值之原动力，亦受自中国。"[②]然后，德国谷腾堡才进行改革创造出机械铅活字技术。铅活字技术是由马礼逊引到东方的，他在槟榔屿用中文铅字印刷《新旧约全书》，后来他们将英华书院迁到香港，开始了中国西方新印刷技术的历史。主要有两种印刷技术：石印术、铜版印刷术。在当时的新闻界，由于技术含量和经济所限，"大约月报多用泥版，故常漶漫；杂志多用石印，故极清晰"。[③] 而印制地图册和绘画美术作品则多用铜版技术。尤其是新闻传播事业，其印刷特点要求速度快和数量大。这两点正是活字印刷术的优势所在。因此，这一技术对于新闻传播事业具有特别重大的意义。

综上所述，中华民族为人类贡献的四大发明中，其中这两项直接影响了世界新闻传播事业的创生和发展。造纸术和印刷术不仅为人类文明进步作出伟大贡献，还是新闻传播事业的产生和发展的两块基石。缺少了其中的任何一块，新闻传播事业都将是不可想象的。

第二节 近代早期的海外华文报刊

中国新闻传播对世界的影响，集中表现在近代以来，不同政治集团、不同群体在国外所办的各种华文报刊上，首先是早期的海外华文报刊。近代早期的海外华文报刊是指戊戌变法以前在海外出版的华文报刊，主要集中在移民相对较多的南洋和北美等地。

一、近代早期东南亚的华文报刊

东南亚昔称"南洋"，是海外华侨移居最早也是最多的地区，明末清初就有华人迁居于此。19 世纪初，随着开发南洋高潮的到来，华侨人数大幅度上升，华侨对各种船期、商

① 戈公振：《中国报学史》，309～311 页，台湾学生书局，1982。

② 戈公振：《中国报学史》，312 页，台湾学生书局，1982。

③ 戈公振：《中国报学史》，313 页，台湾学生书局，1982。

业信息,需求强烈,华侨报刊应运而生。

最早的华文报刊,是西方传教士所办的《察世俗每月统记传》(1815年)、《特选撮要每月统纪传》(1823年)、《天下新闻》(1828年)以及后期的《东西洋考每月统记传》(1837年)。这些报刊揭开了中国近代报刊事业的序幕。此外还有:

在新加坡有《日升报》。1858年在新加坡出版,华文周报。英国人史密斯主办,伦敦布道会承办。不久停刊。

《叻报》,1881年12月在新加坡创刊,创办人薛福礼,福建籍商人。主编是叶秀花。形式模仿《循环日报》,内容较为保守。《叻报》是东南亚华侨创办的第一份华文报刊,在华侨报刊中影响很大。1932年3月31日停刊。

《星报》,1890年在新加坡创刊。发行人为福建籍侨商林衡南,后改名为《日新报》,由黄乃裳接办。1900年停刊。

在菲律宾有《华报》。1888年在马尼拉创刊。创办人是福建侨商杨汇溪,他还亲自任出版人、经理、编辑、记者兼翻译等职。《华报》是菲律宾第一家华侨日报,由于经济原因,两年后停刊。

在印度尼西亚有《马来鼓声》。1885年在印尼爪哇岛三宝垅创刊。创办人是荷兰人杨兹,主编是华侨施显龄。该报先后改名为《垅川导报》《垅川之烛》。1913年停刊。

二、近代早期美国的华文报刊

自从19世纪中期美国加州发现了金矿之后,全世界的淘金者纷至沓来,其中就包括大批华人。伴随着旧金山经济上的突飞猛进,文化事业也相应发展起来,最为明显的是新闻事业的发展、各种语言的报刊出现,华文报刊也随之应运而生。主要有以下几种。

《金山日新录》,又名《华夷日新录》。1854年4月22日在旧金山企李街163号创刊。这是一份华文石印报纸,开始为周二刊,后改为周刊。其宗旨是“利商贾,资见闻,达舆情,通官事”。以华侨为阅读对象,是世界上第一份华文周报。

《东涯新录》,1855年1月4日由华人基督教长老会牧师威廉·士比亚在旧金山创办。中英文合璧石印,周三刊。中文编辑是李根,英文编辑是威廉·士比亚。该报内容形式与《金山日新录》近似。1856年停刊。

《沙架免度新录》,又译为《中国日报》。1856年12月在加州首府萨克拉门托创刊。创办人是广东籍华侨司徒源。它是第一份真正意义上的华侨报纸,始为周三刊,后来不定期出版。1858年停刊。

《飞龙邮报》,又名《金山唐人新闻纸》。1867年1月1日在旧金山创刊。美国人爱德华·博斯奎创办。月刊,中英文合璧。不久停刊。

《旧金山唐人新闻纸》,1874年7月14日在旧金山创刊。创办人是美国的布卡迪士和戈登。石印周刊,不久停刊。

《华字报》,1875年9月11日在旧金山华盛顿街创刊。发行人是华侨林赞,编辑亚方。周报。内容以新闻为主。1876年9月，林赞接办了华侨黄卓和美国人霍夫曼在旧金山创办的报纸《唐番公报》，与《华字报》合并，改名为《华番汇报》，后又更名为《中西汇报》。曾一度停刊，复刊后改名为《华洋新报》，改为日报，直到1903年停刊，它是19世纪在美洲创办时间最长的华文报纸。

《文字唐番新报》，1876年8月26日在旧金山创刊。创办人是李文廷和霍夫曼。石印周报，大约19世纪80年代停刊。

《华人纪录》，又名《中国纪录报》。1876年11月13日在旧金山创刊。创办者是美国人奥古斯塔斯·莱里斯。半月刊，19世纪70年代末停刊。

《唐番新闻》，1878年在旧金山出版。

《中外新闻》，1881年在旧金山出版。原为周刊，1900年改为日报，后改名为《翰香捷报》。

《隆记檀山新报》，1881年在檀香山创刊。这是夏威夷的第一份华文报纸。创办人程蔚南，主编许直臣，编辑林鉴泉，都是广东香山人（今中山市）。该报初为石印周报，后改为周二刊铅印。内容以商业信息为主，属于一份纯商业性报纸。1894年，孙中山在檀香山创建兴中会，报馆人员均入会。因此，1894年以后的《隆记檀山新报》实际上成为兴中会的机关报。

《华西申报》，1883年在旧金山创刊。美国人威尔斯和华侨樊盛合办。

《萃记华美新报》，1883年在旧金山创刊。周刊，中英文合璧，1901年停刊。

《文宪报》，1891年在旧金山创刊。石印。曾一度迁往洛杉矶，成为当地维新派的机关报。后改名为《世界日报》，直到今天仍在出版，是美洲出版时间最长的报纸。

《华美新报》，1883年在纽约创刊。它是纽约出版的第一份华文报刊，创办人是华侨黄清福。不久停刊。

《瑞香华洋新报》，1891年在波士顿创刊。

《华美字报》，1892年在费城创刊。

《华美新报》，1893年在芝加哥创刊。

《华夏报》，1893年在檀香山创刊。这是檀岛出现的第二份华文报纸，属于基督教性质的教会报刊。

近代早期海外华文报刊产生于华侨大量海外迁居的社会背景下，直接原因是信息沟通交流的需要，因此，这一时期的海外华文报刊基本上属于商业性报纸。即使有一些报纸曾有过政治思想斗争的色彩，如菲律宾、美国等华文报纸都曾有维护华人权益的政治色彩，但总体上看，都是以经济利益为最高诉求，很少单独涉及政治问题，更没有将报刊视为政治斗争工具的。

当然，近代早期华文报刊的海外传播，在客观上起到了宣扬华夏文化、传播中华文明、维护海外华侨华工利益的作用。从新闻传播角度来看，既是中华文化的第一次大规模海外传播，又是中国近代新闻传播事业首次海外放送和对异质文化的影响，其意义不容忽视。

第三节 资产阶级改良派的海外华文报刊

中国近代史上,特殊的政治气候、纷繁复杂的政治集团之间的斗争,形成了中国近代新闻传播事业的特殊局面——政派报刊的畸形发展。政派报刊在我国近代史上无论是数量还是影响都远远超过其他国家或地区,同时,政党报刊的社会影响也大大超过了其他类型的报刊。

中国近代史上,资产阶级改良派、资产阶级革命派他们都曾把报刊作为政治斗争的武器和工具,充分发挥报纸的舆论宣传和党派斗争的作用。他们都在海外创办过大量报刊,传播自己的政治主张。其中,改良海外派华文报刊有 30 多种,革命派海外华文报刊有 34 种。这一时期的海外华文报刊是比较新闻传播学应关注的主要内容之一,下面分述之。

据不完全统计,改良派在海外所办报刊有 30 多家,其中最有代表性的就是梁启超在日本、檀香山创办的《清议报》《新民丛报》《新小说》《檀山新报》等。梁启超不仅是维新变法运动的领袖,也是著名的报刊宣传家,他从事政治活动的主要手段就是以报刊作为斗争的工具。他从 1895 年开始编辑《万国公报》起,到 1920 年创办他的最后一份杂志《改造》结束,从事新闻工作 27 年,主编报刊 10 种之多,实为维新报业之巨擘。他主编的报刊,绝大部分在国内,还有一部分在海外。

1. 日本

日本是改良派海外办报的第一站,很多重要报刊都在日本创刊。

《清议报》,1898 年 12 月 23 日在日本横滨创办,主编梁启超,它是改良派在海外的第一份机关报。戊戌变法失败后,康有为、梁启超流亡日本,梁启超亲自主持创办此报。办报宗旨是:“维持支那之清议”“增长支那人之学识”“交通支那日本两国之声气”“发明东亚学术以保存亚粹”。梁启超以各种笔名发表了 350 多篇政论文章。1901 年 12 月 21 日停刊。

《新民丛报》,1902 年 2 月 8 日在日本横滨创刊,主编梁启超,编辑发行人冯紫珊,撰稿者多为维新运动的主要成员。办报宗旨:“新民”“教育”“公平”。该报被称为改良派最有影响的机关报,发行量最高达 1 万份,远远超过《清议报》。1907 年 11 月 20 日停刊。

《新小说》,1902 年 11 月梁启超在日本横滨创办。它是中国近代第一份以刊登新小说为主的文艺性刊物,月刊,主编梁启超,发行人赵毓林。梁启超的著名论文《论小说与群治之关系》就发表在该刊创刊号上。受它的影响,此后,文艺性刊物如雨后春笋,在上海和横滨发行的文艺刊物前后“数百种”。1906 年 1 月停刊。

2. 东南亚

东南亚是华侨最多、聚居历史最久的地区,具有良好的办报环境,也是改良派宣传政治思想的舆论阵地。

《天南新报》,1898 年 5 月 26 日在新加坡创刊。创办人邱菽圆是福建著名侨商,康荫田、黄世仲和黄伯耀任主笔。该刊是改良派在东南亚的第一份机关报。1900 年下半年停刊。

《益友新报》,1899 年菲律宾粤籍华侨潘庶蕃在马尼拉创办。受康有为的影响,宣传维新保皇思想。1900 年停刊。

此外,还有《理报》,1901 年余载祥在印度尼西亚创办;《泗水新闻》,1902 年在印尼泗水创刊;《商业新闻》,1903 年在印尼雅加达创刊;《译报》,1904 年蔡贯珠在印尼梭罗创办的中文和马来文合刊的报纸;《苏岛日报》,1904 年苏门答腊保皇会在印尼棉兰创办,梁伯鸣主编。

3. 美洲

美洲是改良派活动较为活跃的地区,康有为、梁启超都曾亲往北美洲不少城市进行过政治宣传。1899 年 4 月,康有为到加拿大成立保皇会,并在旧金山、纽约、芝加哥、萨克拉门托、檀香山设立分会,改良派报刊一时兴盛起来。

《文兴报》和《金港日报》,1899 年在旧金山创刊,由徐勤、梁启田和龙泽厚主持,前者是保皇会在美国的机关报。

《新中国报》。1900 年 4 月 19 日在檀香山创刊,是檀岛改良派的机关报,梁启超任主笔,该报曾提出“保皇即革命”的口号。

《日新报》,1900 年在加拿大的温哥华创刊,梁启田、梁文卿任主笔,该报为保皇会在加拿大的机关报。

《大同日报》,1902 年在旧金山创刊,欧榘甲任总编辑,宣扬康有为的大同思想。

《东华报》,1902 年在澳洲的悉尼创刊,主持人是唐才常的三弟唐才质,该报是保皇会在澳洲的机关报。

《维新报》,1903 年康有为派汤铭山在纽约创办,该报是维新派在美国东部的机关报。

《墨西哥朝报》,1905 年在墨西哥创刊,由墨西哥保皇分会主持,这也是墨西哥最早的华侨报刊。

第四节　资产阶级革命派的海外华文报刊

1894 年 11 月,孙中山在檀香山发起创立了中国第一个资产阶级革命团体——兴中会,标志着中国资产阶级民主革命的正式开始,同时也揭开了资产阶级革命报刊的序幕。从地域上看,资产阶级革命报刊分两块,其一,在国内及港澳地区;其二,在海外。据不完全统计,在海外的华文革命报刊达 34 种之多。海外出版发行的报刊,客观上起到了放送中华文化、沟通国内外信息的效果,所以应该是比较新闻传播学研究的重要内容。

1. 美洲

资产阶级革命报刊最早出现在美洲。

《隆记檀山新报》始创于1881年，是檀香山最早的报纸，前文已述，起初“此报全属商业性质，毫无革命色彩”。兴中会成立后，由于孙中山等革命党的影响，政治色彩日渐浓郁。1903年12月，遂成为兴中会的机关报，在与保皇会报纸《新中国报》的论争中发挥了很大的作用。1906年程蔚南年老退出报坛，该报遂易名为《民生日报》，后又更名为《自由新报》，由卢信、孙科等人负责报务。

《大同日报》创刊于1900年（一说为1902年），原为美洲洪门致公堂机关报。康有为派其弟子欧榘甲宣传保皇思想，游说致公堂大佬黄三德等人，遂将此报易名为《大同日报》，成为改良派的机关报。1904年4月，孙中山来到旧金山加入洪门，并成为洪门致公堂的领袖，《大同日报》随之易帜，成为革命党的重要喉舌，刘成禺任总编辑。辛亥革命后，该报更名为《中华民国公报》。

《华英日报》，1906年12月在加拿大的温哥华创刊，周天霖、崔通约主持，原为基督教刊物，后提倡革命。

《大汉日报》，1909年在加拿大的温哥华创刊，原为加拿大致公堂机关报，后邀革命党人冯自由担任主笔，遂成为革命党在加拿大的机关报，在宣传三民主义，与改良派的斗争及黄花岗起义筹款等方面作出了很大贡献。

《新民国报》，1911年在加拿大创刊，先为不定期刊物，后改为日报。余超平任社长，卢厚真任总编辑。

《少年中国晨报》，1909年冬在旧金山大埠古里街创刊。原为华侨爱国团体少年学社的油印版小刊物。1909年1月，孙中山来到旧金山，少年学社的全体成员加入同盟会，将原杂志改为日报，定为此名，属早报性质。先后任主笔的有李是男、黄芸苏、黄超五、崔通约、张蔼蕴、黄伯耀、伍平一、马醴馨、刘涤寰、林华耀等。内容上宣传革命排满，在民国初年主张暴力革命。

《国民醒报》，1910年华侨李硕夫在秘鲁首都利马创办，黄花岗起义后该报主张革命倒满，为武昌起义筹款甚力。

《民生报》，1911年在古巴首都哈瓦那创刊，该报是国民党古巴支部的机关报，梁楚三、周雍能曾任主编。

《华文商报》，1914年1月29日在古巴创刊，负责人李叔腾，继任者有易绮西、游惠中、黄仲和等，先后任总编辑的有梁熙晨、陈月湖、吴天明等人。

《民国报》，1911年在美国纽约创刊，该报是美国东部洪门致公堂的机关报，伍洪主持，蒋梦麟任编辑。

《民口杂志》，1914年春创刊于旧金山，由谢英伯发起，冯自由任主编，被称为全美最伟大的华文杂志。刊至24期停刊。

《新民国报》，1914在加拿大创刊，是加拿大国民党的机关报。由高云山、方干谦等人发起，冯自由任名誉总编辑。开始由夏重民任主笔，后由谢伯英、陈树人继任。

《民气报》，1915 年在美国纽约创刊，谢伯英、钟荣光创办。该报为美国东部国民党机关报。

《醒华日报》，1914 年在加拿大多伦多创刊，创办人为李拂池、许一鹗、侯民一等。该报 1917 年开始出铅印《醒华周报》，后又出版日报。

2. 东南亚

东南亚是海外华文报刊的另一个相对集中的地区，资产阶级革命派也在这里创刊发行了不少华侨报刊，代表性的有：

《图南日报》，1904 年春在新加坡创刊，被称为南洋革命党报之元祖，由陈楚南、张永福出资创办。初由尤列介绍郑贯公任总编辑，后由陈诗仲主持编务，黄伯耀、康荫田、何德如等分任编辑。该报深得孙中山的赞扬，两年后因经费不支而停刊。

《南洋总汇报》，1905 年在新加坡创刊，该报是陈楚南、张永福二人将《图南日报》停刊后的部分资金转移并邀请了许子麟等人出资新办的报纸。后因合股商人陈云秋反对刊登革命文字拆股，该报遂成为保皇党的刊物。不久停刊。

《仰光新报》，1904 年在缅甸首都仰光创刊，原为仰光保皇会分会长庄银安所办的机关报。1905 年革命党人秦力山来仰光，力数康、梁之骗局，庄银安宣布脱离保皇会，并在《仰光新报》上连续刊登秦力山的革命著作《革命箴言》，该报遂成为革命报刊。1905 年 10 月，秦力山在云南染病身死，该报停刊。

《华暹新报》，1906 年在泰国首都曼谷创刊，创办人有陈景华、萧佛成、沈荇思等人，康荫田、王斧、卢伯琅先后任主编。内容分华文、暹文两种版本。1908 年孙中山在泰国成立同盟会，该报遂成为革命党在泰国的机关报。1943 年，日军进犯泰国，被迫停刊。该报是东南亚寿命最长的革命党报刊。

《中兴日报》，1907 年 7 月 13 日在新加坡创刊，该报为孙中山亲手扶植，田桐、居正、陶成章、胡汉民、汪精卫等先后任主笔。对康、梁保皇派进行过猛烈攻击，成为当时南洋侨报之权威。1910 年春停刊。

《槟城新报》(冯爱群《华侨报业史》称作《槟城日报》)，1907 年在马来亚(现马来西亚)首府槟榔屿创刊，侨商黄金庆、陈新政创办。后两人均加入同盟会，此报便成为革命报刊。

《光华日报》，1908 年 8 月(冯爱群认为是 1910 年 12 月 20 日)在缅甸首都仰光出版。庄安银任经理，杨秋帆、居正任主笔，黄大哀、何荣禄、苏铁石、傅春帆等先后任编辑。该报极力抨击保皇立宪，后因股东迫于官威停刊，余资拍卖，为改良派商人购得，易名为《商务报》。

《第二光华报》，1908 年 11 月在缅甸首都仰光创刊。当《光华日报》被保皇党收购消息传开后，革命党人大为震惊，旋即集资筹款创办该报。陈仲赫、黄永田、陈汉平先后任经理，居正、吕志伊任主笔，与《商务报》展开激烈论战。1910 年，该报主编居正、吕志伊为改良派陷害，被缅甸政府下令驱除出境，遂停刊。

《第三光华报》，1910 年 11 月 1 日在槟榔屿创刊，庄安银与同盟会员陈新政、黄金庆、徐洋溢创办，雷昭性为总编辑。

《进化报》，1910 年 2 月在缅甸创刊。《光华报》停刊后，由吕志伊等同盟会员创办，吕志伊任主笔，主张革命，反清复明。

《缅甸公报》，1911 年创刊。《进化报》停刊后，徐赞周等人在缅甸创刊，以宣传革命为务。

《泗滨日报》，1908 年在印尼爪哇岛泗水创刊，田桐任总编辑，宣传民族思想。此外还有：《民铎报》，1908 年在印尼泗水创刊；《苏门答腊报》，1908 年在苏门答腊的日里创刊；《华锋报》，1909 年在印尼的巴达维亚创刊。

《公理报》，1911 年夏在菲律宾首都马尼拉创刊，总编辑吴宗明。该报一直延续到 1941 年日军占领以前，也是一份寿命很长的革命报纸。

《星洲晨报》，1909 年在新加坡创刊，由同盟会员周之贞、谢心准等创办。与《中兴日报》一脉相承，一年后停刊。

《南侨日报》，1911 年夏在新加坡创刊。由黄吉辰、卢耀堂等发起，适逢武昌起义，侨胞多从此报获取消息。不久停刊。

3. 澳大利亚

革命党在澳大利亚也创办过革命报纸。《警东新报》，1909 年在澳大利亚的墨尔本创刊，革命党人为对抗保皇会在悉尼创办的报刊《东华新报》而办；《民国报》，1911 年春在澳大利亚悉尼创办的一份革命报刊，宗旨是“反清复明”。

第五节　抗战时期的海外华侨报刊

抗日战争时期，抗日救亡图存成为报刊的主旋律。除了港澳地区特殊的地理环境，报刊数量较多，发挥着重要的作用，如《华商报》《大众生活》《光明报》《世界知识》等，海外（本书所言的海外不包括港澳）的华文报刊也出现了蓬勃发展的趋势，在宣传抗战、筹集资金、揭露日本帝国主义侵略罪行方面都发挥了相当重要的作用。

1941 年 12 月 7 日，太平洋战争爆发。日军很快占领了东南亚很多国家和地区，包括菲律宾、马来亚、新加坡、泰国、印度尼西亚、缅甸等。随之，原来东南亚的许多华侨报刊，纷纷被关闭停刊。在日军占领时期，整个东南亚只有受日军控制的十多种华文报刊公开发行。抗战期间，海外华文报刊受到沉重打击，只有未受战火之殃的美洲、非洲和澳大利亚的华文报刊出版发刊，受影响较小。

一、亚洲

1. 新加坡

《南洋商报》，1923 年 9 月 6 日在新加坡创刊，创办人是华侨巨子陈嘉庚。该报原为纯商业性报纸，目的是推销商品、广告宣传。1940 年 12 月 1 日，著名报人胡愈之来到新加坡，接手《南洋商报》的编务工作，便对该报进行改革。加强抗战言论宣传，提出“不分党派，不分老幼，不分贫富，不分智愚，以大局为重，以团结为重”的口号，团结抗战，全民抗战，一致对外，争取抗日战争的最后胜利。在胡愈之的努力下，《南洋商报》成为当时海外宣传抗战的重要舆论阵地，同时也是南洋最为畅销的一份报纸。在宣传抗日、团结华侨人士、筹集资金等方面都作出了卓越的贡献。

《星洲日报》，1929 年 1 月 5 日在新加坡创刊，原由胡文虎与邓荔生合办，不久归胡文虎所有。“七七”卢沟桥事变后，该报增出《星期特刊》，全力报道中国军民团结英勇抗敌的感人事迹，成为当时影响最大的华侨报纸之一。同时该报还大量报道各地华侨捐资捐款的消息，极大地鼓舞了海内外炎黄子孙的抗日激情。从 1939 年 1 月开始，现代著名文学家郁达夫还主编该报早刊副刊《晨星》和晚报副刊《繁星》，运用艺术作品宣传抗战。

《新国民日报》，1919 年创刊，前身是 1914 年创刊的《国民日报》，1939 年与《南洋商报》合并。

《总汇新报》，1929 年改组而成，前身是 1905 年创刊的《总汇报》，1939 年 2 月被《星洲日报》收购。

《星中日报》，1935 年 9 月 11 日在新加坡由胡文虎创办，后增出画刊和晚报，颇受读者欢迎。

2. 菲律宾

《旗帜》，1932 年在马尼拉创刊。它是菲律宾华侨救国联合会的机关报，也是菲律宾出版的第一份抗日刊物。在 1937 年前，菲律宾华侨还出版了《民情日报》《新中国报》《民众周刊》《华侨日报》《天马》等刊物。抗战爆发后，菲律宾宣传抗日报刊迅速增多。《救国导报》于 1937 年创刊；《动员》和《国民日报》于 1938 年创刊；《民族抗战》和《新闻晚报》于 1939 年创刊。《中山日报》于 1941 年创刊。菲律宾早期的华侨报刊此时也纷纷加入抗战行列，如《公理报》《华侨商报》《新闽日报》等都是当时影响较大的抗战报纸。

《华侨导报》，1942 年 4 月 19 在马尼拉创刊，因大量报道国内外反法西斯战争的消息而被称为华侨抗日民主宣传的一面旗帜，影响很大。

3. 印度尼西亚(时称荷属东印度)

抗战前夕，主要的华文报刊有《新报》，1921 年创刊；《天声日报》，1921 年创刊，该报是国民党巴城支部的机关报。此外还有泗水的《大公商报》《泗滨日报》，棉兰的《苏门答腊民报》《新中华报》《苏岛日报》以及孟加锡的《锡江日报》等。这些刊物都是以宣传抗战、代收华侨救国捐赠而闻名海内外。

4. 泰国

抗战前，泰国的华文报纸主要有两家：《国民日报》和《华侨日报》。分别创刊于1926年和1928年。日军占领东北三省后，泰国华侨的言论日趋激烈，泰国当局迫于日本压力，大肆封杀华侨进步报刊，但是华侨报刊不断更名出版姊妹报刊，如《中南晨报》《民国日报》与《曼谷日报》；《中民日报》《华星日报》与《华声日报》等报刊，虽然名称不同，其实都是已有报刊的姊妹报。

5. 越南

抗战时期，华侨报业空前发展。主要有《越南日报》《全民日报》《侨众报》《中山晚报》《中华日报》《越东日报》《华南日报》等，其中最有影响的是《全民日报》。该报于1938年创刊，是越南华侨救国总会的机关报。总会会长张长任社长，吴敬业任总编辑。主张国共合作，抗战到底。1939年被查封。

6. 缅甸

《觉民日报》，1913年创刊于仰光，原为资产阶级革命报刊，抗战爆发后，宣传抗战，1942年3月日军占领仰光后，不久停刊；《仰光日报》，1921年11月陈允洛和许魔力在仰光创办，“九一八”事变后开始宣传抗日救国；《中国日报》，1938年8月陈允洛和许魔力在仰光创办，1941年12月停刊；《曼德礼指南》，1939年由共产党人容希文、张培道和国民党进步人士邓景芬在缅甸创办，后改名为《缅京日报》，1941年12月又改名为《华商报》，1942年停刊。

7. 印度

《印度日报》，1933年7月3日在加尔各答创刊，是印度唯一的华侨抗日报纸。同时，它还是1941至1942年间整个亚洲所剩下的为数很少的抗日救国华侨报刊之一，在宣传抗战、鼓舞中国军民的士气等方面，起到了重要的作用。

二、美洲

美洲华侨报具有光荣传统，不仅办报时间早，而且数量多、影响大。抗战时期，原来政治观点各异的报纸，都在抗战救国的旗帜下，走到一起，同仇敌忾，用报纸作为工具，抗击日本侵略军，救亡图存，维护祖国统一。代表性报刊有以下几种。

《国民日报》，1927年6月15日在旧金山创刊，支持汪精卫为首的国民党左派。后因全文刊登汪精卫的降日“艳电”，名声一落千丈。

《民气日报》，1927年1月15日在纽约创刊，开始支持汪精卫，后来明确办报方向，积极宣传抗日。

《纽约新报》，1943年由余仁山和李莘之创办。

《美洲日报》，1943年11月12日创刊，前身是《纽约商报》，1928年始办。

《三民晨报》，1930年3月8日在芝加哥创刊，是美国中部很有影响的华文报纸。

《纽约公报》，1935年在纽约创刊。该报是洪门致公堂所办，司徒美堂、梅友启等主持,后更名为《五洲公报》,1949年停刊。

《美洲华侨日报》,1940年7月8日在纽约创刊,梅参天、冀贡泉、唐明照与纽约华侨衣馆联合会主办,冀贡泉为首任社长,唐明照为总编。该报积极响应中国共产党建立抗日民族统一战线的号召,深受华侨的拥护和欢迎。

《世界日报》,1908年在旧金山创刊,1969年停刊。

除了报纸,美洲各地还创办了不少抗战杂志,如1942年创刊的《中美周报》《大华旬刊》《自由世界月刊》等。

三、欧洲与非洲的华侨抗日报刊

欧洲的许多国家和地区在抗战时期也创办了不少华侨抗日报刊,代表性的有以下几种。

《救国时报》,1935年12月9日在欧洲出版发行,先后由吴玉章、吴克坚主持。它是欧洲出版的最有影响的华侨抗日报刊,也是中国共产党对外宣传抗战的报纸,发行地区到达欧、亚、非40多个国家和地区。1938年2月10日与纽约的十国共产党报纸《先锋报》合并,不久停刊。

《全民月刊》,1936年1月在法国创刊,宣传抗日救亡,不久停刊。此外还有《联合战线》《中国青年》《祖国抗战情报》《解放》《民族阵线》《抗战消息》《工人之路》《抗联会刊》《反帝战线》《海外论坛》《中国之路》《抗战情报》《抗日战线》《救亡》等报刊。

非洲国家在抗战时期出版的华文报刊较少,主要集中在华侨相对较多的毛里求斯、留尼旺岛、马达加斯加和南非等国家和地区。如在毛里求斯就出版了《华侨商报》(1926年9月7日出版)和《中华日报》(1932年8月11日出版)两家华侨抗日报纸。在南非的约翰内斯堡也出版了一份华侨抗日报刊——《侨声报》。这些报刊都不同程度地宣传了抗战,起到了鼓舞中国人民的斗志、坚定抗日战争必胜信念的作用。同时,在传播中国文化、反映中华民族精神风貌方面,起到了积极作用。

第六节 近现代海外典范华文报刊示例
——马来西亚华文报刊简析[①]

一、早期马来西亚的华文报刊

马来西亚人口中华人占了40%,这为华文报刊的创办提供了良好的受众基础。同

① 本节主要参阅方积根、胡文英:《马来西亚华文报刊的历史与现状》,《新闻研究资料》42辑,中国社会科学出版社,1988。

时，这里也是华文报刊的发源地。1815 年 8 月 5 日，第一个华文报刊《察世俗每月统记传》在马六甲创刊，从而揭开了中国近代新闻事业的序幕。《察世俗每月统记传》停刊后，1828 年，马六甲又出版了另一份刊物《天下新闻》，它是第一份活字铅印的华文报纸。在此之后，马来西亚华文报刊的中心转移到了新加坡。

1896 年，维新保皇党人陈新政等在马来西亚的槟城创办了《槟城新报》，成为除新加坡以外，马来西亚地区唯一的华文报刊。创办人陈新政、吴世荣开始属改良派，辛亥革命后立场转变，成为资产阶级革命派同盟会成员。该报 1937 年为《光华日报》购买。

二、辛亥革命至民国早期的华文报刊

1907 年，槟城富商黄金庆和吴世荣创办了革命报纸《槟城日报》，宣传资产阶级革命思想。1909 年林道南在吉隆坡创办《吉隆坡日报》。1910 年陈占梅又在泗洲创办《泗洲周报》。1910 年 12 月，缅甸华文报纸《光华日报》的创始人庄安银为避免政治迫害，来到槟城，再办《光华日报》，该报成为同盟会在南洋的机关报。1911 年孙中山在槟城创办了《光华日报槟城新报联合报》。同年，光华日报社还出版过《光华杂志》等期刊。

1913 年 9 月，在沙捞越的古晋出版了《新闻启明星期报》，由神父罗拨司马尔、李东成负责，同年 12 月 3 日被沙捞越王查封。

1917 年 3 月，华侨人士在槟城创办了《南洋华侨杂志》月刊。

1919 年 3 月，林青山在吉隆坡创办了《益群报》。

马来西亚其他华文报纸：1920 年孙中山等革命党人在槟城创办的《华侨日报》和《南洋时报》；1925 年刘赞成在吉隆坡创办的《中华商报》，该报 1932 年停刊；1926 年 7 月槟榔屿的钟灵中学出版《钟灵中学校刊》；1927 年沙捞越创办《新民日报》，1930 年停刊；1928 年 4 月槟城南风杂志社创办《南风》月刊，该刊是马来西亚华文文坛最早使用白话文的纯文艺性杂志；1929 年《新南洋日报》在槟城问世。

三、抗日战争时期的华文报刊

20 世纪三四十年代，日本帝国主义入侵中国，海外华人十分关心国家民族命运，积极办报，支持抗战。

1930 年，在西马的怡保出版了《雷报》和《霹雳日报》。怡保南洋杂志社还编有《南洋杂志》。同年，在槟城出版了《中南晨报》和《民国日报》。《中南晨报》是丘文绍独资出版的，梁若尘担任总编辑。该报主张反对内战，一致抗日。1930 年 3 月，《中华月刊》在吉隆坡创刊。1931 年《电讯新闻》在槟城创刊。1934 年《中华晨报》在怡保创刊。1936 年在沙巴的亚庇李玉龄创办了《华侨日报》，日军占领马来亚时停刊，1945 年复刊，1950 年铅印出版。1936 年 10 月现代报社在槟城成立，出版了《现代日报》和《现代晚报》两种小型报纸。1939 年 4 月，该报社又出版了《现代周刊》，洪丝丝任主编，林姗姗任经理，骆世生任总经理。1937 年梁南在吉隆坡创办了《马华日报》。同年，叶瑞岩在沙捞越的古晋出版了

《古晋新闻日刊》和《沙捞越日报》。1939 年 1 月 1 日《槟城日报》正式创刊。1937 年 7 月 1 日，在沙捞越的诗巫刘子钦和卢义湍合办了《诗巫新闻周刊》，这是诗巫出版的第一家华文报纸。同年 7 月，诗巫的另一家华文报刊——《锡江日报》出版。两报于 1940 年 6 月 1 日合并为《华侨日报》，1941 年 12 月停刊，1945 年 11 月复刊。

20 世纪 40 年代初马来西亚出版的华文报刊还有槟城新生月刊社出版的《新生月刊》和槟榔钟灵中学出版的《钟灵月刊》。在怡保，有梁伟华创办的《建国日报》，该报在日本投降后复刊，1975 年后迁至吉隆坡。

四、抗战后至 20 世纪 80 年代的华文报刊

抗日战争胜利后，海外华文报刊纷纷复刊或创办，马来西亚也不例外。抗战胜利到 20 世纪 80 年代，这一时期马来西亚创办的华文报纸较多，主要分几个时期：抗战后到 20 世纪 50 年代；20 世纪 60 年代；20 世纪 70 年代。

1945 年，在槟城创办《中华公报》和《联邦日报》，同年 12 月绿社出版了文艺性刊物《南方文艺》。马来西亚共产党所办的《战友报》和《民声报》也在抗战之后公开出版。1946 年，《中国报》《桂桥旬刊》《新生报》《学报》《钟灵中学季刊》分别在吉隆坡和槟城创刊。1948 年 1 月 15 日陈兰训在诗巫创办《大同日报》，该报于 1962 年停刊。1948 年 5 月，《民主前锋》在吉隆坡创刊。

20 世纪 50 年代，马来西亚的华文报纸迅速发展，但由于政治斗争激烈，很多华文报刊旋办旋停，寿命不长。先后出版的报纸有涂耐冰主持的《时事评论》、刘起来办的《诗华日报》、胡文虎创办的《前锋日报》，不久纷纷停刊。1956 年 6 月《华侨晚报》和《新闻报》在古晋出版，《婆罗洲时报》在沙巴创刊。1957 年 7 月在吉隆坡创办了《马来亚通讯》《马来亚镜报》《蕉风》等报刊。1958 年《沙捞越时报》创刊。

20 世纪 60 年代，《山打根日报》《团结报》《民报》创刊。1961 年和 1962 年又创办了《响导》《斗湖时报》《马来西亚南洋商报》《大众日报》《婆罗洲日报》。1963 至 1965 年东马来亚创办了《沙巴时报》《砂州日报》《沙捞越快报》《时报》等。1966 年至 1968 年新创的报刊有陈英庚在马六甲创办的《华商报》、黄文彬创办的《国际时报》、丘钖州创办的《自由日报》和戴承聚创办的《马来西亚日报》。

20 世纪 70 年代，马来西亚的华文报纸发展较为缓慢，在吉隆坡，主要有儿童刊物《知识报》和《知识画报》，女性杂志月刊《妇女》《斗士》《先生》《风采》等，商业性杂志月刊《商海》《一友》《热门》等，还有半月刊《新生活报》《新潮》《小读者》《好学生》，季刊《跑道》《写作人》等学习类期刊。在古晋，主要有《沙捞越晚报》《沙捞越周报》《人民论坛报》《人民之声》（后改名为《民报》）《世界特刊》（后改名为《世界早报》）《学生月刊》等。在诗巫，主要有《大众报》《诗华日报》《新华报》等。在沙巴，主要有《洲时报》。

按照办报地区，当代马来西亚华文报刊，仍有不少，例举如下。

1. 在西马出版的华文报刊

《光华日报》，诞生于辛亥革命时期，历史悠久。骆世生、林姗姗、洪丝丝先后主其事，70年代由周明道接办，总编辑为钟城芳。其办报宗旨是：以中庸而灵活的方针代替保守执着的立场，报纸必须以不偏不倚的立场为社会与人民作贡献。

《南洋商报》，创刊于1962年8月，是20世纪后半叶全马销量最好的一家华文报纸。该报原为新加坡《南洋商报》的马来版，1962年独立发行。该报总社在吉隆坡，在槟城、怡保、马六甲、新山设有分社。其宗旨：一贯采取不偏不倚的立场，同时不断改进内容，满足读者的需要。

《星洲日报》，原为新加坡《星洲日报》马来版，1965年新、马分家后，两报分立。该报宗旨是不偏不倚，为大马国家和华人社会服务。

《中国报》，1946年2月1日由李考式爵士创办。该报宗旨："支持政府政策，塑造一个统一独立的马来西亚，促进各民族文化，加强各民族间的亲善关系，以便维护一个强盛的国家。"后出版了姐妹刊《新晚报》。

《马来西亚通报》，该报是1957年7月1日由《达报》和《通报》合并而成，1968年1月1日改为日报。该报以普通市民为主要阅读对象，重视经济、娱乐、体育等方面的报道。

《新明日报》，原为新加坡《新明日报》的马来版，1975年正式独立发行。该报的宗旨是以文人办报方式，发扬中华文化，促进国家社会繁荣及团结。

此外，在吉隆坡还有《学报》《蕉风》《少年乐园》《银河》《文道》《华裔报》《经济季刊》《创业》《大马青年》《光华杂志》《文桥丛刊》等华文报刊。

2. 在古晋出版的华文报刊

《中华日报》，前身是1937年创刊的《古晋新闻日刊》，1945年10月1日复刊，改称现名。

《国际时报》，1968年10月1日由工商巨子黄文彬创办，后增出《国际时报周刊》《国际晚报》等刊物。

《世界早报》，前身是《世界特报》季刊，1976年11月改为现名。

《沙捞越晚报》，1972年11月8日创刊，是目前沙捞越地区唯一的华文晚报，由沈来明创办。该报宗旨：采取公正立场，无党无偏、绝对独立超然地服务人群，谋社会福利，促进世界和平。

同时，古晋出版的期刊还有《婆罗洲经济汇报》《人民论坛报》等。

3. 在诗巫出版的华文报刊

《诗华日报》，1952年4月1日出版，是目前沙捞越地区历史最久、规模最大、读者最多的一家华文报纸。董事长林启化，总编辑谭启发。该报一贯以立场不偏不倚、公正负责自诩。

《马来西亚日报》，1962年12月17日创刊，首任董事经理是商人戴承聚，总编辑黄跃名。该报称绝不为某一阶层、某一社团所用，而对于天下的人，没有偏爱，没有私怨，言论中立，精神独立。

《大众报》，1973 年 7 月 31 日创刊，为官方刊物，免费派送。

《新华报》，1974 年 6 月 30 日创办，该报是《诗华日报》的姐妹报。

4. 在美里出版的主要中文报刊

《美里日报》，1957 年 6 月 8 日创刊，为美里地区唯一的华文日报，前身是 1954 年谢克钿创办的《美里周刊》，首任总编辑许来夫。该报自称以不偏不倚的立场，为社会大众提供一切可能的援助，期使本区内有一份充实的精神食粮。

《砂婆月刊》，1981 年 9 月创刊，中英文合刊。

5. 在东马沙巴洲的亚庇、山打根、斗湖、古达等地出版的华文报纸

《沙巴时报》，1963 年 8 月 31 日创刊，一份非华人所办的华文报纸，由“巴统”头目唐纳史蒂芬和哈曼鲁平所创。

《山打根日报》，1961 年 1 月 22 日由张桂香创办，张福徕任董事经理，王天行任总编辑。张福徕曾说：新闻事业，有其特点，不能“在商言商”，则于自身营利之外，其最大意义，则为对国家社会的进步发展作出贡献。

《自由日报》，1968 年 12 月 1 日由前沙巴州副首席部长丘锡州创办，董事经理丘笑平，总编辑为薛慧山。

《斗湖日报》，1962 年 4 月 7 日创刊。该报自称坚守中立之立场，以宣扬中华文化，和睦友族，共同建国为宗旨。董事长方成和，总编辑黎君仁。

《晨报》，1981 年 4 月创办的一份日报。

20 世纪 80 年代以后，马来西亚的华文报刊处于萎缩状态，由于马来西亚政府推行马来语优先政策，造成识汉字的人越来越少，华文的读者、作者也越来越少。在马来西亚，华文的受众群体全面萎缩，华文报刊自然受到严重影响，不少华文报馆先后倒闭，如著名的华文报纸《星槟日报》《建国日报》等都在 1986 年先后倒闭。

综上所述，我们可以得出如下结论：首先，马来西亚是海外华文报刊创办最早的国家和地区，中国近代新闻事业就是从那里创生的。其次，马来西亚的华文报刊创办的历程是曲折的、艰难的。再次，虽然道路曲折，但是马来西亚的华文报刊自创办以来，从未间断，而且分布广泛，这在海外华文报刊史上是不多见的。最后，海外华文报刊既服务于海外华人，又服务于所在的国家和地区，呈现出双重的社会义务和责任。由此可见，海外华文报刊对所在国家和地区的影响具有多重性和复杂性，应该是我们比较新闻传播学研究的重要内容。

中编

比较新闻传播跨学科与阐发研究

第六章 平行研究理论概述

影响研究关注的是一国新闻在他国的传播状况，所以这种研究方法偏重于对有相互影响的材料的发掘。这种建立在唯事实、唯科学基础上的比较研究，只重视研究来源和影响、原因和结果的“二元”关系，其局限性是很明显的，因为影响研究只抓外部联系，而无视新闻传播现象的内在关联性，所以只有拓展比较新闻传播研究的新领域，运用各种新方法，才能给比较新闻传播研究注入新的活力。

第一节　平行及平行研究

平行，从字面上看有三重意义：其一是指空间的并置关系，如数学中的平行线，现实中物体之间不相重合的空间关系等。其二是指时间上的同时性关系，这在现实生活中广泛存在，如某位领导人在讲话、听众在听讲、摄像记者在录像都是同时发生的。在对新闻事件的报道中，为了凸显报道的广泛性和代表性，经常摄取同时性的场景、活动和事件。2019 国庆阅兵活动于 10 月 1 日 7 点于天安门广场正式开始，这次阅兵活动按阅兵式、分列式两个步骤进行，分列式，依次按空中护旗梯队、徒步方队、装备方队、空中梯队的顺序通过天安门广场，这次阅兵编 59 个方(梯)队和联合军乐团，总规模约 1.5 万人，各型飞机 160 余架、装备 580 台套。中央广播电视总台综合频道、新闻频道、财经频道、综艺频道、中文国际频道、外语频道等电视频道，中国之声、经济之声、音乐之声、英语环球广播等广播频率，以及新华网进行现场直播。其三是指事物间互不隶属的关系，这一点更多凸显的是事物间的现实关系，如东方与西方、美国与中国、中国中央电视台与 CNN 等都有联系，但又不相隶属。

平行研究是比较文学中，美国学派的标志性理论和方法，它与法国的影响研究共同成为比较文学研究二大支柱。法国学派作为比较文学最早出现的，也是影响最大的学派，它的局限性也是很显然的，1953 年韦勒克发表的《比较文学的概念》就是在批判法国学派的基础上建立起自己的理论体系，他认为法国学派对比较文学和总体文学的界限的划定是人为臆断的，而且包含着种族主义的优越感，是“记文化账”的做法。韦勒克主张，“真正的文学学术研究关注的不是死板的事实，而是价值和质量”。[①] 也就是强调文学的“文学性”和“整体性”，“文学性”突出的是文学的本质，而“整体性”就是把文学和文学史、文学批评和文学理论综合在一起的。雷马克给出了更加明确的回答：“比较文学是一国文学与另一国或多国文学的比较，是文学与人类其他表现领域的比较。”[②]这样比较文学就超越了地域、空间、科学界限以及其他人为设定的限制，这样比较就可以在具有价值相同的不同地区、不同文化、不同国家之间的文学中展开，也可以把文学和其他学科，比如政治学、经济学、社会学、哲学、历史等进行比较研究。这些比较都是建立在“文学性”和“整体性”上，也可以说是可比性上，文学起源中的原型、文学文本中的题材、主题、情节、类型、思潮等都是“可比性”的基础。那么，什么是比较新闻传播的平行研究呢？从比较新闻传播研究的对象和范围看，比较新闻传播是研究不同文化、不同国家新闻传播事实关系，以及与其他相邻学科之间的关系，具有跨文化、跨国界和跨学科的特点。平行研究就是，研究是那些不存在事实联系的对象，也即对只存在平行并置关系的不同文化、不同国家的新闻传播现象进行研究。由于平行研究打破了“事实联系”的限制，因而也打破了时间、空间等各种条件的束缚，可以将不同时代、不同地域、不同风格、不同体裁的作品置于同一研究目的下。它涉及的范围和对象很广泛，既可以是具体作品、具体风格的比较，也可以是对新闻的主题、新闻结构、新闻语言、新闻故事的比较；既可以是具体新闻事实的比较，也可以是理论的比较。

在比较新闻传播的实践中，尽管没有平行研究的理论自觉，也缺少必要的理论总结，但是用平行研究方法来研究新闻传播实践几乎贯穿于比较新闻传播发展的全过程。在西方，1956 年弗雷德·西伯特等发表的《报刊的四种理论》，就是从比较的视野研究分析了世界报刊体系中的集权主义、自由主义、社会责任和共产主义等四种理论，以及每种一个理论的发展和现状。1983 年，美国学者乔治·马登和安居·格瓦拉的《媒介制度比较研究》就是按社会状况对世界传媒进行划分的，同时重点对新闻 、新闻价值、新闻自由、新闻的功能等新闻学中的一些重大概念进行了比较鉴别。约翰·迈瑞尔的《环球新闻业：一个对国际传播业的考察》重点聚焦哲学 、社会制度 、新闻自由 、新闻理论 、新闻管制等问题 。在西方，首次以“比较新闻学”为题的是澳大利亚艾文森教授等撰写的《比较新闻学》。

在中国，1918 年由包天笑编纂的《考察日本新闻记略》是中国第一部有关外国新闻事业的著作，但著作中却突出了由日及中，比较立论的视野十分明确。1931 年，杜超彬的《最近百年中日两国新闻事业之比较观》就是以平行研究为主导的比较新闻学著作 。

---

① 杨乃乔等：《比较文学概论》，174 页，北京大学出版社，2002 年。

② 杨乃乔等：《比较文学概论》，174 页，北京大学出版社，2002 年。

1982年中国就有学者开始尝试给比较新闻学下定义。1994年，陶涵的《比较新闻学》就是从理论、法制、所有权、管理等方面进行平行研究的。1999年，童兵主编《中西新闻比较论纲》就是从中西二个维度，对新闻传媒编辑方针的、传媒组织的不同架构等进行比较研究。以后相关新闻传播的比较研究许多都是立足于平行研究的。

平行研究立足于对新闻传播本质的追寻，对于一个系统学科，其内部构成要素多种多样，必然和外部的各种要素发生联系，如历史、哲学、道德、宗教等，对新闻传播与它外缘学科关系的研究也慢慢进入了平行研究者的视野，这也就是学科交叉研究，又称“跨学科研究”。当然，跨学科研究仍然是以新闻传播为中心的多方位、多学科、多方法的研究。

比较新闻传播的跨学科研究是在新闻传播本体研究基础上的自然延伸。1918年9月，北京大学新闻学研究会的徐宝璜教授开始尝试将心理学运用到采访对象和受众心理研究之中。1923年，邵飘萍在《实际应用新闻学》中开始探讨记者采访心理，主张新闻记者必须具备观察力、推理力、联想力，视它们为“探索新闻真相之利器”。改革开放之初，就有人呼吁建立新闻心理学。1986年张骏德、刘海贵合著的第一本以《新闻心理学》命名的专著出版。中国新闻传播的历史很早就出现了，但是专门制定的法律、法规直到近代才开始出现，清朝政府于1906年颁布《大清印刷物专律》，1908年颁布《大清报律》。戈公振开启中国新闻法制研究，戈公振的《中国报学史》不仅是中国新闻史系统研究的开始，同时也是研究新闻法制的开山之作。中华人民共和国成立后，我国推行依法治国的政治观，同时也拟定了一些新闻方面的法规、条例，这对新闻传播事业的开展法治管理是十分有意义的，由此也出现了许多研究新闻传播法制的文章和著作。我国新闻传播学的大发展是在改革开放之后，新闻学与传播学跨学科融合，建立了新闻传播学学科。进入互联网之后，传播技术、传播环境的变化，新闻传播需要走进更加广阔的跨学科领域。

威尔伯·施拉姆是传播学科的集大成者和创始人，他于1949年出版的《大众传播学》收录了政治学家、心理学家、社会学家、语言学家以及许多其他学科的专家对传播学的研究成果。传媒伦理研究发端于美国，美国媒体伦理学的研究成果不仅包括大量传媒伦理专著和前沿学术思想，还包括建构一套完整的学科教育体系，在许多大学开设传媒伦理系列课程。1987年，劳伦斯·坎才的《传播理论：一个对东方和西方的观察》从文化背景和民族 哲学的角度出发，分析以美国为代表的西方媒介和以中国、朝 鲜、印度为代表的东方媒介的区别。

为了不使比较新闻传播流于形式，或者因过于重视外部联系而忽视新闻传播的内在价值，“将历史方法和批评精神结合起来，将案卷研究与文本阐释结合起来”，[①]也即通过理论的后设语言，比较新闻传播才不至于沦为繁琐的史料追踪，或现象上的简单比附。

比较新闻传播的平行研究概括起来，包括对不同文化、不同国家中存在的平行并置的新闻传播现象的研究；新闻传播与其外缘学科关系研究，以及通过理论对新闻传播现

---

① 干永昌：《比较文学研究译文集》，102页，上海译文出版社，1985。

象的阐释。这些研究涉及对新闻的内涵、外延的研究,也涉及具体的研究方法。

第二节　平行研究的理论依据

平行研究的跨文化、跨国界、跨学科的特点为比较新闻传播研究提供了广大的舞台,但由于对比较对象间的"可比性"缺乏理论认知,从直观的感觉出发,"以西释中"、简单比附和"x+y"式的拼贴等简单的比较普遍存在。那么,新闻传播研究中的平行研究理论依据到底是什么呢?

平行研究的对象,从外在关系看都是"并置"的存在,貌似"无关系"。2020年美国国务卿蓬佩奥于5月13日抵达以色列,进行数小时的短暂访问并返回华盛顿。这是继世卫组织宣布新冠疫情全球大流行以来,蓬佩奥的第二次外访。2020年11月份伊朗高级核物理学家穆赫辛·法克里扎德遭暗杀袭击身亡。这两个看似毫无联系的事件,只是在2020年这个特定历史时期的特定事件而已,但两者之间又存在着内在联系。对不同时期、不同风格的新闻传播现象的平行研究更是如此。透过现象再看,我们会发现在貌似"不相干"的存在背后,有着许多"相似""类似"或"明显可比"的内容,而这一切都是以"新闻性"作为支撑的。换句话说,我们所寻找的"相似""类似""明显可比"都与新闻传播自身有关,必须体现新闻传播特点和新闻价值的内容。再回到有关伊拉克战争的例子,2004年5月,中、美媒体都有关于"美国士兵在伊位克虐待'囚犯'"事件的报道。题材的相似,不言而喻。此外,我们还发现在具体报道手法、事实选择等许多方面有"明显可比"的内容。在语言表现方式上,美国媒体称为"虐囚"事件,其实他们所称的"囚犯",都是美军俘获的战俘,这明显可看出其态度。

对新闻传播平行研究的"可比性"的追问还只是停留在理论层面,在实际的操作中应该注意哪几方面的问题呢?

其一,坚持以新闻传播为本位。所谓的新闻传播本位就是我们研究的出发点、过程、目的都必须围绕着新闻传播规律、特点来进行,只有这样才能深入新闻传播的内部,而不至于停留在外缘或在材料里兜圈子。如我们讨论新闻传播与伦理的关系,是跨学科研究,我们不是讨论新闻传播与伦理的外缘关系,而是讨论新闻传播中的伦理问题,即作为传播者的职业操守和传播内容所表现的伦理特性。

其二,与影响研究相比,平行研究更接近于理论研究。影响追求的是比较对象间的"血缘关系",而且是建立在材料证明的基础上,所以近似于史学研究,即通过对照、评析、推论、评价、综合等环节来完成的。平行研究则根据新闻作品文体、新闻传播现象及其演化的真实轨迹,并借用传播理论、哲学和文化理论等提供的手段和武器来释读新闻传播中的各种现象。如传播受众理论和传播效果理论在新闻传播中的运用,这极大地提升了平行研究的品格和理论深度。

其三,辨析比较对象的异同。黑格尔认为:"假如一个人能看出当前即显而易见的差别，譬如，能区别一支笔与一头骆驼，我们不会说这人有了不起的聪明。同样，另一方面，一个人能比较两个近似的东西，如橡树与槐树，或寺院与教堂，而知其相似，我们也不能说他有很高的比较能力。我们所要求的，是要能看出异中之同和同中之异。”①

黑格尔这段话的落脚点就在于“同中求异、异中求同”。“异”是差异性，“同”是共通性，追寻中西，或不同文化、不同国家中新闻传播的共同性与差异性，就是追求新闻传播发展中的一般规律。而对具体作品的共同性和差异性的研究，其实就是比较优劣，从中寻求有实际借鉴作用的东西。

在平行研究中，只有坚持新闻传播本位、科学严谨的态度和科学理论方法，才不会迷失在纷乱、复杂的现象世界之中。

① ［德］黑格尔：《小逻辑》，253页，商务印书馆，1980。

第七章
新闻的共同性与差异性研究

有关新闻的定义许许多多,但归纳起来不外乎有两类:一类强调"新闻是……的报道(传布)",另一类强调"新闻是……的现象(信息)"。一个强调新闻的表达方式,一是凸出了新闻的特质,两者之间并不矛盾。如果将两者的要素整合起来,我们会发现,新闻的定义涉及三个要素:现象(信息)、报道(传布)和新闻本身。其关系图示如下:

现象(信息)→报道(传布)→新闻

现象(信息)是对象世界抑或再现的世界;报道(传布)是方法和手段;新闻是透过具体方法和手段而呈现的世界。如英国为二战英雄信鸽授勋这个事件(现象),通过文字、图像记录下来并传播出去(报道、传布),人们看到的报纸文稿或图像也就是新闻了。对新闻传播的内涵研究,也正是对新闻要素以及各要素之间的关系的研究。

现象(信息)是一种客观存在,是一种"可见之物""可见之人""可知之事",一旦要通过报道(传布)变成"新闻",就涉及报道(传布)主体。对现象(信息)的认知和判断,必然涉及新闻观的问题,这也是新闻传播研究的第一个层面。新闻观既有主体因素,也和主体所在的媒体性质、体制等有关系,对传播机构的体制和结构的研究属于中观层次的问题。而将新闻素材组织起来的方法,包括文体、结构方式以及表达则属于微观层面的东西。

这样,我们对新闻传播的内涵研究就涉及观念层面的宏观研究,对传播机制、传播媒体的结构的中观研究,以及对具体方法的微观研究。

第一节 宏观层面——中西新闻观念比较

20 世纪,人们在对以科学和历史方法研究人文学科的合法性提出质疑的同时,开始注重对人文学科的理论研究。理论的综合特征,也将研究者的视线引向了理论自身。对不同文化、文学理论的关注,以及对不同文化、文学理论"共相"与"差异"性的研究,是整个理论研究的基本趋向。在这种背景下,对新闻传播理论的研究,就不应该采用孤立方法，而应该将研究引向对不同文化、不同语言和不同国家之间的理论研究。通过对不同新闻传播理论的体系、结构和内涵的研究，一方面可以加深对彼此间差异的认识，并归纳出特定的理论形态；另一方面可以促使不同理论在一定条件下的互融与共通。所以，对新闻传播比较的理论研究，就是寻找不同文化、不同政治、不同经济条件下新闻传播的共同规律和具体差异。它侧重于以下几个方面：其一，研究新闻传播比较理论存在的哲学基础；其二，研究新闻比较中共同的概念问题；其三，对传播过程有关范畴的比较研究。由于新闻传播理论存在的哲学基础是个有待深入研究的课题，本章不再涉及，我们研究的重点将放在对新闻传播概念和过程的基本范畴比较研究中。

一、中西新闻基本范畴比较

范畴可以指概念，也可以指类型和范围，类型与概念有类似的地方，所以我们这里所讨论的范畴就是指概念和研究的范围。新闻传播的概念一方面涉及与新闻有关的概念，如新闻自由、新闻的真实性、新闻价值，等等，这是新闻的基本概念。另一方面是讨论新闻传播的过程，如对新闻传播者、新闻接受者以及新闻媒介的研究，以及传播效果的研究。中、西方新闻理论中争执的焦点更多集中于一些涉及新闻基本的概念，它们是中、西方新闻理论差异的基础，也是新闻实践差异的基础。

（一）新闻自由

这一概念在没有被使用以前，可以涵盖“新闻自由”的概念是“出版自由”。1644 年，英国诗人、政论家弥尔顿在国会的演说中就用了《论出版自由》这个标题，文章除了对 1643 年英国议会颁布的《出版管制法》进行强烈抨击，还力主“让我用自由来认识，抒发己见，并根据良心作自由的讨论，这才是一切自由中最重要的自由”。随着“天赋人权”“自由、平等、博爱”等自然法权思想被广泛传播，“言论自由”“出版自由”也逐渐成为许多国家法律的一部分。

1789 年，法国国民议会通过的《人权宣言》第十一条明确规定：“自由传达思想和意见乃是人类最宝贵的权利之一；因而，每个公民都有言论、著作和出版的自由，但在法律所规定的情况下，应对滥用此项自由承担责任。”

1791 年，美国宪法修正案第一条规定：“国会不得制定关于下列事项的法律：确立宗教或禁止信仰自由，剥夺人民言论或出版的自由。”

不仅法国、美国如此，其他许多西方国家也都将言论、出版自由写进宪法，有的国家还单独立法对出版自由予以保障。

1948 年 4 月，联合国召开的新闻自由会议，通过了《国际新闻自由公约草案》。同年 12 月，联合国还通过了《世界人权宣言》，其中第十九条规定：“人人有权享有主张和发表意见的自由；此项权利包括持有主张而不受干涉的自由，和通过任何媒介和不论国界寻求、接受和传递消息和思想的自由。”

中国新闻自由最早实践可以追溯到《中华苏维埃共和国宪法大纲》，该大纲中就有“中华苏维埃政权以保证工农劳苦民众言论、出版、集会、结社的自由为目的”条文。1945年，毛泽东在《论联合政府》中，明确提出人民有言论、出版、集会、结社、思想、信仰和身体的自由。1949年的《中国人民政治协商会议共同纲领》，总纲第五条中明确规定：“中华人民共和国人民有思想、言论、出版、集会、结社、通讯、人身、居住、迁徙、宗教信仰及示威游行的自由权。”

新中国成立以后，言论、出版自由进入了宪法保障阶段。1975年、1978年、1982年通过的宪法均以公民权利的形式保障人民依法享有广泛的出版自由。中华人民共和国宪法(2018修正)第三十五条规定：“中华人民共和国公民有言论、出版、集会、结社、游行、示威的自由。”

从中国和西方有关言论、出版、新闻自由的论述和法律文件的规定和相关实践来看，两者有许多相似的地方：

其一，是权利和义务的统一体。没有无义务的权利，也没有无权利的义务。权利是公民或法人依法行使的权力和享受的利益；义务，在这里是指按法律规定应尽的责任。

1951年国际新闻学会提出的新闻标准，其实也就是个人和媒体所享有的权利，包括以下几点。

自由采访：记者对任何新闻事件具有采访、了解、调查并发掘新闻事实的权利，政府机关、有关部门或组织及个人应给予便利，而不应进行阻挠。

传播自由：新闻事件无论发生在何地，记者采得后首先必须传送到所属的新闻机构，如果传递受阻，将被视为侵犯新闻自由。

出版自由：报纸的出版与发行不受限制亦不被事先检查。否则，就是破坏了这项自由。

表达自由：每个公民都有思想、言论自由，有权通过新闻媒介自由发表对时政的评论，对政府部门及官员的批评。①

而在《世界人权宣言》中，还将人自由寻求、接受“消息”“思想”作为一种权利。

人们在享有上述权利的同时，也要承担相应的责任，首先是法律责任。法国的《人权和公民权宣言》第十一条规定：“在法律所规定的情况下，应对滥用此项自由承担责任。”我国宪法第三十三条规定：“任何公民享有宪法和法律规定的权利，同时必须履行宪法和法律规定的义务。”其次，自由的权利不能损害国家和他人利益。《人权和公民权宣言》第四条规定：“自由就是指有权从事一切无害于他人的行为。因此，各人的自然权利的行使，只以保证社会上其他成员能享有同样权利为限制。此等限制仅得由法律规定之。”其实第二方面是对第一方面的具体化。

其二，具有意识形态的特征。马克思认为，社会“现实”或“经济基础”，即生产关系决定或制约社会的上层建筑。生产关系在人类社会的发展过程中，表现为原始的、封建的、

① 黄旦：《新闻传播学》，101页，浙江大学出版社，1997。

资本主义和社会主义的。上层建筑是指“法律的、政治的、宗教的、美学的或哲学的”，即社会意识形态。所以说，无论什么社会形态，有关政治的、宗教的、美学的或哲学的内容都具有意识形态的特征。新闻自由作为一种观念，是经过法律认可的一种民主权力和政治制度，具有明显的意识形态的特征。

“对于传媒组织和一些著名的大众媒介而言，在现实中对不同意见的观点予以表达是资本主义社会立法的一个重要组成部分。表达的自由并不会由此变得没有意义。但这种自由已被植入这些社会现实的经济和政治环境中，而在那个环境中，对想法和意见的自由表达主要意味着对有助于权力和特权体系的想法与观点的自由表达”。① 在资本主义社会，新闻自由维护权力与特权的想法和观点表达的自由。社会主义的新闻自由是充分表达对国家、对人民有利的观点的自由。

其三，新闻自由是一种限制性的自由。谈到自由的权利和为获取这种权利而承担的责任，是从实践主体的角度来讨论的。而从国家管理角度，政府会对各种自由权利进行限制，包括通过立法、行政或经济手段。

在西方，言论自由是在法律限定条件下的自由。在英国，除了不损害他人利益，新闻自由还受到“藐视法律”的限制，其内容主要包括：记者不可与审判员交谈，不可泄露证人、协同犯以及强奸受害人的姓名，必须保守有关行业机密，最重要的是对案件审理的报道不能有偏向。

行政手段对新闻自由的限制。各国政府虽然机构设置不同，但管理的范围大致相同，管理的手段也大致相同，即通过扶持或控制的方法。

行业组织，一方面在于保护自身的利益，另一方面通过规章、制度对新闻媒体及从业者进行管理。这些规范对新闻媒体整体是自律性的，但对每一个媒体又是他律性的。

社会监督对新闻界滥用自由也是一种有力的制约性力量。

新闻自由是颇具争议的，有人认为并不存在新闻自由，因为新闻自由这个概念本身就成问题，新闻自由只能当作一种目标，而不能拿来描述实际情况。所以，自由并不是免于受什么影响。当人们能够在自由的环境中谈论一些自主限制时，这就有新闻自由了。② 无论有多少争议，要求新闻自由似乎已成为人们认识新闻特性的重要方面，而且这是人类的一个理想的目标，要真正实现这个目标还需要我们作出很多的努力。

（二）新闻的真实性

对真实性的讨论建立在两个层面上：其一，是对象世界的真实，也即是说，对象世界是可视、可听、可以感知的实在，是可以用科学方法证明的存在，同时也是建立在价值观判断基础上的存在。其二，是再现的真实，也即通过文字、图像和声音将对象世界记录下来的符号世界，它不是对象本身，而是对对象世界的再现。我们所讨论的新闻真实就是

---

① [英]麦克奎恩：《理解电视》，218页，华夏出版社，2003。

② 陈力丹：《90年代西方新闻理论讨论了哪些话题》，30～31页，《国际新闻界》，2000(1)。

再现的真实。由于再现的真实是通过选择，再用特定的符号加以构建的，所以对真实性的讨论必然涉及真实的内涵以及如何才能再现真实的问题。

真实是新闻的基础和生命，没有真实就没有新闻，这是中西方新闻理论界和传媒业者的共识，对什么是新闻真实也有许多共同认识。

陆定一认为，新闻的本源是事实，新闻是对事实的报道。他强调的是以事实为本位的真实观。

有学者认为："新闻报道的真实性，不仅要求所写的事例、人名、地点、时间、数字、引语准确无误，而且要求反映事物的本质和主流，反映事物发展的客观规律性。"①

刘少奇认为："要做到真实，就要全面，缺一面就不是真实。"②

综合起来看，我国新闻理论界对新闻真实性论述，是建立在事实基础上的，既有细节的、本质的真实，也强调再现的整体和全面的事实。

西方许多学者对新闻真实性的论述也各有侧重。

卡斯柏·约斯特指出："一切新闻的主要因素是真实……新闻是对所发生的事情的一种报告，或者是对某种存在状态的一种报告。"③他所强调的新闻真实性是对"所发生的事情"或"存在状态"的报告。

美国学者沃尔特·李普曼说："新闻的作用是突出地表明一个事件，而真实的作用是把隐藏的事实显露出来，将它们联系起来构成一幅真实的情景，人们能够根据它来行动。只有当社会形势呈现可以认识和观察出来的状态时，真实和新闻才恰好相符。"④"真实"是隐藏的事实，只有揭示全部隐藏的事实，真实才能显现出来。在李普曼看来，新闻真实有显、隐之分，而且新闻报道的事实未必就是真实。

以上是讨论真实的含义，但"真实"是如何被建构的呢？张锦华从社会事实建构理论、现象学、符号学和批判语言学出发，来建立他的新闻事实建构模式，如下图所示。

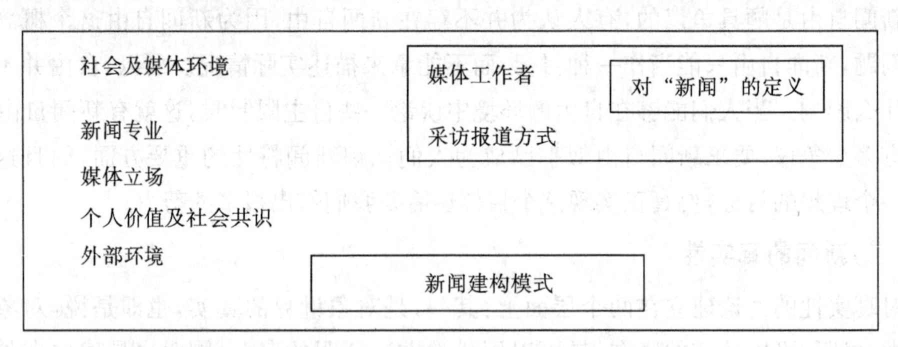

① 甘惜分：《新闻学大辞典》，13页，河南人民出版社，1993。

② 《中国共产党新闻工作文体汇编》(下)，256页，新闻出版社，1980。

③ 童兵：《比较新闻传播学》，85页，中国人民大学出版社，2002。

④ [美]沃尔特·李普曼：《舆论学》，237页，华夏出版社，1992。

根据这种理论假设，新闻报道是媒体工作者依据社会经验和价值规范来处理新闻事件，然后再将其纳入特定的新闻框架内，构建成统一的新闻文本。由此看来，新闻真实性的形成既与个人经验、价值观念有关，也与具体的表达手法有关。个人经验、价值观念带来的偏向是普遍存在的，但人们在实践操作中又会努力克服这种偏向，这也是一个媒体从业者的职业操守和专业精神所规范的。

在西方，新闻从业者十分强调独立精神，“新闻事业应以独立的精神执行其任务，以社会利益为前提，不与政治人物勾结，更不可牺牲永恒的利益，而向任何政权低头”。[①] 只有独立才能客观、公正地揭露事实真相，再现真实。

西方记者也要有良好的职业操守。美国《新闻规约》第 4 条规定：真诚、真实、准确——对读者的忠实是道德的基础。“思想开阔”“不偏不倚”“公正对待他人推理和知或不知的情况、尽可能有力地表现持不同意见者的立场”。

中国《新闻工作者职业道德准则》要求我们的新闻工作者要有为人民服务的思想，坚持实事求是，力求全面看问题，采写和发表新闻要客观公正，等等。

在具体的业务上，普利策将“准确、准确、准确”作为他的座右铭，他所追求的是姓名、年龄、地址这类细节真实，此外，也要求全面真实。

我国学者在讨论真实性时，也注意到细节真实和全面真实的问题。黄旦在《新闻传播学》中将真实分为新闻事实真实和总体真实，又将事实真实分为客观真实和再现的真实，后者就具体谈到在新闻报道中，时间、地点、数字、数量、分析、评价等方面的真实、客观。

真实性是新闻工作者在实践得出也是被实践广泛证明是正确的、真实性被视作新闻事业中的较高标准，也引起了世界上许多新闻理论工作者和新闻实践者的关注。但许多研究还只是起步，所以从宏观上将中、西有关新闻真实性加以比较，其理论意义不容忽视。

（三）新闻价值

新闻价值最先是由西方学者提出的。19 世纪 30 年代，廉价报纸作为商品进入通流领域，许多报人“很懂得新闻作为一种商品所具有的价值”，有关新闻价值的理论也应运而生了。我国新闻界对新闻价值的研究，首先源自批判，尔后又采用批判式吸收，因此形成了独具理论特色的新闻价值理论。正是由于中、西方有关新闻价值理论的渊源关系，所以讨论新闻价值，讨论中、西方新闻价值异同，是非常有意义的。

总体来看，西方的新闻价值观建立在个人主义和非认知需要上，而我们的新闻价值观建立在马克思主义哲学基础上，所以，中、西方有关新闻价值的内涵、新闻价值构成要素等许多方面都存在差异。

我们国内的学者对新闻价值的认定可以归纳成以下三种。

客观说。也称为“自然说”或“素质说”。客观说是以客观事实为本位的，强调新闻价

① ［英］弗雷泽·邦德：《新闻学概论》，3 页，台湾正中书局，1988。

值的本质在于事实本身的“素质”，“素质”级数越高，其新闻价值就越大，就越能满足受众的需要。该学说突出了新闻价值的客观性，事实中的“素质”是新闻价值的本源。

主观说。即是将新闻价值研究的重点由客体转向主体，它包括传播主体和接收主体。以传播主体为本位的，有的称之为“标准说”。持该观点的人认为，新闻价值是选择和衡量新闻的标准。面对众多的新闻事实，选择什么，又如何对选择的事实再选择、再加工，这些都只能凭自己的知识水平、专业经验，甚至是靠直觉决定，也往往具有主观的特色。以接受者为主体的，有人称之为“功能说”。持这种观点的人认为，新闻价值取决于新闻在群众中受欢迎的程度和反响程度。

主客观统一说。也称“关系论”。他们普遍主张新闻价值既不存在于人的主观经验中，也不存在于客体对象中；它既不是主观的，也不是客观的；而是存在于主客体两者的关系中，即存在于两者的对立统一的关系中。“既然是新闻事实或新闻满足社会对它的需要，显而易见包括两个方面：一是社会（人）的需要，一是新闻事实或新闻本身，也就是我们上面所说的主体与客体的关系”。①

西方国家并没有严格意义的系统价值理论，他们只注重新闻价值观念及其一般性运用。当然，也有一些零星的论述涉及新闻价值的属性。

早在1690年，德国人托拜厄斯·波伊瑟就强调，记者要在数不胜数的新闻事件中作出选择，最值得报道的事件是新奇的征兆、怪异的事物、精彩非凡的产品，洪水、风暴、地震、神奇天象，各种政体的变化、战争与和平等。托拜厄斯关注的是事件特征。1695年德国的卡斯帕·斯蒂勒明确提出新闻应有新鲜性、接近性、显要性及消极性四个特征。② 西方新闻价值观念的真正形成，是伴随大众报刊的蓬勃兴起而发生的。1922年，沃尔特·李普曼在《舆论学》中首次提出“新闻价值”这一概念。他明确提到突发事件、地缘接近性、个人影响与冲突等新闻价值要素。他们关注新闻价值的要素，但是也有从新闻价值主客观性角度讨论相关问题的。

对新闻价值的客观性，日本学者认为：“新闻价值首先是新闻素材——新闻事实本身具有的东西，将含有这种价值的事实写成报道（记述）并公之于社会（见报），就是把这种事实内含的价值形态化（物化）了。”③

对于新闻价值的主观性论述是有其特定的理论基础的，西方价值观念以人为基础，个人本身就是最高价值，所以满足个体特定的需要特别是人的内在需求，就成为西方新闻追求的目标，个人需要是否得到满足也就成为衡量新闻的重要标准了。

无论是主观论者、客观论者，还是主客观统一论者，无论是中国还是西方，他们对新闻价值构成要素的认识都有许多相似的地方。概括起来，大致包含以下几个方面。

---

① 黄旦：《新闻传播学》，159页，浙江大学出版社，1997。

② 徐耀魁：《西方新闻理论评析》，130页，新华出版社，1998。

③ 童兵：《比较新闻传播学》，106页，中国人民大学出版社，2002。

一是，时间“新”和地域的“近”，只有新近发生的事才更有价值，这是时间性的。是从受众与新闻事件的关系上来看的。发生在受众身边的事、熟悉的事，更容易受人关注。

二是，内容要求具有重要性、显著性和趣味性。重要性是指新闻事件的影响和后果，造成的影响和后果越大，其价值也就越大；显著性是指新闻中人物、地点和事件的知名程度，越显著也就越有价值；趣味性是指新闻内容吸引受众的程度。

除了许多共相，西方学者还将“人情味”“性的因素”“离奇”等纳入要素之中。

为了更为准确地、全面地认识新闻价值，中国学者又提出了与其相互区别的几个概念，即新闻的价值、新闻价值观和新闻传播效果。尽管这几个概念是附生在客观说、主观说之中，但其意义也不可以低估。

与中国学者对理论的关注不同，西方的新闻价值观在实践中不断发生着变化。如生活方式类报道的兴起，调查报告、解释性新闻、精确新闻、全息透视新闻的兴起。“这些新闻观及新闻价值观反映出以历史发展的眼光审视新闻事件，从人文关怀的角度关照新闻事件发展的历史进程的努力，是对传统新闻价值的弥补和追求人类最高理想的价值复归”。①

二、新闻传播过程范畴比较

美国学者 H. 拉斯韦尔提出了传播过程的五种基础要素，即

Who(谁)

Says What(说了什么)

In which channel(通过什么渠道)

To whom(向谁说)

With what effect(有什么效果)

尽管这种单向传播模式后来被许多传播学者不断修正和完善，但其中几个传播要素仍然是建构其他模式的基础，新闻传播过程的要素也不外乎如此，只是要素的构成更具特殊性而已。

在新闻传播过程中，Who 是指对新闻的传播者；Says what 是指新闻信息和事实的报导；In which channel 是指使用什么媒介；To whom 是指新闻的受众；With what effect 是指新闻传播效果。Says what 的问题我们在许多章节都涉及，这里就不再展开比较了；而媒介如果是指报纸、广播、电视等具体媒体，其技术特点明显，不会因中国人使用或西方人使用而改变其性质；如果媒介是指传媒组织，又和传播者在许多方面有重合，鉴于此，我们这里只讨论新闻传播者、新闻的受众和传播效果。

新闻传播者是新闻传播的发起人，是借助于某种手段或工具、通过发出信息主动作用于他人的人或组织。韦伯认为：“一个‘组织’，是一种持续性的，属于特殊种类的目的性活动的体系；一个‘合作性组织’，又指的是一种相互协调的社会关系，以存有一套行政

---

① 司景新：《对西方新闻价值理论的考察与思索》，12 页，《新闻大学》，2001(2)。

人员为其特色，他们致力于这种持续而又有目的性的活动。”①目标是构成组织的基础，也是组织活动的中心，对于媒介组织来说，其主要目标是经济目标、非经济目标或者两种目标的综合。

长期以来，我们国家的媒体一直由政府投资，由中国共产党领导，所以新闻媒体既是党的喉舌，也是人民的喉舌，新闻的宣传功能被放在第一位。随着社会主义市场经济的日趋完善，媒体组织被定位成“事业性质、企业管理”，媒体由原先单一的宣传目标，开始向宣传和经营型方向转换，甚至出现了以经营为主体目标的媒体。

西方媒体以私营、公营的为主，私营媒体组织经营的最终目标就是营利，而作为媒体营利的主要方式是靠广告，广告刊发的多少又和收视率、收听率等关系密切，所以迎合观众的兴趣、充当“民意的代表”，是他们努力追求的。金钱—收视率—广告，形成私营媒体的“铁三角”，他们永远也摆脱不了这样的三角怪圈。公营的媒体不受政府控制，只对公众负责，强调为公众服务，所以其经营目标是公共性和公益性的。

媒介组织是社会信息的主要提供者，但在信息丰富的社会里，它们所提供的信息只是社会信息的一部分。提供什么样的信息？为什么会选择这样的，而不选择那样的？中、西媒介组织又各自采用什么样的做法？这些都是值得研究的。

20世纪前期，在西方随着政党报纸的衰落，媒体由发表意见的载体衍变成传播信息的工具，媒体组织就此表明，他们是以超然的态度进行客观报道的。《纽约时报》的总编爱德温·詹姆斯宣称：“我们每天收到一百万字的新闻稿，而只能刊用十二万五千字……这是一个选择的过程。我们的原则是客观性，此外别无其他。”②新闻客观性在西方被视为新闻业的金科玉律，正如一位加拿大学者所说，客观性是新闻业“一个不死的神”。

但又有许多西方学者认为，客观性是不可能的，地图不是土地，没有一位记者写出来的报道能够与事实完全相符。因为人受的教育不同、个人价值观念不同、生活经验不同等，人会形成对某些事件的独特看法。李普曼在《舆论学》中称之为“铸成之见”，必然会影响新闻的选择。于是就有学者将“把关人”的理论引入新闻报道中。

“把关人”的概念，最早是由心理学家库尔特—卢因提出来的。1950年，怀特将这个概念引入新闻传播领域。“大众媒介是社会上的信息流通过程中的主要把关人中的一部分。在信息网络中到处设有把关人。其中包括记者，他们确定……究竟哪些事实应该加以报道；包括编辑，他们确定……哪些应该刊登，哪些应该抛弃”。③“把关”也就是依据一定的标准对信息进行过滤。

中国新闻界也赞成新闻的客观性，并且主张采用客观报道或客观性报道。客观报道就是用事实说话，用事实说理，而客观性报道就是超然于事实之外，不带偏见地选择事

① [美]斯蒂文·小约翰：《传播理论》，257页，台湾远流出版公司，1993。

② 张隆栋主编：《大众传播学总论》，68页，中国人民大学出版社，1993。

③ [美]施拉姆等：《传播学概论》，161页，新华出版社，1984。

实，不对事实发表评论。这涉及态度、标准及写作方法问题。

中国没有系统的"把关"理论，但是在实践中十分强调对内容的选择，而且这种选择是以客观性为前提的，这一点与西方新闻界没有明显的差异。

新闻受众。媒介变化带来的最显著的变化，首先改变人的接受方式；其次就是使更多的人通过不同的方式来接触各种媒介，从而也引起了研究者对接受主体的关注。报纸是一种印刷媒体，它的阅读主体被称为"读者"，而且是一些有教养的读者；广播的便捷和广泛的渗透性也吸引了不少人的注意，这些接受主体被称为"听众"；电视是视听统一的媒介，它的接受主体被称为"观众"。1969 年美国 ARPANET 建成，标志着互联网的诞生。1994 年中国全功能接入国际互联网，依托互联网传播，新媒体也应运而生。其中 1994—1997 年是互联网的起步阶段；1998—2004 年随着门户网站的出现，独立的网络媒体尤其引人注目；2005—2009 年网络媒体开始分化，特别是社会化媒体显示出强大的生命力；2010 年以后也是社会化媒体和移动媒体时代开始到来。与传统的媒体不同，网络媒体的受众规模在不断增大，网络受众的个体呈多元化，在信息的接受上也呈现从被动到主动趋向等。受众是大众媒介的信息接受者，受众也是一个集合概念。当然，受众还可以依据其他标准进行细分。由于受众在新闻接受中的重要地位，西方有关受众的理论也应运而生了，而且呈现出纷繁复杂的状况。主要有"个人差异论""社会类别论""社会关系论""文化规范论""行为理论"和"批判理论"。

个性差异理论认为，由于个人心理结构、禀赋、态度、价值观及信仰的不同，个人的行为倾向也不同，因此对不同的传播内容会作出各自不同的反应。社会类别理论以年龄、种族、收入、教育等显在的类型来将人归类，并且认为各种类型的人会有大致相同的价值观，对新闻传播内容也会作出相似的选择；社会关系理论强调各类组织和非组织观念对成员的影响。文化规范理论强调传播媒介所传播的观念可以加强个人的观念，从而形成新的文化规范。[①] 行为理论中的"使用与满足"理论把受众特定"需要"看作接触媒介的动机，对媒介的接受过程也是个体需求的"满足"过程，许多研究者还针对不同媒体作了具体的研究，当然许多研究者还注意到社会因素对个体满足的影响。受众研究中的各种批判理论是以阐释学、结构主义和意识形态理论为基础的。戴维·莫利将受众的阐释能力和各种收视语境看作影响收视的重要因素；约翰·菲斯克提出了受众的"游击性"活动是对权力统治集团的一种抵抗；而妇女对浪漫文学和肥皂剧的解读，是既愉悦又带有乌托邦式的幻想。[②]

中国的受众理论研究起步较晚。受众研究第一个阶段始于受众调查，一些研究者分别对报纸、广播、电视受众进行了调查性研究，并且得到了许多人的首肯。但由于缺乏相应的理论，所以未必科学。第二个阶段是大量引进吸收西方有关受众理论成果阶段。然

---

① 张隆栋主编：《大众传播学总论》，136～137 页，中国人民大学出版社，1993。

② [英]史蒂文森：《认识媒介文化》，75～179 页，商务印务馆，2001。

而“众多的西方理论虽然都号称面向人类传播的普遍规律，但基本上只适用于民主政体、市场经济的社会，与其他社会制度，尤其是与独特的中国国情之间有着相当大的差距，无法立等可取、拿来就用”。① 有鉴于此，有学者倡议创建中国式或“本土化”传播理论；有学者主张应该追求既要理论化，又要本土化；也有学者认为应将电视观众作为研究的重要领域，由此着手，应是建立中国特色的受众理论的较好途径。

第二节 中观层面——中西传媒制度与传媒结构比较

社会制度，是指反映并维护一定社会形态或社会结构的各种制度的总称。而传媒制度就是社会制度中对传播活动直接或间接起着制约和控制作用的部分，传播制度作为社会制度的反映，传媒制度也体现了社会制度或制度性因素在各个方面对传播媒介活动的制约和影响，这种影响也必然反映到传媒的组织结构中，也就是说，传媒制度和传媒组织都会受到社会制度的影响和制约。

一、传媒制度

制度是指办事规程或行为准则。从更高层次上看，制度又是指在一定历史条件下形成的政治、经济、文化等方面的规范体系。传媒制度是指传媒的规范体系，它的形成和社会的政治、经济、文化有一定关系，同时也有其内在的规定性。西方有学者为传媒制度的形成和影响构建了一个互动的模式：

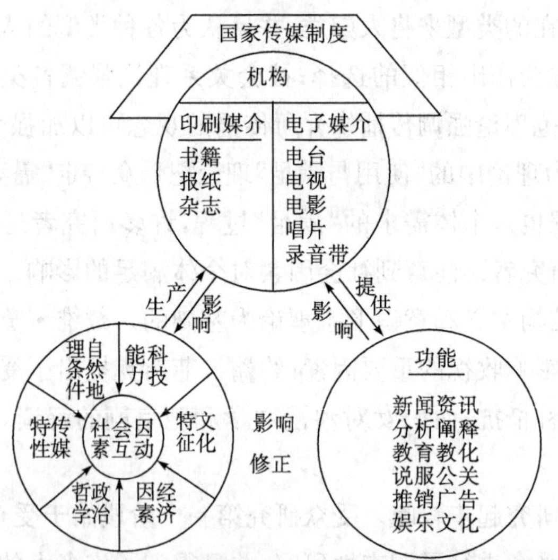

社会因素促成传媒制度的产生，传媒制度又会影响社会；传媒制度与传媒功能，传媒功能与社会的关系也是互动的。F. S. 席伯特和施拉姆等人在《报刊的四种理论》特别强调了

① 祝建华：《精确化、理论化、本土化：20年受众研究心得谈》，71页，《新闻与传播研究》，2001(4)。

报刊作为调节个人与社会关系的社会控制方式，报刊与它所属的社会以及政治结构的关系十分密切，据此提出了基于不同传媒制度中的相关理论。就传媒制度而言，模式中分为国家传播制度和组织内部的传播制度。对这两个层面的讨论就涉及传播制度中的规范问题。国家传媒制度的两个基石：国家政治制度和政治文化，它们必然反映到传媒制度中。

西方的民主政治条件，催生了独立于政府之外的媒体。西方最早的媒体90%以上都是由私人创办的，到目前为止，西方传媒的主体仍属私有制，原先由政府或政党控制的报纸也先后转让出售给私人。在这种条件下，谋利就成为他们经营的主要目的。为了最大限度地获取利润，西方传媒业的竞争也相当激烈，经过长时间的竞争，西方传媒为少数的财团所垄断。20世纪90年代初，美国有日报1262种，非日报7600种，但十几个报业集团控制了全国半数以上的销售量。1992年销量最高的前4份报纸是《华尔街日报》《今日美国》《洛杉矶时报》及《纽约时报》，它们的销量都在100万份以上。前25种日报的销量占全国日报销量1/4还多。另外更具有垄断性的是跨国传媒集团的出现，从20世纪70年代开始，澳大利亚的默多克就进入英美，并买下了数百家报刊和广播影视公司，形成跨国界、跨媒介的"新闻集团"。而2000年1月成立的美国在线—时代·华纳公司更具代表性。新闻传媒业的集团化、对新闻垄断而造成的娱乐化的倾向，必然会淡化传媒业的功能，与西方媒体所鼓吹的"谈论政治的权利""新闻自由"相悖。"不断增多的媒体合并与所有权的集中，已使能在新闻这个大市场上独立发言的声音越来越少"。[①]

在西方的传媒制度中，除强调新闻媒体的独立地位和新闻自由外，新闻控制也是制度体系中的重要一环。如美国报纸编辑协会及美国广播协会等制定的业务守则都强调了媒体及个人应该承担的社会责任。法国的《人权和公民权宣言》明确规定："在法律所规定的情况下，应对滥用此项自由承担责任。"此外，西方许多国家还成立了对媒体的管理性机构，如美国设立了联邦通讯委员会(FCC)、德国设立了联邦邮电部，负责管理广播电视。

新中国成立后，中国传媒业实行国家所有制的形式，即资金由国家划拨、物资由国家调配、人员由国家任命。随着市场经济的实行，我国传媒业单一的国家所有制形式有了一定的松动，其表现为：由社会资本或外资投资的媒体的出现、股份制传媒的出现、带有资产重组性质的传媒集团的成立等。特别是前两种性质的传媒，从根本上突破了中国传媒业单一所有制的性质，也为我国传媒业的健康、有序发展打下了基础。

中国传媒业绝大多数为国有资产，为全民所有，所以中国新闻事业的最高宗旨是：在党的基本路线指导下，始终把社会效益放在第一位，全心全意服务于人民群众，促进现代化建设。所以我们的传媒业首先必须坚持党性原则。其次要坚持人民性原则，维护人民的利益，反映人民群众最关切的事，满足人民群众的各种需要等。再次要服务于经济，一方面为经济发展提供良好的舆论环境，尽可能多地传递各种各样的经济信息；另一方面传媒业本身也是社会经济的一部分。

---

① [美]威廉·哈森：《世界新闻多棱镜》，32页，新华出版社，2000。

为了保障新闻业的健康发展，中国还制定了相关的法律、法规，从而在法律上为新闻发展提供了保障。

二、中西传媒组织结构

组织是人们为达到某种目标而结成的统一体。组织的特点表现为：具有共同的目标，具有不同的分工协作层次，又是实现目标的工具。组织结构表明各部门之间，以及各要素之间相互关系的一种模式。中西方传媒由于组织目标不一样，组织层面也各有差异，因而在组织结构上也存在着差异。

（一）中、西传媒决策、领导机构比较

传媒的所有制性质不但决定了传媒体制，而且会影响传媒的组织结构。西方传媒所有制可分为私营、公营和国营。

私营传媒。西方报纸所有制性质比较单一，除极少数政党报纸外，大多为股份合作的私营。广播电视要复杂得多，美国以私营台为主，英国则以私营台为辅，有些西方国家则不允许开办私营台。私营台（社）大多采用股份制，董事会是真正的决策机构，并负责任命台（社）长（发行人）、总编辑、总经理。其组织结构如下图所示。

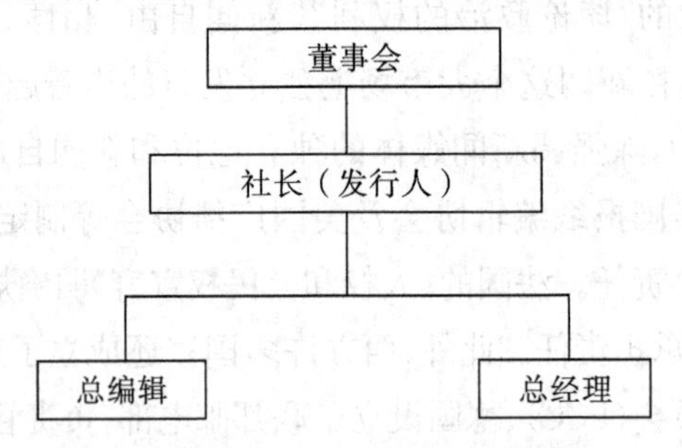

公营传媒以英国广播公司、日本的 NHK、意大利全国广播公司和德国广播联盟为代表。20 世纪 80 年代，BBC、NHK 拥有 80％的市场占有率，德国、意大利等只有公营台。公营台一般由各阶层代表组成理事会，它是电台、电视台的最高决策机构，下设管理委员会，并由其任命台长。其组织结构图示如下。

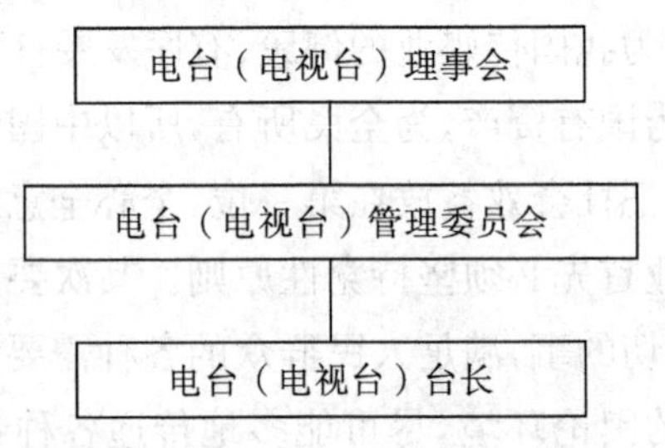

西方传媒中由国家出资办电台（电视台），法国是最典型的。20 世纪 80 年代以后，广播、电视私有化的浪潮也席卷了法国，但国营台占主导地位的格局仍然没有改变。国营台由国家拨款，并设立专门的机构加以管理，其管理也是线型的。其组织结构如下图。

政府管理部门

广播、电视台长

中国的传媒业全由政府投资，因此必须服从、服务于国家。在中国，中国共产党是我们各项事业的核心，各级党委也是各级媒体的管理和决策机构。为了便于领导，各级党组织专门设立宣传部门负责对传媒业的监督和管理。我国的传媒业（主要是报纸）组织模式大致如下图。

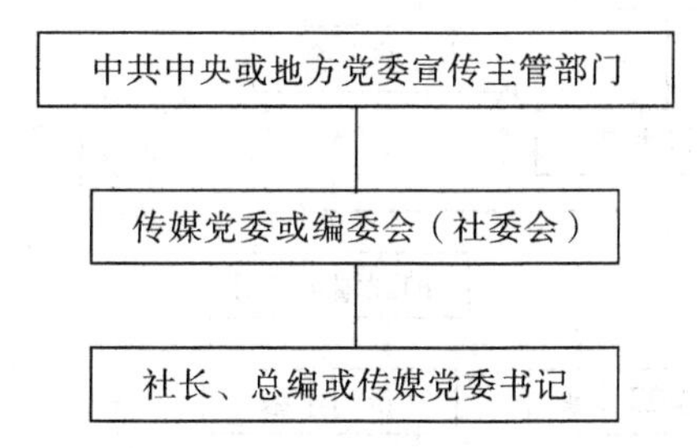

随着传媒业的发展，这一模式分化为以社长负责制和总编负责制两种形式。社长负责制就是以社长为法人代表，负责经营，总编负责业务，书记分管人事和监督。总编负责制，也就是总编作为法人代表，并与党委书记共同领导编委会，集体决定单位内部的重大事务。

中国对广播、电视的管理，实行双重领导的方法，即党委宣传部和广播电视的行政管理机构，其管理模式如下。

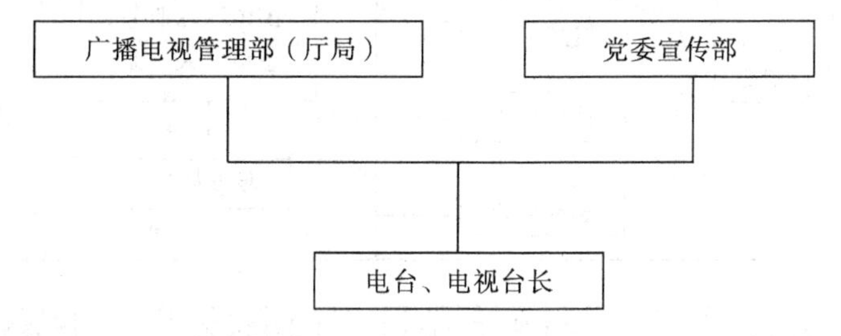

（二）中、西传媒业内部组织结构比较

组织结构涉及组织结构中的部门和组织结构的层次，前者解决组织内的横向关系，后者解决组织的纵向关系。中、西方传媒业的所有制形式不同、目的不同、经营管理的理念不同，所以其组织内部结构也就不同了。

西方报业的发展大致经历了手抄报、新闻书、周刊、日报，再到名目繁多的各种类型的报纸时期。如果从经营方式上看，早期多为一家传媒拥有一家报刊，后来发展到一家多报，再发展到报纸和其他媒介为一家共有的跨媒介的集团。但无论怎么变化，报业内的组织结构相对稳定，经营和业务仍是支持报业发展的两大支柱。由总经理统帅的经营部门大致分为生产（主要指印刷）、经营（发行、广告、公关、财务等）；而由总编辑统领的业务部门，各国、各地区、各种报纸依据不同的标准划分不同部门和不同层次，但大多是依据职能并遵循专业化的原则来进行划分的。以美国报纸为例，总编的下属部门有社论版主编和新闻主编，新闻主编领导本市、本州、本国及世界新闻主编以及体育、财经、家庭问题和星期日版主编。当然，每个主编领导的都是一个部门，还可以继续划分层次。由此看来，美国一个中型报纸的内部组织结构模式大致如下图。

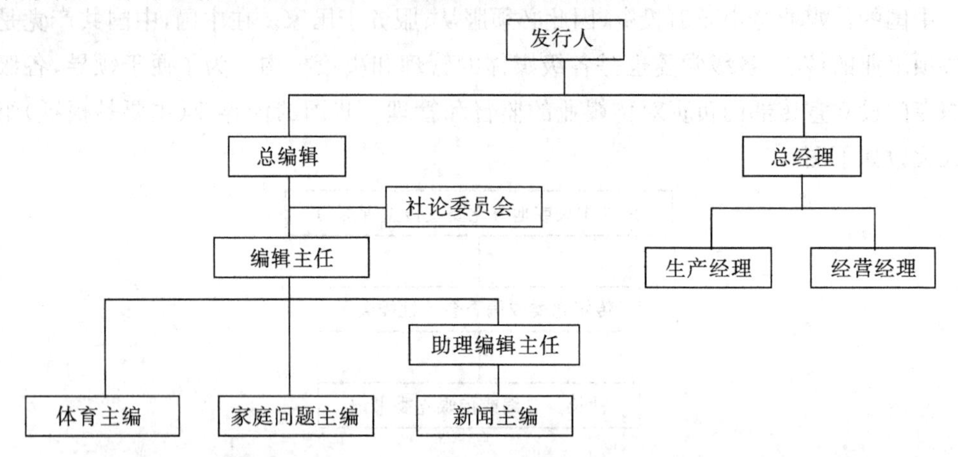

西方广播电视的所有权归属不同，但其组织结构大致相似，最典型的要数BBC的内部组织结构，如下图示。

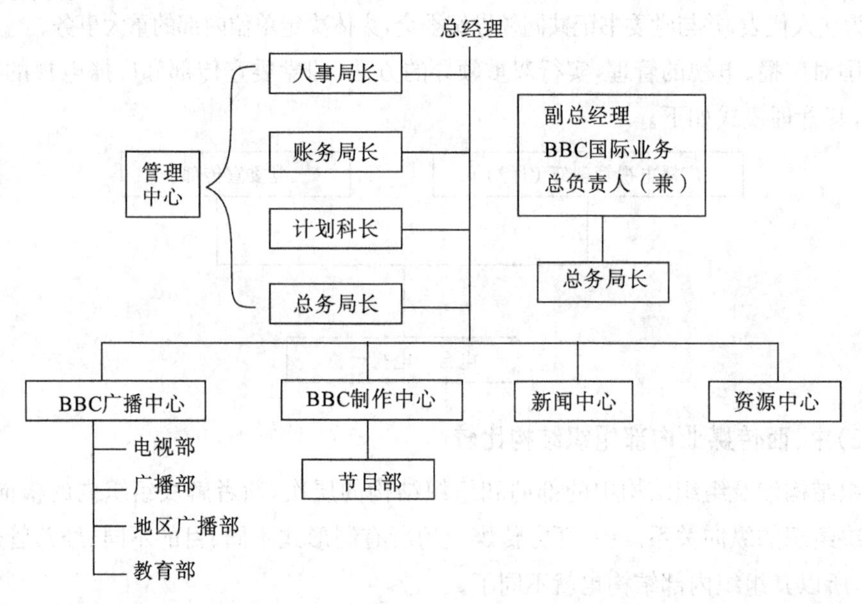

这是一个职能型的组织结构，人事、财务、计划、总务按职能对下属各部门进行管理。而其他的广播电视台都是线型组织结构，其组织结构要简单得多。但作为一个综合性的、有一定技术含量的传媒组织，有几个部门必不可少，即经营部、节目部、新闻部、制作部和技术部。技术部是保障，新闻部是灵魂，经营部是核心，节目部和制作部是为了制作更丰富多彩的广播电视节目而设立的，其目的在于可以吸引更多的听众或观众。

互联网最早可以追溯到 1969 年建立起来的 ARPANET,尽管它只连接 4 个节点。1983 年所有连入 ARPANET 的主机实现了从 NCP 向 TCP/IP 协议的转换,真正开启互联网时代的是 20 世纪 90 年代。1994 年雅虎最初版建立,1998 年谷歌向公众开放,2004 年脸书公司成立,这也是社交网络的元年,此后 YouTube 和 Twitter 也开始出现在公众的视野中,这也标志着自媒体时代的到来。自媒体是以数字技术、计算机网络、无线通信网、卫星等技术为基础,以电脑、手机、数字化的终端,向用户提供信息和服务的传播形态,其基本形态包括手机媒体、数字电视、互联网新媒体,如网络电视、播客、视频、电子杂志等,以及户外新媒体。2007 年以后的移动互联时代,使得自媒体的影响力日益增强。互联网的快速发展对传统媒体的冲击是巨大的,而且在不同阶段会呈现不同的特点。比如在西方一些传统的报纸,开始主推网络版;广播和电视媒体也在积极调整自己的传播策略,许多广播采取瘦身和网络化的方式开拓自己的生存空间,电视也在网络空间里开疆拓土。新媒体对传统媒体的冲击也会带来传媒组织结构的变化。比如 1851 年创办的《纽约时报》,历经百余年的发展之后,最后成为集报纸、杂志、广播、电视、网络于一身的全媒体公司。1997—2000 年是美国互联网发展的初期,为了适应这种变化,《纽约时报》在减少纸质报刊出版的同时,增加了数字化报纸的出版。从 2000—2007 年对报纸、杂志出售基础上,开始收购或改组一些适应数字化转型的产品,这些变化必然反映到组织结

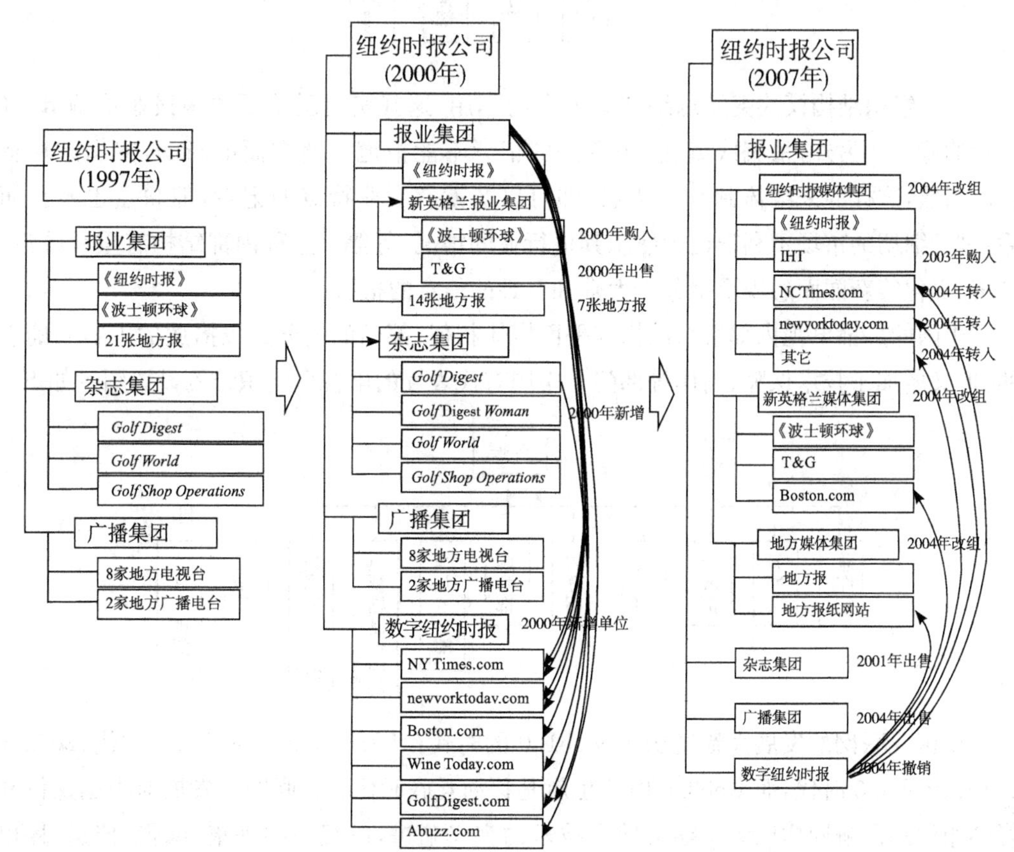

构中。其组织结构变化如上图示。

随着自媒体影响力的不断增强,他们在组织结构上也形成自已的特色。Facebook(脸书,脸谱网)创立于2004年,Facebook的组织架构采用的是以CEO扎克伯格为中心的分布式网络结构管理。即整个组织是一个完整有机的系统,实现企业内部信息、资源的高效多途径流通。

早期中国的传媒总体上组织结构比较相似,报纸比较完整的结构模式如下图示:

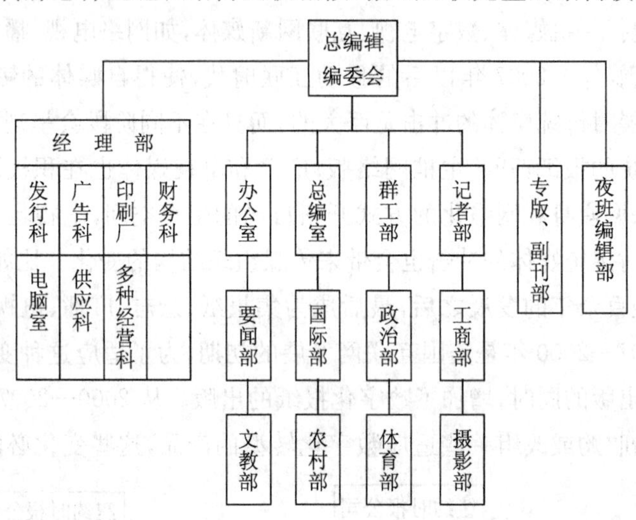

这个组织结构模式突显总编和编委会的作用,这其实也反映了中国报业重编辑、轻经营的特点。另外,采编线型化,跑政法的记者不能报道工商方面的新闻,突出条块特点。当然,这样的采编体制有其优点,即可以造就有专业特点的记者,但缺点也不言而喻:过于细切的市场不利于记者熟悉其他行业的情况,等等。这种内部结构有重视政治、经济、文化等新闻而忽视了服务于大众和百姓的信息的报道。

中国的广播电视内部组织结构与平面媒体相似,部门的划分是以播放的内容来确立的,但又增加了技术保障、制作等部门。中国有代表性的电视台组织结构设置图示如下。

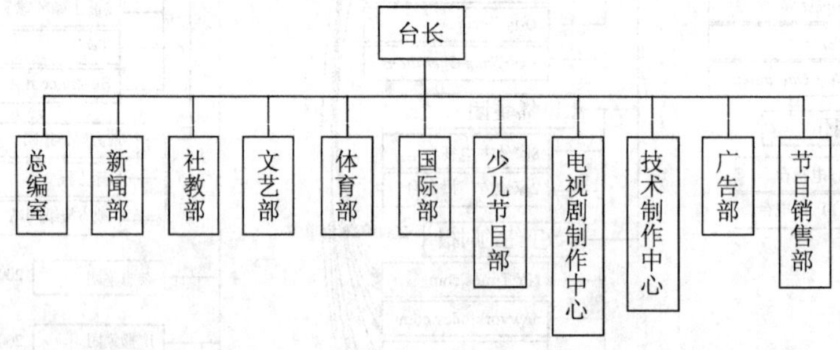

中国互联网的发展大致经历了web1.0的时代(1997—2002)、web2.0时代(2002—2015)、web3.0时代,而web3.0时代也就是移动互联时代。互联网的发展对中国媒体和媒体组织的影响同样巨大。随着数字技术的突飞猛进,电视新闻采集、编辑、传送、播出以及信息资源的整合、共享、再生产方式发生了深刻的变化，广电新闻运作也由“栏目”为基本单位向以“频道”为基本单位的、从“中心制”向“频道制”的转换过程，在这样的技术环境下，中央电视台组织结构也进行了必要的调整，并图示如下：

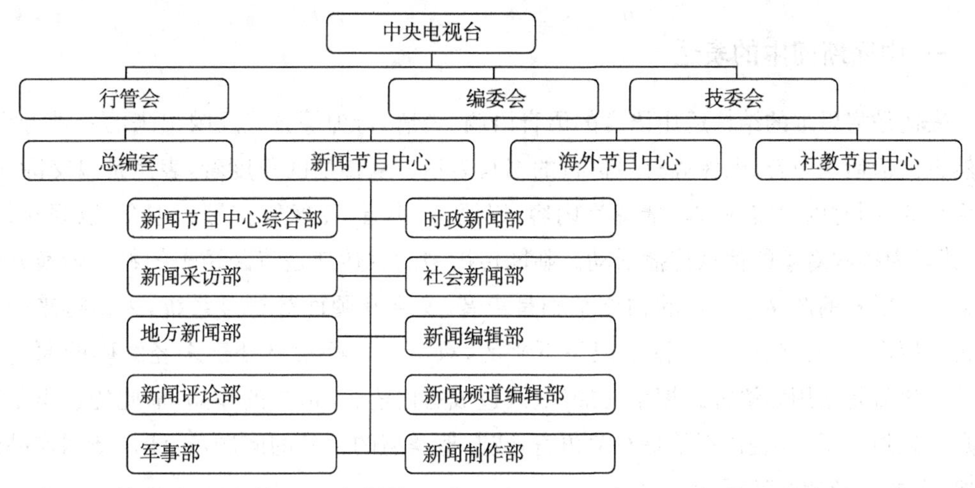

中国网络的发展也催生了自媒体的快速发展，20 世纪 90 年代，以论坛（BBS）为基础核心应用的网络社区开始出现，2002 年，“博客中国”的出现，宣告了自媒体具有新形式，2009 年微博的出现促进了大众对公共事物的参与，微信将人际传播与大众传播相结合，使得信息的传递特点更加明显，而直播和短视频的出现使得自媒体的形式更趋多样化。如果给自媒体公司一般组织结构作了一个概括图示，有核心内容生产部、产品运营部和市场部，也有支持性的部门。

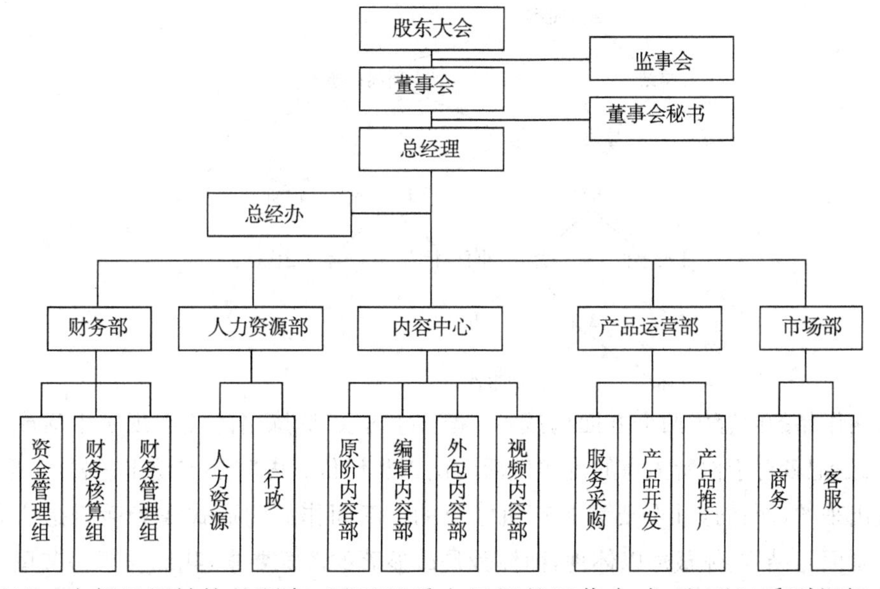

通过对内部组织结构的研究，既可以看出组织的运作方式，也可以看到组织内的关系，即该对谁负责。当然，组织内的关系是管理问题，但更多反映的是一种对媒体的定位。

第三节　微观层面——中西新闻表达及文体比较

一、中西新闻中的表达

表达是将思维的结构运用语言的语音语调、表情、行为等方式反映出来的一种行为，当然也包括运用声音、图像等符号进行的书写表达。从传播的角度看，表达是以交际、传播为目的，同时以现实、心理、情感为内容，以语言、声音、图像等符号为中介，以观众、听者、读者为接收对象的信息传播活动。新闻传播中的表达就是将采访来的材料转换并物化成一定形式的产品。表达的物质基础是声音、文字和画面等符号系统，采访得来的素材也是用声音、文字、画面等符号记录下来的，只不过这些素材处于未经磨砺的原生状态。表达就是运用话语方式把素材加工、改造成有内容、有形式的作品，借此传达出某种信息或思想。所以，表达不单是有关语言，或其他类型的符号的问题，也涉及新闻作品的内容、形式以及话语问题。

表达作为一种传情达意的方式，它是以话语的方式加以呈现的，并且最终表现为具体的文本，新闻表达最终也表现为新闻文本。西方有学者将新闻文本视作一个完整的话语系统，并用直观的图示来表现这个话语结构。① "话语"是语言在具体环境中的运用形式，即人们的具体说话行为及所说的话。② 在新闻中，话语表现为表达方式以及具体的文本，表达作为话语的一种，也有其具体表现方式。

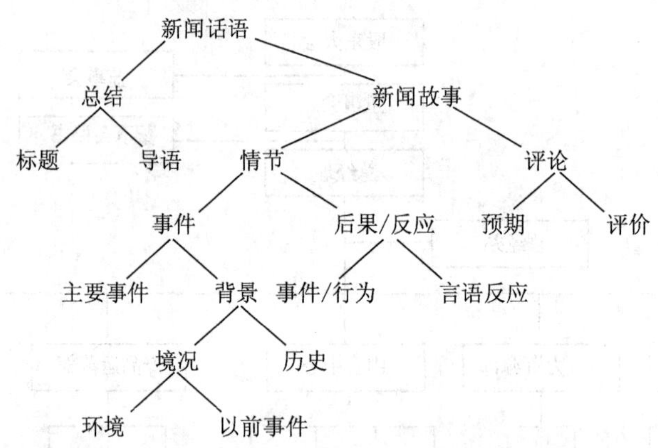

新闻作品的内容由两个方面构成：一是经过选取、提炼出的社会现实生活或者社会现象，二是记者对于他所描写的现实生活的认识和评价。内容是借助于题材、主题、故事等表现出来的，而且这几个要素是有机结合的。新闻作品的形式或者话语是依靠语言（声音、画面）、结构、体裁加以体现，而体裁是最显著的形式要素，我们在下一节里会详细

① ［美］Van Dijin:《话语·心理·社会》,81页，商务印书馆，1993。

② 王一川:《语言乌托邦》,265页，云南人民出版社，1994。

加以讨论。

(一)题材

一般而言,题材就是写入新闻作品中的人物、事件或事实。还有更广义的解释,即泛指新闻作品所描写的社会生活面。

我们国内新闻界往往根据题材划分各种专业报道类型:政治新闻、经济新闻、科技新闻、体育新闻和社会新闻。这也从一个侧面反映了新闻题材的多样性。

政治题材是有关社会政治生活的报道,其涉及的范围很广,有关重大政治事件、各种会议、党风、党建、有关国家领导人活动的报道都属于政治题材的范畴。经济题材包括国民经济、生产建设和人民日常经济生活的报道。从具体的内容看,工业、农业、交通、贸易、财经、金融、保险等方面的报道都属于经济题材类。科技题材反映的是自然、社会和思维科学的成果和动态。有关体育运动和与发展国民体质活动有关的报道都属于体育题材。社会新闻所涵盖的面很广,除以上几类以外的有关社会方面的其他报道都是社会题材,它反映社会生活、社会发展状态,社会事件和社会问题等多方面的内容。

西方新闻报道的内容自然会涉及政治、经济、文化、科技和社会生活等各方面的内容,但作为新闻题材,西方更注意新闻主体,在新闻报道中或者凸显事件或者凸显人物,或者是一般性的社会问题。如果真正要将西方新闻的题材进行归类,一般可分为事件新闻、非事件新闻、人物新闻和社会新闻。

事件类新闻凸显的是事件发生、发展及结果。一般都是指社会影响较大的突发性事件,这样的新闻往往具有较大的轰动效应。非事件类新闻相对稳定,它是对有新闻价值事件的报道,一般报道的是事件的概貌,具有分析、归纳和研究的色彩。人物题材类新闻是以报道人物为中心,既可以一人一事,也可以一人多事,这就要依据具体内容和具体报道目的而定。在西方,社会新闻产生于19世纪30年代“大众化报纸”盛行时期,最初以报道色情、凶杀的内容居多,后来内容虽然有拓展,但仍然有先前的印迹,这也是西方社会新闻与我国社会新闻的不同之处。

(二)主题

它是一篇新闻作品的“中心”“主旨”,它既是组织材料的“纲”,也是材料组织的依据。说主题是“纲”,也就是说,记者在现实材料中发掘出具有代表性或普泛性的观点,并以此作为文章结构的基础和灵魂;说主题是“依据”,即是说受众在阅听新闻时能发现它到底表达了什么。所以说,无论是从写作角度,还是从受众阅听角度,主题都是十分重要的。中、西方新闻理论界对新闻主题的认识虽然千差万别,但对主题本质的认识是基本一致的。我们这里主要是对中、西媒体有关主题类型进行比较,从中也可以发现对新闻主题的选择、对新闻主题认识的一般性问题。

一项由美国新闻工作者协会和Medill新闻服务华盛顿局主持的研究,对包括16家主要媒体,在1977—1997年的6020个新闻报道进行研究和分析表明:“新闻报道的重点和主题正在逐渐转向生活方式、著名人物、娱乐和名人犯罪及丑闻,而离开政治和国际事务 。”①

主题报道的变化表现为:关于政治方面的报道数量从1977—1997年下降了38%,有关国际事务报道的数量也下降了25%。而对著名人物、娱乐或名人犯罪的报道却在上升。有关“辛普森杀妻案”“戴安娜王妃之死”“克林顿丑闻”,而有关“约翰·杰克逊猥亵男童案”,更让美国各大电视台全力以赴、不遗余力地加以报道。新闻杂志向读者推荐的报道也发生了变化。1977年对政治或国际事务的报道,几乎相当于《时代》杂志和《新闻周刊》全部报道的33%,1997年这一数字下降到了10%。而有关名人、性感明星或色情的形象封面,从1977年的16.7%,增加到1997年的33%。②

欧洲电视业近年来采用公私兼顾的双轨制运作模式。公营节目侧重于时政和社会教育的内容,但由于缺乏竞争,节目更新慢,缺乏活力,也容易引起广大受众的不满。私营台以商业化的操作促使电视台的娱乐化,“新闻节目本身娱乐新闻越来越多,连严肃新闻也竭力用娱乐性来包装。新闻娱乐化主要指犯罪新闻、名人风流轶事、两性纠葛”。③西方报纸私有化程度较高,追求商业利润,迎合大众口味是其基本一致的倾向。

在全球化的大背景下,媒体传播、媒体管理、媒体影响的全球化促使媒体竞争和兼并进一步加剧,西方少数巨型跨国传媒集团占有了绝大多数的媒体资源,成为新媒体文化的引导者,掌握控制着新媒体文化的话语权。此外消费主义的盛行,媒体表现内容开始向娱乐消遣转移,一方面通过对生活类商品的大量报道,打造流行、引导消费;另一方面通过媒体节目,特别是电视娱乐性目,为受众提供消遣。

中国的新闻事业是上层建筑的一部分,新闻媒体是党和人民喉舌,但随着中国市场经济向纵深处发展,新闻媒体的商业属性逐渐显露出来,如何走向市场越来越受到人们的重视。媒体关注自身在市场上的地位和价值也成为一种必然。在20世纪90年代一些报纸开始改版、扩容、“大报办小报”“一报办多报”以及晨报、都市报的崛起,都是以适应市场变化为前提的,随着网络的发展,传统媒体的转型也在逐步走向深入。广播电视也利用自身的优势,纷纷出招以抢夺市场份额。这些变化都必须以满足受众需要为前提,群众关心的、与群众生活密切相关的内容的报道慢慢突出其地位,新闻报道的主题也在悄然发生着变化。

《人民日报》作为中国共产党中央委员会机关报,相关新闻报道的主题在各类媒体中很有代表性。有研究论文对2014年上半年《人民日报》报道主题进行了统计,如下图示:④

---

① 刘微:《变化中的新闻内涵》,《国际新闻界》,18页,1999(5)。

② 刘微:《变化中的新闻内涵》,《国际新闻界》,18页,1999(5)。

③ 李良荣:《西方媒体变革20年》,《新闻大学》,2000(冬)。

④ 应佳丽:《媒介融合环境下〈人民日报〉及其新媒体平台的新闻报道研究》,21页,兰州大学,2015。

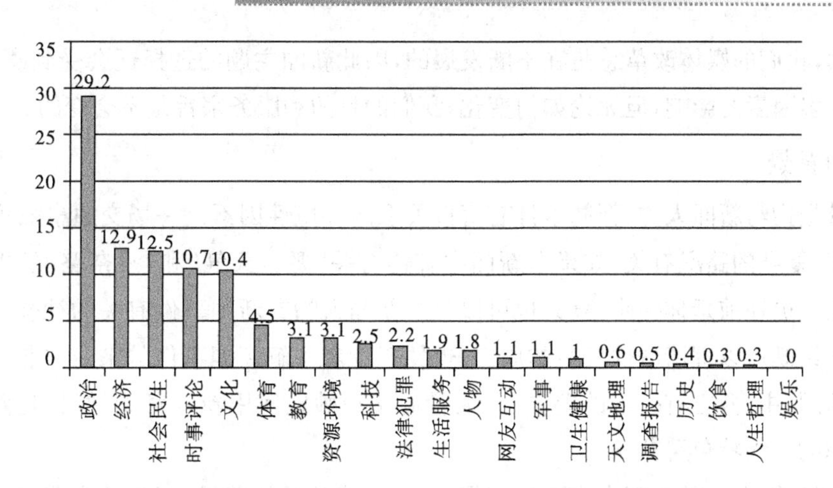

由此可见,《人民日报》除重点关注的政治、经济外,民生、文化、教育这些与群众生活密切相关的主题也是报道的重点。

网络新闻具有快速、多样、多渠道、多媒体、互动等特点,这样就突破了传统的新闻传播概念,在视、听、感方面也会给受众全新的体验。作为信息类基础应用的网络,网络新闻已经成为即时通信和搜索引擎之外的第三大互联网应用。随着移动互联时代的到来,传统纸媒快速转型、自媒体影响力的不断提升、人工智能和算法技术不断升级,使得新闻内容的生产发生了深刻的改变,“短平快”成为网络新闻的基本属性,网络新闻的数量在不断提高,个性化、精准推荐成为趋势。

网络新闻在报道主题的设定上,更加贴近群众生活。如《人民日报》的官方微博 2014 年上半年的主题最多的是社会民生,为 20.9%,其次是生活服务,再是政治和时事评论。① 但是在网络新闻中色情、暴力泛滥,内容重复、虚假新闻时有出现,这些现象也需要我们加以警惕。

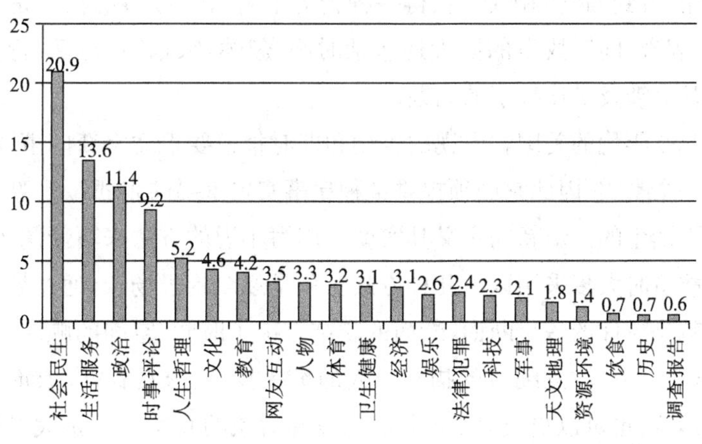

① 应佳丽:《媒介融合环境下〈人民日报〉及其新媒体平台的新闻报道研究》,21 页,兰州大学,2015。

当然,我们的媒体改革总是在不断发展的,因此新闻主题的选择还会受到媒体发展、改革等许多因素的影响,但无论如何变化,我们的目的和服务宗旨是不会变的。

(三)背景

背景是指与新闻人物、新闻事件有直接关系的环境性因素。一场交通事故可能与恶劣的天气、复杂的路况有关,如果在新闻中陈述有关"恶劣天气"和"复杂路况"也就是交代了背景。更往前延伸一步,背景也可以是与新闻人物或新闻事件有关的社会环境。对背景的介绍既可以理清事件发生的原因,也便于读者了解新闻事件的来龙去脉。对新闻背景的运用,中、西方有一定的差异。"大量而又巧妙地使用新闻背景材料,是西方记者新闻写作的一大特色"。①

从数量看,西方的新闻大多提供背景材料,无论是具体背景,还是社会背景。我们的新闻写作却往往忽视社会背景,作人物报道时也忽略对背景的提供。如在政治新闻中,政府人员的变动,无疑是公众需要知道的,但中国媒体对这类社会公众人物的背景材料却很少有介绍。

在处理背景材料的方法上,西方记者往往会依照行为的情势,不拘一格,或将背景作为导语,或者把背景作为文章的主体。此外,在背景材料运用的手法上,或衬托、或阐释,显得十分活跃、得体。我们的许多新闻作品在背景材料的运用上也有很精彩、很见功力之例,但总体来说,特别是报纸新闻过分恪守"导语—背景—主体—结尾"这样的固定模式,大多显得比较刻板。在背景材料具体运用的手法上大多也是如此。

(四)故事

按照托多洛夫的叙事理论,故事的基本结构是"平衡的状态被打破,破坏力量一直在叙事中起着作用,直到问题的解决,获得一种新的平衡"。② 故事的核心是冲突,这是"破坏力量"的外在表现,同时故事的要素还包括时间、叙述者、描写、对话、行动。新闻媒体中的许多新闻都会涉及讲述故事的问题。

在20世纪60年代的美国,"电视的生动和即时报道要求文字新闻事业进行变革,它不再首先呈现一个事实,因此它必须提供某种比事实更重要的东西"。③ 新新闻主义正是在这样的背景下诞生的。新新闻主义其实就是用写小说的方法来写新闻故事,因此新新闻主义在结构故事时大多采用以下几种方式。一是逐个构思场景,通过场景转换来讲故事。一个场景就是事件的一个断面,断面的联结打破了时间、空间的顺序,而凸显的则是事件的内在关联。二是注意细节的描写。人的举手投足、家具式样、衣饰和其他方面都能显示其社会地位,也可以更真切、更丰富地表现对象的真实。三是大量运用对话。这

---

① 顾潜:《中西方新闻传播:冲突·交融·共存》,257页,复旦大学出版社,2002。

② [英]麦克奎恩:《理解电视》,109页,华夏出版社,2003。

③ [美]富勒:《信息时代的新闻价值观》,155页,新华出版社,1999。

既包含人物间的对话也包括内心独白。四是透过特定人物的体验来呈现场景、传递人物的内心情感。这涉及叙述者的人称问题，当然也涉及叙述者和描写对象的亲近关系如何，等等。[①]

新新闻主义遭到批评最多的就是它对真实性的背离，但其理论和方法也对新闻报道产生了正面影响，直到今天在许多新闻报道中仍可以见到新新闻主义的影子。在具体的写作实践中其结构故事的方法更是被广泛运用，如依靠大量细节和人物言行的描写，对场景的运用。

故事通常用在新闻特写、特稿、通讯类的新闻作品中，在中国新闻中特写已具有举足轻重的作用。新闻特写注重故事性和细节的发掘，这样既强化了作品的可读性，又增加了真实性。另外，新闻文学作为新新闻学一种形式，即记者运用小说的写作技巧去表现特定的内容。[②] 从体裁上看，新闻文学涵盖了新闻故事、纪实文学、特写、报告文学、文艺通讯等诸多新闻和文学的体裁；从表现手法看，采用文学的方式来反映新闻事实。无论如何给新闻文学定位，既然强调文学性，那么其故事性就是不可或缺的。

无论是中国还是西方，叙述新闻故事都是以真实性为前提的，真实性是故事的生命。讲故事不是事实的罗列而是要寻找事件的关联性，对人物的刻画、细节的描写、情节的把握都应是故事中十分重要的要素。

(五)新闻结构

新闻报道的体裁大致分为消息、深度报道、通讯和新闻特写。消息的结构方式与其他新闻体裁明显不同，而通讯的结构比较灵活。在新闻报道体裁上，中、西方比较接近，所以我们比较结构主要比较中西方消息的结构。

一篇结构完整的消息由新闻标题、消息头、新闻导语、新闻躯干、新闻背景、新闻结尾以及署名等几部分构成。背景在消息中的位置一般不太固定，或前或后、或集中或分散，其他的结构要素则相对固定。而消息的结构就是恰当地安排局部与整体、部分与部分之间的外在关系，而且要精心设置导语和背景材料。它考虑的是总体的组织安排。比较常见的结构是倒金字塔式、线性结构(时间顺序式、逻辑顺序式)、并列式、悬念式、采访式、自由放射式，此外还有一些混合式结构。

倒金字塔结构起源于美国南北战争时期电报的运用，原先是基于技术原因，后来逐步衍化成经典的结构。倒金字塔就是依事实的重要程度来结构新闻，如下图所示：

---

① [美]富勒：《信息时代的新闻价值观》，157页，新华出版社，1999。

② 伍梦岚等：《实用公共关系知识词典》，339页，南京大学出版社，1989。

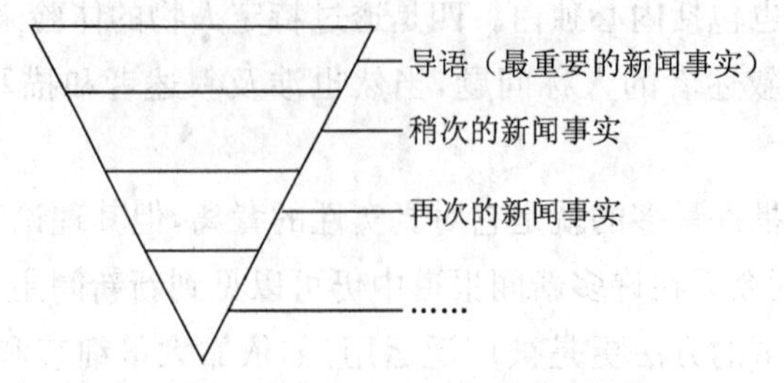

倒金字塔式中各事实之间是有关联的，后面的新闻事实是对前面新闻事实的诠释和补充。倒金字塔结构不仅成为西方新闻界常用的结构形式，而且成为中国新闻报道中的重要方式，并被广泛运用到各种媒体中。

许多新闻都采用线性的结构方式，可以表示如下：

A→B→C→D→E→F

这种结构既可以是时间性的，也可以是逻辑性的（空间结构）。

平行式的结构方式，就是将话题或故事，分成 n 个平等、平行的分话题或小故事，分别展开加以说明或叙述。可以表示如下：

$$O \begin{cases} A \rightarrow B \rightarrow C \\ A' \rightarrow B' \rightarrow C' \end{cases}$$

悬念式和混合式的结构方式也是比较常用的。

以上几种结构方式，作为新闻的形式要素被各国记者广泛运用。当然，对结构的运用，会因文化、习惯和其他因素的影响而有一定的差异，但总的方面还是同多于异。

在讨论消息的一般性结构时，我们会发现导语作为新闻结构中最重要的要素，它的结构方式也很值得关注。

导语是消息的开头，也是对新闻事件中最重要的事实和闪光点的提炼，如果导语精彩就能抓住读者。

西方新闻导语的发展经历了三个阶段。第一个阶段出现在 19 世纪末至 20 世纪 30 年代，这时期的导语写作追求"六要素"俱全，这种导语优、缺点都很明显。随着广播电视的出现，报纸不够简洁、直观的不足便凸显了，为了提高自身的竞争力，第二代导语应运而生。这时期的导语不求面面俱到，而是突出一两个人们感兴趣的要素。现代的西方，创作导语"他们的出发点只有一个：从读者的需要角度出发来设计导语和新闻的结构，总的特征是：短、新、奇"。[①]

中国新闻界对导语写作除追求"六要素"齐全外，还存在着以下几方面问题。

①以概括的语言和概念作导语。这种导语虽然深刻、有声势、有气势、有文采，但往往不会生动，也很难一下抓住人。

②平铺直叙型导语往往会将有新闻价值的内容掩埋在平淡无奇的叙述中，也可以称

① 顾潜：《中西新闻传播：冲突·交融·共存》，265 页，复旦大学出版社，2003。

为"无导语型"。如报道会议新闻，只会罗列什么会议召开，谁出席会议，谁讲话，会议讨论了什么，通过了什么。

③不凸显故事性的导语。许多新闻中有许多细节、场景或语言特别具有故事性，但在导语写作中却忽视了故事性。

④表彰性导语往往不从新闻价值本身发掘素材，其结果就是这样的报道很快就会被人忘记。寻找新闻中重要性、时效性，特别是接近性的内容作导语会起到出奇制胜的作用。[①]

所以，我们的新闻导语写作必须短、奇、实。短，虽然是量的要求，但更多的是质的要求；奇，就是要求新，独特；实，写出具体的细节和具体形象，这样的导语，一方面可以增强直观性，另一方可以便于人记忆。

(六)新闻语言

受文化、习俗等许多因素的影响，中西语言的风格自然就具有差异性，新闻语言也是如此。与我们的新闻语言相比，西方新闻语言的特点是：①短小精练，用最少的文字表现最丰富的内容，所谓"电报体风格"就体现西方语言这方面的特点。②语言形象、幽默，用形象的语言，使得新闻可读、耐读；幽默体现的不仅是语言风格，而且体现了人的智慧。③语言简朴、通俗、准确，用最平实的语言，准确传达信息是西方许多新闻业者努力追求的目标。

二、中西新闻文体比较

因时代不同、分类标准不同，有关中外新闻文体的分类多种多样，称谓也各不相同。我国有学者将我们国家的新闻分为消息(动态新闻、综合新闻)、深度报道(解释性报道、述评新闻)、通讯(纪实性通讯、新闻故事、访问记、散文体通讯)、新闻特写。[②]

我国台湾学者罗文辉把西方新闻报道方式分为政党报道、客观报道、解释性报道、新新闻学、调查性报道和精确新闻报道等。[③] 罗文辉虽然从历时性的角度讨论了西方新闻报道方式的衍化过程，但这个过程并不是一个报道方式代替另一种报道方式的过程，如新新闻学、调查性报道出现了，解释性报道仍然有自己生存的空间。从这个角度看，西方新闻报道方式的变化，只是进一步丰富了新闻报道的形式。

这样，我们还可以从共时的角度对中西新闻文体作一个比较。顾潜先生的比较就是在西方特稿与中国的通讯、西方的调查性报道与中国的工作通讯、西方的解释性报道与中国深度报道之间展开的。[④] 他认为，通讯中已包含了工作通讯，再者我国媒体打着"调

---

① 李希光：《新闻学核心》，151～176页，南方日报出版社，2002。

② 尹德刚、周胜：《当代新闻写作》，23～25页，复旦大学出版社，1997。

③ 芮必峰等：《新闻报道方式论》，29页，安徽大学出版社，2001。

④ 顾潜：《中西方新闻传播：冲突·交融·共存》，236～247页，复旦大学出版社，2003。

查”旗号，但不具有“调查”特征的报道也客观存在，所以他就此认为，应该对中西调查性新闻进行比较。解释性报道作为深度报道的一种，对中、西方解释性报道比较还是有意义的。所以，相关的文体比较是建立在以下几种新闻文体之间：

中国	西方
通讯	特稿
调查性报道	调查性报道
解释性报道	解释性报道

(一)中国的通讯与西方的特稿

通讯是中国新闻文体的“土特产”。“通讯”这个称谓和早先的通信和电讯技术有关系，“讯”有“消息”“信息”的意思，所以我们也不难理解“通讯”的原初含义。早期的通讯以记事为主，加上不太强调剪裁、结构，难以产生大的影响，但随着时代的发展，通讯这种新闻文体不断发展。新中国成立以后，通讯被推上了一个又一个新台阶，其文体特征也越来越明显，其具体表现为以下几方面。

首先，通讯的种类越来越多，各种类的特征十分明显。通讯按内容分为人物通讯、事件通讯、工作通讯、风貌通讯。按表现形式分为一般记事通讯、访问记、专访、特写等。当然，还可以依照其他标准进行分类。

各类通讯如人物、事件、工作和风貌通讯的各自特征明显。风貌通讯着力点在于写自然风光、人文景观、风俗民情；工作通讯的内容在于突出某些问题、某种经验；人物通讯和事件通讯，虽然都会涉及写人、写事，但在写作中侧重点不同，人物通讯是因人涉事，事件通讯以事涉人。除了在表现内容上，几种通讯各有“领地”，外在表现方法也各有特点。正是多重的分野才能支撑起通讯这个“庞大的文体帝国”。

其次，通讯的表现手法多样。与消息或其他比较单一的文体相比，通讯表现手法多样，或叙述、或描写、或抒情、或议论，不拘一格。叙述和描写重视对客观事实的呈现；抒情、议论则立足于个体的感受和看法。再细看，叙述用来概括交待事件的起因、发展、结局；描写注重细部刻画和描摹，如写人物、交代背景、环境，都由叙述来完成，而人物的外貌、对话、心理，则采用描写的方式。

再次，通讯的结构灵活。通讯表达的信息量大，表现手法多样，也就决定了其结构方式的多样性，具体结构有纵式结构、横式结构和混合结构。纵式结构以时间顺序来结构文章，这是比较常用的结构方式；横式结构则以空间关系或逻辑关系来结构文章；混合式则是两者的复合。

西方的特稿也强调叙述、描写以及结构，但和我们的通讯有所区别，表现为以下几个方面。

其一，以叙代议。通过事实的选择和组合来表达观点，这与直接发议论相比，观点更隐蔽，往往更有说服力，特别是一些不便议论或不好议论的问题，采用这种方法更有效。

其二,结构灵活。也就是说,特稿没有固定的模式,或以时间、空间、逻辑为顺序结构文章,或将几种组合起来,这与通讯相似。但在结构材料的选择上,特稿更突出其“趣味性”和“细节化”。当然,这不单纯是结构问题,还体现了东西方的新闻价值观不同,但最终是以结构方式表现出来的。

其三,写作更具有风格化。不仅表现为文体风格而且表现出个性风格。

(二)调查性报道的比较

19 世纪末 20 世纪初,美国的黑幕揭发运动可以看作调查性报道的先声。调查性新闻是在二战后慢慢流行起来的,20 世纪六七十年代迎来了全新的黄金时期。20 世纪 60 年代末,美国各大城市报纸开始建立调查小组,调查性新闻还波及英、日、澳大利亚等许多国家。

如果以揭丑作为衡量调查性报道的一个重要标准的话,在近现代,中国就有一批勇于揭幕的新闻作品,也就是早期的调查性报道。20 世纪 80 年代“一系列以揭露社会矛盾和还原历史真相为主题的调查性报道渐成声势”。但许多调查性报告都是以报告文学的形式出现的。20 世纪 90 年代以中央电视台《焦点访谈》《新闻调查》为代表的调查性节目在各种媒体上出现,中国也形成了具有自身特点的调查性新闻报道。那么,调查性报道有哪些特点?

其一,题材广泛。调查性报道可以涉及人类社会生活的各个方面,政治组织、公司企业、慈善机构和外交机构,以及经济领域中的欺骗活动,无所不包。

其二,通过调查独立获取重要事实。调查方法是调查性报道最突出的特征,而对事实的获取,有的从媒体独立角度,有的从记者的独立性角度,有的则从原创性角度,但有一点是肯定的,就是要获取有独立价值的新闻事实。

其三,通过细致分析材料关系以揭示事件的真相。虽然通过对大量材料的发掘已触及一些真相,但只有经过仔细分析、研判材料,再加上必要的分析,才能揭露真相。

中、西方调查性报道有相同的地方,也有诸多不同。①目的不同。不同社会制度下的媒体都会为不同的对象服务。②内容不同。西方以揭露、揭丑为主。中国调查虽然也有揭露阴暗面的,但并不是以揭露为目的,主要还是为促进问题的解决。③方法不同。西方记者往往倾其所能,甚至会采用极端的方式。中国记者则以正当的手段合理、合法取得材料。

(三)解释性报道的比较

解释性报道诞生于一战时期的美国。1929 年爆发的经济危机促成了解释性报道的繁荣。由经济危机而引发的思考也影响了新闻报道,20 世纪 30 年代在人们对传统新闻报道方式提出质疑的同时,《时代》杂志则积极实践,1933 年,解释性报道被正式命名并被赋予特定的内涵。20 世纪 40 年代,解释性报道虽然在美国占有一席之地,但纯客观新闻仍是新闻报道的主流。20 世纪 50 年代复杂的国际国内政治使得解释性报道有了施展拳脚的空间。到了20世纪60年代,解释性报道已成为西方报纸中最吸引人的报道方式。

解释性报道在我国被冠上“新闻分析”“新闻述评”“新闻综述”等名字,而且在20世纪出现了解释性报道热。随着经济、文化、技术以及人们需求的变化,在20世纪90年代中国新闻界出现了许多有影响的栏目和有影响的新闻作品。

与客观报道相比,客观报道要把5W+H交代清楚,也就是交待事件的来龙去脉。而解释性新闻则着重交代“Why”和“How”。由此也延伸出另一方面的不同,即解释性报道着重介绍原因和发展状况,因此,大量背景材料的运用也成为解释性报道的主要特征。更具体地说,解释性报道具有几下几方面的特点:①完整性,交代事件发生的始末,并且将笔力放在背景的介绍上。②倾向性,无论是对背景材料的选择,还是直抒胸臆,其倾向性都不言自明。③详尽性,发掘新闻背后的新闻。

由于发生的历史背景不同、运用的环境(政治、文化等)不同,中、西解释性报道也有很大的不同,这也是应该引起我们重视的一个课题。

第八章 比较新闻传播的跨学科研究

跨学科研究也称为“科际整合研究”，它是在平行研究的基础上发展起来的，也可以说是平行研究的当代延伸。比较新闻传播的跨学科研究强调的是新闻传播与其相邻近学科之间的关系以及其边缘领域的特征。所以确立相关边缘学科，寻找新闻传播与边缘学科的内在联系，探求学科整合的特点，是我们这一章研究的主要问题。

第一节　学科互渗及边缘整合

一、人类认识的过程

在古代，由于生产力水平低下，人们对自然和社会的认识往往都具有直观性和想象性，所以也没有什么学科分界，哲学和神学几乎囊括了所有学科，如在中国，古代阴阳五行说就包含了对自然和社会等多方面的综合认识。随着各种学科的发展，许多学科分化成为有系统、有具体研究方法的具体学科。随之，学科与学科之间的界限也就凸显出来，而且门类越来越多样，这样人类对自然混沌的诗性想象转向对各门学科的精细研究。特别是到了20世纪，人类的知识体系变得更庞杂，知识分类也更加细化，知识的增殖也更快了，“过去一向作为研究对象的线性连续性已被一种在深层上脱离连续的手法所取代……分析的层次变得多种多样：每一个层次都有自己独特的断裂，每个层次都蕴含着自己的特有的分割；人们越来越接近深的层次，断裂也就随之越来越大”。①

人类知识积累的过程，也是知识类化和细化的过程，这是符合人类认识规律的。但我们不能忽视另一方面的存在：知识的类化、细化是人为的，人类知识以及人类的诗性智慧不因知识的分割、分裂而消亡，诗性的穿越始终存在于人类的一切活动中。所以，无论

① ［法］福柯：《知识考古法》，1～2页，三联书店，1998。

是一门学科内还是相邻学科之间,在向类型化发展的同时,都要注意学科关系,即学科交叉与学科整合,无论是自然科学还是社会科学,都无例外。这也是近些年来边缘学科和交叉学科广泛兴起的一个深层次原因。有研究表明,从20世纪末到21世纪初,是一个交叉学科时代。据统计,通过学科间相互结合而形成的交叉学科占目前总学科的50%,其中90%又是近百年出现的。①

二、学科交叉与整合的理论参照

从学科发展的历程看,学科发展经历了混沌→类型→细化→交叉与整合的过程。学科交叉与整合完全不同于以前学科存在的形态,这样有许多问题需要我们研究,正如韦斯坦因所质疑的那样:"在我看来,把研究领域扩展得如此之大,而分散了我们需要巩固的力量。因为作为比较学者,我们不是缺少研究领域,而是研究的领域太大了,以至于面临一种精神上的空乏恐惧症。"②所以把跨学科研究限定在一定的界域内,并运用科学的研究方法是我们必须正视的问题。因此,在进行比较新闻传播中的跨学科研究时,必须考虑以下几个问题。

首先,跨学科研究的对象应是一个明确且与新闻传播相关联的学科。这句话包含两层意思:其一,是指相关学科具有学科的独立性。这是因为许多学科是依附于其他学科之上,或者学科本身还不太稳定,其学科建设需要进一步加强。其二,是指学科之间的关联性。无论是自然科学还是社会科学,其学科门类都十分庞杂,即使是一些分支学科,也有复杂的类型,但一门学科不可能同任何其他学科都有关系,这一点比较接近于影响研究的对象关系的确立,这些关系是建立在"事实联系"上的。尽管学科关系不追求实际的"事实联系",但必须是邻近,且为理论、实践证明存在关联的,如新闻与传播之间的关系就是如此。

其次,新闻传播与其他学科之间的比较应该是系统的。系统的观念除运用于处理日益爆炸的信息外,主要运用于学科互溶和学科整合问题。系统研究的综合性、整体性、动态性及相对性,为我们的学科研究提供了宏观的理论背景和科学的方法。

再次,学科研究方法的交叉。跨学科涉及不同学科之间的交叉和整合。原先的单学科积累了诸多成果和成熟的方法,所以必要的方法借鉴是需要的。但跨学科弱化了学科之间的界限,因而不能墨守原来单一学科的成规,这点可以说需要系统方法的具体化。如新闻传播与伦理学的关系,伦理学需要推理、甄别,而新闻传播强调的则是当机立断和应激能力。在这些问题上,研究者就应该在弱化双方的基础上,寻找适合两者的具体方法。

---

① 解恩泽:《跨学科研究思想方法》,1~2页,山东教育出版社,1994年。

② [美]Ulrich Weisstein, *Comparative Literature and Literary Theory*, Blomington and london: indiana university Press, P. 27, 1973。

三、与新闻传播相关的邻近学科

我们现在回到比较新闻传播的实践中，具体讨论新闻传播与哪些学科有关联。我们讨论相关学科主要建立在经验和分析的基础之上。我们先来看一看相关论述："新闻学是一门独立的学科，但它又与其他一些社会科学存在着许多相互交叉的研究领域。这些学科有政治学、经济学、社会学、统计学、心理学、伦理学、语言学、法制学、传播学、美学等等。"①

"新闻的外延研究是根据新闻本科与其他学科的横向联系划分的，其中包括：新闻法、新闻伦理、新闻教育、新闻与社会、新闻与宣传、新闻与美学、新闻与政治等"。②

《新闻边缘学科概论》的作者更是以新闻政治学、新闻美学、新闻心理学、新闻法学、新闻语言学作为来结构著作框架的。

建立在经验性结论基础之上，我们还需要作一些理论的推演，并以此确立我们的边缘学科研究域。

人类新闻传播实践活动是以人为主体的，也即通常所说的传播者；传播的对象也是人，即受者，所以，一些以人为研究对象的学科，如心理学、伦理学自然被纳入我们的视野。新闻传播不是传播者与受众之间直接发生的，媒介与传播是相伴而生的，媒介既可以是文字符号，也可以是声音符号、图像符号，而构筑人类思想的主要媒介是语言（指声音和文字），语言也是新闻传播最主要的手段。当然，传播得以实现的技术，特别是传播技术，也是十分重要的。我们知道新闻本身就是一种传播活动，传播学的诸多理论与方法都可以直接或间接运用到新闻传播的实践中，新闻传播与传播学的交叉、互融已成新闻研究中最不可小觑的研究域。再向外推演一步，新闻传播活动是社会性的，这必然与社会政治、经济、文化之间有着不解之缘。为此，我们可以发现，新闻传播与其相邻学科关系可见下图。

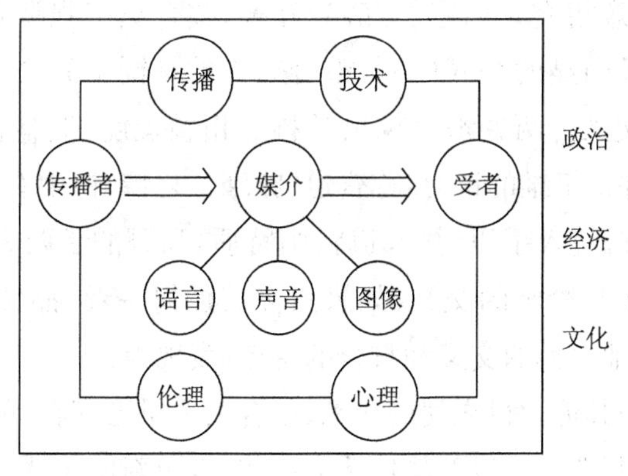

① 雷跃捷：《新闻理论》，20页，北京广播学院出版社，1997。

② 张威：《比较新闻：方法与考证》，54页，南方日报出版社，2003。

以跨学科的理论作参照并依照学科实践，我们可以发现新闻传播与伦理学、心理学、语言学、传播学以及政治学的关系最密切，并表现出学科间的互渗、交叉与整合。这种互渗、交叉和整合的学科关系，可直观地用下图表示。

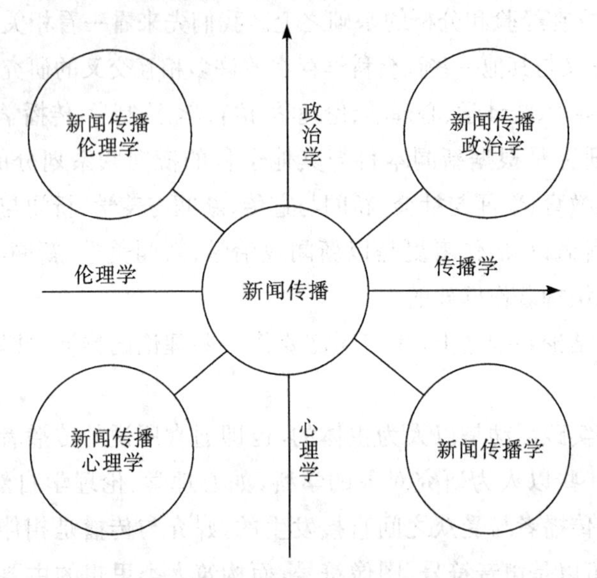

理清了新闻传播与其邻近学科研究的对象关系、边缘交叉及整合关系后，我们必须具体讨论这种关系所表现出的特征及其意义。

四、交叉—整合—特征

跨学科研究也就是研究不同学科间的交叉和相互整合。

交叉是指学科之间重叠，显示的是在不同学科之间有相同有不同，也凸显了两个学科之间的关系。整合意指交叉内容的互渗、互融，整合更多强调重叠部分的内在统一。如果进一步区分，交叉凸显的是异中同，整合表现的是同中异；交叉中不一定就出现整合，但整合中一定有交叉。两者都表现出学科的相融程度，但整合更能表现学科特点。举一个例子，苏东坡评论王维的诗时，称赞道“味摩诘之诗，诗中有画”“观摩诘之画，画中有诗”。这是从诗境、画境入手以讨论其诗、画特质，强调的是两者的整合。而我国古代的题画，则是一种书法与绘画的交叉，如果失去其任何一者，都失去了中国画的整体特质。而新闻传播与其他学科的交叉和整合的特点，表现为：

第一，新闻传播与其他学科之间的交叉、整合关系早已存在，彼此之间互为主体。比较新闻传播的跨学科强调的是以新闻传播为主体，以及新闻传播与其他学科之间的交叉和整合。这样，比较新闻传播的跨学科研究的第一个特点，是以新闻传播主体，以其他相邻学科为整体参照。

第二，是交叉性。这是比较新闻传播跨学科研究的基础，也是最显著的外在特质。无论新闻传播研究是否涉及伦理，在新闻传播实践中，其传播的内容、新闻从业者遵从的职业规范，都涉及伦理。这表现出学科交叉存在的客观性，没有这种存在，也不可能有进一步的整合。

第三，是学科整合。整合是新闻传播与伦理学、心理学、语言学的互渗与融合，并形成与此相关联的交叉学科，即新闻传播伦理学、新闻传播心理学、新闻传播语言学。

比较新闻传播的跨学科研究主张新闻传播与其他学科的比较研究，立足于整体观照，再研究学科交叉和整合。

第二节　新闻传播伦理

一、从伦理到新闻传播伦理

"道"与"德"早先在中国是分开使用的。"道"表示的是事物运动和变化的规则，"德"则是对道的认识。许慎认为，"德，外得于人，内得于己也""以善德施之他人，使众人各得其益"，即"外得于人"；"以善念存诸心中，使身心互得其益"，就是"内得于己"。"道德"两字合用始于管子，荀子不仅将两个词连用，而且赋予其确定的意义，用以指人的道德品质、道德境界，以及调整人与人之间关系的原则和规范。

西方"道德"源于拉丁文 mos，意指推论、论断，德行、道义，风俗、习俗。后来演化为人与人之间以及人与社会之间的关系规范。

在中国，"伦理"一词最早出现于《礼记·乐记》，到汉代，"伦理"一词才被广泛运用。"伦"在《说文解字》中释为："伦，辈也，从人，仑声。"段玉裁注为："军发车百辆为辈，引申之同类之次曰辈。""理"在《说文解字》中释为："理，治玉也。从玉，里声。"段玉裁注为："凡天下一事一物必推其情至于无憾而后即安，是之谓之理。"戴东原《孟子字义疏证》称："理者，察之而几微必区以别之之名也。是谓之分理，在物之理曰肌理，曰腠理，曰文理，得其分别有条而不紊，谓之条理。"从字义上来理解，"伦理"是人与人之间的关系及条理，是人人必须遵守的规则、秩序。

在西方，"伦理"一词源于希腊文 ethos，意指品性或性向。亚里士多德创造的"Ethika"是关于道德品性的学问。

"道德"与"伦理"其共同性在于：它们都是指社会生活和人际关系的准则和规范。其不同表现在：道德的力量源于社会舆论、传统、习俗，人的内在信念和社会教育下的规范力量等。伦理是以道德为研究对象的理论，它强调的是对道德内在规律的学理探求。但两者在相当程度上是互通的，我们这里以伦理为规范性概念。

新闻伦理由"code of ethics"衍化而来，可释作伦理规范和道德规范。具体来说，新闻伦理主要是由政治机构、行业组织和媒体制定的规范。尽管对伦理规范的组织层次不同，组织所隶属的国家、机构不同，各组织制作伦理规范的出发点也不尽相同，但各种具体的规范条文中都涉及一些共同的要素，或大致相同的规范，归纳起来主要有以下几方面：

1. 客观、公正

联合国《国际新闻道德信条》(草案)第 4 条规定:“描述及评论另外一个国家事件的人,有责任获得有关这个国家的必要知识,确保自己作出正确而公正的报道和评论。”①《美国报纸编辑人协会原则声明》强调“公正”和“公正处理”,“公正就是使读者分清事实报道与意见。含有意见或个人观点的文章,应交代清楚”。“公正处理”主要强调对人物报道以及新闻源的处理方法。②《西班牙全国记者协会记者职业道德信条》第 17 条规定:“报道中事实部分与言论,诠释与猜测部分应有明显、不容混淆的区分。”③《中国新闻工作者职业道德准则》第 4 条规定:“采写和发表新闻要客观公正。”④

客观、公正是中、西新闻职业道德所共同要求的,如何做到客观、公正,最重要的就是要把报道和言论区分开来,同时强调对不同人物、不同信源的平衡报道等。

2. 真实、准确

《联合国国际新闻伦理规范草案》第 1 条规定,为了让公众接受的消息正确,“他们应当尽可能查证所有的消息内容,不应任意曲解事实,也不可故意删除任何重要的事实”。⑤《美国报纸编辑人协会原则声明》第 4 条规定:“真实与正确,对读者诚信是卓越新闻事业的基础。应力求新闻的内容的正确。”⑥《日本新闻协会新闻伦理纲领》规定:“报导(道)之原则,应将事实真相,作正确忠实之传达。”⑦《中国新闻工作者职业道德准则》第 4 条中规定了从采访、报道到工作态度等几方面入手以维护新闻的真实性。

新闻真实、准确与客观、公正是相辅相成的,所以在讨论真实、准确时又涉及客观、公正。

3. 社会责任

《联合国国际新闻伦理规范草案》规定:“职业行为的崇高标准,是要求献身于公共利益。”⑧《韩国报业伦理规范》中有“记者应对社会负责,以公益为先”的规定。⑨《中国新闻工作者职业道德准则》要求:“全心全意为人民服务。”

4. 个人品格

从事新闻传播业的人必须品德高尚,这不仅涉及个人人格,也涉及报格和其他媒介的品格。只有高尚的品格才能提高职业权威,才能获得大众的信赖和尊重。

---

① 陈桂兰:《新闻职业道德教程》,249 页,复旦大学出版社,1997。
② 马骥伸:《新闻伦理》(附录八),302 页,台湾三民书局,1997。
③ 马骥伸:《新闻伦理》(附录 12),320 页,台湾三民书局,1997。
④ 李良荣:《新闻学导论》,206 页,高等教育出版社,1999。
⑤ 马骥伸:《新闻伦理》(附录 6),299 页,台湾三民书局,1997。
⑥ 马骥伸:《新闻伦理》(附录七),302 页,台湾三民书局,1997。
⑦ 马骥伸:《新闻伦理》(附录七),43 页,台湾三民书局,1997。
⑧ 马骥伸:《新闻伦理》(附录七),299 页,台湾三民书局,1997。
⑨ 马骥伸:《新闻伦理》,47 页,台湾三民书局,1997。

5. 专业素养

每个从业者都必须了解新闻传播业的特点，以提高自己的专业水准和专业素养。

当然，以上只是粗略的概括。由于新闻传播业的意识形态特征，加上各国新闻传播业的实践又各具特点，所以，有关新闻伦理的规范又会显示出各自不同的特点。

出版、言论自由已成为新闻传播业的灵魂，也给新闻传播业带来了生机和活力。但自由的滥用，也会使新闻传播成为某些人获取利益的手段。社会责任论的兴起，就是对过分商业化的新闻业的一种限制。一些自律性的组织纷纷制定自律的标准，也即新闻传播伦理。但在新闻传播实践中还有许多问题需要我们去解决，如新闻传播中"非道德化"倾向、新闻传播业者的道德"边缘"处境问题等，都需要我们去仔细甄别，进而寻求解决问题的方法。

二、"有什么"——媒体的颠覆性

"去年（1989年）11月，躁动的人流穿过柏林墙上的缝隙，涌入西柏林，将当地的超级市场与录像制品商店扫荡无余，仅仅几个小时之内，所有快餐食品与除臭剂便被抢购一空。西柏林商店里原本供应充足的录像带，有时甚至包括黄色录像带在内，也被一扫而光。T恤衫和牛仔裤，这些曾在德国统一前为东、西柏林人民相互换购商品充当过货币的商品，也从货架上消失了踪影。无论是否感到惊讶还是早有耳闻，年轻人，以及那些已不再年轻的人，都随着重金属与摇滚乐的鼓点纷纷起舞，而这种音乐早已秘密或公开地成为了东欧人民的自由颂歌。第一次电视革命就这样拉开了序幕"。[①]从乔治·斯坦纳洋洋得意的叙述中，我们感受到他对西方文化的颠覆性的自我欣赏，但他可能忽视了另一个问题，即新闻传播的破坏性作用。在冷战结束前，美联社、路透社、CNN、BBC、自由欧洲之声电台、自由之声电台以及《国际先驱论坛报》等西方媒体，将国际新闻以及苏联和东欧国家内部的新闻用短波或调幅、调频广播，以及卫星电视传送到这些地方，"由于媒体的报道，发生在东柏林、布达佩斯、布拉格以及布加勒斯特等地的事件，相互之间起到了互相扶持的作用"。[②]阿尔文·托夫勒在他的《力量转移》一书中称："在全世界各地，人们在利用新的传播媒介或老媒介的新方法来对国家的权力提出挑战——有时是推翻这种权力。"[③]

媒介的力量不仅体现了对社会的颠覆性，而且对文化也具有渗透性，对文化同样具有颠覆性。"西方的电视逐步地越来越成为感官的、性的和轰动性的，电视在破坏代代继承的传统和价值观念方面起到了特别大的作用。电视娱乐节目——甚至新闻节目——都拼命渲染现实，使之产生脱离道德支柱的有新奇感的刺激，同时把物质或性欲的自我

---

① ［美］威廉·哈森：《世界新闻多棱镜》，110页，新华出版社，2000。

② ［美］威廉·哈森：《世界新闻多棱镜》，116页，新华出版社，2000。

③ ［美］阿尔文·托夫勒：《力量转移》，383页，新华出版社，1996。

满足描绘成正当的，甚至是值得赞扬的行为”。[1]这段话主要论及电视（当然不只是电视）传输的内容，以及对社会道德的消解和颠覆，我们再细究一下新闻传播中的非道德化的内容以及对社会道德的颠覆性。

“在媒体世界里，除了警察和贩毒以外，谁都吃不开”。[2]美国全国电视联盟曾对美国电视暴力的调查表明，全美的无线、有线电视节目中37%包含暴力，家庭影院、有线台的节目中86%含有暴力，电视网台的节目中85%含有暴力。研究者们发现，美国电视的头条新闻有一半以上与暴力有关，它们包括凶杀、绑架、虐待孩子、强暴、家庭暴力、酗酒犯罪、吸毒、仇杀、劫持、爆炸、群体暴力、学校暴力、种族暴力等。报纸也大抵如此。[3]

一系列的调查也表明，媒体过度渲染暴力对人的影响不可低估。美国广播公司对100名青少年犯罪进行研究，其中22人承认他们是模仿电视上的犯罪方法。华盛顿大学的一项调查发现，在因暴力入狱的男性犯人中，有1/4到1/3的人承认他们在犯罪时曾有意识地模仿影视片中的暴力犯罪手段。[4]

对性以及其他“冲突”或“突发”的事件的报道也是如此。报纸为了吸引人的眼球，往往利用图片，并利用耸人听闻的大标题和一套为大众所熟知的报道方式；而电视则不遗余力地记录现场，或以模拟再现的方式来加强其震撼力。这样，各种媒体的报道在现在的传播条件下已转化成一张天衣无缝的新闻和媒体事件网，或称为“媒体流”。其结果也就导致了人们对事件的虚假（至少是夸大了）的认识，也在潜移默化中改变着人的道德认知。正如人们常说的“谎言被重复多次也就成了真理”。

从更深一层来看，现代社会对物欲和自我满足的普遍追求，人不再追求价值和意义。以自我满足为中心的社会，他们的行为准则是以满足为第一前提，伦理成了可有可无的东西，这种道德真空必然弥漫到精神领域和文化领域。

三、“干什么”——两难的决策

2003年5月11日，《华盛顿邮报》报道，已有152年历史的《纽约时报》承认该报一名叫杰森·布莱尔的记者，他最后发出的72篇报道中，有36篇是自己制造的，他的手法是编造和抄袭。早些年日本的《朝日新闻》为了报道环境保护问题，记者拍摄了冲绳海底珊瑚被刻字而遭破坏的照片，但照片模糊不清，为了追求效果，记者亲自去刻字，结果成了弄虚作假的新闻。

2018年，德国《明镜》新闻周刊圣诞前曝出其明星记者克拉斯雷洛提乌斯大量捏造故事和人物的丑闻。该记者系统性、全面或部分地捏假人物、假故事、假场景、假引言。他

① 时统宇：《伦理的追问与学理的批评》，22页，《现代传播》，2001(5)。

② 时统宇：《伦理的追问与学理的批评》，23页，《现代传播》，2001(5)。

③ 张威：《比较新闻学：方法与考证》，356页，南方日报出版社，2003。

④ 张威：《比较新闻学：方法与考证》，357页，南方日报出版社，2003。

在其2016年发表的一篇有关生活在土耳其的叙利亚孤儿的报道中，有些孤儿纯粹是他捏造出来的。

这种极端的事件虽然存在，但在新闻界中只是少数，更多的是媒体或记者总是处于伦理与现实冲突的两难境地。

2000年在中国大陆媒体中被炒作得十分火热的陆幼青《死亡日记》所引起的伦理思考值得关注；2016年一条"上海女逃离江西农村"成为网络热议，这些事件所引起的伦理思考同样深刻。陆幼青（上海女生）等、媒体、受众三者从最初的道德选择到最后结果所陷入的道德困境，大概是许多媒体在现实中经常遇到的。其实在现实中媒体所处的伦理尴尬又何止这些。台湾学者马骥伸在《新闻伦理》中也列举了一些比较经典的案例：[①]

1. 坏消息是好新闻

"bad news is good news"这句话被视为新闻报道中的"金科玉律"，但也可以视为新闻在现实面前的无奈，因为坏消息比好消息更容易引人注目，更具有震撼力。多年前，《读者文摘》刊登过一条趣闻：

英国王储查理王子认为报纸总是报忧不报喜。他质问："比如说，你们专门报道空难，为什么不报道希斯罗机场（伦敦国际机场之一）有多少架巨无霸喷气式客机平安降落呢？"

于是，伦敦《泰晤士报》在王子30岁生日那天，在第一版发表了那个星期的喜讯：92%的一级邮件如期送到了，1.22万婴儿诞生，没有一家银行倒闭，1.6万人结婚，一处油田的税收就有1.76亿镑。还有一喜：自杀率下降。

由于新闻报道的题材只能来源于现实生活，平淡无奇、四平八稳的人物和事件报道便难以吸引人，只有突发性的、耸人听闻、灾难性的才会引人注目。而面对不幸，对一般人来说，越克制、越冷静，越能表现凝重和严肃，但新闻不能这样，越有不幸发生，新闻就越活跃。对于新闻从业者来说，他们不希望不幸、灾难发生，但所从事的职业又让他们不得不希望有可以报道的突发性或突难性事件。

2. 是新闻重要，还是救人重要？

1994年普利策图片新闻奖《秃鹰与小孩》，是由《纽约时报》记者卡达在非洲拍摄的，画面表现的是一个骨瘦如柴的小女孩无助地扑倒在地，后面是一只贪婪的秃鹰在盯着她。这张照片刊出以后，立即引起了轰动。

这张照片遭到了普遍的质疑，"见到那种情况，为什么不先赶走秃鹰，救助女孩，而是冷血地拿起相机？"而卡达在回答NHK电视访问时，他首先追叙了他当时还曾花了20分钟，尝试从各个角度、不同焦距拍摄，而后他作了如下的陈述："我考虑如何才能拍出更好的照片，我甚至期盼秃鹰能展翅，如此一来，照片将更有力。"不过卡达也表示："我等了许久，秃鹰始终未展翅，便打算放弃，突然一股怒气，促使自己赶走秃鹰，同时，小女孩也成

① 马骥伸：《新闻伦理》，215～227页，台湾三民书局，1997。

功地自己站起来，向前走去，眼见此情此景，哀伤在心中涌现，那时的我躲进路边的树荫下，哭泣起来。”

而1983年美国俄亥拉荷马州WHMA电视台播出的自焚镜头引起的争议就更大。电视台事先接到自焚者的电话称：“你们要想看某人引火自焚，请于10分钟内赶到杰克森维尔广场来。”在半个小时以内，自焚者打了三个电话。WHMA电视台两名记者到达现场对整个过程进行了拍摄。

第二天，在晚间电视新闻中准时播出。观众从电视中看到：自焚者走向记者时，记者叫他停下来，然后当自焚者划一根火柴放在胸前时，第一根火柴熄灭了，自焚者又划了第二根火柴靠近大腿时，结果又熄灭了，他慢慢走向燃料油，再往身上泼，然后回到摄影机前蹲下，划第三根火柴移近左腿。一小撮火花出现了，随即扩散。一个记者再也坐不住了，他上前扑打，但为时已晚，自焚者倒下又爬起来蹒跚而行，整个人已变成火球。最后，一个消防员数秒以后赶来扑灭了自焚者身上的火，但自焚者大半身已经二、三级灼伤。

电视记者面对可遇而不可求的镜头，应该如何决策，是忠于职守，奉行不参与原则，还是先救人？新闻界对此也是争议颇多。

有人宣称“没有任何独家新闻比人命更值钱”“我宁愿损失一则独家新闻，也不愿意损失一条人命”。

也有不少人反对上述观点。当然，更多的人认为，对这个问题的决策远没有想象的那么简单。

我们以上列举的是新闻业者在实际工作中遇到的一些情况，但也说明了，面对一些棘手的问题时，应该作出怎样的道德抉择。这也必然会令人想到，造成这些道德困境的原因是什么呢？美国学者G.克里斯蒂安等人在《媒体伦理学》中作了细致分析，归纳起来有以下几种。

1. 商业压力

新闻工作是一种特殊的商业活动，一方面要为大众提供真实、有价值的新闻信息，另一方面又要为公司赢利。而当两者发生矛盾时，道德问题就出现了。如时代华纳和特纳公司联合，将报刊和电视结合起来，在经济上大有好处，但过于集中的集团会不会造成信息霸权和媒体人丧失独立品格，从而导致新闻信息失真，或其他一类问题的出现？

2. “匆忙中的真实”

真实性被新闻业者奉为“圣灵”，但受经费、发稿时间、读者的期望、编辑惯例和利益等方面的影响，新闻也成了“匆忙中的真实”，许多道德问题也就在匆忙中出现了。如一个以制造炸弹相威胁的匿名者，要求《华盛顿邮报》和《纽约时报》联合发表他的声明，报社该不该刊登？登了会如何？不登又会怎样？这都是需要仔细思量的事。

3. 摇摆不定的公正

公正是媒体努力追求的目标，但对公正应采取什么态度，是否有强烈的社会责任，是否受党派、种族等方面的影响？各方面的影响，使得新闻报道偏离社会公正，从而引发一系列伦理问题。

是忠诚于个人价值观，还是忠诚于组织？是对内部公众负责，还是对社会大众负责？多种矛盾关系都会涉及伦理问题，需要我们在研究和实际工作中引起注意。

以上我们简单讨论了新闻从业者在实际工作中所遇到的诸多伦理问题及其出现的原因，至于怎么做，波特图式给我们提供了很好的启发，[①]限于本书篇幅，就不再详细叙述了。

第三节　新闻传播心理

心理现象极其复杂多样、丰富多彩，它也是宇宙间最复杂的现象之一。早在古希腊时代哲学家就开始讨论人的心理问题，但如果说真正意义上的心理学是以 1879 年冯特的实验心理学正式诞生为标志的话，那么心理学只有一个多世纪的历史。西方新闻学研究虽然早于传播学，但在进行交叉学科研究时，却只有研究传播学与心理学的交叉学科，出现了所谓传播心理学或大众传播心理学。而我们国家的一些研究者，在 20 世纪二十年代就开始研究新闻学与心理学的关系，那时候传播学还没有成为独立的学科，所以，中国的研究者一直沿着新闻心理学的研究路子走下来。到 20 世纪八九十年代，随着媒体介入市场程度的增加，对受众心理的研究才引起了人们的极大关注，新闻心理学研究的范围也进一步扩大，有关传播心理方面的问题也纳入了研究视域，这就出现了新闻传播心理研究。但关于学科研究的拓展，有关学科性质、架构，仍需要我们进一步加以厘清。

一、新闻传播心理学性质、内涵及结构

一门学科的架构是以其理论和具体内容来支撑的。学科的理论架构主要包括学科的界定、学科归属与学科性质，其内容架构则是在学科理论框架下的内容陈列，两者相辅相成。

学科的界定（或定义）是整个学科的出发点，也是整个学科架构的基石。那么，如何定义新闻传播心理学呢？

首先，新闻传播心理学是一门科学。其研究目的与方法，有完整的学科体系，有一套规则，我国的许多研究者在定义新闻传播（新闻）心理学时都将其直接归入的科学的名下：

"新闻心理学，是……一门学科"[②]

"新闻心理学是……科学"[③]

---

① [美]G. 克里斯蒂安：《媒体伦理学》，3～22 页，华夏出版社，2000。

② 张骏德：《新闻心理学学科发展趋势小议》，《中华新闻报》，1999.12.6。

③ 周庆元：《浅论新闻心理学的学科构架》，18 页，《现代传播》，2000(5)。

“新闻心理学的概念可以界定为……学问”①

“科学”“学科”“学问”都赋予心理学以科学的地位。

其次,科学规则包括科学原理以及运用原理的方法,规则是科学最本质的规定性。新闻传播心理学的规则是什么呢?即运用哪些原理和方法来解决新闻传播中的心理问题?中国学者普遍认为,新闻传播心理学“运用心理学基本原理和方法”。尽管这种说法过于笼统,又未对心理学与新闻传播心理学的原理和方法作一定的区分,但还是承认其规则的存在。

再次,新闻传播心理学是运用心理学基本原理和方法的一门科学的定义,似乎并没有涉及新闻传播这一特殊学科的特性,所以对其对象及研究范畴的规定是该学科区别于其他学科最本质的规定。具体来看,新闻传播涉及传播者、受众以及传播过程,而传播者既可以是媒体的记者也可以是编辑,记者与被采访对象的互动关系并进而形成的新闻是联系传播者和受众的中介和桥梁。如下图示:

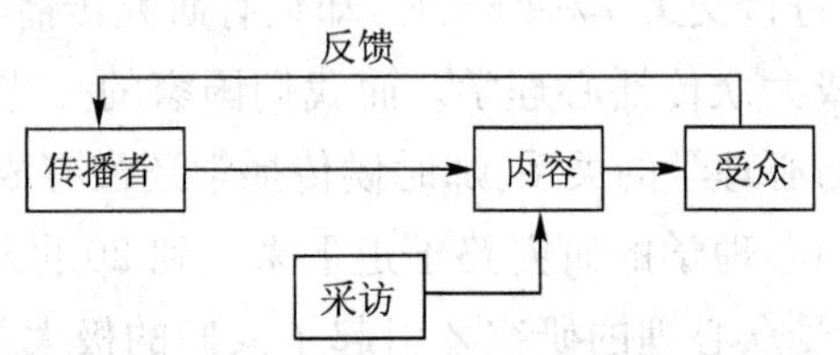

所以,新闻传播心理学研究的是传播者、受众以及采访和接受过程中各种心理现象和规律。尽管我们的研究者在这方面的表述各有侧重,如刘京林认为,新闻心理学就在于“揭示新闻传者、采访对象和新闻受众在新闻传播中出现的心理活动的特点和规律”,②张骏德则认为,新闻心理学主要研究探讨“新闻传播过程中受传双方的心理特点、感应规律及其心理机制与心理活动规律”,③但其基本内容是一致的。

综上所述,我们认为,新闻传播心理学是运用心理学的基本原理和方法研究新闻传播过程中传播者、受众的心理特征,以及在采访和接受过程中的传、受双方心理活动规律的一门科学。当然,这样的定义很难说是完善的,但它在某种程度上揭示了新闻传播心理学的一般性特征。为了进一步认清其学科特点,我们再来看一看学科整体性质。

新闻传播心理学是新闻传播与心理学交叉而形成的边缘学科。新闻传播心理学属于新闻传播学的分支,而不是心理学的下一级学科。

新闻传播心理学研究的对象是传播活动中的人,因而属于社会科学的范畴。

因此说,新闻心理学是一门属于新闻传播分支的学科,是新闻传播与心理学相融合的边缘学科,属于社会科学范畴。它具有理论性、综合性和实践性的特点。

新闻传播心理学的学科内容主要由两方面构成:其一,以新闻活动为线索,即探讨新

---

① 黄道弘:《新闻边缘学科概论》,127页,新华出版社,1999。

② 刘京林:《新闻心理学研究断想》,37页,《现代传播》,1999。

③ 张骏德:《新闻心理学学科发展趋势小议》,《中华新闻报》,1999.12.6。

闻工作者、采访对象和新闻受众心理活动的特点和规律；其二，以人物心理活动为线索，讨论新闻工作者、采访对象和受众在新闻活动中产生的各种心理活动及其互动关系。

人的心理活动是极其复杂的，它既可以表现为相对稳定的个性心理，也可以表现为处于变化中的心理过程。详细分类如图示：

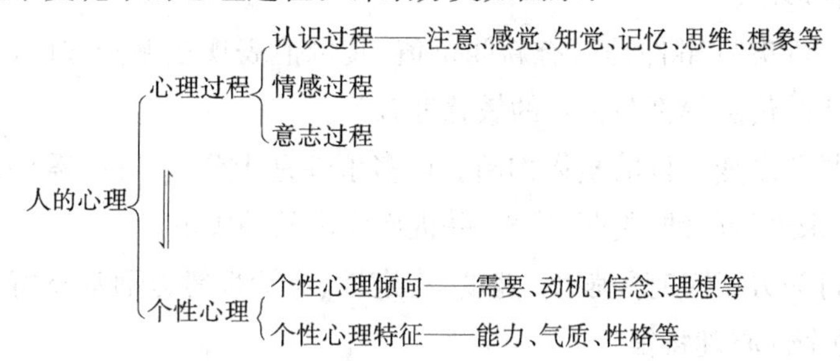

人的心理是一个整体，也是一个难以拆解的整体。第一层(个性心理与心理过程关系)中，人的个性心理是在心理过程中形成的，并通过心理过程表现出来，而个性心理又影响着心理过程。从特定时段看，个性心理相对比较稳定，所以对新闻传播中的传者和受者的个性心理的研究就显得尤为重要。

第二层次中个性心理倾向和个性心理特征总体反映了一个人的个性。个性心理倾向渗透于各种心理特征之中，个性心理特征反映着个人心理倾向。

心理过程中的认识过程、情感过程和意志过程在具体的采访实践中表现得比较突出。而采访中的记者与被采访对象之间的心理互动也是新闻传播心理学研究的一个重要领域。

结合我们所设定的研究范围以及对有关传播心理的一般假定，我们所讨论的内容主要涉及记者的个性心理及心理过程，采访过程中的双方互动心理以及受众心理。

二、记者的能力、气质、性格

人的个性差异表现为能力差异和气质、性格的差异。

能力总是和人的活动联系在一起的。英国心理学家斯皮尔曼提出能力的双因素论：即G(General factor)因素，又译作“一般能力”；S(Special factor)因素，也译为“特殊能力”。G因素是一种迅速理解关系并有效利用这些关系的能力，S因素是完成某一特定智慧活动有效的能力，并且G因素与S因素是相互关联的。美国心理学家瑟斯顿将能力细划为计算能力(N)、言语流畅性(W)、词的理解(V)、归纳推理(R)、记忆(M)、空间知觉(S)、知觉速度(P)等七种因素，这就构成了智力的群因素。记者的能力更多表现为语言表达和理解能力、知觉能力，以及敏感度和综合推理能力。

语言表达和理解是一个记者所必备的素养，无论是文字记者还是电视记者都是如此。语言表达包括口头表达、文字表达和借助于其他符号的表达，理解则是对外在的形式的推理和体验。

我们看到某种物体，听到某种声音，闻到某种气味，感受到不同的温度等，人的这些最基本的反应就是感觉。我们看到苹果形成苹果的整体形象,这就是知觉。知觉是对外部世界深入的反映,知觉具有选择性、理解性、整体性和恒常性等特性。各种感觉器官形成的感觉都可以成为知觉,这样就有视知觉、听知觉、触知觉等,而且这些知觉形态可以表现为空间、时间、运动等各种形态。

记者必须有职业敏感。一件突发事件是否有新闻价值,其价值表现在哪些方面,在采访中是否能敏锐地捕捉重要的信息等都与记者的敏感度有关。

综合推理能力就是面对复杂多变事件的整体判断。许多事件是十分复杂的,需要运用各种能力和各种知识储备,来进行归纳、判断、推理,并进而作出某种决策。

气质是人的心理活动和行为方式在有关强度、速度、稳定性、灵活性等方面动态特征的综合。它是典型的、稳定的个性心理特征。

早在公元前5世纪,古希腊医生希波克拉特就认为人体内有四种体液,并根据体液在人体中占有的优势来划分人的性格。12世纪罗马医生将体液称为“气质”,并将气质分为四种基本类型:胆汁质、多血质、黏液质和抑郁质。巴甫洛夫则对气质类型从神经系统机能作了较为科学的解释。但随着人们对气质认识的深入,人们发现大多数人有近似某种气质,同时又有其他气质类型,属于混合型或过渡型气质。

胆汁质的人精力旺盛、不易疲倦,但易冲动、自制力差、性情急躁、办事粗心;多血质的人动作言语敏捷、活泼好动、待人热情亲切,但又显得有些粗心浮躁、注意力易转移、情感易发生变化;黏液质的人多表现为情绪稳定、心平气和、不易激动、也不外露、行动稳定迟缓、处事冷静而踏实、自制力强,但易于固执拘谨;抑郁质的人对事和人际关系观察细致敏感、情绪体验深刻、不外露、行动缓慢、不活泼、学习和工作易感疲倦,且不易恢复,孤独、胆怯;有混合、过渡气质的则表现为混合、过渡的倾向。

记者作为一种特殊的职业要经常同陌生人、陌生环境打交道,他们需要很快融入采访的氛围中去,既需要热情和敏感,也需要冷静和耐心。由于采访对象和环境不同,也需要不同的方法。不同气质的人只要注意发挥自己的优点,就可能成为具有独特魅力的记者。如中央电视台敬一丹的热情、王志的敏锐、白岩松的冷峻睿智,各具魅力。

性格是人稳定的个性心理特征,是人的生活原则、态度体系和行为特征三个层次的独特结合。三者关系及内容如图所示:

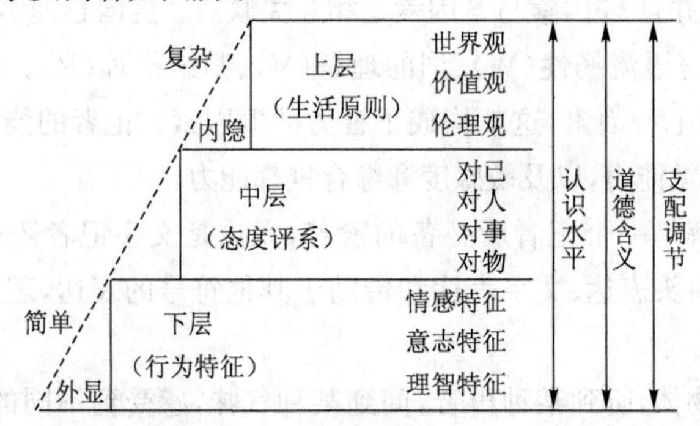

美国心理学家高夫列举了人的18项性格特征，而对一个从业的记者来说，责任感、自制力、宽容性、进取性、成就感、灵活性则是必备的性格特征。

无论是出自对社会、受众，还是来自职业自身的要求，责任感对记者这一职业来说都是十分重要的。

自制力和宽容性则标志着，无论面对什么事、什么人，无论受到多少委屈和责难都必须有能力承受且甘愿承受。

新闻必须常做常新，没有进取心和灵活性就难以取得成绩；成就感是一个记者发展的动力，所以说，一个优秀的记者必须具备各种优秀的性格品质。

三、新闻传播中的动力系统

这种系统由各种非智力因素构成，它对于一个新闻从业者来说，具有激发、定向、引导、维持、调节等功能。动机在动力系统中具有核心作用。

动机也就是促发从事某事的内在动力，它是由需要、愿望、兴趣而诱发出来，需要、愿望、兴趣也是动机所外在表现形式。

需要是维持人类生存和发展的必备条件。马斯洛认为需要的满足是人类发展最简单的原则，他将人类的需要分成五个层次，即生理、安全、归属与爱、尊重和自我实现的需要。只有人们的一些基本需要满足后，才会有更高层次的需要出现。1973年，本杰明、阿道夫等修正了马斯洛需要层次理论，将人类需要分成两类：生存需要和关系需要。

罗文辉先生在《新闻从业人员的工作满足研究》中，将影响工作的满足分为四类：人口变项（性别、年龄、婚姻、省籍、主修科系、教育程度等）、专业理念、工作自主性和组织环境等。①认为人口变项是影响满足程度的基本要素，人口变项对自己工作越有利，越容易满足自己的一般要求，也就会有更高的追求；组织环境满足的是个人的安全需要，专业理念、工作自主性则是更高的需要满足的动力。

需要的满足是为了生存和发展，兴趣是人们认识事物、获取知识、探求真理过程中所体验到的乐趣。工作兴趣是动机中最活跃、最积极的因素，它促发的是人的主动性和创造性。兴趣一般可分为直接兴趣和间接兴趣。直接兴趣是由客观事物或工作本身所引起的，间接兴趣则是由工作结果而激发的。

对新闻事业是否有兴趣不仅是事业成功的基础，而且可以直接转化为工作动力，也可以激发人战胜困难、克服困难的勇气和决心。

在新闻传播工作的动力系统中，除动机外，情绪、态度等非智力因素也是我们在工作实际中必须加以充分利用的。

---

① 罗文辉：《新闻理论与实证》，47～48，台湾黎明文化事业公司，1993。

四、新闻采访中的操作系统

新闻工作的操作系统是由各种智力因素构成的,各种智力因素在具体的个体身上表现为各种能力,如观察能力、记忆能力和思考能力。

观察能力是人有意识、主动和系统的知觉活动,它受思维的影响,也是人视觉、听觉、触觉、嗅觉等器官的综合活动。一个新闻工作者必须有主动、细致的观察力,能够在事物的发展变化中发现问题。

记忆能力是识记、保存和回忆知识经验的能力。识记是信息的输入过程,保存是对知识信息的存贮,回忆则是对贮存知识信息的提取。良好的记忆力就是对知识信息准确、快捷地输入,保存的持久和回忆的及时、准确。对新闻工作者来说,良好的记忆力是不可缺少的。记忆是新闻工作的前提,也是积累工作经验、丰富业务知识的前提,许多优秀的新闻工作者都是记忆力超群的人。

思维能力是指人脑对输入信息的加工,它取决于大脑对客观事物的概括、判断和推理能力。“记者好像是一个勘探者,他要挖掘、钻探事实真相这个矿藏。没有人会满意那些表面的材料”。[①]新闻是真实的事实,即“表面的材料”,但其新闻的价值的大小只有依赖于判断,而推究新闻事实的本质化内容则靠推理。1996 年,《中国青年报》编辑陈志文在阅读来稿时发现了《背着爸爸上学》一稿,他凭着对新闻的敏感,很快判断出这里有新闻的“矿藏”:一个 15 岁的孩子,父亲瘫痪,母亲去世,自己凑了 1000 元钱背起父亲,也背起生活的重担到甘肃庆阳师范学校上学。这篇报道引来了超乎想象的反响,这件事后被改编成电影,不知感动了多少人。

五、新闻采访过程心理

新闻采访是记者与采访对象之间的双向活动。“采访不仅是记者认识事实的思维活动,同时更是记者同采访对象发生联系的人与人之间的社会活动”。[②]从采访的过程来看,采访心理包括访前心理、访中心理和访后心理。

记者的访前心理十分复杂,它包括采访的动机和对采访的期待与预测。采访动机具有特定的指向功能,也即具体的采访目的是什么。与动机相一致的就是采访期待和预测:这次采访的新闻事实与自己所了解的事实到底有多大差距?有新闻价值吗?如果新闻价值不怎么大怎么办?采访怎么开始?不顺利怎么办?等等。

采访对象的访前心理可分为先期性心理和临访性心理。先期性心理通常由采访对象对新闻记者的信任、尊重、爱戴和对记者职业的神秘感、好奇心所组成,也即人们对新闻的一般性认识。临访性心理一般由采访对象对自己在新闻事件中的位置和临访心境

---

① [美]麦尔文:《新闻报道与写作》,144 页,中国广播电视出版社,1981。

② 艾丰:《新闻采访方法论》,6 页,人民日报出版社,1989。

构成。

采访心理是整个采访过程中最难控制的一，也是非常重要的，对采访者来说尤其重要。那么应该怎么做才能保持良好的心理呢？其一，应该调整好心态，把自己的各种心理要素调到最活跃的状态，并做好应对各种变化的准备。其二，树立良好的角色意识，新闻工作者既是一个职业人，也是一个普通人，在采访中如何摆正自己的位置，对于处理与采访对象的关系至关重要。其三，注意与采访对象沟通。得体的装束、优雅的举止会给人留下好的第一印象；采访气氛的融洽会拉近采访者与被采访者间的距离；利用多种形体语言，灵活转换受访者的注意力等都是加强沟通的手段和方法。

在被采访对象身上，在采访中有的采取积极配合的心理，有的则消极应付，有的则见机行事。

采访结束后，对采访者来说应以理性的态度总结经验，并注意收集反馈的信息。被访者会对不同的采访内容出现多种复杂的心理。

六、受众心理

受众（Audience）指的是大众传媒的接受者或传播对象，是一个集合性概念。这个概念既突出了接受者所处于"受"的位置，又突出其"众"的特点，具有较强的包容性。而新闻传播中的受众则特指报纸的读者、广播的听众和电视的观众，是读者、听众和观众的集合体。

新闻传播中受众接受新闻信息的原因——动机、接受过程的心理特征以及接受新闻信息后的行为模式都是受众心理研究的范畴。

引发受众接受动机的基本要素是需要，对受众的心理研究也就是从需要开始的。人类一切活动的基础就是满足各种需要，它表现为人对物质、社会和精神方面的需要，对新闻传播中的信息需要就建立在人的三种基本需要的基础之上。新闻传播满足人的物质需要是间接的，它更多的是满足人物质生活中对各种信息的把握。如农民注意农副产品价格，市民会关心衣、食、住、行方面的信息，等等。报纸、广播、电视、网络等大众媒体，既是受众的信源，也可以实现拟态和现实中的人际关系的建立。而在满足受众的精神需要方面，大众媒介本身就成为大众生活中不可或缺的部分，同时媒介传播的内容在一定程度上主要是满足人们的精神需要，也是人们确证自我的对象参照物。

动机是推动人从事某项活动的意图、愿望、理想、信念等，是出自于满足需要的目的，所以它具有激活、指向等功能。随着动机强化行为，使行为成为习惯，因此动机又具有强化功能。动机可分为表层动机和深层动机。相关调查表明，2019 年中国新闻资讯用户规模基本达到 6.2 亿，渗透率达 53.9%。其中新闻获取平台主要是社交媒体、短视频以及其他网络媒体和电视，而移动短视频是网民获取新闻的主要平台。随着媒介形式的变化，网民对新闻资讯的关注从单纯的内容开始向形式等其他方面发展，具体的数据如下

图所示：[1]

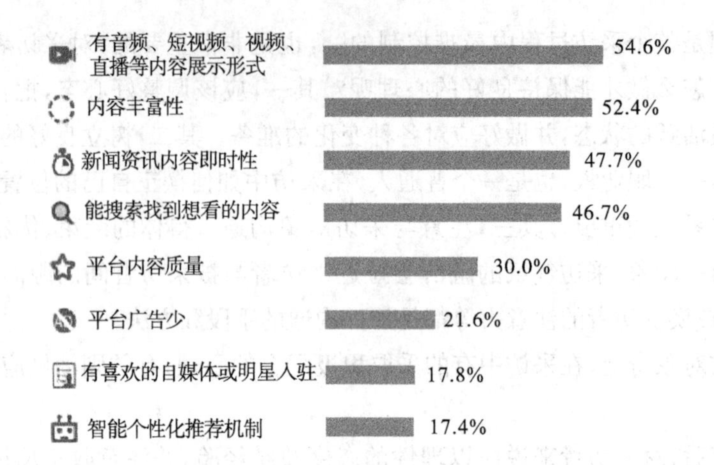

新闻受众关注的新闻要素，其实也从另外一个侧面反映了他们对新闻接受的动机，这其中的媒介形式、媒介内容的丰富性、新闻内容的即时性，等等都是接受的表层动机。深层动机是深藏不露、秘而不宣的倾向和意念，不同的受众其深层动机不一样，有的甚至是潜意识的。

受众对新闻接受的心理过程也包含认识、情感和意志过程。而认识过程中的感觉、注意、理解、记忆和情感过程是最重要的。

对新闻的感知就是受众对新闻传播的感性认识。受众的感知首先是对形式的感知，报纸是以文字符号借用不同的表达方式和特定的文体，并通过各种版式呈现的；广播则以声音、语调和节奏传达信息。其次是对内容的感知，也即对新闻的真实性、新颖性以及对信息量的总体认识。

新闻注意也即对新闻媒介传递信息的追问和集中。而具有定向、期待和个性化特色的有意注意是受众在阅读过程中最重要的心理现象。这是一种自觉、有目的的心理活动。当然，这种注意除受主观支配外，还受新闻的功能性与结构性等客观因素制约。

对新闻的感知和注意是受众了解新闻的开始。理解则是新闻的过滤器，它是人类特有的思维活动，对新闻的理解是受众对新闻作品从形式到内容的识读和阐释，对新闻作品的理解应从以下几方面入手：首先是对形式的把握，它包含媒介因素，也包含符号、结构等形式要素。其次是对新闻作品内容的理解，这里包含对形象、主题、象征等内容要素的理解。再次是对新闻作品的创造性理解，也即以积极的、主动的态度去发现，甚至是隐藏很深的东西，从而充分发现新闻作品的丰富和深刻。

受众在接受过程中对新闻信息的记忆，既强化了受众对生活、社会的认识，也积累了更多的知识与信息。受众在记忆中决不会囫囵吞枣式地全盘吸纳，而是记忆那些有意义

① 资料来源：《极光大数据：新闻资讯行业研究报告》。

的、符合需要的、对己有利的和自己愿意记住的信息。

任何人都有情感，从一般情感到社会、文化情感，人的情感活动丰富多彩。受众的情感活动主要有情感判断和情感理解。情感判断的内容比较单一，形式比较明显，或肯定或否定、或高兴或失落、或愉悦或悲伤，受众情感渗入接受过程中，强化了新闻作品的感染力，也加深了受众对作品的理解。

新闻传播效果是新闻传播的终端，也是传播追求的最终目的。新闻传播效果特指新闻信息不仅为受众所接收，而且对受众产生了影响。但有一个事实，从新闻信息的发出到新闻信息的接收的过程，也是新闻信息量逐步减少的过程。影响传播效果的因素很多，既受传播源、媒介、传播方式等外在因素的影响，也受新闻讯息的内容、形式等内在因素的影响。至于从理论上阐释新闻传播效果，许多学者从大众传播理论的角度作出了许多理论探讨，这里就不再论及。

第四节　新闻传播法制

一、法制与新闻传播法制

法制是统治阶级依照一定的原则把管理国家事务制度化、法律化，它包括法律制度与法律秩序，即制定法律（立法）、执行法律（执法）和遵守法律（守法）。新闻传播法制是一门边缘性学科，是法制在新闻传播中的具体实施。它包括立法机关或其他相关的行政部门制定的有关法律规范，以及由此而形成的法律秩序。新闻传播法制同样包含着立法、执法和守法。立法主要是指具体的法律规范，如与新闻传播相关的法律、法令、条例等；执法是具体的职能部门对违法者的强制性行为；守法是要求新闻传播者必须依法行事，无论是在采访中，还是在新闻传播活动中，都必须守法。

加强新闻传播法制建设首先必须完善新闻传播法律、法规体系，这是加强新闻传播法制的建立的基础。20 世纪七十年代，英国酒业合营公司控告《星期日时代报》以及其他报纸，该公司称报纸报道中提到的该公司被控使用某种化学品，并导致新生儿畸形的文章影响了听证会的决定，法院要求记者出示消息来源遭到了拒绝。《星期日时代报》最终向欧洲人权公约组织提出申诉，并最终赢了这场官司。但这一事件导致 1981 年英国有关法律的修改。

由于法律的不完善，我国各级法院受理的新闻官司也层出不穷，这除反映了大众法律意识增强和中国新闻改革过程中必然碰到的问题外，完善相关的法律体系也是十分必要的。法治兴则国家兴，法治强则国家强。一个国家，什么时候重视法治、法治昌明，什么时候就国泰民安。法治是一个国家发展的重要保障，是治国理政的基本方式，新闻法治作为依法治国战略的重要组成部分，建设具有中国特色的社会主义的新闻法治体系也是势在必行的。

新闻传播业者应知法、懂法、用法。1987年6月英国大选前夕,《世界新闻报》在头版头条刊出一条爆炸性新闻:保守党副主席杰弗里·阿切尔为了避免丑闻,资助一个名叫莫妮卡·科格伦的妓女暂避国外。消息刊发当天,阿切尔宣布辞去保守党副主席职务。1987年大选后,阿切尔向法院起诉了影响更为恶劣的《明星报》,经过几十天的法庭辩论,真相大白于天下,这是人为制造的桃色新闻,法院判决《明星报》诽谤罪成立。

孙兴权、蔡原江受贿、行贿案就是中国新闻界违法犯罪的典型案例。孙兴权原为《科技日报》记者,蔡原江原为中央人民广播电台记者,他俩在沈太福非法集资案中先后接受"好处费""信息费"等各种名目费用数万元,他们则利用自已的关系在各大媒体上为长城公司"集资"造势,利用大众对媒体的公信度为非法集资推波助澜,并造成严重的后果。

要处理好舆论监督与法制的关系。"舆论"是公众的意见或群众的言论,英文的"public opinion"(公众意见)也与我们所说的"舆论"同义。一方面,新闻舆论以新闻媒介为载体,传播舆论、形成社会舆论。新闻舆论传达的是公众的观点,公众是新闻舆论的主体。另一方面,新闻舆论关注的是新近发生的事件,具有及时性和选择性的特点。因此,新闻舆论具有反映、表达、组织和引导的功能。这也为舆论监督提供了保证,新闻舆论监督也是其功能最集中的反映。

舆论监督是对偏离、违背社会正常运行规则依法进行的批评,它判定的标准、方法都要依据一定的法律、法规。所以,舆论监督和法制的关系十分密切。

二、媒体运行的法律框架及规范内容

在西方,由于法系不同、新闻法制的法律框架不一样,所以法律内容也各不相同。美、英属于海洋法系,他们没有专门的新闻法律、法规,他们对新闻的管理都采用"直接保障式"。美国宪法第一修正案明确规定,国会不得制定有关压制言论出版自由的各项法律,所以美国没有出版法、新闻法这些涉及言论自由的单项法律。但这并不意味着可以滥用自由而不受法律限制。在美国,无论是联邦法律,还是州法律,都有条款涉及对新闻传播内容的限制,如《反猥亵法》(1842)、《间谍法》(1917)、《国内安全法》(1950)等法律。另外,美国法律实行判例法制度,也即每一个早期法院的"判例"都会成为后期法律判决的法律依据,判例也成为另一种形式的法律。

在媒体运行中,美国涉及的法律规范内容有:惩罚"明显而现实危险"的言行、诽谤、猥亵言论,保护新闻来源、批评政府官员,同时还涉及保持审判公正以及保守国家秘密的有关规定。

英国没有专门的新闻法,但有国会制定的成文法,如《大宪章》《权利请求法案》等;还有各种专门的法律,如《安妮女王法》《淫秽出版物法》《诽谤法》等,欧洲人权公约以及各种判例也都是媒介运行的法律框架。其法律框架下涉及与媒体运行有关的法律规范有:保护名誉、信心、国家机密、知识产权;惩罚宣扬诲淫、亵渎宗教、道德败坏,以及妨碍正义实施的行为。

法国、德国是大陆法系国家，他们在承认言论、出版自由的同时，也制定特别法律以保障言论自由。

法国的新闻、出版法体系较为完善，1881 年 7 月 29 日颁布了专门的《出版自由法》，该法规定印刷品或报纸及定期出版物应当实行报告制，同时还规定了出版物禁载及处罚事项。此外，法国还制定了一系列有关出版、新闻的法律。

德国的新闻法制是以宪法为依据，德国各州的新闻法也对报刊的法律地位作了规定。德国新闻法制所规定的内容涉及：保护信息的多元、开放，保护信息来源及编辑部的秘密，以及隐性采访权；并对个人名誉、人格、国家秘密、公正审判等方面对新闻采访报道作出了法律上的限制。

中华人民共和国成立后，曾于 1954、1975、1978 年和 1982 年 12 月 4 日通过四个宪法，现行宪法为 1982 年宪法，并历经 1988、1993、1999、2004、2018 年五次修订。每次修改和修订中对于“中华人民共和国公民有言论、出版、集会、结社、游行、示威的自由”都被明确确认。根据宪法精神，我国陆续颁布了许多有关新闻、出版的专门法律。同时，民法通则、刑法、保密法、未成年人保护法等许多法律条文中也有涉及有关新闻、出版方面的条款。其法规涉及的主要范围：①媒介实行登记制；②行政主管部门依法对新闻单位日常工作进行管理，并就媒体禁载的内容作了详细规定；③其他政府主要部门对新闻经营进行法律和行政监督。

尽管中、西方有关新闻法制的内容有一定的区别，西方不同法系、不同国家新闻法制的内容也不一致，但总体趋势是保护媒体权力与新闻自由，同时又防止滥用这种权力与自由是基本一致的，这也是立法的基础和宗旨。

三、新闻自由及媒体的权利

1. 出版权利

美国出版物出版不用审批，内容不受检查，但对出版以后违反法律则应承担责任，这被称为“追惩制”。

2. 言论自由

英国主张在不损害他人利益的前提下，人们想说什么就说什么。尽管《英国数据保护法》禁止为某一目的收集被用于其他用途，但认为新闻调查是一种重要的特殊用途，因而是一种例外。

3. 保守新闻来源及编辑部的秘密

美国新闻界普遍认为，记者应该有对消息来源保密的权利，但并没有得到法律界的认同。德国在刑事诉讼法中明确规定，新闻从业者有权拒绝披露新闻信息的来源，同时禁止查扣编辑部的材料，以此保障编辑部的秘密。

此外，西方国家对新闻中的批评性报道以及保障新闻信息的畅通方面都有相关的法律或判例，给予保护。当然，西方及中国对新闻自由和新闻从业者的权利的法律规定还有许多,限于本书的特点,就不再详述。

四、对新闻自由与权力的法律限定

由于滥用新闻自由和权利,或因利益双方对法律理解差异等原因,新闻官司在各国新闻界都不断发生,仅诽谤罪一项,每年美国联邦及地方法院审判或宣判的案件常常高逾千件,而庭外和解的更是不计其数。所以研究新闻侵权现象,并利用好相关的法律保护自身的利益,是新闻法制研究的重要内容。

1. 隐私权

18 世纪以前,社会生活比个人生活重要,个人被视为放大的存在,隐私权也从台后被推向了台前。从社会发展的角度,尊重个人、尊重私人生活和保护个人信息的权利是社会民主进步的体现。从法律的角度提出隐私权的问题是对个人的一种保护,但人的社会属性又会使得人的许多隐私变成公众关注的对象,保护隐私与侵害个人隐私在社会舞台上表现出某种冲突,而新闻自由加剧了这种冲突,因为新闻报道越客观、真实、准确,其造成的侵权就可能越严重。"一般而言,法律采取一种黑白分明的方法"①也就是说法律是精确的,而且是封闭的。但法律在面对形形色色的社会事实时,这种精确、封闭却难以完全解释的清楚,这也给相关的法律解释和实践留下了空间,也为法律边缘空间存在的基础。这就需要我们在实际工作中把握好一定的度。

"隐私权"的概念最先是由美国波士顿的两个律师(1890 年)以论文的形式提出来的,13 年后纽约州制定了美国第一个隐私权法案,但其保护的范围十分狭隘。在现行的美国法律中,隐私权保护的范围大致有四个方面。一是,为商业利益使用他人姓名或肖像。二是,侵入私人的财产、土地,干扰私人幽居的宁静。三是,公布私人资料使人受到困窘。四是,报道错误扭曲当事人的形象。

我国宪法明确规定个人的隐私权受保护,"个人有按照自己的意愿保留自己的与社会公共生活无关的私生活秘密的权利"。

2. 诽谤

在不同的国家诽谤罪的构成要件也不一样。在美国,诽谤分为文字诽谤与口头诽谤。诽谤罪成立的要件有:所发布的言论必须确实伤害一个人的名誉。原告必须证明所发布的言论确指的是他,也就是说,至少要有人能指认所发布的诽谤性言论,指的是原告。诽谤性的言论必须已经刊出或播出,所谓刊出与播出是指第三者已经看到或听到。所发布的言论并非完全真实,而原告必须证明新闻界所发布的错误言论,是由于疏忽或具有实际恶意。

1964 年以前,美国在法律上规定了新闻报道免除责任,1964 年以后,通过几个判例为新闻界提供了更为有力的法律保护。

---

① 陈雅凌:《创设正义的社会秩序》,《人民法院报》,2013(8)。

英国构成诽谤罪的成立，原告只需证明：被告有关言论损害了原告名誉。有些言论是针对原告的。这些言论被发表了。

而政府和组织不能以诽谤罪起诉媒体。

1979 年中国颁布的《刑法》中明确禁止捏造事实诽谤他人。1986 年通过的《民法通则》规定，禁止以诽谤和侮辱损害他人名誉。

3. 公正审判权

言论自由与公正审判都是公民的基本权利，但这两种权利经常发生冲突。为了防止媒体报道影响公正审判，法律就必须维护这种公正。

美国对言论与公正审判之间的关系大致有两种论点：一派认为，新闻报道会影响公正审判；另一派则认为，通过新闻监督有利于保证公正审判。1966 年，美国最高法院的判例中，采取了五项保护措施，以防止新闻媒体影响公正审判，但 1976 年的判例对 1966 年的判例作了修改，美国最高法院认为，只有在极不寻常的情况下，才能发出保护性命令。

英国人普遍认为媒体对法庭审理过程的报道，有助于提高审判的公正性及透明度，但为了防止对公平审判的妨碍，英国的一些法规规定：记者不可与审判员交谈，不可泄露证人、协同犯，以及强奸案受害人的姓名，必须保守有关行业的秘密，不能以偏向的态度进行报道。

在中国，《中华人民共和国宪法》（2018 年五次修订）第一百三十一条规定："人民法院依照法律规定独立行使审判权，不受行政机关、社会团体和个人的干涉。"这就从根本上保证了司法的独立。另外，司法公正性如何，关系到国家的法制建设是否完善，也关系到国家的稳定与否。因此，新闻监督对于法律的完善、对于司法公正，是有一定的促进作用的。1998 年 7 月 11 日，中央电视台向全国直播北京市第一中级人民法院一起知识产权案的庭审，电视直播法庭庭审在中国还是第一次。有人认为，现代化传媒把法院的审判置于整个社会的监督之下，有利于法院的公正审判。此后，中国各级媒体有关法制类的栏目和报道竞相出现，尽管有些报道或栏目还存有猎奇心态，重视宣扬法律的惩戒，而忽视其保护功能，在报道方式上也存在这样那样的问题，但这是其走向新闻监督的开拓性工作，其意义是不可忽视的。

随着我国改革开放的深化，新闻事业会被注入更多新的观念，一个民主法制的社会带来的不仅是新闻法制的完善，而且会给我们带来更为自由的新闻。

第九章 新闻传播与文化理论互动

第一节　新闻传播与文化理论

一、新闻传播与文化理论的关系

从某种意义上来看，比较新闻传播是寻找不同地区、不同国家、不同文化之间的新闻传播现象之间和事实联系的逻辑关系。这种逻辑关系不仅建立在事实联系的基础上，而且表现为理论与事实之间的互动。

从文化理论层面透视跨文化间的新闻传播的逻辑联系，是新闻传播研究实践的必然，而作为学术研究的一种取向，对不同文化中的新闻传播现象的研究也只有透过文化理论的后设语言介入，才不至于沦为繁琐的史料追述(即狭义的影响研究)，也不至于成为新闻传播现象的肤浅比附(即狭义的平行研究)。真正的学术研究关注的不是死板的事实，而是其内在的价值。文化理论为寻找比较新闻传播中各新闻事实和现象提供了方法论基础和研究范式，而新闻传播事业的发展、新闻传播观念的变革，也会促进文化理论的变革。

新闻传播与理论的互动也是比较新闻学科发展的必然。早期的新闻传播研究往往唯我独尊。影响研究梳理的是各国新闻传播的“宗族”关系，追求的是一定范围内的整合;平行研究、跨学科研究，寻求的是新闻传播的某种共性，重新整合学科秩序;理论研究，或者是以理论为后设的研究追求深藏不露的共相。追求共性是比较研究追求的一个主体目标，以文化理论来诠释新闻传播正顺应了这种发展趋向。

将比较的维度延伸到理论层面，并不意味着这种互动关系只涉及纯粹的理论问题，我们所要建立的是新闻传播与理论在多个层面上的互动，也即对不同地区、不同文化中的新闻传播现象作出不同的理论阐释，并在多重阐释中激发人们对新闻传播的内在价值的认识。“所有的心智活动，不论在创作上或是在学理的推演上以及其最终的决定和判断，都有意无意地必以模子为起点”。[①]理论与新闻传播的互动正好打破了这种单一的“模子”起点。

二、阐发与阐发研究

阐发的出现与20世纪中西文化交流和碰撞有十分密切的关系。近代中国的落伍不仅表现在政治、经济、军事上，而且表现在文化上。伴随着西方列强的军事侵略、经济掠夺，文化也失去了抵抗能力。最先从沉睡中惊醒的知识精英便借助于西方的思想，从理论上批判性地重新理解自身的传统。“作为一种理论思想武器，进化论影响了中国几代知识分子”。[②]以西方的价值、观念批判、阐释中国文化成为一种时尚。然而这种学术的批判运动后因战争和政治原因而一度中断。20世纪八十年代新理论、新方法被大量引起，为中国知识分子识读中国文化又一次提供了“利器”。但随着对西方理论本质的认识越来越深刻以及对相关理论的反思越加深刻，加上对中国理论话语的“失语症”的焦虑，“于是不得不借助于外来的，生成他文化系统的理论方法来分析和处理本土文化系统中过去曾有和现实发生的文学现象，亦即需要借助于他者（The Other）的思想话语去阐明、照亮自己的文化和文化文本的意义。这也就是普遍意义上的阐发研究”。[③]

有学者将阐发称为“阐释”，有阐明、解释的意思。阐发是中西比较文学实践的产物，也被广泛运用于文化批评中。比较新闻传播中的阐发意义表现在：有意识地运用西方文化理论，对新闻传播中的作品、传播过程、效果等诸方面作跨文化的研究，以此可以在多重文化视野下对新闻传播作更广泛、更深刻的理论考察。积累相应的批评实践，以便在更弘阔的理论背景下作理论的概括和阐释。

阐发研究是中国学者在比较文学、比较文化学中的重大理论贡献，是对传统的研究范式的有力挑战与超越。

当然，阐发研究也存在一些问题。首先，阐发研究是在平行研究基础上衍生和发展出来的，仍属平行研究的范畴，仍然处于理论演绎和零散研究的状态，很难在实践中以系统的、科学化的方法将理论与实践很好地结合起来。其次，缺少对理论的质疑和反思，也缺乏更多的理论补充，更不要说理论创新了。其理论存在的合理性也有待进一步完善。但是，随着各种文学、文化理论逐渐完善，加上在超时空中的策略选择，阐发研究定会凸显其强大的理论优势。

三、新的文化语境与新闻传播的阐发研究

20世纪八十年代中国的新闻研究和其他文化研究受到了各种思潮的侵袭。传播学

① 温儒敏：《中西比较文学论集》，14～15页，北京大学出版社，1988年。

② 张启明：《启蒙与革命》，68页，学林出版社，1998。

③ 乐黛云等：《比较文学原理新编》，155页，北京大学出版社，1998。

以其独特的学科优势和非同凡响的适应性，逐步成为中国人文学科中的"显学"。传播学的理论，如一般性理论、主题性理论、层面性理论；传播学研究的方法，如定量方法和定性方法，观察、解释和批评的方法等都成为许多研究者采用的方法。新闻学的研究也在这种理论背景下悄然发生了变化。原先新闻学只着眼于应用，现在人们开始转而探讨新闻传播的基本规律和本质。运用传播理论、方法来解读新闻现象和新闻文本已成为理论界的共识。另外，媒介批评作为传播学的一个分支，在20世纪九十年代也进入了我们的学术视野。媒介批评在西方的出现是20世纪七十年代的事，西方许多大报都设立了媒介和媒介批评专栏。媒介批评就是对大众传播媒介的批评，是对媒介自身作用及媒介产品的理性思考。我们可以从学术的角度对什么是媒介批评作一个较完整的概括，即媒介批评是以传播学理论为基础，按照一定社会和阶级的利益和理想，根据一定的批评标准，对大众传播媒介及其产品——大众文化的是非、善恶、美丑等问题所作的价值判断和理论鉴别。[①]媒介批评的对象是大众传媒，其目的是对评论对象作出价值判断和理论鉴别。

除传播理论、媒介批评外，西方的其他文化理论的引进，也为新闻的研究提供更多的后设话语。尽管许多理论与传播学中的具体理论，以及媒介批评理论有交叉、重叠的成分，但独立的理论更具有理论穿透力和概括力。如符号学吸收了形式主义、表现主义的合理成分，并予以综合，将现代西方文化理论推向了一个新阶段。符号学表明符号是由什么构成，符号受什么规律支配，并且符号学以其广泛的适应性，而受到许多研究者的注意。结构主义源于现代语言学，"结构主义的目的和意图首先并不是政治性的。结构主义具有革命性，是因为它只能当成一种独立的理论来接受"。[②]

新的文化语境，必然会对新闻传播研究产生极大的冲击和挑战，而新闻传播研究也在这种挑战下发生了变化和革命。无论是新闻传播研究规划，还是学术期刊对论文的刊发，都在适应着这种语境。我们的研究者都在自觉与不自觉中从各种理论中汲取着营养、摄取其方法，使得新闻传播研究显现出前所未有的繁荣和多元。但对理论的整体梳理，对如何进行理论创新，以及如何将理论与中国的批评话语实际结合起来等一系列重大理论问题缺乏相应的研究，这样也就很难形成相应的学术理论，更难以产生国际性的影响。所以，新闻传播批评的理论建设是最迫切需要解决的问题。

四、比较新闻的新范式

新闻传播研究的对象、范畴的确立是整个学科研究的逻辑出发点。它既决定了学科研究的域，也决定了学科整体的理论取向。宁树藩先生依照学科研究对象将新闻(传播)学分为两类：一是以新闻(传播)为研究对象的本来意义上的新闻学；一是以报纸等新闻

① 雷跃捷：《新闻理论》，266～267页，北京广播学院出版社，1997。

② 杰弗森等：《西方现代文学理论概括与比较》，92页，湖南文艺出版社，1986。

媒介活动为研究对象的广义新闻学。[1] 前者研究新闻、新闻传播以及新闻传播与社会的各种关系；后者不仅包括新闻，而且涉及言论、副刊、广告和报业管理等方面的研究。前者是核心、是本质。有鉴于本书的研究取向，我们只研究前者。

批评、阐发是对象化的过程，无对象的批评只会是无病呻吟，无对象阐发就无法开展。所以，对新闻传播的批评和阐发就是以新闻传播、新闻传播现象以及新闻传播与社会、文化方面的关系为对象的。

批语阐发是理论的过程，也即批评必须借助于各种理论。新闻传播作为一种社会文化现象，在批评、阐发中除利用新闻传播理论外，还要用经济、文化、社会、心理等方面的理论来阐释新闻传播与社会的关系，而新闻作为信息、符号和可以释读的文本，可以借用西方的文化理论作为更加有力的理论武器。具体来说，对新闻传播现象的微观研究包括对新闻传播的起源、发展的研究，对新闻信息、符号的研究，以及对新闻文本的研究，而与之相适应的理论有原型批评、符号学、结构主义和叙事学。如下图。

新闻传播（微观）
- 起源、发展——原型批评
- 信息、符号——符号学
- 新闻文本——结构主义、叙事学

新闻传播过程是传、收双方获取新闻信息的过程，其中还包括其他要素，如新闻媒介、新闻传播方式、新闻传播效果等。新闻传播实际是传播学的分支，许多传播学理论都适合于对新闻传播的批评和阐发。这应该属于新闻传播的中观研究，也是对新闻传播研究的向外的进一步拓展。

新闻传播与社会政治、经济、文化之间的关系，建立在宏观的层面上，其关注的主要内容有新闻传播与社会、新闻传播与文化、新闻传播与技术、新闻传播与意识形态，以及新闻传播在国际传播中的秩序问题。这些必然涉及社会学、经济学、文化学等诸理论形态，从具体阐发和批评的学理角度看如下图。

新闻传播（宏观）
- 新闻传播/社会——政治学、经济学以及社会学
- 新闻传播/文化——批判理论、文化理论（大众文化、女性主义）
- 新闻传播/国际传播——媒介帝国主义

从三个层面的划分看理论与研究对象间的对应关系，未免有些武断。因为有的理论既可以用作宏观的整体研究，也可以用作微观的细节研究。正是基于这样的考虑，我们的研究才立足于微观研究，即用结构主义、符号学和叙事理论研究新闻文本，在结构整本上充分利用传播学的理论和方法，而新闻传播的外涉理论研究主要选择了几种有代表性的，如女性主义、后现代文化理论与新闻传播的关系。

[1] 黄旦：《新闻传播学·序》，1页，浙江大学出版社，1997年。

第二节　结构主义与新闻阐发

一、结构、结构主义

19世纪以前的社会科学特别注重现象的历史研究，而结构主义不再关注现象的外缘关系，也不满足于对现象的历史追溯。一方面，结构主义主张研究系统内的结构，结构主义是反历史的。另一方面，结构主义也是在经验反思的基础上建立起来的。经验主义仅承认现存的、可以确证的事实，对由推论而延伸出的普遍知识持怀疑的态度，而结构主义则从现象入手，推衍其内在的关联性。

俄国形式主义最关心的是文学的结构。文学研究的是“怎样”，而不是“什么”的问题，这也是文学最本质化的特征。他们研究的目的是建立所谓的“文学性”。结构主义对“结构”的关注受到形式主义的影响，不仅如此，普洛普、格雷马斯、托多洛夫的叙事研究也成为结构主义者效仿的对象。我们现在往往也将他们视为结构主义的前驱。

在近代社会科学中，语言学给结构主义的启示最多。结构主义将社会文化现象视作像语言一样的符号。因此，他们借用语言符号形式来研究社会文化现象，并研究社会文化与符号之间的关系，以及由此而产生的意义。

在借鉴和吸收语言学研究成果的同时，罗兰·巴尔特和列维—斯特劳斯进一步发展了结构主义理论。拉康和福柯却在另外的层面上丰富着结构主义，使得结构主义成为具有世界性影响的理论。

结构主义是在批判、继承的基础上形成的，所以其内涵的丰富性、理论的复杂性是可以想见的。为了更深入地探究其理论内涵，我们必须了解其基本范畴——结构和结构主义。

“结构”是一个多义的概念。有人认为结构是一个世界、一个系统、一个整体，有人则认为结构是一种关系的组合。结构主义的理论大家列维—斯特劳斯把菊花化石拟作“结构”，并归纳出如下特征：其一，结构是一个整体，而且是一个完整的整体；其二，结构具有相对的稳定性；其三，结构是一种抽象的实在，它需要理性的发现。[①]皮亚杰则认为结构包含三个特性：整体性、转换性和自身调整性。[②]所以说，结构是各种关系的总和，具有相对稳定的调适功能，可以在推理中发现其结构性。

结构主义不同于存在主义或现象学派，它包含的内容十分庞杂，范围也十分广泛，所以很难给它下一个确切的定义，但就其特征来看有以下几点。

---

① 程代熙：《结构主义漫评》，选自《美学文艺学方法论续集》，300页，文化艺术出版社，1987。

② [瑞士]皮亚杰：《结构主义》，2～3页，商务印书馆，1988。

第一，结构主义是“一种理论的和哲学的架构，它作为整体与社会科学有关”。[①]索绪尔将语言作为他的研究对象，列维—斯特劳斯建立了结构人类学理论，拉康将结构主义运用于心理分析，巴尔特将结构主义运用于文学批评，福柯则站在哲学的高度来讨论“话语”的“权力”。

第二，“它就各种结构普遍的、因果的特点提出了各种总体主张。”[②]索绪尔提出语言的结构模式，强调研究语言的共时性结构比研究历时性结构更重要，同时对语言和言语作了区分。列维—斯特劳斯运用结构主义方法研究南美印第安人的生活习惯和文化，解释其亲属制度、图腾制度和神话故事。巴尔特除探讨悲剧问题外，还创立了结构主义叙事学。

第三，结构主义的特点是“并非单纯地专注于结构，而是专注于这样一些结构：可以认为它们构成了被观察的现象的基础，并产生了这些现象……专注于深层结构而非表现结构……与思想的基本特征有关”。[③]列维—斯特劳斯在讨论神话结构时就是从深层结构入手的，并且认为这种结构表现的是人的下意识心理结构。巴尔特在《零度写作》中认为，一切写作都是意识形态的，符号、结构、风格也必然与意识形态有关。

结构主义作为一场运动、一种理论、一种哲学，涉及社会文化的众多领域。结构主义者将社会文化视作符号，正如同语言学中的符号一样，所以结构主义将符号学作为结构主义的基础；社会文化也是叙事性的。普洛普、艾伦、邓迪斯注意研究神话和民间故事的“叙事结构”。格雷马斯等在借鉴前人方法的同时，不仅将研究的重点扩展到哲学、宗教、法律等领域，而且将研究重心也转向表述形式的符号。为此，他试图建构一套叙事语法。所以说，符号学和叙事学作为结构主义研究的方法（其实也是结构主义的一部分），有其独特的意义。新闻传播中的符号与叙事研究也是有十分广阔前景的研究领域。

二、符号学与新闻阐释

结构主义是从语言符号系统引申开的。索绪尔则是语言符号的缔造者。他认为：“任何语言符号都由两个因素结合而成：音像和概念。音像是能指，概念是所指。”[④]符号是两者的结合体。整个文化都和语言一样是由符号构成的，新闻也不例外。报纸、广播、电视等媒体中的新闻本身以符号为载体，其符号特征毋庸置疑。电视新闻的主要符号是什么呢？是镜头。镜头是由不同技巧和不同距离摄制而成的画面。它既有一个可感知的形式，又有独立的意义，这同语言符号一样。伯格就镜头所指与所指的关系作了总结，如果将这种意义和画面本身的意义结合起来，就会成为电视新闻符号的意义。

---

① ［英］斯特里纳蒂：《通俗文化导论》，89页，商务印书馆，2001。

② ［英］斯特里纳蒂：《通俗文化导论》，89页，商务印书馆，2001。

③ ［英］斯特里纳蒂：《通俗文化导论》，89页，商务印书馆，2001。

④ ［英］安纳·杰弗森等：《西方现代文学理论概述与比较》，33页，湖南文艺出版社，1996。

由于符号和它所表示的对象关系千差万别,所以符号中能指和所指关系也表现出多样性,其符号类型也多种多样。具体来说,符号有图像符号、标志符号和象征符号。在新闻中这三种符号不是相互排斥的,而是互融的,因为新闻符号中的语境比语言符号中的语境更能影响符号的意义。

从符号学的角度看,每个单独的符号只有在系统的结构中,其意义才能显示出来,而且这种关系在两个向度中尤为重要:一个是符号的横向组合关系,另一个是符号纵向组合关系。

横向组合关系表示符号先后的线型关系。2016 年 4 月 14 日中央电视台播出了调查新闻《精准扶贫:让产业回家 留住妈妈》,关于广西壮族自治区百色市凌云县环境介绍,首先播出三组关于凌云县地理环境的画面,然后是对该县领导的相关采访,随着镜头转向凌云县蔬菜生产基地以及对相关负责人的采访,现场采访指向该县特色产业的发展……画面和画面之间,语言与语言之间以及语言与画面之间都呈现出线型的这种关系,也就是横向组合关系。

纵向聚合关系是寻找与各符号相关,但并未出现的符号,也就是一组可以彼此替换的类似符号。第三十一届中国新闻奖获奖作品《金银潭实拍 80 天》,开头就是运用了这样几个镜头:

镜头一:记录感染新冠肺炎后住院死亡人信息的表格;

镜头二:有着"病危"二字的提示灯在不断闪烁,后面标注有 1,2,4,5,7……一串数字;

镜头三:一个躺在病床上留着短发、插着氧气管的病人……。

其实这三个镜头,是一种聚合关系,就是在每一个镜头出现的时候,在医院的这个空间,以及医院其他地方也同时发生着其他事情,只是并没有出现在画面中。用这些富有冲击力的画面来表现当时金银潭医院境况的紧急。

符号的横向组合和纵向聚合关系,既可以运用于符号与符号间,也可以运用于结构与结构、文本与文本间,因为结构、文本可以被视为更大的符号。

符号的意义是指符号在一种文化中如何起到作用,以及如何产生意义。具体来说,表现在两个层面,即直接意指和含蓄意指。

直接意指是"初级"层面上的能指与所指关系,这是一个近乎客观的层面。对于一个词来说是表面的、字面的意义,如"street"就是指一条建筑物之间的线状的城市中的路。含蓄意指在一定的意指文化下,符号能使人产生联想、解释或判断。含蓄意指既是主观的,又是集体性的。含蓄意指可存在于一个词语、一幅画面、一个物体背后的语境或者背景中。

我们现在列举一个例子来说明符号的双重意指是如何实现的。2001 年 6 月 17 日,中央电视台《晚间新闻报道》播发了南非举行反种族隔离纪念大会,共有 10 组镜头:

镜头一:大批示威游行的学生(远景);

镜头二:姆贝基总统带领学生游行(中景);

镜头三:游行的人群(远景);

镜头四:25年前警察用武器对付手无寸铁的群众(远景);

镜头五:一个人抱着彼得森的尸体(远景);

镜头六:许多黑人惨死街头(远景);

镜头七:姆贝基给彼得森纪念碑献花圈(中景);

镜头八:姆贝基讲话(特写);

镜头九:黑人社区状况(远景);

第头十:骨瘦如柴的黑人(远景)。

早在1976年6月16日,南非一个小镇爆发了反种族隔离的集会,结果遭到了警察的野蛮镇压,一千多人被杀害,而彼得森是第一个为争取平等权利而献身的13岁少年。新闻报道中用不同镜头(符号)组合,再现了历史和现实。其中有关彼得森尸体的镜头是直接意指,其意义不外乎再现了一个父亲为失去儿子而悲伤,或者是一个哥哥为失去弟弟而愤怒……但放在种族隔离的历史语境下,其含蓄意指就很自然会让人们联想到彼得森既是残酷政治的牺牲品,也是争取平等权利的英雄,更是南非一段黑暗历史的见证人,终使他成为民族精神的象征。

我们再看一下整个新闻文本的含义。新闻直接呈现的是1976年前南非曾发生的悲惨事件以及之后南非的现实。其含蓄意指则表明:种族隔离给南非人民带来了无尽的灾难,尽管种族主义制度已经消亡,但种族主义给南非人民带来的不幸并没有消除,南非现在仍然有许多黑人生活在不幸和贫困中。南非黑人虽然用鲜血、生命换来了政治平等权利,但经济平等还要靠他们的不懈努力才能获得。

此外,符号的意义会因说话人、语境、“声音”或语调的不同而不同。如“抱歉”,可以隐含着“抱歉,打扰你了”,含有歉意,也可以是“抱歉,没人告诉我这件事”,就含有挑衅的意味。如果再加上符号自身的主观色彩和意识形态的意味,符号的意义就会更加复杂。

三、叙事学与新闻阐释

“叙事即故事,而故事讲述的是人、动物、宇宙空间异类生命、昆虫等身上发生或正在发生的事情。”[1]故事是人类表情达意最通用的方法。有人说,人类就是讲故事的动物。从神话传说、侦探小说,到电影、电视剧……“电视是绝妙的叙事媒体。可以把电视晚间新闻看作(是)叙事”。[2]其他新闻毫无例外也可以视为叙事。

由于叙事存在的广泛性,它也引起了人们的深切关注,众多的理论家都研究各种叙事性的文本,并将其作为研究和了解人类生活的重要模式。

---

① [美]伯格:《通俗文化、媒介和日常生活中的叙事》,5页,南京大学出版社,2000。

② [美]伯格:《通俗文化、媒介和日常生活中的叙事》,5页,南京大学出版社,2000。

叙事是人们将各种经验组成有现实意义的事件的基本方式,既是一种推理模式,也是一种表达模式。人们既可以通过叙事"理解"世界,也可以通过叙事"讲述"世界。按照杰罗姆·布鲁内(1986)的观点,叙事、推理是两个基本的、普遍的人类认知模式之一,另一个是逻辑—科学模式。逻辑—科学模式寻求普遍真实性条件,而叙事模式寻求事件之间的特殊联系。叙事模式中的解释包含在上下文之中,而逻辑—科学解释则是自时间与空间事件中推断而来。两种模式都是形成意义的"理性"方式。[1]

叙事表达了事件之间的联系,人们也可以通过推理来理解它。叙事成了表达和理解的中介,在世界和人之间找到了永远的安身之所。

1. 叙事在传媒中的地位

丹特指出:"电视新闻报道的理念是由古老的'说故事'演变而来(的)。它倾向于叙事结构,有主角、配角搭配;有启幕、中场、结尾戏剧化的转折,熟悉的情节,相关顺序及英雄事迹。"[2]其他新闻也是如此,每则新闻都有人物、情节、结构,而且都在一定的时间和空间里完成。如果我们把叙事放到更大的语境中,它又处于什么位置呢?

叙事文本是由人创作的,无论是集体性的成果还是个体成果,文本都是人创造的产物;叙事文本是为特定类型的受众创作的,并且要通过一定的媒介,如报纸、广播、电视、网络等传播给受众,必然发生在一定的社会里。所以,作者、受众、媒介、文本都必然和世界发生着这样或那样的联系。只是,这种联系有的是直接发生的,有的是间接发生的,而文本则处于中心地位。不仅如此,它们之间还处于一种互动的关系中。我们可以借用图例来表示如下:

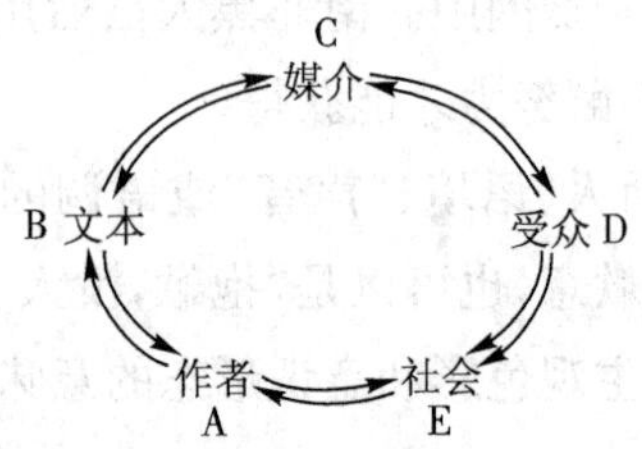

文本正是借助于叙事的力量,将创作者对世界的认识,通过媒介传达给受众。

叙事文本在新闻传播中具有如此独特的地位和非凡的影响,那么,如何对其进行研究呢?

我们首先面对的是难以计数的叙事文本,这是最基本的研究对象,然后对叙事样本进行归类,确立文本的分类体系。这两者都离不开叙事理论的指导。具体到新闻文本上,其等级序列是:具体的新闻文本→分类体系(如报纸新闻、广播新闻、电视新闻、网络新闻,当然每种还可以再细分类)→叙事理论。这种序列不仅表现为一种序列关系,也表现出梯形的等级关系,如图所示:

---

① [美]伯格:《通俗文化、媒介和日常生活中的叙事》,11页,南京大学出版社,2000。

② 梁欣如:《电视新闻神话解读》,22页,台湾三民书局,1993。

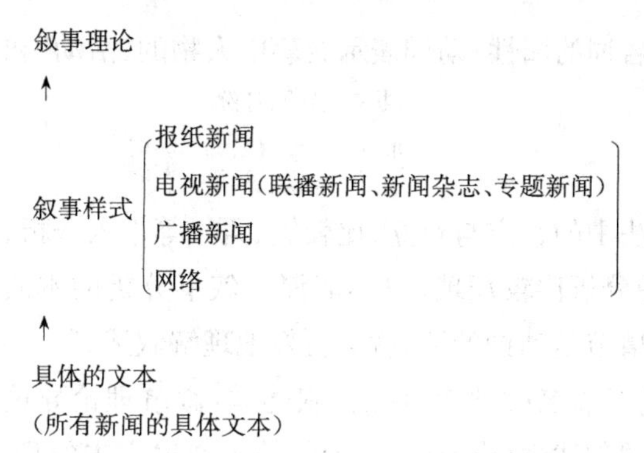

限于我们的研究视野,我们在这里更多的是研究叙事理论,以及对新闻叙事研究有指导意义的具体方法。

2. 叙事理论

有人将叙事理论的创立追溯到亚里士多德是有一定道理的,因为他的《诗学》成为许多西方诗学理论的源头。但真正算得上叙事理论先驱的还是普洛普和托多洛夫。

普洛普以研究民间故事而著称,他在分析了一百多个民间故事的基础上,试图建立一个具体的文本结构规则。他首先确立功能作为叙事体的基本单位。所谓功能,"既指人物的动作也指这些动作对故事造成的结果"。[①]他断言童话一共有31种功能。其功能大致如下:

(1)故事的背景:重要人员失踪或死亡,或歹徒出现,或发生欺诈、愚蠢、叛节的事。

(2)英雄角色或探求者离乡背井,踏上探索的旅程,接受连串的试验;有时受到巫士或精怪的指点,圆满完成任务,寻到所寻物体。

(3)英雄踏上归程,荣归家乡。

(4)有假英雄出现,向英雄挑战,反被英雄击败,假英雄露出真面目;最后,英雄或与美女结婚,或得到物质的馈赠。

普洛普认为,功能是从一种合乎逻辑地向另一种发展,并且各种功能成对或成组出现。

他设定的功能有限,人物也很有限,共有坏人、善者、协助者、公主(及父亲)、协调者、英雄、假英雄。这些人物与功能之间存在各自不同的"行动圈"。

普洛普的分析有助于我们去发现在叙事的故事中的结构——各种功能关系,以及不同人物的角色。

托多洛夫在《叙事语法》中分析了《十日谈》中的四篇故事。他十分严格地运用语言学的分类,首先将叙事分成语义(通常所指内容)、语汇(叙事故事的语言)、句法(事件之间的联系)。在叙事句法中,基本结构单位是句子,它由主语+谓语构成。主、谓语又由不同词性的词构成。托多洛夫将词分成专有名词、形容词和动词,形容词可以在状态、特

① [美]伯格:《通俗文化、媒介和日常生活中的叙事》,27页,南京大学出版社,2000。

质、身份上说明专有名词的属性；动词表示故事中人物的“活动”和“行为”。

（状态、特质、身份）

形容词＋专有名词＋动词

主谓　　谓语

另外，他还将语法中的否定与对立、比较级、语气等带入分析。

托多洛夫的这种分析比较烦琐，也不能深入叙事分析的本质，但他认为：“如果一个人懂得人物是名词、情节是动词的话，就会更好地理解叙述。”[①]

米克·巴尔是荷兰著名的学者，他的《叙述学：叙事理论导论》是系统阐释叙述学及其相关概念的著作。“叙述学(narratologg)是关于叙述文本的理论。”他的叙述理论分为本文（有的理论著作译为文本）、故事、素材。

他首先是从分析素材开始的，“素材是按逻辑和时间先后顺序串联起来的一系列由行为者引起或经历的事件”。[②] 简单地说，素材即事件，一系列事件相互结合，就形成事件的结构。素材大于事件，每个素材大致可分为三个阶段：可能性、事件（或实现过程），以及过程的结果。这三者构成基本序列，而序列间的结合又成为复合序列。当然，还有其他的结合方式。

素材中的事件是由行为者引起或经历的。行为系履行行为动作者。行为者具有一种意图，渴望奔向一个目标。行为者的类别被称为“行动元”，也即指具有共同特征一类行为者。行动元与素材原则目的相同的被称为“功能”。行动元（主体）有时可以直接指向客体，但有时则需要施动者，这时行动元就成为接受者。当然，主体在实现目标的过程中有帮助者，也有对抗者。

事件被界定为过程，过程包含一个变化或一个发展阶段，所以必须在时间系列里。事件也必然发生在一定的场所。时间、场所是素材中不可或缺的要素。

素材是一种想象，故事可看作编排，编排就是事件在不同时间顺序与次序中的叙述。故事中的时间不同于素材里的时间，它是一种理论建构，也即是说，时间是按写作需要作出安排。故事中的安排与素材的时间之间的差别被称为“时间顺序偏离”或“错时”。

与时间相关的就是节奏，通常是将素材中的时间与故事中的时间相比较，一般有以下几种方式：

省略素材时间＝n　故事时间＝0

概略素材时间＞故事时间

场景素材时间≌故事时间

减缓素材时间＜故事时间

停顿素材时间＝0　故事时间＝n

从省略到停顿，节奏越来越趋缓。

---

① ［英］安纳·杰弗森等：《西方现代文学理论概述与比较》，104页，湖南文艺出版社，1986年。

② ［荷兰］巴尔：《叙述学：叙事理论导论·导言》，1页，中国社会科学出版社，1995年。

故事中最重要的人物，它指具有产生角色效果的显著特征的行为者。人物建构的原则是适于重复、积累、关系与变化，而确定人物的本质特征就是建立语义轴。语义轴以对立的意义存在，如穷—富、男—女、善—恶、刚烈—柔顺……

地点是行为者和事件发生的地理位置，是可以测量的空间形态。故事中的空间是以感知为着眼点的地点。对空间的感知来自视觉、听觉、触觉。而人物与空间的关系可以看作一个结构，具有很强的符号功能。

事件总是在一定的观察点、以一定的方式、按一定的角度呈现出来的。呈现出来的诸成分与视觉之间的关系称为“聚焦”。在叙事学中，视点又称“叙事视角”。聚焦的主体，即聚焦者，是诸成分被观察的观点。聚焦者既可以置身于人物之中，也可以置身于事外。当聚焦与一个作为行为者与素材中的人物结合时，我们称为“内聚焦”，分离时则称为“外聚焦”。

热奈特是法国结构主义的重要理论家，他的《叙事话语》试图寻找故事、叙述和叙述话语（文本）三者之间的关系。

热奈特认为叙事有三重含义：①意指叙述性的文字；②指话语表述的对象，即真实事件或虚构事件的连续，以及事件之间各种连贯、对比、反复等关系；③指某人叙述某事。

叙事调节信息的方式有距离和角度。距离是指将自身融入叙事中，还是以客观的态度加以模仿，从而形成相应的距离。角度——所谓的叙事角度，即“谁在看和谁在说的问题”。归纳起来有三种类型：①“全知全能”的作者叙述；②以第一人称叙述；③以第三人称叙述。

“全知全能”叙述又称为“无焦点”或“零度焦点”叙事；第一人称叙述又称为“内焦点叙事”，可以分为固定式、移动式和多焦点；第三人称叙述又称为“外焦点叙事”。所有这些都是按焦点来重新命名的，选用焦点的方法在一部叙事作品中不一定一以贯之，需要在分析具体的文本中仔细加以甄别。

叙述是人类最为活跃的因素，对叙事的研究也在不断发展之中，一些理论家在揭示结构主义模式下叙事的局限性时，揭起了“新叙事学”的大旗，但其理论价值和实践价值还有待我们进一步观察。

第三节　后现代语境中的新闻传播

与其他理论相比较，后现代主义理论很庞杂、很抽象，也很难让人理解。因此，很少有资料对后现代主义作出清晰、准确的描述，对后现代主义与新闻传播关系的描述更是难得一见。既然后现代文化作为一种极具影响力的文化，它已经渗透到现实生活的方方面面，那么考察和认识什么是后现代主义，它与现代大众媒介的关系如何、现代新闻传播中的后现代特征是什么等问题，就自然成为本节的主要论题。

一、后现代主义

“后现代主义”是一个变化的概念。早期的后现代主义是一个扩散、分裂的概念，到20世纪70年代后期，此概念日趋综合，当然也是一个极具广泛包容性的概念。正因为如此，对后现代主义作为整一概念的认识仍然见仁见智。如詹姆逊从社会历史的角度对后现代主义作出了新界定，荷兰学者佛克马则从文学的流变中寻找规律。我们下面所说的后现代主义特征是各种观点的合成，但更多突出的是后现代主义的最为显著的特征。

1. 社会和文化之间的差别的销蚀

我们常称我们居住的地球为“地球村”。“村落”是传统农业社会的概念，喻指相互熟知的人际关系或血缘关系，相互依存的经济和相对稳定的活动空间等内容。将地球比喻成村落也说明了整个世界的相互依存性。但令人质疑的是，我们所说的依存关系，特别是社会关系，不是我们直接感知的世界关系，而是通过传媒和由其他通讯技术传输并建构的一种观念世界，是一种文化。而传统意味着强调审美、强调品格的文化产品其实也要借助于现代技术传播出去，因此说社会、文化关系，社会、文化的区别在后现代社会被销蚀殆尽。

2. 高雅艺术和通俗文化的鸿沟被填平了

艺术日益被商品化，甚至艺术理论和美学理论本身也是商品。商品化的逻辑已经渗入文化生产的方方面面。此外，通俗艺术过于强调风格和形式，与高雅艺术强调意义的传统分野，在后现代社会再难作这样的区分了。

3. 元叙述的衰落

元叙述是以事件清晰的先后顺序来叙事，这样的叙述既有历史感、深度感，也有一定的扩张力。元叙述包括宗教、科学和艺术。例如现代主义和马克思主义，它们对知识、真理提出了抽象的、普遍的理论主张，在后现代社会里再也难以解释知识和社会方面的问题。因此，它们的有效性和合法性受到了怀疑。后现代主义的理论家不再以发现真理或普遍性的实践为目标，他们对真理的认识更加非逻辑化。后现代主义者对实践活动的看法也是如此。

4. 强调风格化

不追求意义和价值，只追求事物外在的样子，并以嬉笑、随意的方式予以呈现，其结果必然是损害艺术价值、真实性、实整性、深度等传统艺术、文化所追求的一切，而电脑技术的运用更强化，也可以更方便地实现各种风格的东西。

5. 表达的无奈

在大众社会，语言不断标准化，传统鲜活的语言丧失了市场，艺术家和艺术出现了表达的危机：你借用大众化传达的并不是你的思想；你以独特或晦涩的语言表达又无法交流，剩下来的只有“沉默”，所以“无言”也是后现代主义表达的重要方式。

二、大众媒介与后现代社会

我们生活在一个大众传播的时代，大众传媒传输的信息包括社会生活的各个方面，并且渗透到生活的每一个角落。其具体表现为：

1. 大众媒介与社会

自由主义认为，媒介以十分精确的方式反映现实生活，它是现实生活的一面镜子。而激进主义则反驳这种真实反映论，他们坚持认为，传媒所反映的是歪曲的现实。后现代主义理论家认为，媒介形象、媒介符号具有绝对支配的力量，我们认识的世界只是形象的世界，媒介构建了我们对现实的感受，这是我们所拥有的唯一现实。

2. 大众媒介与经济

现在大众媒介被赋予了双重功能：经济功能、文化功能。两者都可以产生经济效益，也即说文化也是商品。现以电视来说明大众媒介的经济特征。电视的生产模式如下：

	金融经济		文化经济
	Ⅰ	Ⅱ	
生产者：	演播室	节目	观众
	↓	↓	↓
商品：	节目	观众	意义/快感
	↓	↓	↓
消费者：	经销商	广告商	观众自己

演播室生产商品（节目），把它卖给经销商，这是一个简单的经济过程。然而一个电视节目买回去后要播放出去，有大批观众去观看，然后这批观众被卖给了广告商，这是一个比较直接的经济过程。在文化经济中，“流通过程并非货币的周转，而是意义和快感的传播”。[①]其他媒介产品过程也是这样。

3. 消费主义与媒介

20 世纪资本主义的经济需求已从生产转向了消费，传统的经济是为了生产的需要，必须使消费者得到满足，生产必须满足消费者的衣、食、住、行等各种需要。后现代社会里的人们，除了生活需要，更多的则是休闲需要。这是因为在后现代条件下，科学技术飞速发展，人们有更多空闲的时间，而打发、消磨这些光阴就会产生需求。所以说，后现代社会经济目的主要还是满足人的消费（休闲需求）。

在这个转换过程中，媒体的作用不可低估。一方面，它用更多的通俗文化来满足人的需求；另一方面，则大量传播社会消费观，进而引导社会的消费行为。你要活得像个中产者，你得有车、有远离都市的别住房，你得穿有品位的衣服……这些观念充斥在媒体的每一个角落。

---

① ［美］约翰·费斯克：《理解大众文化》，32 页，中央编译出版社，2006。

与这种社会发展相联系，出现了许多新的职业，这些新职业人既可增加社会消费，也是社会消费观的建构者。原因很简单，为了增加社会消费，就要有一批从事说服大众的人，如广告从业者、市场销售人员、建筑设计者、新闻和电视节目制作人，还有与消费者信用相联系的会计、金融、保险业的从业者。他们塑造着社会形象，也建构着后现代社会的消费观念。

此外，媒介与大众文化、媒介与信息扩散，也都有深刻的联系。应该说，媒介在后现代社会是一个"神话"，它建构着社会，建构着人的存在。

三、新闻传播中的后现代性

后现代性作为一种文化品格，是现代传媒与大众文化结合的产物，当然也会对大众文化和现代传播产生影响。尽管对新闻传播的影响不像对其他文化影响那么显著，但对新闻传播中的后现代因素，我们仍然不能忽视。新闻传播中的后现代性表现为：

1. 突破了新闻的文体分野

现在的新闻报道不再拘泥于单一文体的表现方法和技巧，如新闻的评论化、新闻文学化等。

2. 零散化和拼贴

将各种零散的东西集中起来，并且在拼贴的基础上建构起某种序列，如新华社主管的《参考消息》版面设置包括了新闻热点、军事瞭望、经济广角、科技前沿、社会扫描等不同栏目。刊载的内容从国政大事到个体生活均有涉及。这些栏目统一于《参考消息》下，体现出一种零散拼凑的秩序。

3. 对代码的关注超过文本

最明显的表现是，对形式的追求超过了内容，对如何讲故事超过了故事本身。

4. 新闻的通俗化

注意新闻的风格化、故事性，并注入情感因素，似乎更容易为大众所接受。故事化就是叙事事件的冲突、描写场景，再加上一些有趣的逸事。而一些悲情或真情的事件被加到新闻中，这又为新闻添了一道佐料。

当然，用后现代主义理论阐释新闻传播，不仅是单纯讨论新闻传播与后现代社会的关系，我们还应该用后现代理论来解读具体新闻传播现象，讨论在后现代语境下的新闻传播规律。

第四节 女性主义与新闻传播

作为一种社会文化理论，"女性主义"是一个很具包容性的术语。虽然它是以争取男女平等为宗旨，但并不是一个严密的思想体系，也缺乏具体的研究领域和特定的研究方法。所以，从女性主义视角研究新闻传播，既是对女性主义研究领域的开掘，也是方法论中的一种尝试。

女性主义有三个重要的组成部分：自由主义的女性主义，它批判媒介和通俗文化中对女性不平等的、利用性的使用和表现，目的是争取平等的权利；激进的女性主义，将男女利益对立化，并且认为男人对女人的控制和压迫是社会中的男女差别划分和社会压制的历史形态的具体表现；社会主义的女性主义，将女性研究同资本主义制度研究结合起来。近来的女性主义采用了更自由的性别权力结构观，即社会和文化的性别结构观，并将这种研究和阶级、种族、文化等理论结合起来。

从方法论上看，女性主义，一方面立足于经验性、实证性的内容分析；另一方面借用各种理论研究具体文本或各种文化现象，而我们的研究也正是在这样的框架里进行的。

一、女性在新闻传播中的地位和角色

1995 年，中国记协与中国社会科学院新闻研究所合作研究表明：男性占传媒生产与发展密切相关的职位的 75%～80%，女生占 25%～20%。不过，根据《中国新闻事业发展报告(2020 年发布)》，全国广播电视从业人员中，女性职工占比为 41.60%。中新社现有员工中，男性人员占 56%，女性员工为 44%。虽然我国媒介从业人员中，男女性别比例在显著提升，但是失衡现状仍然存在。

同样的情况也在美国新闻业中出现。美国新闻业是由男性主导的，记者和编辑绝大部分都是男性。根据美国女性媒体中心的调查，美联社和路透社署名文章，69%是男性。性别差异最大的是《今日美国》，69%的文章由男性撰写，31%由女性撰写。最接近的是《费城报》，其中 52%的文章由男性撰写，48%由女性撰写。总的来说，综合 14 家报业机构的调查结果，女性占 41%，男性占 59%。

虽然女性在新闻业中所占的比例小，加上缺少决策权，男性仍然占据着新闻的采、编、发的绝对权利，但我们不能就此认定，男性就一定是男性中心主义者、一定就会排斥女性。可是从业人数比例关系，确实可以说明因性别比例的差别而导致的传播内容中的女性“象征性的歼灭”。

二、“对妇女象征性的歼灭”

“这个说法是指文化生产和媒介表现忽视、排斥妇女及其利益，或者将他们及其利益边缘化和浅薄化。妇女们或者不在场，或者被按照以性的吸引力和在家庭劳动中的表现为基础的陈规来表现。简言之，媒介通过不在场、谴责或者浅薄化而把妇女们‘象征性地歼灭’了”。[①]而在新闻传播中，妇女或者是不在场，或者是依文化陈规来加以表现。

在美国，妇女占人口 51%，并占劳动力的 40%以上，但女性很少成为媒体报道的对象。1996 年 3 月，北京女性新闻工作者协会所属的妇女媒介监测网络对首都八家中央级

① [英]斯特里纳蒂：《通俗文化理论导论》，200 页，商务印书馆，2001。

大报(《人民日报》《光明日报》《中国日报》《法制日报》等)的要闻版监测结果表明:在要闻版中男性占83%,女性占17%;新闻图片中,男性占71%,女性占29%。八家报纸有关妇女报道最多的是《工人日报》,但也只有19%。2015年,中国与联合国妇女署共同举办了全球妇女峰会——“促进全球男女平等和妇女赋权:从承诺到行动”,其中,针对“努力构建和谐包容的社会文化”中就特别突出当代媒介对于妇女解放发挥的重要作用。相关统计数据表明,媒体呈现了更为自立自强、有奋斗精神的女性形象。调查结果显示,分别有77.7%,71%和69.8%的受访者认为周围的女性能通过自己的劳动所得养活自己、有奋斗精神,想努力成就一番事业和能依靠自身能力在事业上有所作为,而有80.1%,73%和73.3%的受访者认为媒体中的大多数女性形象符合上述三点描述。[①] 但不可否认,一些媒体报道中女性的缺席依然存在,甚至出现了对女性的标签化、污名化、他者化的现象,而这种现象在自媒体新闻中更加突出。有学者对2020年度微博“热搜”中涉及女性形象分析时发现,这些女性作为男性书写的对象呈现出女性劳动者被忽视。[②]

无论是在政治新闻还是在娱乐新闻中,男性都可以是一身西装的绅士,或是一派休闲的雅人,人们几乎很少关注他们的外在形象。但女性就不同了,娱乐新闻都会将重点放在某位女明星光彩照人、价值连城的服饰上,所以有人将奥斯卡颁奖晚会、戛纳电影节视作女明星比服装、首饰、比性感的舞台。

美国报纸在报道女性政治人物时,往往对其衣着、发型、女性气质,甚至指甲油的颜色,化妆的浓淡等细枝末节浓墨重彩,而对政治资历、专业背景、政治立场则会粗略带过,其他国家也不例外。如2016年美国总统大选期间,媒介对作为女性的希拉里的外在表现尤为关注。

如果这个女性是妻子、母亲和家庭主妇,媒体就要求她一定要温柔、善良、会持家。女性即使与家庭角色无关的事,也会被牵扯到这些内容上来。她们是成功男人的“贤内助”,优秀孩子的“好母亲”,所关心的似乎永远都是丈夫、孩子、食品、时尚、家具。女性正是在这种性别角色中,被隐于男人的背后,隐于重大事件的背后。

在社会中女性也总是从属的。男性是医生,而女性是护士;男性是老总,而女性是秘书;男性是主管,而女性是公关;男性是领导者,女性是服务员,等等。女性被描绘成没有主见、胸无大志的附属品。女性在被边缘化、浅薄化的同时,还会被描绘成弱者和被侵害的对象,也是无理性、歇斯底里的代名词。新闻媒体正是通过弱化女性形象和带有贬斥性的描绘将女性彻底“歼灭”,从而达到强化女性成为男人附属、强化社会职业分野的目的。

---

① 资料来源:《媒介中的女性:“标签化”现象仍在,但总体正面积极 》。

② 董扣艳:《性别冲突与父权制意识形态批判》,103～105页,《福建师范大学学报》2021(4)。

三、女性主义的理论诉求

通过对媒体中女性的文化表现(缺席或按照某种陈规的描绘)的揭示,女性主义者们发现,这不是女性存在的真实状态。那么,谁在操控着媒介?他们是如何达到其目的的?后者就涉及文化建构的问题。许多理论家对文化中的意识形态、文化与结构的关系、文化与心理学的关系都作了深入的探讨,其实也从理论上回答了文化如何建构的问题。女性主义者也开始花费大量的精力转向与自身研究有联系的各种理论问题上来,并取得了不俗的成就。

1. 意识形态理论

麦克罗比在讨论年轻工人阶级姑娘的文化处境时,他写道:"每个这样的机构(学校、家庭、俱乐部)都试图以各种特定的方式模铸与塑造其对象的生活。它们的核心功能之一就是要再生产劳动的性别分工,以使姑娘们达到自愿接受自己在社会中的从属地位。这种工作主要是通过各种意识形态来进行的,那些意识形态植根于各种各样的机构特定的物质实践之中,并在其中得到贯彻。"①

麦克罗比在对少女杂志《杰基》作意识形态分析时认为,"它依据的是它所培养的少女或青春期女性的意识形态",②并通过特殊的意识形态符号系统,让少女接受或赞同它所设立的社会价值标准,即女性的社会角色是妻子和母亲。

女性主义对意识形态的分析主要立足于具体的文本和实践过程分析,其目的在于揭示:男性正是利用自己掌控的文化资源,将具有父权思想的意识形态,通过文化文本和具体的实践向女性灌输的。

一些女性主义者还将"研究同资产阶级意识形态有关的媒介运作方式,扩大到它们在一种父权制文化中如何起作用"。父权制作为一种关系,表现男人对妇女们的支配、剥削和压迫;作为一种概念,表现男女不平等的权力关系。父权制也成为女性主义者解释各种现象的一个重要因素。

2. 符号学

符号学中符号的能指、所指以及外延和内涵,为女性主义者分析符号以及文化文本背后所隐藏的各种意义提供了理论依据。用符号学的观点看,文化文本是一个开放的系统,一个意义多样的世界。但是,能指与所指关系的随意性,在具体的文本分析中往往会使附加的各种信息大于实际所表达的内容,甚至会将个人偏好带入分析之中。因此,分析的内容不一定客观。克里斯蒂娃是女性主义重要理论家,她认为,索绪尔语言学的无主体的和无历史的,是静态封闭的语言结构,就如同拉康"三界"理论中的象征界一样,因此这种语言是主体在经历俄狄浦斯阶段后,在父权的威胁之下后天习得的语言。这种语

---

① [英]斯特里纳蒂:《通俗文化理论导论》,223~224页,商务印书馆,2001。

② [英]斯特里纳蒂:《通俗文化理论导论》,224页,商务印书馆,2001。

言遵循了以父权为中心的象征界中的各种制度化的语法规则和社会规范，在意识层面追求可理解性和准确性，所以是一种男性化的理性语言。

3. 文化理论

主要从社会文化建构方面来论证性别特征；研究生产者和消费者的关系；研究文本中有关性别观念。

“最近几年，把妇女看成被动消费者的观点，被文化工业篡改成了渴望消费商品和奢华”，[①]受到了女性主义者的关注。对女性主义而言，消费并非简单“表现了‘把妇女的角色界定为消费者时，霸权势力的权力施展的空间’，而反倒‘是一个各种协商过的意义的场所，是一个抵抗、鉴别以及服从和利用的场所’”。[②]

西方各种理论似乎已成为女性主义的理论武器，如我们前面提到的意识形态、符号学、文化理论，此外，马克思主义、结构主义、解构主义等等也是女性主义分析问题的理论出发点。

第五节　媒介帝国主义与文化殖民

第二次世界大战以后，亚非拉的许多殖民地国家挣脱了宗主国的统治，在获得政治独立的同时也渴望经济独立。现代化则成为它们渴望改变的济世良方。它们也试图利用西方现代化的技术，改变社会组织，发展社会生产力，提高国民的收入。

现代化的核心是科学、技术的现代化。第二次世界大战以后，科学技术的发展在广播、电视和其他通讯技术上的表现尤其突出。1920 年，美国西屋电器公司在匹兹堡建立 KDKA 电台。这是第一个办理了执照的广播电台，它也标志着广播事业的开始。20 世纪三四十年代是广播的发展时期，收音机越来越小型化，价格也越来越低廉，这样收音机就成为人们获取信息和娱乐的最方便的工具。电视事业始于 20 世纪三十年代，随着二战的爆发，刚刚兴起的电视事业被迫中断。二战后，电视以惊人的速度发展着。电视也因新闻报道而吸引了大量的观众。1953 年艾森豪威尔就职仪式就有约 6000 万人收看。大众媒介社会的影响力，使许多人相信，大众传播可以促进人们观念的改变、经济的发展，也可以加速社会的现代化的进程。“传播与国家发展便成为国际学术界所注重的一大理论课题……‘媒介帝国主义’理论即衍生于‘传播与国家发展’理论的演变与发展过程中”。[③]

20 世纪六十年代的传播与国家发展理论将媒介视为发展的原动力。到七十年代，许

① ［英］斯特里纳蒂：《通俗文化理论导论》，240 页，商务印书馆，2001。

② ［英］斯特里纳蒂：《通俗文化理论导论》，241 页，商务印书馆，2001。

③ 杨瑞明：《从“现代化”到“全球化”——“媒介帝国主义”理论的发展及意义》，37 页，《新闻与传播研究》，1999(3)。

多传播学者从现实发展出发，提出了第三世界国家不能照搬西方的经验，不能迷信大众传媒的力量。与此同时，第三世界国家的学者也开始检讨自己国家的做法，相信殖民化也就是宗主国对殖民地在政治上的控制和经济上的掠夺。独立后的殖民地在实现现代化的过程中仍然受制于发达国家的技术和资金，它们之间必然存在着依附关系。1969年，美国学者赫伯特·席勒以他的《大众传播与美帝国》首次阐释了“媒介帝国主义”的理论。1977年，鲍依·巴瑞正式提出了“媒介帝国主义”的概念。

媒介帝国主义是指“任何国家媒介的所有权、结构、发行，或传播内容，单独或总体地受制于他国媒介利益的强大压力，而未有相当比例的相对影响力”。[①]鲍依·巴瑞是从媒介控制媒介传播内容以及媒介信息流通的单向性来揭示媒介帝国主义的特征的，其具体特征表现为：

一、西方媒体对国际新闻发布的垄断

“不断扩大的国际新闻体系很大程度上可视为西方新闻媒体，特别是美国和英国的媒体，以及少部分来自法国和德国的媒体的一种衍生产品。”[②]全球新闻体系中的“龙头老大”即全球性新闻服务机构为美联社、合众国际社、路透社、法新社等。美联社每天通过纽约、伦敦和东京三个中心向世界各地用户传送由他们采写和拍摄的文字稿件和图片。国外编辑部每天会收到18万字的文字稿，其中包括新闻特写、财经报道、体育新闻等。它在全球有243家新闻分社，在120个国家设有办事处，合作伙伴有1700多家报纸、5000多家电视和广播电台。

一些报纸，如伦敦的《泰晤士报》《每日电讯》和《卫报》，美国的《纽约时报》《华盛顿邮报》《洛杉矶时报》及《华尔街日报》、法国的《世界报》、德国的《法兰克福汇报》，它们都有自己的采写队伍，并将自己采写的新闻出售给本国和其他国家的报纸。这些新闻及特写成为世界性通讯社的补充。

路透社电视和WTN(全球电视网)以及其他西方电视网络正在全球新闻体系中扮演越来越重要的角色。路透社在全球128个国家运行，为409家客户提供服务，自称全球每天有15亿人收看他们的节目。WTN正与ABC和CNN进行合作，它拥有15个海外机构，并与70多个国家的摄制人员签有工作协议。此外，有国际影响的播出机构，如BBC(英国广播公司)、UBS(美国哥伦比亚广播公司)、NBC(美国全国广播公司)、ABC(美国广播公司)及CNN(美国有线电视新闻网)和新闻杂志，如《时代》周刊、《新闻周刊》等也都属于欧美等发达国家。

---

① 杨瑞明：《从“现代化”到“全球化”——“媒介帝国主义”理论的发展及意义》，40页，《新闻与传播研究》，1999(3)。

② [美]威廉·哈森：《世界新闻多棱镜》，56页，新华出版社，2000。

二、新闻报道中的意识形态化

新闻是对事件的报道，报道是人的活动，这就必然包含人的认识和判断。无论是对新闻的选择，还是对新闻的加工，都会受人的因素的影响。报道中的意识形态是十分正常的，问题是在国际新闻处于少数西方通讯社垄断的条件下，流通于世界各国的国际新闻只能是西方的标准。它只服务于少数国家利益，不仅容易造成"铸成之见"，而且会造成贫穷国家在新闻中的缺席，甚至是对其进行歪曲性的报道。

首先，我们先来看"铸成之见"。这是指西方媒体会对其他国家有一种错误的、不确定的印象。联合国教科文组织曾经制定了一个测试"铸成之见"的问卷。受访者被要求以 12 个形容词来描述他们对某国的印象，这些形容词包括勤奋、聪明、实际、自大、慷慨、残忍、落后、勇敢、有自制力、喜欢控制别人、进步、爱好和平等，另加一项"难以描述"。可以想见，对贫困国家的描述的词只会是一些带贬义的词。"铸成之见"是国际传播中的一大障碍，它能将信息扭曲，也会加深各国之间的误解。

其次，对第三世界国家的歪曲报道。新闻发布被西方世界控制，因而出现在各种媒体上的许多新闻报道都是按西方的标准采写的。这个标准不仅不公正，而且带有许多偏见。许多非洲领导人抱怨说，没有灾祸，我们几乎被遗忘。巴以冲突是世界媒体关注的焦点，但美国媒体对有关巴以冲突的报道明显偏袒以色列，所以报道也就难以做到公平、不带偏见了。

再次，第三世界国家的缺席。诸多西方媒体的报道都将重点放在西方国家，大到西方世界的组织活动、国家元首的活动，小到发生在西方世界鸡毛蒜皮的小事件，只要符合他们的标准，都会不遗余力地报道。格伯纳等人在 1977 年曾对世界上 60 家日报的国际报道的内容进行了分析，发现媒介对世界各地的报道是不一样的，如美国报纸的海外报道中，西欧占 28%，南亚和远东占 18%，北美占 10%，中近东占 7%，亚非拉美及广大发展中国家总计不到 1/3。国际大众传播研究协会（IAMCR）把十个与国际新闻有关的研究总结起来，发现了一些共同的结论：(1)所有媒体首先强调本地区的新闻；(2)其次是西欧及北美新闻；(3)第三世界及东欧国家在新闻报道中是隐形的。

三、第三世界国家的依附地位

在反殖民化运动后，获得独立的国家并没有从经济上完全脱离原宗主国的影响。随着世界经济分工的国际化，这种依赖依然存在。世界经济出现了"中心国家"和"边缘国家"之分。在新的世界格局下，文化也出现了"中心"与"边缘"之分。文化依附现象是新国际条件下产生的另一种现象，其表现为：他们必须从外国进口硬件、软件，新闻及娱乐节目也依赖于进口商，而广告也是由发达国家的跨国公司提供的。

如菲律宾不仅在新闻传播方式上以美国为典范，而且传播内容也大多来自美国；马尼拉的 5 家电视台播放的节目 60%是关于美国的，各省台则高达 90%，而报纸中的国际新闻大多来源于美联社、《时代》周刊、《新闻周刊》等媒介。外国公司的广告更是其主要财政依靠，20世纪八十年代，菲律宾电视上播出的76%的产品和服务广告是外国的。

另外，西方传媒对新闻的控制，以及第三世界国家对其产生的依附关系，使得大量西方标准获得了合法化的地位。第三世界国家一旦在新闻报道中与西方世界相背离，就会受到质疑和批评，文化霸权在世界性的传播中也就慢慢形成了。

四、媒介帝国主义的新形态

以美国为首的西方国家在冷战中和此后一系列颜色革命中，就是充分利用他们对新闻信息的垄断的力量。随着互联网的快速发展，当今全球80%以上的网络信息和95%以上的服务器信息由美国提供，超过2/3的全球互联网信息流量来自美国，另有7%来自日本，5%来自德国。兰德公司给美国国防部的建议中就包含，组建一支“特种媒体部队”，随时派遣到发生冲突的地区，搜集与传播信息。在新媒介环境下的媒介帝国主义的表现为：①第一，充分利用新媒体在文化和意识形态传播方面的强大渗透力和影响力。第二，以西方资本主义定义的，以“自由”“民主”“人权”为代表的“普世价值”作为文化传输的主要内容。第三，排挤、打压异质文化。

从媒介帝国主义形成到文化霸权，其导致的结果就是文化殖民。

早期“殖民”仅仅指“移民”。“殖民是一个技术术语，在原初意义上，仅仅用于描述人们迁移到世界其他地方并在那里展开新的定居生活的现象。”②我们现在所谈的殖民不是简单的迁移，而是指资本主义强国通过海外移民、海盗式抢劫、奴隶贩卖，对不发达的国家或地区进行压迫、统治、奴役和剥削。文化殖民则通过文化渗透、移植西方的生活方式和文化习俗，从而瓦解当地居民的民族意识。

殖民化大致经历三个阶段：军事殖民；以军事为后盾、经济为先导的经济殖民；经济全球化背景下的文化殖民。后两个阶段的殖民与第一阶段截然不同，它们将经济和文化紧紧地组合在一起，以此得到最大的效益。由于大众媒介是一种最制度化的手段，因此也最具扩张力，从而在最深、最广的层面达到殖民的目的。电影、广播电视节目、书籍、新闻报道等随处可见的文化产品或服务，它们所提供的不仅仅是消息和娱乐，同时也是传播社会价值或政治观点的工具。最终，它们会对全社会的精神结构产生深刻的影响。同时，工具化的文化工业也在其中扮演着一个重要的角色。大众传媒与文化工业的结合所造成的殖民结果表现为：

其一，使“原质文化失真”，这其中包括外来文化的中心化，即一切源于西方的文化要么照单全收，要么以此作为评判民族文化的标准。电影、电视、报纸、杂志莫不如此。西方模式成为人们的经典模式，从而会贬低本民族文化价值，也使人抗拒对本源文化的深

① 殷鹤：《新形势下媒介帝国主义的表现及应对》，49页，《学习月刊》，2020(5)。

② ［英］吉尔伯特：《后殖民批评·译者序》，15页，北京大学出版社，2001。

层认知。最终，本民族文化被无情地边缘化。

其二，文化工业的资本化使人们失去了对生命的体验。文化产品不再是一种创造，而是用于市场交换的产品，所以从选题、制作到发行，都必须以市场为导向，以资本利益为第一前提。这一切都是从商品价值出发的。许多媒体作品只会是抓痒式的商品，或煽情的作品，它们拒绝深思、严肃。人们进入了“物以制人”的消费社会，对具有商品式的文化符号剩下的只有机械化的固定反应，也就陷入了无法洞知更无法控制的系统中。一切行为只是商业系统行为的东西，我们无法辨认什么是“真”，更无法体验生命个体在历史进程中发展的潜在可能性。人被隔离了，人无法认知自己的需要，也无法认知人自身，人越来越像物品本身。

其三，市场政治化与物品符号化。市场政治必然推销一套观念：拥有商品就拥有幸福、快乐、满足与成功；拥有商品就现代，就摩登。由坏环境到好环境，由散装到包装也是一种进步，从而就塑造了“品牌即素质”的观念。尽管我们知道名牌产品不一定是最好的，但仍然甘心受骗。物品作为一种符号语言，打破了一般语言的界限，是有关消费者的身份、品位、生活风格的陈述。西方工业化的产品是优质的，它作为文化工业弱化人性的自觉武器，也成了殖民者的帮凶，从根本上动摇了落后国家的价值观念和文化传统。

所以，第一世界国家借媒介优势和文化工业优势“一面要弱化原住民的历史、文化意识，另一面整合一种生产模式、阶级结构，一种社会心理、文化的环境”，从而达到文化殖民的目的。

第六节　后殖民批评理论作为批评研究方法

西方霸权式殖民掠夺有着明显的时代特征。在早期殖民时代，西方霸权的实现主要依靠以军事力量为先导的武力征服。然而，第二次世界大战之后，亚非拉殖民地国家对西方殖民霸权的反抗，使得以武力征伐为主要方式的殖民体系迅速瓦解。然后旧有殖民体系的瓦解并没有从根本上改变帝国主义列强对外扩张的本质。他们开始从武力征服转向更隐蔽的经济操控、政治干预和文化维度的西方中心主义控制来实现殖民霸权。后殖民主义便在这种历史背景下应运而生。

一、后殖民主义的主要批评家及其理论

宏观而言，后殖民主义理论的发展历经三个阶段。早前的后殖民主义理论与殖民地独立运动实践息息相关，包括法侬、杜波依斯、桑戈尔等人，均对后殖民理论的产生形成重要影响。20世纪七十年代后期，《东方主义》的问世，标志着殖民理论进入理论建设期。萨义德之后，斯皮瓦克与霍米·巴巴的研究，再次充实着后殖民主义批评的理论大厦，使得后殖民批评在全球范围内产生深远影响。20世纪八十年代以来，以詹姆逊、德里克、亨廷顿等人为代表的诸多理论家从各自角度出发，继续涉足后殖民主义批评。在后殖民主

义批评的兴起与体系建设中产生最大作用的主要是萨义德、斯皮瓦克与霍米·巴巴等三人。

1. 爱德华·萨义德的后殖民批评理论

爱德华·萨义德(Edward Said)于1935年出生于耶路撒冷,主要作品有《东方主义》《文化帝国主义》《知识分子论》等。其中,于1978年出版的《东方主义》一书,重写了近代以来形成的长久的、固定的东西方关系的认知史,推动了后殖民批评的理论化。萨义德的批判性思考,往往立足于社会、历史、政治背景,关注社会情境,强调文本与社会互动从而产生密不可分的关系,认为文学批评就应该致力于发出抵抗权威、抵抗正统、抵抗规训的声音。① 萨义德的后殖民理论特征包含以下几个要点:

其一,重新反思何谓"东方"及思考东方主义话语的逻辑机制。萨义德十分清楚,长久以来,围绕"东方"的知识生产一直是以西方经验为表述基础的,而"东方学"则揭示了这种知识生产的路径。他也指出,东方一直作为"他者"出现,被当成欧洲文明的参照对象,也早已成为"西方的东方"。其二,解构"东方"并且重建东方形象。萨义德以对解构"中心"为具体的文本策略,对西方文化霸权进行批判,并且致力于对西方知识话语权力体系进行消解。其三,萨义德十分重视文化批评的重要地位。在《开端:意图与方法》和《世界·文本·批评家》两部著作中,萨义德都表示出在对分析作家精神世界时关注社会文化背景于政治、宗教力量的意义。其四,萨义德关注知识分子的"流亡"。他认为,处于不断在流亡中的第三世界知识分子由于其特殊的经历,可以为有力的批判性实践带来新鲜血液。"流亡"意味着与母国、母族在肉体和精神上存在一种距离,而恰是这种距离,有助于批评实践受到更少的限制。

2. 斯皮瓦克的后殖民批评理论

作为"女性主义马克思主义的解构者",佳亚特里·斯皮瓦克(Gayatri C. Spivak)在后殖民主义批评中的地位仅次于爱德华·萨义德。她的批评实践融合了多种学科知识,将后殖民批评实践与现代心理学、女性主义、西方马克思主义等理论资源紧密衔接,使得后殖民批评充满跨学科色彩。

斯皮瓦克的学术研究领域十分广泛,既包括了从解构主义出发的女权主义,又涵盖了马克思主义国际劳动分工分析,也涵盖对殖民话语的批判。斯皮瓦克从解构主义获得灵感,加上对女性主义与马克思主义的特殊偏好,转而将学术视野放置到被殖民者中的女性社群与底层阶层。被殖民群体本身即为边缘化群体,而其中的女性群体与底层阶层更是成为"边缘中的边缘"。由此,她提出了"他者""臣属"等概念,促使后殖民话语的批评视野扩展到阶层、性别、人种等不同领域。②

① [美]爱德华·萨义德:《世界·文本·批评家》,6~7页,生活·读书·新知三联书店,2009。

② 王宁:《解构、女权主义和后殖民批评——斯皮瓦克的学术思想探幽》,《北京大学学报(哲社版)》,1998(1)。

对"臣属"理论的精炼、简化是斯皮瓦克对后殖民理论最为卓著的贡献。在此基础上,她注重重现潜藏在历史记忆里的"认知暴力",并将"他者"的概念锐化。经过斯皮瓦克的理论实践,女性主义批评与后殖民批评积极结合,在文本重读中展示出显著的批评力量。她对西方白人女性文学文本的解读,揭露出殖民文化对不同种族、阶层女性的内在悖论,也揭露出男性中心主义话语对女性话语的压迫,同时揭示了第三世界女性话语的更深层次的压迫与掩盖。综合性的分析路径,在使得女权主义文学批评重新扩大其批评领地的同时,也使得后殖民批评的理论深度得到了有效的延伸。

3. 霍米・巴巴的后殖民批评理论

从20世纪八十年代开始,霍米・巴巴(Homi K. Bhabha)即进行后殖民批评的理论研究。至今,其仍然活跃在当代西方学术界,为后殖民理论的发展作出自己的贡献。不同于其他后殖民理论家的关注兴趣,霍米・巴巴以西方—非西方的二元关系为重点分析视角,对殖民话语和文化的异质性进行理论思考。质言之,霍米・巴巴关注全球范围内的诸种不同文化的互动性问题。

"文化杂交"可以简要概括出霍米・巴巴对不同文化相互作用而产生的文化关系的基本认知。不同于传统观点所认识的殖民者与被殖民者文化之间的对抗、冲突的二元关系,霍米・巴巴认为其中存在着更为复杂的关系。霍米・巴巴认为,殖民活动产生后,异质文化之间的关系不仅仅呈现为对抗和冲突,也蕴含着一种含混不清、暧昧不明的矛盾心理。这种矛盾心理,体现的是异质文化之间的你中有我、我中有你的交织关系。虽然,这种交织关系并不易以对等的关系存在,但是始终相互缠绕、互相影响。正是这种相互影响,会使殖民者在殖民过程中感受到来自被殖民文化影响的焦虑感。被殖民文化所代表的弱势文化,在遇到殖民文化所代表的强势文化的入侵之时,会能动地对强势文化产生反作用。最终,两种异质文化处于相互协商、相互竞争、相互杂交的动态的长期的过程之中。这种协商、竞争、杂交的关系,也使得异质文化之间的关系不是静止不动的,而是流动、多变的。所以,从此维度观之,对殖民话语的抵抗并非必须以简单的反抗和否定为独一方式,还可以"明面尊崇,实质消解"的策略进行。

除"文化杂糅"理论外,霍米・巴巴的另一重要理论就是"转译"理论。霍米・巴巴的"转译"理论关注一种能够将不同话语形式和差异容纳在同一框架中的具体实践方式。后殖民话语强调文化身份认同。但是,个体、民族与国家的同一,并不必然带来文化的同一。这是不同的异质性要素的重组。为了能将不同话语和差异性内容共同组合,霍米・巴巴从拉康的镜像理论得到启发,看到主体自我蕴含着多重分裂性,这为组合提供了基础。

二、后殖民主义文化理论的特质

后殖民文化理论关注对西方文化霸权的抵抗和批判,这也是其最主要的理论特质。经由萨义德、斯皮瓦克所发展的后殖民理论闪耀批判性光芒,批判性开始从文化理论延伸到社会情境、政治语境中。不过，霍米·巴巴的混杂性理论，使得理论的批判性和抵抗性有所弱化，主要表现在以下几个方面。

第一，对主导性文化叙述展示出十分明显的抵抗意志。后殖民主义对西方文化霸权一直保持着质疑、拒斥和背离的态度。这种态度，也体现出其对欧洲中心主义的拒斥。后殖民主义文化理论从欧洲中心主义形成的历史传统中进行分析，质疑“现代性”，使得抵抗意识形成。

第二，采用“历史—文化”路径，重新反思历史一元论的不足。后殖民主义善于通过历史的“同一性”批判来分析宗主国和殖民地之间的二元关系的形成。通过发掘这种历史的“同一性”，传统的历史叙事方式就成为后殖民主义的批判、否定对象。

第三，重视不同理论的引入。后殖民文化理论本身具有十分明显的多学科、跨学科知识特点，将对马克思、葛兰西、福柯等人的理论融入在殖民理论中，这样的理论融合使得后殖民理论充满理论张力与灵活性。从其多元理论源泉来看，后殖民主义理论是一种不断吸收新思想、新成果的理论，在不同时间、空间都可以积极调整自身的批评姿态。

下编

比较新闻传播现象聚焦

第十章

新闻传播阐释研究示例

——唐代士人行卷的传播学分析

阐释研究是比较新闻传播研究的重要方法。它是在异质文化背景下，利用一种新闻传播理论去解释另一种新闻传播现象的研究方法。譬如，运用西方的传播学理论来研究中国古代的传播现象，从中发现带有规律性的东西。这种方法在比较文学研究中被称为“中国学派”，但在比较新闻传播学研究中，还是初次尝试。这里我们运用拉斯韦尔的五W理论来阐释唐代士人传播现象，为比较新闻传播学的阐释研究作一示例，以期带来学界的更多关注。

“士人传播”是华夏传播的重要内容。[①] 随着“士人”主体形象的不断演变，历史上各个不同时期，“士人传播”表现出各自不同的特点。[②] 隋唐时期，科举制度诞生，新型的士人群体——“士子”“举子”“进士”开始涌现，[③]一种全新的传播方式——士人行卷，蔚然兴起，形成整个唐代极富特色的士人传播现象。

所谓“士人行卷”，又称“投献”“执贽”“投贽”或“贽谒”，是指“应试的举子将自己的文学创作加以编辑，写成卷轴，在考试以前送呈当时在社会上、政治上和文坛上有地位的

---

① 中国有着悠久的“士”的传统。有士人就有士人间的传播活动，徐培汀、裘正义先生认为：在封建社会除官方传播和民间传播以外，还有十分重要的士大夫阶层的传播活动（《中国新闻传播学说史》，重庆出版社，1994年，第50页）。

② 李彬先生将其归纳为：先秦策士—秦汉儒士—魏晋名士—隋唐进士—明清绅士等形象主体，颇有见地（见《唐代文明与新闻传播》，新华出版社，1999年，第206页）。由此，士人传播的主体精神也因时而变。从先秦策士处议纵横，到秦汉儒士授业传经，形成西汉图书市场“槐市”“书肆”，再到魏晋名士间玄谈清议的人际传播，进而出现大量“佣书”“经生”，士人间的文化信息传播就一刻未停。

③ 本书所说的“士人”是就确指层面而言的，具体包括三类：已科举及第的进士；获得应试资格的乡贡举人和两监生徒；积极准备参加进士科举考试的一般读书人（李彬《唐代文明与新闻传播》，第221页；徐松《登科记考》，中华书局，1984年，凡例）。关于唐代士人传播的整体风貌，李彬先生在其《唐代文明与新闻传播》中已进行过全面系统阐述，惜对有唐一代士人间广泛而极富特色的“行卷传播”现象，用墨较少。

人，请求他们向主司即主持考试的礼部侍郎推荐，从而增加自己及第希望的一种手段”。[①]按照鲁迅先生的解释，“就是举子初到京，先把自己得意的诗抄成卷子，拿去拜谒当时的名人”[②]的一种人际传播行为。

在唐代，士人传播、官方传播与民间传播三者共同筑起新闻传播的大厦主体。而“士人行卷”又是士人传播的重要内容，它不仅大量存在于唐代士人的日常交往之中，更为有唐一代所特有。“士人行卷传播”对于唐代政治结构的调整和文学的繁荣都起到过重要作用。本书试图运用西方现代传播理论解读这一文化现象。从方法论意义上说，本书是传播学与中国文化阐释研究方面的一次新尝试，以期带来中国传播学研究的新视角、新思路和新方法。

第一节　“行卷传播”的社会文化背景

唐代士人的行卷传播是在特定的社会历史背景下产生的，具体表现为以下三个方面：

1. 开科取士是催生士人阶层的文化土壤

科举制度首创于隋大业年间，唐高祖武德五年（622 年）沿袭隋制，开科取士，但每年招收人数很少，并未形成风气。武则天统治时期，社会相对稳定，世风渐转，弃武尚文，参加科考的士人渐多。唐玄宗时代，科举入仕已形成风气，社会上才智之士趋之若骛，后来，甚至到了“士有不由文学而进，谈者不耻”的程度，“科举制下的士人是社会中最活跃的部分”。士人竞相仿效，以此为荣，由此催生出一个重要的社会阶层——进士阶层。进士群体的出现，为士人行卷传播活动提供了丰富的行为主体。

2. 唐代贡举名目繁多，而行卷传播活动则多发生在进士科

唐代科举一般分为制科和常科两大类。制科以选拔特别才能者为目的，考试名目众多、内容形式各异。据徐松《登科记考》凡例载：“唐制举之名多至八十有六，凡七十六科。”而且，每年或设或否也不固定，应试举子很难准备，所以大多数士人应举多以常科为务。常科中又以进士和明经两科为主，这两科是唐代士人应试的主要科目。明经虽与进士并列，然两者在社会上地位之高下、及第程度之难易，却大不相同。五代人王定保在《唐摭言》卷一中说：

> 进士科始于隋大业中，盛于贞观、永徽之际；缙绅虽位极人臣，不由进士者，终不为美，以至岁贡常不减八九百人。其推重谓之“白衣公卿”，又曰“一品白衫”；其艰难谓之“三十老明经，五十少进士”。

① 程千帆：《唐代进士行卷与文学》，3 页，上海古籍出版社，1980。

② 《中国小说的历史变迁》，《鲁迅全集》九卷，314 页，人民文学出版社，1981。

进士科的举子备受人们推崇，认为将来可以位极公卿，官居一品。而明经科的举子则往往不被重视，无人寄予厚望。三十岁明经及第，已算是老明经了，而五十岁中进士，却还是少进士。可见这两科在唐人心目中的地位相差何其远。为什么士人行卷传播活动只与进士科有关，除社会风气使然外，直接原因是：明经科招收人数较多，报考人数相对较少，而且，考试内容比较简单。据《登科记考》凡例称："明经每岁及第将二百人，其数倍蓰于进士。"招收人数多竞争自然不那么激烈，因此也就没必要进行紧张的闱外活动。从考试内容上看，明经科以帖经为主，经书的熟悉与否是及第的关键，而经书的熟悉程度是无法以行卷传播方式来体现的，只需闭门苦读，死记硬背，就可能中第。

进士科则完全不同，此科招收人数较少，考试难度较大。每年考中的少则几人，多者三四十人。尽管如此，由于社会重视，进士科仍是士人应试的热门首选。每年参加考试的举子少亦千人，多则二三千人。这就势必形成激烈的竞争态势，"大率二十人中方收一人，故没齿而不登科者甚众"。[①] 为了尽快中第，于是，闱外活动不可避免。同时，进士科考试有一项重要内容是考"杂文"。《登科记考》卷二载："进士科试杂文两首。按，杂文两首，谓箴、铭、论、表之类。开元间始以赋居其一。或以诗居其一，亦有全用诗赋者，非定制也。杂文之专用诗赋，当在天宝之际。"

尽管唐代进士科加试的"杂文"，具体内容在不断变化，但有一点是肯定的，那就是以文词的优劣来决定举子的去取。中晚唐后，发展到完全以考文词为主，因而，进士科又被称为"词科"，及第的关键不是死背经书，而是看你的文学才华。"进士者，时共羡之。主司褒贬，实在诗赋，务求巧丽，以此为贤"。[②] 而文学才华往往又非一两次考试能够表现出来，想在考场上短时间内发挥创作才华，毕竟困难，于是，大批应试举子开始走行卷传播的终南捷径。在考试前他们将精心备好的"杂文"传给当世显人或与主考关系密切的通榜者，以求延誉，由此士人的行卷传播活动在唐代风行。

3. 唐代科举考试的"不糊名"制，使得行卷传播活动具备了客观的可能性

试卷不糊名是唐代贡举的一大特点，即应试举子的考卷上，考生姓名公开化，直接面对主考官，因此主司在判卷时，就可以根据考前士人的行卷情况，对照姓名很主观地决定去取，分出名次。不糊名制是行卷传播蔚然成风的有利条件。显然，这种制度弊端很大，导致晚唐五代科举不正之风盛行。北宋初年科举改革，实行糊名制，后来进一步实行"誊录制"，[③]即举子试卷专人弥封、专人誊抄，然后再让主司判卷。考卷上姓名既被糊没，笔迹又因重新誉录而无从辨别，士人行卷传播已失去意义，因而宋代以后，行卷传播风气也

① 杜佑：《通典》卷十七。

② 杜佑：《通典》卷十七。

③ 范镇《东斋记事》卷三："初，举人居乡，必以文卷投贽先进，自糊名后，其礼寖衰。"王栐《燕翼诒谋录》卷五说得更清楚："真宗时，试进士初用糊名法，以革容私之弊。"吴自牧《梦粱录》"诸州府得解士人赴省闱"条载："朝廷差知贡举、监试、主文考试等官，并差监大中门官诸司、弥封、誊录等官。"足见到了南宋时期考试制度已相当完善。

就随之消弭。

弄清了唐代士人行卷传播的文化背景、生成机制和客观条件之后，下面我们根据西方传播学大师拉斯韦尔的5W理论，即传者、讯息(内容)、媒介、受众和效果五个环节，来系统考察一下唐代士人行卷传播的具体过程，意在对这一文化现象作一个全新的传播学阐释。

第二节 “行卷传播”的传者

根据拉斯韦尔的传播理论，任何一种传播活动都有信源的发出者，即传者。行卷传播的传者主要有三类士人。

其一，唐代士人行卷传播的传者主体是应进士科的举子——乡贡进士和两监生徒。《登科记考》凡例曰：“其应举者，乡贡进士，例于十月二十五日集户部，生徒亦以十月送尚书省。正月乃就礼部试。试三场，先杂文，次帖经，次答策。每一场已，即榜去留，通于二月放榜，四月送吏部。”即是说，唐代应进士科的士人由全国各地推荐来的乡贡进士和两监生徒组成。换言之，并非人人都有资格参加京试——礼部试，必须经过层层考试，层层选拔。“自乡升县，县升州，州升府，皆历试行艺，秋会于文昌”。[①]

那么，整个唐代究竟有多少举子参加过进士科举，这是我们搞清行卷传播传者人数的关键。吴枫先生在《隋唐历史文献集释》中对此有过统计：“唐代进士科考生当在五万人左右，明经科考生当在三千余人，加上制科，总计考生不少于五万五千余人。”

据此可知，应进士科的五万人，他们曾是唐代士人行卷的主要传播者。这些人中登龙门、取功名的毕竟是少数，其余大多数始终滞留乡里。据《新唐书》载，整个唐代有名姓的进士约850名，只占参加进士科考人数的1.7%。尽管如此，科举考试毕竟是寒族士人通过进士试跻身上流社会的重要途径或唯一途径，一旦考中，“位极人臣，常十有二三，登显列十有六七”，[②]其魅力之大，令人神往。少数人的成功吸引了大批身处乡野的读书人投身其中。不难想象，埋头苦读而准备参加各种预选以争取应试资格的士人，则多得难以全面统计了。[③] 士人们在被层层选拔的过程中，为求尽快获得京试资格，模仿进士科，向各级考官、显人实施行卷传播，也就是自然的事了，他们构成行卷传播传者的庞大群体，可惜今天我们已无从确考。

其二，部分及第后的进士继续行卷，成为行卷传播的另一类传者。我们知道，士人行卷的目的是争第、求官。既然中了进士，本可以停止行卷，但是由于世风已成，社会名流多重才学之士，一些已中进士的士人，“再以诗文呈献给朝中显要，以求得适当官位”。

---

① 徐松：《登科记考》，凡例。

② 李肇：《唐国史补》卷下，载《唐五代笔记小说大观》，193页。

③ 李彬：《唐代文明与新闻传播》，22页，新华出版社，1999。

“更有的士人在成名之后也往往把诗文投献给权贵之门，或邀名誉，或希结托”。[①] 继续他们的行卷传播活动。

其三，有些无望中进士的士人，为了经济利益，也充当过传者。进士科竞争激烈，考中的毕竟为数很少，一些士人明知进士无望，也照样行卷传播，他们的目的干脆就是打秋风（敛财），“这种以诗文投谒地方官员以求得经济上资助的称为‘举粮’，是不以为讳的”。[②] 举进士而第，自然有比较好的前途，但累试不第，乃是常事，因而经济上不免出现困难，有不少举子行卷只为在经济上获得社会名流的资助。据《幽闲鼓吹》记载：

> 丞相牛公应举，知于相之奇俊也，特诣襄阳求知。住数月两见，以海客遇之，牛公怒而去。去后忽召客将问曰：“累日前有牛秀才，发未？”曰：“已去。”“何以赠之？”曰：“与之五百。”“受之乎？”曰：“掷之于庭而去。”于公大恨，谓宾佐曰：“某盖事繁有阙违者。”立命小将赍绢五百、书一函，追之，曰：“未出界即领来，如已出界即送书信。”小将于界外追及，牛公不启封，揖回。[③]

牛僧孺行卷给于，被于视为一般的敛财者，他非常愤怒，最终拂袖而去，一时传为美谈。反过来，正说明一些被视为“海客”的举子，只要“五百文”也就可打发了的现实。此类传者，虽不乏其人，但毕竟已沦为传者的末流，与行卷风尚最初形成时的意义和作用，距离已相当遥远。

第三节 “行卷传播”的内容

唐代士人行卷传播的内容十分丰富，总体来看多属文学作品，即所谓的“杂文”。其中，尤以诗歌、散文（古文）、唐传奇为主。

一、诗歌

唐代士人以诗歌作为传播内容最为普遍。唐朝是诗的朝代，仅《全唐诗》及陈尚君《全唐诗补编》就存诗55000余首，作者3600多人。然而，有唐一代，究竟有多少诗歌曾是行卷传播之作、有多少诗人参加过行卷传播活动，已难以细考。宋人赵彦卫说：“进士则多以诗为贽，今有唐诗数百种行于世者是也。”[④]可见，在南宋时期，仍有大量唐人行卷诗集存世，只是现在分辨哪些是行卷诗作、哪些不是，已很困难。这里我们仅举一例来考见唐人以诗歌进行人际传播的盛况。宋代文学家王安石曾编过一本《唐百家诗选》，尽管对此书的编辑过程、去取宗旨曾发生过不少争论，但它是现存规模最大的唐人行卷传播

---

① 孙旭培：《华夏传播论》，212页，人民出版社，1997。

② 傅璇琮：《关于唐代科举与文学的研究》，载《唐诗论学丛稿》，48页，京华出版社，1999。

③ 张固：《幽闲鼓吹》，载《唐五代笔记小说大观》，1454页。

④ 赵彦卫：《云麓漫钞》，83页，辽宁教育出版社，1998。

诗集，由此可窥见唐代士人行卷诗的整体风貌。据程千帆先生在《唐代进士行卷与文学》中考证，《唐百家诗选》共收唐诗人104位，其中“绝大多数是与进士词科有关的人物。他们的诗，必然有一些是专门为了行卷而写的，还有许多则是通过行卷这种特殊风尚才流传开来的”。同时，根据王安石与藏书家宋敏求的亲密关系，程先生进一步得出结论：宋敏求所藏诗“多数是唐人的行卷”。其中，脍炙人口、传诵至今的优秀诗章有崔颢的《黄鹤楼》，王昌龄的《长信怨》《出塞》，张继的《枫桥夜泊》，李贺的《雁门太守行》等。可见，在唐代，用诗歌来进行传播是士人们最为频繁的一种人际传播方式。

二、散文

散文（古文）是士人行卷传播的又一项重要内容。唐进士科应试，除考“杂文”外，必须通过“时文”——甲赋、律诗考试。由于时文写作受各种程式化的限制，举子们在科场上很难发挥才能，为了展示文学才华，他们就用古文来从事行卷传播。唐代不少古文家正是以时文应试、古文行卷双管齐下的方式来获得进士及第的。著名的唐人文集如皮日休的《文薮》、罗隐的《谗书》都曾到处行卷传播过。但由于《谗书》等内容的现实批判性，“几乎全部是抗争和愤激之谈”，虽到处传播，但不被时人看重。

当然，散文传播影响最大的还是古文运动的倡导者韩愈及其追随者。在韩愈前后活跃着一个以古文为内容、相互传播延誉的文人群体，如柳宗元、李观、欧阳詹、张籍、李翱、李汉、沈亚之、孙樵等都是进士，也都以古文进行过行卷传播活动。韩愈应进士科时进行过大量的行卷传播。《旧唐书·韩愈传》曰：“（韩）举进士，投文于公卿间，故相郑馀庆颇为之延誉，由是知名于时。”韩愈登第为官后，声誉日高，逐步成为文坛泰斗，他又主动接纳、热情鼓励后学进行行卷传播活动。《新唐书·韩愈传》曰：“韩愈引致后进，为求科第，多有投书请益者，时人谓之韩门弟子。”甚至为了推举牛僧孺，他和皇甫湜还进行过一次成功的传播策划，一时传为美谈，使得“僧孺之名大振天下”。中唐古文运动的中坚人物多是进士出身，他们视韩愈为楷模，登第前经常以古文进行传播，及第后又广泛接纳后学传播的散文（古文），彼此相互促进、相互影响，从而形成中国古代散文的又一个高峰。

三、唐传奇

中唐以后，传奇小说又成了士人行卷传播的新鲜内容。用诗歌、散文来传播，日益广泛，受者已觉不新鲜，为求新颖刺激，博得传播对象的好感，以便能尽快高中进士，一种新的传播内容——唐传奇应运而生了。鲁迅先生对此有过精辟论述：“诗文既滥，人不欲观，有的就用传奇文，来希图一新耳目，获得特效了，于是那时的传奇文，也就和‘敲门砖’很有关系。”[①]他认为中晚唐以后，以传奇来传播的直接原因是诗文太滥，人们没有新鲜感，为一新耳目，才创出新格，从而以传奇小说进行传播。士人以传奇进行传播，另一重

① 《鲁迅全集》六卷，《且介亭杂文二集》，324页，人民文学出版社，1981。

要原因是唐传奇“文备众体，可以见史才、诗笔、议论”。所谓“文备众体”是指在一篇文章中能展示各种文学才华，因而唐传奇备受士人青睐，唐传奇的传播开始风行。

唐传奇有多少曾用于传播，有待进一步研究，但中唐贞元、元和时代，传奇名篇迭出，而此时正是进士词科日益发达的时期，这种巧合绝不是偶然的。传奇的发达与士人以此为内容大量行卷传播有直接关系。对此，冯沅君先生有过总结：现存唐传奇约 60 种，姓名可考的作者 48 人。她认为“唐传奇的杰作与杂俎中的知名者多出进士之手”。他们中大多数都可能以传奇小说进行过传播活动。据考，现存唐传奇中至少有三部专集曾用于行卷传播：一是牛僧孺的《幽怪录》，本名《玄怪录》，现存三十三篇；二是李复言的《续玄怪录》，现存三十五篇；三是裴铏的《传奇》，现辑存二十四篇。程千帆先生认为它们是行卷传播的代表作品。

以上是就士人行卷传播的文体来说的。如就题材而言，传播之作也有具体的要求。

第一，选材要新鲜，要有新闻性，这样容易产生轰动效应。据《唐国史补》记载：裴晋公为强盗刺伤，仆人王义与暴徒搏斗而死，晋公作祭文纪念他。此事在当时影响很大，“是岁进士撰《王义传》者，十有二三”，[①]以此为素材作文进行传播者很多，说明当时许多举子十分关注具有新闻性的题材。以此题材写诗作文，容易引起接受者的共鸣，自然会产生良好的传播效果。

第二，行卷作品的内容上要标新立异，这是士人们共同追求的目标。宋人孙光宪在《北梦琐言》中云：

> 唐卢廷让业诗，二十五举，方登一第。卷中有句云：“狐冲官道过，狗触店门开。”租庸张，亲见此事，每称赏之……尝谓人曰：“平生投谒公卿，不意得力于猫儿狗子也。”人闻而笑之。

诗人卢廷让先后考了 25 次，才最终及第。得力之处不是别的，就在于诗歌的标新立异。这种一味求新的片面追求，倒是和西方某些新闻学者追求怪异、新奇的新闻观有些暗合，以致走火入魔，为后人留下悲剧性的笑柄，但从实际效果来看，反而歪打正着，因而高中进士。

第四节　“行卷传播”的媒介及礼仪

尽管唐代发明了雕版印刷术，但并未普及，图书体制仍以卷轴为主，尚未出现册页图书形制，士人间行卷传播仍以手抄的卷轴来进行。而且卷轴制作、传播行为的实施还有一套约定俗成的礼仪程式。

(1)卷轴的制作、纸张的质量、抄写格式都有明确规定。唐代卷轴一般“纸高 25～26

---

① 李肇：《唐国史补》卷中。

厘米或26～27厘米，长40～43厘米或44～51厘米”。卷轴形式为墨边厚纸，每幅16行，每行不过11字。通常的规矩，唐人制作卷轴要用熟纸，严格装裱，且卷面要整洁，不能有揩字、注字现象，以示对行卷对象的尊重。

(2)传播的作品以精为贵，徒有数量往往受人讥笑，并且要慎重安排卷首第一篇。士人传播作品一般只投一至两卷，而且要取其最精善者投之。据《唐摭言》载：“薛保逊好行巨编，自号‘金刚杵’。太和中，贡士不下千余人。公卿之门，卷轴填委，率为阍媪脂烛之费。因之平易者曰：‘若薛保逊卷，即所得倍于常也。’”说明传播之作以精粹为上，像薛保逊那样动辄以巨编投卷，只能招人嘲笑。

同时，开卷第一篇质量如何往往是确定传播成败的关键。成功的典型要算白居易行卷顾况那一次。《幽闲鼓吹》载：“白尚书应举，初至京，以诗谒顾著作。顾睹姓名，熟视白公曰：‘米价方贵，居亦弗易。’乃披卷，首篇曰：‘咸阳原上草，一岁一枯荣。野火烧不尽，春风吹又生。’即嗟赏曰：‘道得个语，居即易矣。’因为之延誉，声名大振。”[①]相反，如果卷首选择不当往往会招致失败。《唐国史补》载：“崔颢有美名，李邕欲一见，开馆待之。及颢至，献文，首章曰：‘十五嫁王昌。’邕叱起曰：‘小子无礼！’乃不接之。”[②]崔颢有很多优秀的名篇佳作，可惜错选了那首卖弄风情、出语轻薄的《王家少妇》为卷首，引起了李邕的不满，不但没有获得赏识，反而遭到斥责。这些都说明，举子行卷传播时卷首安排的重要性。

(3)士人行卷传播时，衣着也很有讲究。封建社会，服饰是人的身份地位的象征，衣服的质地、颜色、款式都因人的社会地位而有所不同。在唐代，应试举子一般只能穿白色的粗麻布衣，所以前文称之为“白衣公卿”“一品白衫”，原因就在此。举子只有通过吏部主持的关试，才可以做官，脱下白色粗麻布衣，所以关试又称“释褐试”，意思是过了这一关，就可以脱下“褐衣”了。《北梦琐言》曰：“唐相国刘公瞻……因题商山驿侧泉石，荥阳(郑愚)奇之。勉以进学，俾前驿换麻衣，执贽之后致解荐，擢进士第，历台省。”[③]同卷又载：“薛能尚书镇郓州，见举进士者必加异礼。李勋尚书先德为衙前将校，八座方为客司小子弟，亦负文藻，潜幕进修，因舍归田里。未逾岁，服麻衣，执所业于元戎。”士子刘公瞻、李勋在实施行卷传播时，都要特别“换服麻衣”才能去见传播对象。说明唐代举子行卷传播时，着麻衣是当时通行的风俗礼仪。

(4)士人的行卷传播往往并非一次就能成功，需要反复多次，时人称之为“温卷”。宋人赵彦卫曰：“唐之举人，先借当世显人，以姓名达之主司，然后以所业投献。逾数日又投，谓之‘温卷’。”温卷的目的是想提醒受者，不要忘了前一次的行卷传播，所以不停地投卷以增加“温度”。

---

① 张固：《幽闲鼓吹》，载《唐五代笔记小说大观》，1450页。

② 李肇：《唐国史补》卷上，载《唐五代笔记小说大观》，162页。

③ 孙光宪：《北梦琐言》，载《唐五代笔记小说大观》，1818页。

第五节 “行卷传播”的受者

唐代士人的行卷传播，目的在于争第、得官、求知己。这就决定了传播的受者主要有两类人，即当世显人和通榜者。

一、当世显人

当世显人是指那些位极人臣的公卿大僚、声誉显赫的学界名流和众望所归的文坛巨擘。这些人利用自己在社会上、政治上、文坛上的身份地位，对行卷举子的前途命运起着决定性作用。一经“显人”提携，就可“一日名动京师，三日传遍天下”。朱庆馀行卷张籍，因张籍名声显赫，经他推荐自然很快登科。杨敬之对于项斯亦如此：项斯开始并未出名，因以诗卷投赞杨敬之，杨甚爱之，赠诗云：“几度见君诗总好，及观标格过于诗。平生不解藏人善，到处逢人说项斯。”未过多久，其诗传至长安，项斯第二年就登上第。[①] 最典型的要算吴武陵推荐杜牧一事。《唐摭言》记载：

> 崔郾侍郎既拜命，于东都试举人……时吴武陵任太学博士，策蹇而至。郾闻其来，微讶之，乃离席而言。武陵曰：“……向者，偶见太学生十数辈，扬眉抵掌，读一卷文书，就而观之，乃进士杜牧《阿房宫赋》。若其人，真王佐才也。侍郎官重，必恐未暇披览。”于是箣朗宣一遍。郾大奇之。武陵曰：“请侍郎与状头。”郾曰：“已有人。”曰：“不得已，即第五人。”郾未遑对……既即席，白诸公曰：“适吴太学以第五人见惠。”或曰：“为谁？”曰：“杜牧。”众中有以牧不拘细行间之者。郾曰：“已许吴君矣。牧虽屠沽，不能易也。”[②]

此段文字说明名人推荐的价值，虽然杜牧声誉不好，但吴武陵推荐，主考官还是不能改变。如果不是前四名已有人举荐的话，杜牧甚至可以直拔状头。《因话录》云：“广平程子齐昔范，未举进士日，著《程子中谟》三卷，韩文公一见大称叹。及赴举，言于主司曰：‘程昔范不合在诸生之下。’当时下第，大振屈声。”[③]

唐代很多作为受者的显人，都以能提携后学为荣，中唐古文家们就是这样。《因话录》载：“元和中，后进师匠韩公，文体大变。又柳柳州宗元、李尚书翱、皇甫郎中湜、冯詹事定、祭酒杨公、余座主李公，皆以高文为诸生所宗，而韩、柳、皇甫、李公，皆以引接后学为务。杨公尤深于奖善，遇得一句，终日在口，人以为癖，终不易初心。”[④]行卷传播的士人遇上这些豁达大度、惜才怜人的显人，自然是幸运的，中第的机会就会大大增加。

---

① 辛文房：《唐才子传》，94页，辽宁教育出版社，1998。

② 王定保：《唐摭言》卷六，载《唐五代笔记小说大观》，1626页。

③ 赵璘：《因话录》，载《唐五代笔记小说大观》，846页。

④ 赵璘：《因话录》，载《唐五代笔记小说大观》，846页。

当然,并非所有显人都以奖掖后进为己任,有的对士人行卷传播就持取笑鄙视态度。士人传播遭遇此类受者,结果就可想而知了。《唐摭言》载:“(郑)光业弟兄共有一巨皮箱,凡同人投献,辞其可嗤者,即投其中,号曰‘苦海’。昆季或从容用咨谐戏,即命二仆舁‘苦海’于前,人阅一遍,靡不极欢而罢。”[①]郑氏兄弟常常把士人的传播之作,取笑一番,投之苦海(破皮箱子),然后让仆人拿出去当废纸卖掉。

二、通榜者

通榜者是指与主试官关系特别密切、可与之共同决定录取进士名单的人。有些就是主考官的亲朋好友。如宋人洪迈所言:“唐世科举之柄,颛付之主司,仍不糊名。又有交朋之厚者为之助,谓之通榜。”[②]在唐代,选拔才俊,主考官往往委托自己最信任的朋友来推荐贤良,参与决策。典型的如唐宣宗大中十年(856 年)郑颢知贡举,托崔雍为之通榜,崔雍提出名单以后,郑颢竟一字不改,甚至进士榜文都由崔雍写好。这种特殊身份,使得通榜者成为士人传播的热门人选。据《唐摭言》载:“贞元十八年,权德舆主文,陆傪员外通榜帖,韩文公荐十人于傪,其上四人曰侯喜、侯云长、刘述古、韦纾,其次六人:张弦、尉迟汾、李绅、张俊余,而权公凡三榜共放六人,而弦、绅、俊余不出五年内,皆捷矣。”[③]韩愈作为社会名流,把自己认为优秀的举子推荐给通榜者陆,转荐给主考官权德舆,自然先后下第。可见,主考官、通榜者和社会显人相互配合,共同左右了进士科的入仕人选。

此外,偶尔也有以举子为受者的。一个举子自己未登进士,一般来说,也就没有引进别人的资格,可是,如果这个人的才华为人们所公认,为了提高写作水平,也会有举子向他传播文章的。据《唐摭言》载:“吴融,广明、中和之际,久负屈名,虽未擢科第,同人多贽谒之如先达。有王图,工词赋,投卷凡旬月。”[④]像吴融这样有才华的诗人,虽尚未进士及第,但出于学习考虑,也有人向他行卷。当然,举子向举子传播文章的现象并不多见。

第六节 “行卷传播”的效果

从整个士人传播史来看,唐代士人的行卷传播,只是历史长河的一朵浪花。但是,行卷传播对于改变唐代社会的政治结构和唐代文学的发展产生了深远的影响。

其一,大批乡贡进士、两监生徒,在行卷传播风气的吹拂下,纷纷高中进士,步入仕途,获得了广泛参与国家政治生活的机会,有的还位极人臣,从而改变了唐朝统治集团的内部结构。据统计,有唐一代 524 个宰相中,进士出身的就占了 232 人,几乎一半。[⑤] 这

① 王定保:《唐摭言》卷十二,见《唐五代笔记小说大观》,1688 页。
② 洪迈:《容斋随笔》四笔卷第五,669 页,上海古籍出版社,1978。
③ 王定保:《唐摭言》卷八,载《唐五代笔记小说大观》,1643 页。
④ 王定保:《唐摭言》卷五,载《唐五代笔记小说大观》,1620 页。
⑤ 李彬:《唐代文明与新闻传播》,205 页。

个数字与年复一年的科举大军相比，虽然还只是很少的一族，但是，相对于魏晋以来门阀贵族一统天下把持国家政权的局面，无疑是一个巨大的进步。这批出身寒门的中小地主阶级的成功介入，彻底动摇了六朝以来“上品无寒门”的封建社会政治格局。关于科举制度的政治进步意义，傅璇琮先生有过一段精辟论述，他说：“科举制原是封建时代选拔官员的一种制度，它在唐代被正式确立，比起两汉的察举制与魏晋南北朝的九品中正制，有极大的优越性，它使得封建国家把官员的选用权集中于中央，以适应于大唐帝国统一的政治局面的需要。科举制又采取一整套考试的办法，订立一定的文化标准，面向地主阶级的整体，招徕人才。这说明中国古代封建地主阶级，发展到唐代，对国家官员的文化水平较过去时代有更高的要求，也反映了当时社会的文化较过去更有所发展和提高。这说明，科举制对唐代的政治生活是起了积极作用的。”①而这些士人之所以纷纷中进士、步入政坛，与他们的行卷传播活动有着密切的关系。可以说，是士人的行卷传播间接改变了唐代社会的政治结构。

进士人数的大量增加，使得大批才华横溢的士人看到了读书的希望，由此建构起一个以读书仕进为业的进士阶层。在士人频繁的交往过程中，他们越来越发现行卷传播的“敲门砖”意义和价值。从某种意义上说，唐代士人的行卷传播，使得孔子倡导的“学而优则仕”的理念，至此才真正得以付诸实践，从而间接导致中国古代社会政治结构的根本改变。科举制度、行卷传播，既为统治集团内部提供源头活水，又为广大寒族知识分子跻身政坛带来了一线曙光。

其二，士人行卷传播的直接效果则是促进了唐代文学的高度繁荣。由上文我们知道，唐代进士科举，主要以文词的优劣来决定士人的去取，文词的优劣不表现在考“时文”的科场，而取决于行卷传播的综合效果。

关于唐代科考“时文”，有人认为这是唐代文学发展的一个积极因素。傅璇琮先生对此有过深入分析，认为唐代进士科的考试诗赋，不仅对文学发展没起到积极作用，“还对文学的发展起过一定的消极的作用”。② 此说颇有见地。事实上，唐代文学的发展与唐代士人的行卷传播密切相关，从某种意义上说，正是行卷传播的质量需要促进了唐代文学的繁荣。

行卷传播的作品没有程式化，但求新变，意在吸引受者。内容千变万化，形式不拘一格。士人们既可以天马行空，驰骋想象，亦可殚精竭虑，一语惊人，充分激活了唐代文人学士的艺术才华。唐代文学从诗歌散文到笔记传奇都取得了大面积丰收：盛唐的诗、中唐的文、中晚唐的笔记传奇，在整个中国文学史上都堪称高峰。同时，一批大师级的人物也在行卷传播的大潮中脱颖而出。为取得显人的青睐、通榜的好感，他们不惜“焚膏油以继晷，恒兀兀以穷年”（韩愈语），力求做到“笔落惊风雨，诗成泣鬼神”（杜甫语），他们有时

---

① 傅璇琮：《关于唐代科举与文学的研究》，载《唐诗论学丛稿》，36页。

② 傅璇琮：《关于唐代科举与文学的研究》，载《唐诗论学丛稿》，31页。

"百炼成字，千炼成句"(皮日休语)，有时"两句三年得，一吟双泪流"(贾岛语)，暂将自己的文学才华发挥到极致。正如程千帆先生所说：士人行卷传播"无论是从整个唐代文学发展的契机来说，或是从诗歌、古文、传奇任何一种文学样式来说，都起过一定的促进作用"。[①]

总结上文，关于唐代士人的行卷传播过程，可以归纳为下面的模式图：

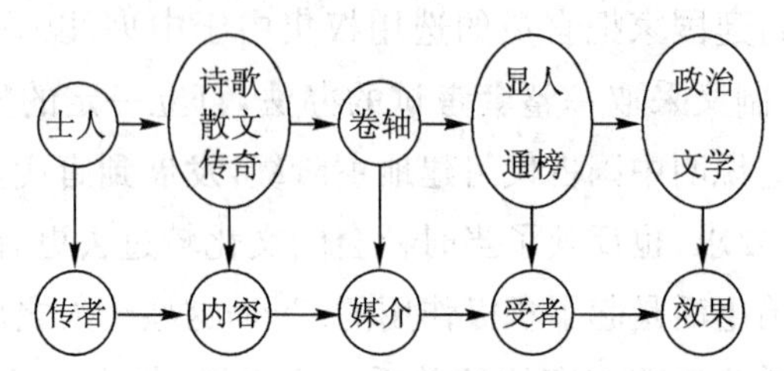

总之，唐代士人的行卷传播，从社会传播区来看，属人际传播，它既有"两个人的""面对面的""非正式的"特点，又"最大限度地以表现个性的方式"来进行；[②]传播者是大批应试的士人；传播的内容以文学作品(诗、文、传奇)为主；媒介载体通常是手抄的卷轴；受者主要是少数具有广泛社会影响力的显人和与主考关系密切的通榜者；行卷传播的效果，使得一批中下层寒族士人步入政坛，改变了唐代乃至整个中国封建社会的政治结构，同时，在客观上促进了唐代文学的高度繁荣。

① 程千帆：《唐代进士行卷与文学》，88页，上海古籍出版社，1980。

② 斯图尔特语，王怡红：《人人之际——我与你的传播》，《新闻与传播研究》，2002.2。

第十一章
国际关系与国际传播:控制与对话

随着全球化时代的到来,国际传播也成为我们无法回避的问题。从宽泛的意义上来说,"国际传播就是研究国与国之间、文化与文化之间的讯息交流,其研究范畴包括各种媒介交流,旅游和移民等人际交流,以会议和体育比赛等为形式的教育、文化、外交、政治的交流,等等"。[①] 国际传播涉及政治、经济、文化等多个领域,同时国际传播包括无形的文化、信息交流,也包含有形的人员往来。貌似繁杂的、无序的国际传播,其实还是自成系统的,这个系统涉及"技术部分(电缆、录音材料、无线电波等),经济部分(贸易问题、关税、税款、投资策略等),政治和管理规则部分(国家主权、国际协定的制定、联盟、地理政治平衡),文化部分(国家和民族的描述、文化产品的依赖和支配等),以及社会控制(宣传、信息流通、传播权等)"。[②]而从信息传播的角度看,国际传播是"以国家社会为基本单位,以大众传播为支柱的国与国之间的传播"。[③]在这个相对比较单一的国际传播体系中,同样涉及技术、经济、政治规则、文化和社会控制等问题,我们在这里着重讨论社会控制和文化传播和传播规则等问题,以及由此而形成的国际传播环境以及这样的传播环境对电视传播与表达的影响。

第一节 传播:社会控制的一种工具

在看似平等和自由的国际传播程序中,其实包含着极度的不平等,造成不平等的原因就在于一些发达国家和一些大的国际传媒集团对传播信息和传播技术等的控制。国际的传播系统是被集中控制的,由政府或者私营公司操纵,特别是跨国公司对国际传媒

① 李少南:《国际传播》,第7页,台湾黎明文化出版社1994。

② [美]罗伯特·福特纳:《国际传播:全球都市的历史、外突及控制》,26页,华夏出版社,2000。

③ 郭庆光:《传播学教程》,237页,中国人民大学出版社,1999。

具有更强大的控制力。“社会的建立以及维持‘知识垄断’的企图，都要依靠各种传播工具，它们可用来作为控制社会的方法。”[①]而且这种控制不仅表现在对国家内部，而且表现在国家间。

国家对传播媒介的控制在于强化自身的舆论导向和宣传导向，同时对外来的信息加以封锁。在国内的宣传上主要通过对特定的媒体控制来实现，大众传播的社会控制主要是政府的控制、传播媒介的内部控制。此外，还有广告商控制、受众控制和公众组织控制。政府控制是各种控制中最常见也是最有效的，与一般的控制不同，政府控制主要通过制定相应的传播政策、确定一定的传播基调、进行新闻发布、对人员的控制、使用行政手段等，以此达到传达主流的意识形态的功效。对外来的信息控制主要通过在对境外的短波的广播、卫星电视信号、网络信号加以干扰或者屏蔽，同时通过控制硬件的输入，或者通过控制硬件安装的方式来弱化对方的传播能力。美国人一直崇尚所谓“信息自由流通”的理念，但实际上美国对传播的控制一点也不弱于其他国家。长期以来，美国以保护其录音师版权为理由，设法禁止数字化音频录音机进口。它还禁止外国人拥有美国的广播电台和电视台，但是美国公司却可以投资其他国家的广电事业。“控制传播一直是有效控制社会的方法，这一说明对美国和其他国家来说都很确切。”[②]

在国际(或全球)架构内，一些国家或许试图通过影响他国的外交政策、进出口贸易活动、电信和广播电视系统的技术标准等等来达到控制其他国家的目的。在国际信息传播方面，利用自己的传播技术等优势，加强对外的信息传播。在国际卫星电视传播方面，CNN、BBC 等国际卫星电视台垄断了大部分的新闻节目传播，ESPN、HB0 等专业频道向各国传送体育、电影、时尚等专业节目。20 世纪初美国提供三分之二的卫星电视节目，在各国进口的电视节目中，70%产自美国。[③] 随着数字技术的发展，具有国际影响力的新媒介依然掌握在一些垄断资本手中。有学者认为，数字时代的信息地缘政治主要集中在对数据基础设施和数据收集的控制上，而不是对内容和消息的控制。一些大型的媒体平台已经成为大众日常生活的基础设施，对国家政治、经济和文化系统的嵌入式影响和控制成为“平台帝国主义”的重要表现。[④] 也可以看出控制所取得的实际效果。

当然，利用传播工具对社会加以控制，其中传播策略也成为对外控制手段的一个部分。不同的传播策略也会达到不同的传播效果，具体来说，运用假信息和宣传，使人们难以认清事实的真相。当某个组织运用策略使人们观念混淆、认知失误、行动反常时，这一组织的欺诈活动就非常有效地实行了社会控制。[⑤] 否认敌对国家所作的报道，或者拒绝

① [美]罗伯特·福特纳：《国际传播：全球都市的历史、冲突及控制》，25 页，华夏出版社，2000。

② [美]罗伯特·福特纳：《国际传播：全球都市的历史、冲突及控制》，26 页，华夏出版社，2000。

③ 张骏德：《当代广播电视新闻学》，265 页，复旦大学出版社，2001。

④ 熊澄宇，郑玄：《冲突与融合：从媒介帝国主义到“新媒介帝国主义》，11 页，《新闻与传播评论》2022(1)。

⑤ [美]罗伯特·福特纳：《国际传播：全球都市的历史、冲突及控制》，27 页，华夏出版社，2000。

证实或否认这些报道，这种策略也使人迷惑。人们无法确切地知道他们应该相信什么，人们在左右不定中就会弱化对方的宣传效果，从而也就强化了自身在社会中的影响，最终达到社会控制。最直接的方法就是拒绝所有可以接触到的信息，这是最简单的方法，也容易操控。利用一些组织来达到控制的目的也是通行的方法。如美国在苏联解体前，就资助苏联境内的一些地下电台以达到直接控制传播的目的。最后要提及的是，国际传播还可以用来提高国家或公司的竞争力。例如，使用国际传播手段可以很快得知市场和商品的信息，库存量的多少，零件、能量或运输工具的来源，等等。许多跨国公司为了迅速获取信息并制订行动计划，纷纷建立自己的专用网络。

西方一些传播强国利用各种控制手段，使得世界的传播系统出现了极度的不平衡，也形成了国际传播中中心和边缘的格局，这进一步加剧了传播不平等而且成为世界一体化的“破坏性”力量。

第二节　国际传播系统的中心、边缘

“在跨国传播行为中，行为主体包括国家、跨国公司和国际组织甚至个人。他们之间是按照一定的规则构成的相互联系、相互作用、相互影响的整体，即为国际传播体系。”①国际传播体系的本质是由各行为主体之间的结构和关系构成的，而且处于变动状态。

早期的国际传播中心是资本主义国家之间，以及从宗主国到殖民地的单向传播，欧洲一直是世界传播的中心。从20世纪中叶开始，虽然单向传播现象依然存在，但世界政治、经济、军事相互对立的两大阵营，出于政治、国家形象宣传等目的，也进行了空前规模的、有针对性的传播活动，“国际广播网（苏联这一边包括莫斯科电台、和平进步电台和基辅电台，美国这一边包括美国之音、自由欧洲电台、自由电台和马替电台等），双边高层会议，各种国际组织活动（包括联合国、军事联盟、国际卫星组织及其他各种国际组织等的活动），使馆所从事的公共事务活动，外资的新闻出版业、慈善业与发展援助项目——所有这些活动都充斥着美苏两大国各自的意识形态”。②

随着冷战的结束，出于单纯政治目的的传播活动宣告结束，国际间的信息交流和传播活动进一步加强，特别是随着信息时代的到来，传播科技的跨越时空特性使得一些发达国家能凭借雄厚的财力和科技成果，通过全球性媒体来操控世界范围内的传播，从而形成世界传播新的格局。挪威学者嘎尔滕根据国际传播的整体结构特点，把处在国际传播体系不同位置的国家分为“中心—边缘”，中心国家在国际传播体系中充当主角，他们掌控着国际传播的话语权，而边缘国家则只能处于信息单向接受的位置，其具体表现为：

国际信息、文化产品传播出现了单向性和垄断性。在战后时期美国竭力推动并主张

---

① 赵雪波：《传播视野中的国际关系》，254页，北京广播学院出版社，2006。

② ［美］罗伯特·福特纳：《国际传播：全球都市的历史、冲突及控制》，164页，华夏出版社，2000。

信息“自由流通”，这一主张在1948年得到了联合国的确认，美国从而获得了“合法化”的传播强权，借此机会，北半球工业大国强化了对信息的控制能力，也由此获得了国际传播的霸主地位。到1977年，西方的四大通讯社——美联社、合众国际社、路透社和法新社基本支配了国际新闻的流通。在世纪八九十年代，全世界每天的即时国际新闻80%由四大通讯社提供。随着电视在世界的普及和电视业的发展，美国、英国的电视节目很快控制了国际商业电视市场，特别是美国的电视节目。有统计显示，在20世纪七十年代初年，拉丁美洲的电视节目有一半来自国外；亚洲一些国家的电视节目一半以上是进口的；非洲，包括埃及的电视节目，有一半是进口的；而赞比亚和尼日利亚两国，进口节目占总节目的2/3。[①] 这些节目都来自发达国家。随着第三世界人民的觉醒，他们开始创立自己的传媒集团。比如巴西的巴西环球集团是一家集电视网络、报纸、杂志、书籍、无线电、有线系统电影、因特网和唱片业务于一身的多媒体巨头，也制作本土化的节目，等。但是西方媒体主导和控制第三世界国家的局面并没有完全改善。比如拉美60%以上的影院都播放好莱坞电影，西班牙语肥皂剧在拉美也是十分流行。[②] 在新闻报道上，第三世界国家除了大量播放西方的新闻，一些国际新闻大都采用西方通讯社作为信源。

国际传播绝大多数内容都是关于中心国家的报道，发达国家的新闻被无限地强调。如美国克林顿与莱温斯基绯闻、辛普森事件可成为世界新闻，美国的总统选举似乎就是世界领袖的选举，选举的每个过程、每个细节都成为全球关注的目标。与此同时，发展中国家哪怕发生重大天灾、人祸，如果这些事件与发达国家无关，或未被发达国家发现，就不会出现在世界观众的眼中，也不会成为全世界关注的话题。对发展中国家的报道大多仅限于“政变和地震”，这已经成了谚语式的至理名言。与此同时，发展中国家发生的一些新闻事件—通过西方媒体的报道，往往不是片面的，就是被扭曲的。这其中一个重要的原因是发展中国家的事，是通过发达国家的新闻媒体传播到世界各地的。有时甚至事件发生所在国的消息来源，都是通过发达国家“出口转内销”进来的。因此，新闻选择权、解释权就全在发达国家的记者、编辑手里。从哪个角度去写，舍去什么、保留什么、强调什么、忽略什么，都将影响到新闻最后的调子，从而影响读者、观众、听众的认识与观点。同时应该指出的是，这种片面性和扭曲性，不一定是蓄意制造的，通常是因记者对被报道的国家认识的肤浅或无知而造成的。

边缘国家由于没有占据全球传播系统的中心地位，任何产生于或者关于这些国家的传播要想在世界上具有一定的影响，只有两条路：一是通过层层过滤，上传到中心国家向外扩散；另外就是花费更大的代价，自己朝中心方向努力。

在中心国家与边缘国家之间还存在着半边缘国家，它们在中心与边缘国家之间起着

---

① [美]罗伯特·福特纳：《国际传播：全球都市的历史、冲突及控制》，179页，华夏出版社，2000。

② 张丽萍：《拉美媒体的转型与发展——世界系统理论的视角分析》，125页，《拉丁美洲研究》2016(3)。

桥梁作用。虽然半边缘国家与中心国家的交往较之边缘国家更为频繁，但在国际传播活动中，半边缘国家也总是充当配角。

国际传播秩序除了表现在动态的结构，另外“国际秩序是指以一定世界格局为基础所形成的国际行为规则和相应的保障机制，通常包括国际规则、国际协议、国际惯例和国际组织等”。[①] 也就是从制度上寻求对国际传播秩序的保障。

在二战以后，西方竭力主张“传播权”并最终促成《世界版权公约》的诞生。1947 年，国际电信联盟成为联合国的一个特别机构。此外，联合国还创建了由国际电信联盟领导的国际频率注册委员会。1956 年，国际电信联盟内部的电报和电话机构合并成立了国际电报电话咨询委员会，这些国际性的组织往往成为中心国际操控的对象，也成为他们进行单向传播的“保护伞”。虽然电视早期没有正式的组织，但 1961 年东欧的国际广播电视组织的电视联播网和西欧的欧洲广播联盟的欧洲电视网开始交换电视节目。

单向的、不平衡的国际信息流通秩序招致边缘国家（主要是第三世界国家）的普遍不满，在 1973 年，第三世界国家正式在联合国大会上把建立大众传播国际新秩序提到议事日程上，并最终导致联合国教科文组织成立“传播问题研究国际委员会”，对传播问题进行全面的分析、评估，最后委员会写出了题为《许多声音，一个世界》的报告。1991 年，教科文组织发表了《温德欧克宣言》，该宣言指出，“一个独立的、多元的、自由的新闻体制是民主社会必不可少的”，并希望各国根据该宣言的精神进行国际间交流。[②]

麦克卢汉和菲奥利提出的“地球村”概念表达了这样一个信念。“即传播技术正在将村落生活中作为主导交流方式的口语传播（说和听）加以重现。所不同的是，通过电视和通讯技术，村落的边界被扩大到了整个地球的范围。”[③]卡西尔说人是“象征的动物”，[④]象征（或符号）的功能就在于交流、对话。由于技术、文化的原因人的交流与对话又会受阻，不同民族、不同文化、不同区域之间的对话一直不畅。整个国际传播的环境已经发生了巨大的变化，全球村的村民也需要对传统的传播秩序进行必要的思考……

第三节　对话：国际传播中的新机制

意大利学者埃科在《他们在寻找独角兽》中，将由文化的差异而造成的文化冲突分为三种：征服，就是通过教化或者毁灭达到征服对方的目的；文化掠夺；交流。[⑤] 这三种方式，也是三种状态，同时也表明文化交流的几个阶段。在国际传播中，同样也经历了这样的三个过程，即早期以西方为主导的征服、掠夺阶段，但全球化彻底改变了国际传播的既

---

① 赵雪波：《传播视野中的国际关系》，262 页，北京广播学院出版社，2006。

② 俞燕敏等：《无冕之王与金钱：美国媒体与美国社会》，210 页，中国社会科学出版社，2000。

③ [美]罗伯特·福特纳：《国际传播：全球都市的历史、冲突及控制》，22 页，华夏出版社，2000。

④ [德]恩斯特·卡西尔：《人论》，34 页，上海人民出版社，1985。

⑤ 乐黛云等：《独角兽与龙》，1 页，北京大学出版社，1995。

往格局，全球化促进了交往工具和交往渠道的现代化，也使得交流显示出新的形式、作用和新的特点，国际传播的"对话"机制也是在这样的背景下被提出的，"一切都是手段，对话才是目的，单一的声音什么也结束不了。什么也解决不了。两个声音才是生命的最低条件，生存的最低条件……对话的基本公式是很简单的：表现为'我'与'别人'对立的人与人的对立"。① 在巴赫金的眼中对话是不同主体之间的"对立"。当然，国际传播中的对话具有更为复杂的意义。

对话的"首要条件是观点的多元性/多样性"。② 在很长一段时期内，国际传播的主导者是各国政府，他们不但通过大众传媒向外传播信息，还承担大众传播中所谓"把关人"的职责。企业是营利性的社会组织，一些跨国公司，在占有国内市场的同时，需要拓展国际市场，在这个过程中，企业自然就会产生对外推销产品、服务，进行广告、公关宣传的需要，也就是国际传播的需要。网络和其他通讯技术的成熟使人不仅成为信息传播客体，同时也可以主动发布信息。网络传播带来的传受关系的变化，使国际传播形态发生了相应变化，国家(政府)不再作为主要的或唯一的传播主体，公司、组织机构与个人也摆脱了依附地位。这就使国际传播主体发生了质的变化，由一元走向多元。政府、企业和组织因利益不同，在国际传播中也有着各自的观点；人也因为遗传、智力、心理、情感等方面的不同，加上文化等因素个人的观点更是十分多样。正是这种多样的观点被文化印记所禁止，被规范化所压制。因此，"一切能够削弱印记和规范的条件或事件就能使个人的多样性也在认识领域得到表达。这样的条件出现在允许不同意见的接触、沟通和辩论的社会中"。③

对话意味着交往，交往包括信息、思想、观点、理论的多种交流。电视具有声画同一的特点，而卫星电视具有跨国界、时效好、内容多样、渗透力强等优点，而备受各国政府的重视。二战以后很长一段时间美国主宰着全世界的电视节目市场，英国和法国也积极推动它们的电视节目能在海外市场拥有较大的影响力，其他国家正在提高其本土电视节目的制作能力。而一些基本文化价值和语言相同的国家之间互相交流节目也十分常见。这种情况在拉丁美洲和中东这两个地区已经变得十分显著，例如，中美洲和南美洲国家在 1983—1984 年间所交换的节目占同期节目总量的 12%。④ 电视传播中有竞赛、竞争甚至对抗。随着媒介技术的发展，不同国家之间的媒介信息交流就更加普遍。比如，中国多次举办"一带一路媒体合作论坛"。在 2018 年的媒体合作论坛上，主办单位联合全球主流媒体，以大型跨国采访活动为主线，以新闻发布会、资源交流会、纪实短片、国际新闻报道集、摄影记者作品大赛等线下特色活动和多元传播形式为主体，组织跨国界、跨媒

① [苏联]巴赫金：《巴赫金文集》第 5 卷，397 页，河北教育出版社，1998。

② [苏联]莫兰：《方法思想观念(生境生命习性与组织)》，21 页，北京大学出版社，2002。

③ 莫兰：《方法思想观念(生境生命习性与组织)》，21 页，北京大学出版社，2002。

④ [美]罗伯特·福特纳：《国际传播：全球都市的历史、冲突及控制》，263 页，华夏出版社，2000。

体、跨年度海外传播，向国际社会准确介绍“一带一路”新合作、新行动、新计划，包括组织“5 年看丝路”跨境联合采访、举办“一带一路”沿线城市新闻发布会和资源交流会、拍摄纪实短片《大跟拍——这样的“一带一路”》、出版“一带一路”国际媒体报道集《共享丝路》等。在 20 世纪 90 年代，美国就租用 13 颗国际通讯卫星对全球 200 多个国家和地区进行全程覆盖，仅亚太地区就有 25 个，而美国的 CNN 国际频道通过卫星向有线电视网和卫星电视用户提供全天新闻节目。1991 年，英国创办 BBC“英语广播公司环球电视台”，租用“泛美 2 号、4 号”卫星向全球播出，亚洲地区是其覆盖的主要目标。截至 1998 年初，亚洲上空有 85 颗卫星，1728 个转发器，其中有相当一部分用于电视广播 。东南亚国家联盟为了与之抗衡，在第二届东盟各国新闻部长会议上，各成员国同意开办一个“东盟卫星频道”，旨在向全世界报道这个地区的重大事件。“思想交流可以削弱教条主义和不宽容性，这种削弱又可以促进思想交流。”①

随着互联网的普及，人类进入信息时代，这也为人们的信息交流提供了一个独特的空间。一方面以美国为首的西方仍然牢牢掌握互联网产品和服务的控制权、主导权和全球话语权；另一方面互联网的低门槛、强交互、全球化的特征，也使得西方集中垄断媒介资源的能力也有所削弱，同时也为不同地区、国家之间的信息交流和对话提供了可能性。比如半岛电视台借助于伊拉克战争迅速在全球范围内树立起品牌影响力。2005 年今日俄罗斯电视台成为第一家全数字化的俄罗斯电视频道，而且开设了一个免费视频网站提供高质量的视频内容供外国媒体免费下载使用，现在 155 个国家的 2000 多家媒体成为该网站的客户，此外今日俄罗斯还在 YouTube 上开办了频道，观众数量排名第六名。2010 年 7 新华社主办的中国新华新闻电视网英语电视台(CNC WORLD) 正式开播。中国网已实现中、英、法、西、德、日、俄、阿、韩、世界语 10 个语种 11 个文版的覆盖，访问者遍及全球 200 多个国家和地区。此外，中国网在脸书、推特、YouTube 等境外主流社交网站开设账号的粉丝总数已逾 1100 万人。

对话的规则。美国学者格赖斯把对话规则称为“合作原则”。“合作原则”包含有“量”“质”“关系”和“方式”四条准则。量的准则——强调对话的信息内容；质的准则——突出对话的真实可靠；关系准则——对话要与交际目的相关联；方式准则——对话必须清楚明白。对话中还有其他原则，只有遵守对话规则，才能保证交际效果。② 这些原则虽然是针对一般语言的，但在国际交流中同样适用。规则把各种冲突维持在对话的层面上，避免出现把思想战争变成肉体战争或军事战争的过激行为，这样的过激行为在宗教论战中时有发生。因此有必要承认，对话的法则就是文化对话的规则本身，这种规则早在公元前 5 世纪的雅典就已建立，它同时也使哲学得以建立。

对话中需要一定的话语。在不同传播主体的对话中存在着话语选择的问题，话语是

① 莫兰：《方法思想观念(生境生命习性与组织)》，21 页，北京大学出版社，2002。

② 张惠民：《语言逻辑辞典》，48 页，世界图书出版公司，1994。

指用“不同方式的具体实践行为与意识特性，也就是这些行为的属性与意义”。[①] 对话就相当于话语这样的实际构成，所以我们也使用了话语这样的词来表达它，这只是从文化对话的意义上来说的。“所谓对话的话语应当是对话双方，甚至多方都能接受的话语。”[②]传播的主体之间不能只用本土文化的方式来进行对话，而应从本土文化出发来理解对方的文化，以确定一种双方都能接受的对话方式。这种方式不是完全的本土化的，也不完全是他方的。这种方式是从本土出发，但是可以为对方所理解的，这就决定了必须采用一种辩证的对话观念，从自我中心转向主体间性的承认。他人也是一种文化主体，主体间性就是从他人的主体性来认识世界，从他人的视域来理解世界。[③]

当今人类思想及文化的多元发展与“全球化”趋势下人际关系的拉近及距离感的消失，使跨文化对话的意义得以凸显。交流则是多元思想文化进行沟通、寻求理解的第一步，这些必须以对话为基础。求同是基于存异，因此，对话必须比较彼此之异，必须对“异”持倾听、了解之态。否则，在我们当今“变小”的世界中仍只有“共在的独白”，而无彼此沟通和相互对话。不同思想文化之间要想达到和平共处，就应避免碰撞和对抗，提倡相互尊重、理解、吸收和借鉴，从而为未来的会通和共融提供可能。若要维系地球村的存在和安宁，有效之途也只能是对话、宽容，在对话中求得不同思想文化的互识、互补和互证，找到共同存在所必需的最低准则和共同认可并遵守的基点或规范。

不同体系之间的文化平等和对话权力，是建立在对各自文化价值的理解和评判的基本概念之上，是以不同的文化历史为资本，是以不同的文化策略为模式、运用不同的文化形式作为语言表现，追求各自不同的文化品格与境界。文化的源流决定了文化的传统，文化传统样式的经典取决于文化传统风格的充实。文化作为一种形态，无论主流与边缘、平等与对话、发展与可能、重建与创新，文化的价值判断也许只是多种语境中的对话要求。

---

① 方汉文：《比较文化学》，313 页，广西师范大学出版社，2003。

② 方汉文：《比较文化学》，313 页，广西师范大学出版社，2003。

③ 方汉文：《比较文化学》，311 页，广西师范大学出版社，2003。

第十二章
新闻形象研究

第一节　形象与新闻形象

形象研究在艺术和文学中都是极其重要的领域，但由于表现形态不同、表现方式不同，形象又会丰富多彩、千差万别。不过，形象作为艺术思维的形式：其一，它是对客观对象的再现，所以客观对象与形象之间往往表现出外在的相似性。一幅表现自然景物的绘画、一部表现生活的小说，都能表现出这样的特征。其二，它是通过特定的艺术手法将内在的情感具象化，使原来无形无迹的内在世界变成可以感知的存在。因此，形象作为艺术思维形式具有多义性、个性化、独创性，它是个性与共性、情感与理智、现实与想象的统一体。

形象研究是国际文化界十分关注的一个研究领域，如在文学领域，“美国文学中的中国形象”“法国文学中的英国形象”“好莱坞电影中的中国形象”“启蒙时期中国形象”，等等，都是许多研究者研究的课题。比较新闻传播中的形象研究与一般的形象研究不一样，它是关于一国新闻中所描绘、叙述的“他者”形象，如在“美国新闻中的中国形象”“中国新闻中的日本形象”中，中国是美国的“他者”、日本是中国的“他者”。这样，新闻形象就突破了传统形象研究的视域限制，而将研究领域扩展到不同民族、不同国家、不同区域之间传媒的相互看法，从而在相互诠释中发现新闻的规律。那么，什么是新闻形象呢？与其他形象相比，新闻形象具有以下几方面的特征：

其一，它是关于“他者”的形象。“他者”即不同于自己的另一个，表现的是形象创造者从本民族或本文化的立场出发对另一个民族及其文化的关注。前些年炒得沸沸扬扬的“妖魔化中国”问题，其实就是讨论美国媒体是如何丑化中国的，这其实就是有关形象的问题，中国是不同于美国的“他者”，也表明了美国媒体对中国形象的扭曲。

其二，新闻形象关注的是“他者”的整体形象。如，“妖魔化”中国，其实是有关中国的社会、民族和文化的整体形象。尽管有的是报道具体人物的,如"李文和案"中的"李文和""中美撞机事件"中的"王伟";有的是报道具体事件的,如中国驻南使馆被炸后,对中国学生抗议的报道,中国发射"神舟五号"载人飞船的报道,以及有关中国政府的报道……无不立足于对中国社会、民族和文化的整体关注,对中国的整体报道更是如此。

2020年10月9日,美国《商业周刊》发表了一篇题为《外国人从中国梦中醒来》的报道:

> 中国各大城市的空气污染都十分严重,这已不是什么秘密。新闻报道中频频可见毒牛奶、以次充好的猪肉,甚至会爆炸的西瓜。僵化的教育制度也让拖家带口的外国人灰心丧气,而国际学校的学费足以令大多数家庭破产。在中国经济逐渐减速、机会越来越少的情况下,幻灭感是一种自然而然的反应。

细读这篇文章,我们就会发现其中显在的和隐含的意义:中国的环境污染严重、食品行业把关不严、教育制度停滞不前。外国人在中国难以得到好的发展,要考虑到下一代的问题。"灰心丧气""幻灭感""自然而然",从对中国"现状"的描述中都可以看出对中国的态度。这篇带有西方人特别是美国人偏见的文章,也正是西方和美国对中国社会、民族、文化看法的具体体现。

其三,新闻形象是传媒基于想象和偏见创造出来的。新闻强调的是真实、客观,但是新闻形象更多的是基于创造性的想象,而且这种想象与他们所从属的群体和社会的想象关系密切。群体和社会的想象被从事形象研究的学者称为"社会总体想象物",它是指全社会对一个集体、一个社会文化整体所作的阐释,而且是二极性的阐释。法国当代哲学家保罗·利科将这二极阐释归咎于意识形态和乌托邦的二元对立。

"意识形态是由一个人、一个集团或一种文化支持的一系列互相连接在一起的设想和期望——一系列关于世界是如何运转的想法,一种价值体系"。[①] 它是社会群体性的、具有整合功能的想象,它强化的是本群体的身份,以此想象出本群体对被描写的他者的支配,所以他者的形象往往是"妖魔化"的。"乌托邦"源于托马斯·莫尔的同名著作,它描写的是一个完美无缺但又无法实现的世界,只存在于乌有之乡的理想国度。乌托邦后来成为人文学科各种理想境界的通用语。乌托邦式的想象,也即是对对方的理想、美好的想象。

其四,这种形象必须借助于文字、图像记录下来并传播出去。新闻是关于事实的报道,当然,新闻报道的事实必须有价值,也需要借助于文字和图像将其记录下来并传播出去。否则,新闻报道的价值就无法实现。

因此,新闻形象是一国媒体对另一国——"他者"的报道,它是借用形象来传达对异己社会、民族、文化的整体印象。所有的形象都是由个人或集体通过书写、图像记录下来

---

① [英]大卫·麦克奎恩:《理解电视》,227页,华夏出版社,2003。

的，并通过媒体传播出去。但这种传播出去的形象并不代表客观存在的“他者”，而只是“他者”的变异形象。

随着新闻传播的日趋国际化，各国也都十分关注本国在国际传媒中的形象，所以将形象研究引入新闻传播领域，是新闻传播理论研究和新闻传播实践发展的必然。近年来，我国的学术界对新闻传播中的形象问题进行了一系列的有益探讨，提出了诸多新颖的观点，但对新闻形象的研究仍处于零散和感性的状态，缺乏系统的理论研究。从主体和文本两个方面对新闻形象研究进行系统的建构，一方面能为我们的理论研究提供参照，另一方面也能为建构形象提供理论范本。

第二节　新闻形象的外部建构

新闻形象是人创造的，也是人在一定环境中创造出来的。而人作为社会的一员，社会的、文化的和意识形态的东西必然会反映到形象的创造之中。因此，形象不只是个体的创造，还是“一种文化对另一种文化的言说”。

社会的、文化的、意识形态的东西必然会通过人的创造来实现，所以对新闻形象的建构就是研究社会、文化、意识形态是如何反映在具体的新闻实践的过程中的。新闻形象的建构主要包括以下几个方面的内容：

其一，如何利用信源。新闻报道中的事实主要来源于信源，记者的任务就是发掘新闻素材、叙述新闻事件、描写新闻人物、发布文件和公告。所以新闻的信源主要包括记者在现场发掘的事实、对现场人物的采访。此外，各个国家政府和组织的新闻发言、“消息灵通人士”，以及已经被其他媒体发表的或广播的新闻、著名的通讯社报道的新闻也是可以采信的信源。有学者将新闻信息源比作新闻的血液。由于新闻发生不一定是记者所在的现场，这就决定了新闻信息来源具有多样性。多样化的信源极大地拓展了新闻报道的覆盖面，满足了公众对社会信息的知情权，为此，许多国家为保守新闻信息源秘密提供了法律保证，这也给新闻选择甚至造假留下了许多空间。2003 年 5 月，《纽约时报》黑人记者杰森—布莱尔通过所谓的“信源保护”进行“剽窃和造假”新闻报道。根据调查，杰森·布莱尔于 2002 年 10 月至 2003 年 4 月期间写作的 70 余篇新闻稿件中有 30 余篇涉及剽窃与造假。一次相关研究，通过美国知名媒体从 1998 年到 2010 年所有经证实涉及造假的 400 篇报道进行过量化分析，结果发现记者个人以“伪造来源”的方式造假出现频次最高——400 篇中出现了 174 次。[①] 在国际性新闻报道中，选择性的信源或者造假更是屡见不鲜。

其二，如何选择事实。选择贯穿于新闻采访、新闻写作和新闻编辑等具体的新闻业务中，其实就是对已有的事实的再鉴别、再运用。这涉及选择的标准问题，也即什么样的

---

① 王林，刘实鹏：《人文与科技 第 2 辑》，265 页，中央民族大学出版社，2019。

事实该保留下来,什么样的事实该剔除出去。对新闻事实的选择是否公正、全面,关系到新闻报道是否客观、准确。对于一场火灾,一个媒体可以选择报道消防人员英勇的救火行为,可以报道因为消防设施老旧而导致救火受阻,也可以报道火灾造成的损失等。但是如果媒体或者记者只根据个人的意愿或者经济利益,有意识地选择一些事实,同时隐瞒一些事实,或者是带有偏见地加以选择,这就会使得报道出现偏差。《留学生日报》在知乎上揭露了《纽约客》对他们的采访是如何断章取义的。《纽约客》发布一篇关于留学生的专题报道,题为 The “Post－Truth” Publication Where Chinese Students in America Get Their News。文章一经发布后被译成中文,在网上和朋友圈广泛传播。然而英文原文报道与当时受访者表述的内容不相符。发帖者感慨道:“看完这篇报道,我们切实体会到了西方媒体如何一步步断章取义,把白的说成黑的的‘神奇技术’。”

其三,如何建立新闻框架。新闻框架与立意和叙事角度有关。立意就是确立基本的主题,而选择什么主题又与写作者的立场有关。写作者是站在本国政府、本国民众的立场上,还是站在他国政府、他国民众的立场上,或者采用超然的立场,这些都会影响形象的塑造。2019 年中国国际电视台(CGTN)推出的英语纪录片《中国新疆:反恐前沿》,用大量真实画面展示了新疆面临的反恐局势,但一向热衷于新疆议题的西方媒体却选择了“集体沉默”。牛津大学互联网研究院 2018 年发表的一项研究成果显示,在 Twitter 平台上推送量前 100 位的涉华内容账号中,没有一个发布过“亲华”内容,但超过一半以上账号发布的都是支持“疆独”“藏独”“台独”等反华内容的推荐文章。[①] 西方的媒体,在有关中国的报道上总是站在西方的立场上选择主题,选择报道角度和方法。李希光在一篇文章中列举了 CBS“ 60 分钟” 节目例子来加以说明。在一次对中国国家领导人的专访中,华莱士的态度粗鲁蛮横、趾高气扬,并在播放中国国家领导人讲话的同期声时,还反复播放中国民众抗议政府的镜头,在不到 20 分钟的剪辑(全部访谈达 3 小时)中突出的主题就是“民主”“自由”。[②]

叙事角度就是记者对某一新闻事件进行叙述时所选定的口吻、身份,它体现了记者和所叙述事件之间的一种表述关系。叙事视角既是结构故事的基础,也是形象塑造的基础。以零度焦点叙述,叙述者就是洞察一切的“上帝”,塑造出来的形象的主观性就强;以内焦点叙述或外焦点叙述,形象的塑造就受叙述者观察视野的限制。形象、故事是新闻的内核,它们的存在必然制约着新闻结构框架。

对个体和组织赖以生存的社会、民族、文化的研究,以及个体是如何建构形象的研究,毕竟只是对新闻形象的外部研究,要想真正从本质上了解新闻形象,还必须深入文本的内部。

---

① 史安斌:《西方媒体的“选择性不闻”》,85 页,《新闻战线》, 2020(1)。

② 李希光,刘康:《美国媒体新闻的选择性——美国传媒近期对中国的报道评价》,4 页,《新闻记者》2000(10)。

第三节　新闻形象的文本构成

文本就是由书写而固定下来的符号系统。当然，文本既可以是语言符号，也可以是声音、图像等符号；同时文本也是一个多层次、多结构的符号集合体。新闻文本也是如此。刘建明在《媒介批评的文本理论》中，对新闻文本的构成进行了系统的论述。从纵向结构层次上看，新闻文本可分成语汇（符号）、结构和故事。语汇（或符号）是文本构成的基本单位，是结构的基础；结构表现的是语汇（符号）之间的关系，或者表示意义间的关系；故事是由结构生成的，它以整体的形象出现，代表的是整体的意义。

一、语汇（或符号）

新闻形象实质上是社会言语和思维的象征性语言。语汇（或符号）是最小的、具有独立意义的结构单位。在形象学上，语汇可分成“关键词”和“幻觉词”。“关键词”是指那些只能生发单义的词，而“幻觉词”是指一些不仅用于语言交流，也可以具有梦幻和象征意义的词。后者就具有形象的特征。

2020年初，新冠疫情在中国大规模爆发，世界上许多媒体对这个事件予以关注。丹麦主流媒体《日德兰邮报》1月27日在报纸及官网上刊登一张漫画家博延森（Niels Bo Bojesen）绘制的插图。画作明显以中国五星红旗为基底，但左上角的5颗星星全被换成病毒，作品名称就叫《冠状病毒》。

该漫画的符号结构是“五星红旗”和“新型冠状病毒”。作为承载意义的符号，五星红旗是中国的国旗，而新型冠状病毒则是可怕的疫情、病菌。该媒体将这两个符号进行结合，其用意显然在抹黑中国。

媒体正是利用这些关键词或幻觉词来传达一国媒体对“他者”的某些认识、想象、情绪和情感的。

除研究文本中的关键词、幻觉词外，我们还应该关注在多个文本中反复出现的套话。套话原意是指印刷中的“铅版”，后来被引申为一个民族在长时间以内反复使用、用来概括他国人和他国形象的约定俗成的词汇。如，西方人早年被中国人称为“老毛子”“洋鬼子”；在中、美关系紧张时期，在中国媒体上，美国被称为“帝国主义”“美国鬼子”，而支持美国的国家被称为“走狗”；西方称社会主义国家为“赤色国家”，等等。现在媒体上经常使用的“恐怖分子”“无赖国家”等词汇也是一些套话。

作为“他者”定义的载体，套话是陈述集体知识的一个最小单位。它释放出的信息的一个最小形式，以最大限度、最广泛的信息交流”。[①] 套话的产生是建立在社会文化的一致认同上，是受到大众认可且约定俗成的。套话标志着对他者的固定看法，也揭示出某

① 杨乃乔：《比较文学概论》，229页，北京大学出版社，2002。

种本质化的类型。

二、结构关系

文本结构是语言性的、话语性的,也是叙事性的,同时还是表意性的。也因为如此,新闻形象的内在结构关系可以是语言与语言、符号与符号,而且呈现不同的叙事方式,同时也是各种意义的聚合。这些关系在具体的文本中都会或显或隐地存在。

当然,形象建构的不只是单纯的词与词、符号与符号,以及意义与意义的结构关系,还隐含着"我"与"他者"之间的关系。"我"与"他者"的关系,不是单纯的个体与个体、国家与国家的关系,而是涉及"我"和"他者"之间各个层面的关系,概括起来主要有以下两组对立:

我—叙述者—本土文化

他者—人物—被描述的文化

具体说来,这几种关系主要表现为主题与隐含主题、人物、事件与隐含人物、隐含事件、文化与隐含文化。在这些隐含的对立中,"我"是肯定意义上的,而"他者"则是否定意义上的。

2012 年 8 月《商业周刊》发表了一篇题为《中国品牌海外淡化中国概念》的文章,就是对中国品牌的污名化报道:

匹克美国分公司的总经理粟佳说:"消费者需要新品牌。他们认为,每天就是耐克和阿迪达斯,很没劲。消费者不在乎你是什么来头。"匹克并不刻意强调它在中国起家。他又说:"如果一味突出你的中国品牌,人家只会觉得你不过就是廉价,质量不行。"

只要简单地分析一下这篇报道的关键词就可发现其中的玄机,"我"是指美国,"他者"是指中国:叙述者是从全知全能的视角,也即以第三人称的角度来叙述的。用"廉价""质量不行"来修饰中国商品、中国品牌。"耐克""阿迪达斯"则是象征性的词汇,代表的是美国,而且用"每天消费"作为其修饰词,传达的是"西方品牌更受欢迎"的内涵。"匹克"若想要在西方畅销,就必须隐藏中国起家、中国制造的标签。文章主要是用来讽刺和污蔑中国品牌,损害中国形象。

在新闻文本中,形成主题的文化背景、人物以及人物活动的背景也是极其重要的。应该说,这是对新闻文本中各种对立关系的具象化和具体化的表现。

三、新闻故事

新闻作品,无论是人物新闻、事件新闻,还是其他的社会新闻,往往突出的是它的故事性。故事是发生在一定时间、一定地点的事件,其基本要素就是情节,而构成情节的基础是冲突,冲突是推动情节和故事的动因。此外,为了增强故事性和戏剧化的场景,故事中的节奏和细节也是必不可少的。故事的建构是一个选择,是建立在词汇(符号)、结构基础之上的,它必然也反映了记者或编辑的文化观和价值观,同时表现了一种文化对另一种文化的注视。我们以《论坛报》Michael A. Lev 有关北京申奥成功的报道文本为范例，对它的故事结构作分析报道内容如下。

北京电——随着这个城市获得 2008 年夏季奥运会主办权的消息传开，典型的中国式的喧闹，或者说，受到严格控制的狂喜突然降临到这个城市。

成千上万的兴高采烈的市民星期五深夜涌入天安门广场，参加一个有组织的庆祝。那些不怕死的司机大胆地鸣着喇叭在长安街上驶来驶去。然后，戛然而止。

星期六凌晨 2∶15，当局突然出动至少 2000 名警察，形成一个戏剧性的方阵，用力清走了广场上的人群。目前还没有关于受伤人数和被捕人数的报道。

现场几个吓呆了的目击者描绘说，警察不鼓励庆祝的情绪和凄惨的人权记录证实了关于中国没有资格举办奥运会的论点。

该报道的“情节”内容是：北京申奥成功以后，群众上街庆祝，却受到警察的驱逐。冲突双方是群众和警察。文章凸显的是警察与群众之间的冲突。为了增加悬念，报道称，“还没有受伤人数和被捕人数的报道”，其实也暗示着在现场可能有更大的、更为激烈的冲突。当然，文章中的许多细节以及对冲突的节奏的把握也是值得推敲的。通过对这篇报道的简单分析，从中我们可以发现文章写作者的偏见，而文章最后的评论更可以看出其写作用心。

对新闻形象研究的理论和方法不同于以往的新闻研究，它关注的是国际新闻传播的关系，以及一国对他国的总体看法，因此具有实证性和意识形态的特点。一方面，随着国际交往的进一步加强，国际新闻传播也将进入一个新的阶段，一国在他国媒体中的形象也将备受人们的关注。另一方面，国际交往和国际传播的加强也有利于消解国与国、地区与地区之间因文化、政治差别而造成的隔阂，新闻形象也会在各方面的消解中获得更大的生存空间。

第四节　范例：“妖魔化”及其背后

“Demonize”一词很早就被用在对媒体报道的批评中，它“指不公平、不符合事实地把报道对象描绘成恶魔”。[①] 李希光将其翻译成“妖魔化”，并与其他人合作写成了《妖魔化中国的背后》一书。此后“妖魔化”一词一时间成为中国学者批评美国媒体有关中国歪曲报道最常用的词，也最能传达中国新闻界及新闻理论界对美国媒体对中国不实报道的不满。从形象理论的角度，形象是通过外部建构和内部建构来实现的，“妖魔化”当然也不例外，只是这样的研究更多立足于文本和文本结构，无法反映形象在媒体中表现的全貌。为了更全面了解西方媒体对中国的报道，我们采用内容归类的方法。当然，与西方媒体有关中国报道的数量相比，这种归类也只会是挂一漏万，但类型化的方法至少可以为我

① 李希光、赵心树：《媒体的力量》，100 页，南方日报出版社，2002。

们认识、了解这种现象提供一个认识框架。

一、有关中国人的报道

在“妖魔化”的有色眼镜下，中国人要么是“特务”，要么是“间谍”，在国家利益前提下，没有比这两种人更坏的人了。有统计显示，截至2017年底在180起经济间谍和盗取商业秘密的案件中，至少有55起涉及中国公民或美籍华裔。美国媒体有关“李文和案”和“政治献金案”的报道就是这类的典型。

对于李文和这样一个华裔科学家，美国司法部门出自一种假设，对他进行了司法调查。在调查过程中，《纽约时报》反复称其为“间谍”，而且报道数量很大，大多放在报纸的显要位置上。即便到了报道后期，《纽约时报》认识到自己的错误，但仍然以各种方式加以掩饰。

再看1997年2月13日《华盛顿邮报》对所谓的“中国使馆献金案”的报道：

> 司法部对不正当政治募捐活动的一项调查发现，中华人民共和国的代表在1996年总统选举前寻求把国外的财源转到民主党全国委员会的证据。了解这项调查的官员说。
>
> 敏感的情报显示，位于康乃迪克大道的中国大使馆被用来计划向民主党全国委员会捐款。一些情报是联邦特工利用电子窃听获取的。
>
> 这项与中国政府有关的证据促使司法部的律师和联邦调查局的官员决定把特别调查小组的人员增加到25人，其中包括外国反情报调查专家。消息人士说。

美国媒体在所谓“政治献金”丑闻中，点了许多中国人、中国公司和华人公司的名，并称他们是“颠覆”美国政治制度和影响美国政治的“间谍”和“特务”。

二、有关中国政府的报道

根据有关专家统计，美国报纸报道中国的内容依次为人权、犯罪、暴力、美中贸易关系、人民和人情味，而这几项中以“人权”为中心。

2020年为抗击疫情，中国对武汉进行了封城管理，随后《纽约时报》在1月22日发表了一篇名为《中国武汉封锁的规模是前所未有的》的报道。在这篇报道里，《纽约时报》有选择地采访了三位专家，对中国政府对新冠肺炎疫情的应对措施进行评论，主要内容如下。

> “这是一项令人难以置信的任务，我从未见过把这么多人隔离当作预防疾病的手段。”“这就是隔离的阴暗面——它被误用为一种社会工具，而不是作为医疗工具去科学地使用。”“封城显然会导致侵犯人权，毫无疑问这在美国是违宪的。”

文章指出中国政府封闭武汉的做法显然是反应过度，“给人民群众的生活和个人自由带来了巨大损失”，是生硬的、反人权的。

然而在2020年3月8日上午，《纽约时报》针对意大利封城措施发布一篇报道，文章中认为意大利冒着经济受影响的巨大风险封闭米兰、威尼斯及其北部大部分地区，防止欧洲新冠疫情爆发，这样的行为是“崇高的”“情有可原的”。两相对比，《纽约时报》对中国的偏见，刻意妖魔化、污名化中国的行径一览无遗。

早年“非典”发生的时候，美国和西方媒体的报道，也从政治出发。李希光对2003年5月5日至5月9日五天西方媒体关于中国非典的报道作了统计，现抄录几条如下。

(1)中国抗议者领袖被投入监狱

(BBC,5月9日)

(2)北京为阻SARS谣言传播逮捕4人

(《今日美国》,5月8日)

(3)官员无视规定致使更多地区被隔离

(《华盛顿邮报》,5月7日)

(4)SARS挑战中国共产党体制

(美联社,5月6日)

(5)对SARS的恐惧已转为暴力

(《今日美国》,5月6日)

(6)中国抗非典产生副作用

(《洛杉矶时报》,5月6日)

李希光先生分析说：“从上述报道看到的不是中国人民如何万众一心抗击非典，而是整个国家陷落在非典肆虐带来的混乱、动乱、不满、抗议和暴乱中，中国共产党体制面临严重的挑战，如果不尽快变更体制，很可能濒临垮台。”①

三、对中国发生事件的报道

此类报道大都设定在混乱、抗议、暴动或其他负面的新闻上。重大疫情确实是很有新闻价值的事件，因为它具有不可预测性、不可控制性、不确定性、突发性、急迫性、恐怖性、冲突性、新奇性等一系列特性，极容易引起人们的关注，但是，将其报道重点放到混乱、抗议、暴力的主旨下，我们不能不对其报道的目的产生怀疑。

西方媒体对中国发生的许多事件的报道均是如此。2001年4月1日中美军机在南中国海上空相撞以后，美国媒体在报道这一事件时的表现再次说明，对美国媒体妖魔化中国的指责并非空穴来风、无中生有。美国媒体首先声称，美国侦察机只是例行“侦察行

---

① 李希光:《畸变的媒体》,249页,复旦大学出版社,2003。

动”，指责中国“违反国际法”，“中国要有意挑衅美国、羞辱美国，而发生在中国的抗议也是中国政府挑起的”，等等。明明是美机抵近侦察、危害中国国家安全，美媒却倒打一耙。

美国“反战”网站 2021 年 7 月曾发文披露，随便看看哪家西方媒体，就知道中国是如何被潜移默化地描绘成负面的。《纽约时报》、多数澳大利亚媒体、英国的《卫报》等媒体在报道中国共产党庆祝成立一百周年时，几乎都用了同一张北京的照片，即照片显示了阴霾和污染的天空。

在广西曾发生一起有两人被持刀袭击者杀害的事情，英国广播公司、《每日快报》和《独立报》都进行了报道，但报道中只字不提犯罪者患有精神分裂症。英国广播公司还提到了 2018 年在 2000 公里外发生的一起类似事件，似乎想借此说明，在世界人口第一大国，三年发生两起这样的事件就是犯罪浪潮了。

四、对中国整体形象的歪曲报道

早期在西方媒体的报道中中国是贫困落后、封闭和愚昧的国家，而现在，随着中国经济的发展，“中国威胁”论已成为西方媒体经常报道的重点，在他们眼里，中国是世界上最廉价的生产工厂。中国将吸引大量的投资，有西方媒体将中国市场称为“黑洞”，有无限吞噬资金的能力，中国也有无限出口和掠夺世界市场的能力。

2017 年 2 月 13 日，美国《纽约时报》刊文《全球半导体产业重心继续向中国转移》。

以下为《纽约时报》部分原文：

在英特尔和富士康宣布将在美国修建先进的工厂后，也许看上去美国似乎在高端制造业势头强劲。但周五，总部设在加利福尼亚州的芯片制造商 Global Foundries 宣布了一个投资额达 100 亿美元（约合 700 亿元人民币）的项目，投资的目的地是中国。这表明，重心继续在向太平洋对岸转移。

重心转移的原因部分在于中国政府。2013 年，中国政府宣布了一个旨在增强中国微芯片生产能力的重大行动。微芯片是从制导导弹到智能手机在内的一切物品的大脑。据分析人士称，号召中国电子器件制造商购买中国制造的芯片的新指导方针，也在推动相关公司的决策。

因为中国已经开始把重点放在半导体上，先进芯片的出处成了一个越来越令人担忧的政治问题。过去两年，美国政府叫停了中国向美国和欧洲芯片公司发出的交易要约，而前总统奥巴马成立的一个委员会则称，中国的芯片政策对美国公司构成了危险。

“美国几乎所有大型半导体企业都收到过中国代表政府机构的主体发出的投资要约”，总部设在德国的智库墨卡托中国研究中心（Mercator Institute for China Studies）发布的一份报告称。该报告还接着表示，中国最新的工业政策《中国制造 2025》将半导体列为需要提升的关键领域。

“中国制造 2025”是中国的一项科技创新国家战略，发展半导体产业是我国科技发展的重要部分。然而，《纽约时报》将中国发展半导体的科技战略与政治挂钩，一方面暗指“中国制造 2025”计划会挤压美国公司的发展空间，另一方面也认为此举会有损美国的国家安全。这种带有“中国威胁论”论调的文章，也是目前一些西方媒体对中国整体形象进行“妖魔化”的具体体现。

至于分析“中国威胁”的原因，分析家可能见仁见智，但看一看 1995 年英国《经济学家》刊发的图片说明，又会让人们从另一个侧面看到西方媒体对中国的偏见，或者说是无知。该图片是一幅中国人练太极拳的照片，其文字说明是：新富起来的中国人露出了穷凶极恶的好战本性。这又让我们思考另一个问题，“妖魔化”是不是都是出于这样的无知？

五、妖魔化中国的原因

西方媒体，特别是美国媒体妖魔化中国的原因是什么呢？有几个代表性的论点：一是“阴谋论”。李琨在《“爱恨情仇”——美国媒体对政府外交政策的影响》中指出，妖魔化是美国政府、反华势力与媒体中的一些人有预谋、有组织地造成的。二是国家利益论。张燕冬在《大众媒体：载舟？覆舟？》等文章中称，美国未必就是有组织、有计划地妖魔化中国，但是出于国家利益，美国媒体会有意地、自觉地、不约而同地来妖魔化中国。三是“意识形态”及“文化价值论”。由于意识形态和文化上的差异，美国媒体会背离客观公正的原则而妖魔化中国。

其实在妖魔化的背后并非单纯出自一个目的，而有其复杂的原因。除意识形态、国家利益外，媒体的结构、运作方式、经济利益、无知短视，甚至具体报道方式的选择等，都会影响其报道的内容。

美国报刊业系统庞大。全国有 1882 家日报，总发行量超过 6000 万份；7957 家周报，总发行量 4090 万份；杂志数量号称突破 10000 种。有影响的大报如《华尔街日报》《纽约时报》《华盛顿邮报》《今日美国报》；主要杂志如《时代》《新闻周刊》《美国新闻与世界报道》。全美共有 1500 家电视台，其中四分之三是商业台，美国有五大电视台——美国广播公司(ABC)、全国广播公司(NBC)、哥伦比亚广播公司(CBS)、美国有线电视新闻网(CNN)、福克斯电视台(FOX)。[①] 美国有两大广播——全国公共广播电台(NPR)、美国公共广播电台(PBS)。美国访问量较大的网站有：All Current Events & Global News、MSNBC、CNN General News 、AOL News，Yahoo！News，ABC News，等。

随着数字媒体影响的不断增加，从 2012 年起，新闻集团、时代华纳集团、论坛集团、华盛顿邮报集团已经先后完成分拆。与此同时，美国媒体集团开始不断利用互联网技术对传统媒体产业进行重组。如 2015 年，美国电信巨头 AT&T 以 485 亿美元收购卫星电

① 顾耀铭：《我看美国媒体》，23 页，新华出版社，2000。

视服务供应商 DirectTV；AT&T 的竞争对手 Verizon 以 44 亿美元收购美国在线（AOL）；2016 年，AT&T 以 854 亿美元收购时代华纳，并购重组已成为当前美国媒体集团重要的资本运营方式。[①]

为了集团利益，这些媒体必然成为某个群体的代言人，他们的责任就是摇旗呐喊，在对外立场上维护其国家利益是自然而然的事。

作为财团，他们需要满足美国大众的需要。美国观众最关心什么呢？他们关心的是自身的安全以及自身利益是否受到威胁，这是实利的美国人的普遍心态。因此，在新闻的选择上必然以增强自信和自豪感满足公众的集体情绪为首选。吸引观众，也就吸引了广告商，也就会填满自己的口袋。这就是国家利益、大众利益、媒体利益的关系。

所有权的垄断、所有者财富及利益倾向，大众传播媒介的所有制和广告收入等经济因素，加上对共产主义的仇视，构成其意识形态的深层基础。

对被报道国的无知。美国媒体缺少与同行的交流，理由是美国公众对国际新闻“不感兴趣”。再者，在美国新闻从业人员中既能准确地理解外国事务，又能了解美国受众的不多。在不能两全其美的情况下，只能选择对国内观众了解又有一定语言基础的记者。而那些文章要想发在显要的位置上，编辑记者就必须在压力下迅速作出选题、报道角度等选择。不了解或不全面了解，又想捷足先登，这自然会错误百出。

偏见在作怪。对他国缺乏了解，但又偏执自信。美国学者詹姆斯·曼指出：“美国新闻组织在报道中国时所犯的基本错误，是通常把中国放到一个过分简单的框架里来描述。美国给中国定的框架各个时期变化剧烈，但新闻组织所用的这种基本方法一直未变。”[②]这种一成不变的框架——偏见，既可以是意识形态的，也可以来自其他。

浅薄的爱国主义。特别是在与他国冲突时，他们往往出自爱国热情，在不分青红皂白的情况下，极力渲染这种爱国情感，这自然忽视他人的利益，媒体掀起的只会是情感的浊浪。

---

① 黄晓新，刘建华：《2017—2018 中国报业融合创新研究报告》，241 页，中国书籍出版社，2018。
② 顾潜：《中西方新闻传播：冲突·交融·共存》，294 页，复旦大学出版社，2003。

第十三章
反转新闻：被倾覆的新闻平衡

2015 年，一些十分具有社会影响力的反转新闻连续搅动着新闻舆论场，也触动了受众的敏感神经。2015 年底《人民日报》对"2015 年舆情反转典型事件"进行了盘点。面对舆论一波三折和一次次反转，我们不禁要问，是什么导致了连续、反复出现反转新闻？许多研究者试图给出自己的答案，但由于研究出发点、研究角度的不同，对于反转新闻的分析也莫衷一是。有从媒体责任的缺失，媒体记者职业素养低下的角度分析；有从媒介环境和文化环境出发分析；也有从反转新闻发展和媒介报道过程来分析，等等，但有一个共同点，就是他们的研究普遍指向了媒介市场化和传播者的职业伦理。本章主要从媒介市场化与传播伦理关系的角度，探究在新媒介语境和快速变化的媒介市场中新闻传播伦理是如何被倾覆的。具体地说，在新媒介语境和市场化双重挤压下，媒体在追求新闻时效、眼球效应的同时，也会出现价值预判、刻板印象，这自然会对新闻伦理要求坚持新闻真实性、新闻客观性、媒介责任和专业精神产生侵蚀，在具体的操作中甚至会出现失衡，甚至颠覆的倾向。

第一节　时效性与新闻真实性、准确性的缺失

普利策在主持《世界报》的时候就一再告诫记者"准确、准确、准确"，其目的就是要保证新闻的真实性。真实性是新闻的生命，新闻必须真实，这是新闻工作的第一信条。新闻真实性是指"在新闻报道中的每一个具体的事物必须符合客观实际"。[1]"具体的事实"符合"客观实际"，简单地说就是要求新闻报道的时间、地点、人物、事件、原因、结果的准确。与新闻真实性不同，新闻时效性主要指向"最新事实变动情况"。社会心理学研究表明，外界刺激物越新鲜，越能引起人们注意，新闻时效性就是为了满足人们求新求快的心

① 李良荣：《新闻传播学》，127 页，高等教育出版社，1999。

理。在旧媒体时代，媒体追求 TNT(Today's News Today，“今天的新闻今天发”)，而新媒体时代变为 NNN(Now News Now，“即时新闻即时发”)。有学者将新媒体传播特点概括为“及时性”“实时性”“全时性”，及时性强调的是快，实时性强调的是与事件发生的同步，全时性关注的是事件发展的全过程。由于新闻报道和具体的事实之间是通过人和特定的报道手段得以实现的，因此新闻真实性通常表现为过程性、再现性和多元化的特征。过程性强调的是报道的事实与报道对象的完全相符，常常需要在不断消除二者之间的差异中实现；再现性强调的是新闻事实是通过特定的媒介和符号实现；而多元化是针对不同表现提出来的。由此可见，新闻真实性与时效性既有相一致的地方，也有冲突的地方。比如，时效性中的“实时性”“全时性”就隐含着新闻真实性中的“过程性”“再现性”，后者是通过前者得以实现的，但两者之间的不同点在于，一个追求的是外在再现，另一个追求的是本质再现，这二者之间在新媒介时代矛盾更加突出了。

新媒介时代信息过剩，追求实效成为人们的自然选择，时效也成为媒体“克敌制胜”的一个利器。这是由于新媒介作为快速传播的平台，人人都是事件记录者，人人都可以成为传播者，如一个事件亲历者在场，然后通过微博、微信、论坛等平台进行传播，在超短的时间里现场场景和画面就能够被传播出去。而电台、电视、报纸等传播媒体，通常会利用自身优势，同时通过整合网络资源、进行实况直播并且利用深入的走访、调查等手段，使一个具有传播价值的新闻事件能够在最短的时间内被立体化、全方位地传播。在新媒介环境下，新闻媒体在强调传播时效性的同时，往往忽视新闻的真实，主要表现新闻失实、片面和真伪难辨的现象的出现，在新闻反转事件中表现十分突出。

内容失实。失实就是报道的内容不符合事件发展的本来面貌，甚至完全是虚假信息。造成失实的原因十分复杂，但与追求时效、抢夺观众眼球、缺乏深入采访和认真把关有着密切关系。2015 年“安徽利辛女子深夜被狗咬成重伤”这则反转新闻就具有典型性。2015 年 9 月 1 日晚，亳州市利辛县女子李娟被狗咬伤四肢，时隔 40 天之后，自称是其男友的张宏宇向媒体求助，他声称，2015 年 10 月 12 日上午，李娟因救一个 10 岁左右的小女孩，被两条大狗咬成重伤，狗主人不知是谁，也没有等来小女孩家人的一声感谢，现在高额的医疗费更是愁煞一家人。此事一经媒体普遍报道，博得一片赞扬声，人们纷纷为其捐款，捐款数一度达到 80 万。但到 10 月 20 号，新浪微博认证为“媒体人资深调查记者”的博主“记者柯南”在微博上发声：“揭秘：#安徽利辛救女遭狗咬事件#捐款系策划。”后来经过媒体调查、举证，这是一个彻头彻尾的假新闻。新闻发布时间虽然是在事发的 40 天后，但消息第一次发布和媒体的转载都没有加以再确认，在新旧媒体的双重合力推动下，这个完全失实的报道很快就演变成为公众关注的一个热点事件。

内容片面。片面是指报道内容不全面或者观点有偏向，片面的内容在网络空间里十分普遍，这和网络媒体的传播特点有关，它们求新、求快，表述内容碎片化，而且缺少必要的把关。2021 年 2 月，一则名为“扶贫干部怒怼懒惰父子”的视频引发热议。画面中，这对父子家里四处脏乱，垃圾遍地，尿盆摆在炕边。画外音的男子怒怼：“十一点还不起，牛都饿死了也不知道，还想让人咋操心啊，日子是我们给你过的吗？不怕别人看不起，就怕自己不争气！”不少网友留言表示，类似的“懒汉难扶”现象并不罕见；网友纷纷给“怒怼”点赞；不少扶贫工作者留言称，扶贫不扶懒，治贫先治志。但事情很快就出现了反转，据当地一名干部说，这家有三口人，是祖孙三代。爸爸和爷爷有病不能自理，由16岁儿子平日照顾，且牛是病死的，不是被父子饿死的。出现一面倒的批评声音，就是由于相关信息发布片面造成的。

内容真伪难辨。由于新闻事件的发生、发展是一个过程，或者事件本身具有复杂性，因此许多事件在第一时间会出现真假难辨的现象。“安徽女大学生扶老人被讹”这一事件，最早是由当事人女大学生袁某，于2015年9月8日晚9：06在其新浪微博上寻求目击证人，后经淮南市政府、人民日报等官微转发，至9月11日下午17时，转发、评论、点赞数总和已超过13万，一时间各种声音及观点充斥网络，虽然事件的真相一时难以“水落石出”，但这并没有阻止一些媒体对这一事件的传播，也使得这样一个简单的交通肇事事件进而演变成为社会“公共事件”。

为了追求时效性而忽视新闻真实的追求，无疑是“杀鸡取卵”的表现。事实上，新闻的时效性与真实性之间并不是一对天敌。相反，时效性永远要以真实性为前提和基础。没有真实性的存在，时效性是没有任何价值和意义的。因此，在具体的新闻实践中，虽然我们应当追求时效性，但应该是在核实事件真相的基础之上。

第二节　眼球效应与客观公正的失衡

随着生活节奏的加快，受众的阅读习惯也在悄然发生着改变，人们越来越偏向于阅读轻巧的“短、平、快”的新闻内容，而媒体要吸引受众阅读相关内容，通常的方法是运用“眼球效应”。“眼球效应”，通俗地说，就是媒体用各种可能的手段和方法制造轰动效应，吸引人们的注意力，博取人的眼球以达到吸引受众的目的。为此，用夺人眼球的标题和标签化的手法就成为他们常用的方法。

如果说真实性是新闻的生命，那么客观性则是新闻传播的必然要求，但就二者区别而言，真实性更多的是针对新闻的核心事实，而客观性则指向新闻事实的呈现方式特别是态度。从新闻生产过程看，新闻报道就是新闻事实选择的过程，在这个过程中就应尽可能减少外在因素的影响，当然也包括新闻从业者自身既有的立场、倾向，但这样的“理想化”工作环境是可遇而不可求的，因为新闻从业者需要更多面对各种复杂主客观环境的影响，客观立场只能是一个最佳状态，新闻报道中难以避免有不客观现象的存在，这也让“标题党”和“标签派”有了可乘之机。在许多突发的事件中，一些被忽视的“小事件”、一些情况比较复杂的事件给了他们更多的发挥空间，在这些反转新闻中，利用夺人眼球的标题和标签化的写作方式更是比比皆是。

夺人眼球的标题。2015年5月，杭州的李先生在接受媒体采访时称，他每次出差住酒店都会被警察“查水表”，而且会被带到派出所里接受调查，浙江某电视台就拟出了《男子开房总被抓》的新闻标题，紧随其后安徽电视台、《法制晚报》《杭州日报》等纷纷以《“男子开房就被抓”剧情逆转，他原来是个“影帝”》《“男子开房就被抓”神逆转，他不仅贩毒还是影帝》为标题加以报道。撇开新闻的事实本身不谈，“开房”一词的频频出现多少让人质疑，媒体是不是用“性事”向受众献媚。这样通过放大一些与新闻事实本身无关，但能够吊起观众胃口的事件，博眼球的意味颇为明显。《京东老人日本碰瓷》同样是眼球效应下的产物。在新媒介语境下受众阅读需求更加多元化，受众的媒介素养、知识水平也不尽相同，一味注重标题的艺术化、内涵化势必会失去受众，但选择了降低品格，做起了十足的“标题党”，在新闻事实中捕风捉影，掺入了黄色、恶俗的元素，这样的做法同样需要引起我们警惕。

粗暴简单地贴标签。“云南导游辱骂游客”是这类标签化新闻的代表。2015 年“五一”黄金周期间，一段自称跟团游客偷拍的“云南女导游嫌购物少骂游客”的视频，迅速在网上传播。视频中咄咄逼人的女导游更是受到网民的强烈谴责。正当人们认为这又是一起“黑心导游事件”时，戏剧性的一幕出现了，随着媒体采访的深入，事件真相渐渐浮出水面：原来，这批游客参加的是购物团，团费只有一元钱。对此，舆论一片哗然。这则反转新闻中由于许多媒体采用了“贴标签”的方式，习惯性地认为这是一起黄金周时期普通“旅游消费纠纷”“导游强迫游客购物”等，也正是基于此，诸如“云南女导游嫌购物少大骂游客官方介入调查”“云南女导游嫌购物少大骂游客：你们的良心和道德在哪”“云南导游嫌购物少骂游客没良心。网友：花钱找骂受”……无不通过贴标签的方式建构起导游“黑心”的媒体形象。

客观性是新闻报道中最重要的一个准则，它也是新闻实践的准则和核心。如何才能避免新闻客观、公正性的丧失？通常的做法是媒体在作新闻报道时需要将报道与言论区分开来，不能将自身的观点甚至标签化的观念传递给观众。与此同时，报道的均衡也是保证客观性的重要方法。我国《新闻工作者职业道德准则》强调，新闻工作者要坚持发扬实事求是的作风，深入基层，深入实际，力求全面地看问题，防止主观性、片面性，努力做到从总体上、本质上把握事物的真实性。而反转新闻中，大多数媒体都采用了“一家之言”，即便做到了形式上的“均衡”，但在篇幅、呈现上存在差异，使得双方的辩驳力、说服力存在悬殊。

第三节　价值预判与媒介社会责任缺失

价值预判是指新闻传播者对于新闻事实的新闻价值及其可能会产生的社会影响所作出的预设性判断，这种价值预判的结果与新闻价值或者符合，或者基本符合，或者完全不符合，这完全由我们对新闻价值的认识能力和水平所决定。我们知道，新闻价值具有多面性，而且呈现方式复杂，加上人的认知能力和水平的局限，“一种认识和判断的形成，离不开对事实的分析、阐释，有的记者在叙述中夹杂着对事实的诠释和价值评判，这在词语、句式和叙事视角的选择上都可以体现出来”。[1] 也就是说，新闻价值是通过对新闻事实的选择、叙述方式等呈现出来，这样判断出现偏差自然就会出现突出某些事实或遮蔽或削弱某些东西，也就会形成对事件的报道、解读和读者注意力的影响，进而形成特定的倾向。

在十大反转新闻中，《安徽女大学生扶老人被讹》《河南大学生掏鸟 16 只被判 10 年》《河南大学生因救人溺水身亡》《哈佛女生出身寒门》，这四条新闻都不约而同地锁定了大学生这个群体，而媒体将“大学生”这个词放入新闻标题，就是一种习惯性思维模式。这样的标题不是将新闻的重点引入新闻事件本身，而是指向一个群体，这个群体在人们的印象中充满活力、富有正义感和进取心，而且需要社会全力保护。也正是这样一个依据自身先入为主的预设，使得整个新闻事实的选择、呈现都出现了偏差，导致新闻报道失实，而当先入为主的“迷雾”被拨开后，必然会导致新闻的反转。

轰动一时的“僵尸肉事件”就与相关新闻传播中的价值预设有密切关系。“僵尸肉”原本是指冰冻多年销往市场的冻肉，经过一系列的化学处理后走进了百姓餐桌。这本是一则食品安全新闻，2015 年 6 月 23 日，新华社记者发表了题为《走私“僵尸肉”窜上餐桌，谁之过?》的新闻报道，首次使用“僵尸肉”一词，并涉及“70 后”猪蹄、“80 后”鸡翅等人们日常生活中的常见食品，这则报道迅速引起媒体和大众的强烈关注。2015 年 7 月 9 日，有记者在公众号中推送了《剧情逆转的时候到了:“僵尸肉”报道是假新闻!》，对早先的相关报道予以质疑。随着调查的深入，长沙海关(媒体最早提到的海关)否认他们查处过“僵尸肉”，随后广西、广东等地也纷纷出面否认。最后的真相则是“僵尸肉”报道是一则从“旧闻”中嫁接、演绎而来的假新闻。涉事记者之所以“制造”这则新闻，也是基于其下意识的“直觉”和预设的价值判断，正是基于这种习惯性的价值判断，造成了涉事记者对新闻事实的过分解读，甚至出现了刻意嫁接和拔高的行为。

《〈国际新闻道德信条〉草案》中明确指出:“职业行为的崇高标准，是要求献身于公共利益。”《美国职业新闻工作者协会道德守则》也明确规定:“新闻工作者对自己的读者、听众负有责任与道义。”我国的新闻媒体则始终肩负着政治责任与社会义务，我国的新闻工作者必须全心全意为人民服务。“公众利益”和“政治责任”意味着要站在公众的立场、要有政治担当，这些都与主观的价值判断格格不入。

在多种媒体并存的今天，各种类型的文化、意识形态、价值观念、道德观念也呈现多元并存局面，加上媒体之间的无序竞争和社会道德滑坡，导致媒体上充斥着暴力、色情、假新闻、垃圾信息等。新媒体传播方式的便捷、隐匿管理乏力，使得新媒体成为传播伦理和缺失的重灾区，价值预判的现象十分普遍。

在“庆安枪击案”事件中，《南方都市报》于 2015 年 5 月 7 日，以《庆安枪击案还要带出

---

① 曾庆香:《媒体平衡论》，4 页，武汉大学出版社，2014。

多少泥》为题,发表评论员文章。在文章一开始,就围绕庆安县副县长董国生5月6日被曝"中专还没毕业,大学学历是假文凭""妻子在政府部门吃空饷"等问题展开。作为一份以评论著称的报纸,《南方都市报》对热点新闻发表相关言论本无过错,然而在评论当中夹带未经证实、网友披露的小道消息,借评论员之口,传播不确定的消息,这样的一种评论,既不符合新闻报道所要求的客观、真实、准确,也不符合作为社会主义媒体所肩负的对人民负责的社会责任的要求。

我国正处于社会转型期,各类社会矛盾日益突显,各个社会阶层都渴望通过媒体发出自己的声音,然而传统主流媒体对社会热点问题反应过于滞后,都市类媒体和网络媒体过于追求市场化,加上自媒体的加入加剧了各种"声音"之间的冲突和博弈,简单和预设性的"二元对立"的结构方式成为诸多媒体报道各种突发事件的通用方式,也是彼此用以竞争的一种手段。如"庆安枪击案"中的官民对立,"云南导游辱骂游客"中的导游与游客之间的对立,甚至在"四川男子暴打女司机"中我们隐约看到了男女性别对立的色彩……这是各种媒体搭建新闻的基本框架,这种带有预设性的框架也会导致对新闻报道的偏差,甚至造成负面的影响。《中国新闻工作者职业道德准则》明确规定:新闻媒体应积极反映人民群众的正确意见和呼声,批评侵害人民利益的现象和行为,依法保护人民群众的正当权益。所以,媒体在进行新闻报道时,应当充分认识到新闻报道可能会产生的影响,也需要考虑到社会可接受程度。

在传播技术日新月异、快速发展的今天,新闻媒体的影响力越来越大,媒体肩负的责任也更大,同时也要充分认识到媒体作为社会权力的公器力量,而不能被肆意滥用,这就需要我们的媒体树立责任意识,这样才能真正担负起"时代风云的观测站,时代航船的瞭望哨,时代变化的记录者,时代进步的见证人"所承担的责任。

第四节　刻板印象与专业素养的缺失

反转新闻如同"过山车"的剧情极大地刺激了公众和社会神经,而既定的思维模式和不完整的信息是造成新闻反转的重要原因。很多时候,影响记者态度和判断的,是先入为主的思维定势和头脑中的刻板印象。刻板本来是指铅板,铅板一旦刻成就固定不变,后来被李普曼引用,专指那些事实上不正确、非理性和固执的态度,刻板印象可以是人、也可以是物。媒体报道的流程中也存在着刻板印象,无论是观念上、采访的过程还是新闻写作中,而记者职业本身的某些特点,会提高报道中刻板印象使用的频率,这是因为"需要记者做出处理的信息具有庞大复杂、变动不居的特点,而新闻传播的时效性以及截稿时间的存在,又要求记者在有限的时间内迅速完成上述信息的处理的任务"。[1] 在这样

① 范颖:《新闻话语中的社会现实——评梵·迪克〈作为话语的新闻〉》,111页,《名作欣赏》,2011(6)。

的条件下，遵从省力的原则，选择刻板印象的解释框架是更加经济的选择。

刻板印象俨然成为时下许多媒体的通病，在反转新闻中，《黑龙江庆安枪击疑云》中犯罪嫌疑人徐纯合“弱者”身份，《云南女导游辱骂游客》中导游的“黑心”，《四川男子暴打女司机》中男子以强凌弱的“暴力”化，其主要原因就在于媒体对新闻事实主体的“刻板”印象在作祟。

随着商业化和数字化技术的发展，传统媒体需要顺应这样的发展大势，组建大型的传媒集团，尊重商业规律投入市场竞争之中。此外，网络技术的发达，数字化手段的普及，移动终端的媒介化，自媒体强势介入，也对传统媒体提出了全面的挑战。特别是面对一些热点和突发新闻时，先入为主和刻板印象在新闻传播中有了市场，而当先入为主和刻板印象大行其道的时候，专业精神的缺失也就在所难免了。

新闻传播业是一个十分特殊的行业，从业人员不仅要有良好的政治素养、道德水准，也需要具备相当程度的社会经验、较宽广的知识面以及新闻实践能力和专业精神。简言之，一名合格的新闻工作者不仅需要具备专业知识，同样需要具备专业外的知识。只有这样，才能尽可能地消除因为新闻从业者、新闻机构的主观层面的失误而造成的新闻报道的失实。

随着传播技术的发展和媒介在人们生活中所起的作用越来越重要，专业精神在新闻报道中的作用也越加突出。《美国职业记者协会道德准则》明确规定，在新闻报道前，新闻记者要“认识到收集和报道信息，有可能引起伤害或不愉快”；严禁媒体审判，“在犯罪嫌疑的公正受审权和公众的知情权之间，寻求平衡”；保持新闻独立，“除公众知情权之外，记者完全没有责任，去服从任何利益集团”。这就需要记者具备独立精神、责任意识和拥有丰富的知识等。

独立精神是新闻专业素养的内核。独立精神就是记者不屈从权力、利益和各种外在的压力。在众多反转新闻中，媒体被受众，或者舆论“牵着走”的现象屡见不鲜。如“四川男子暴打女司机”“安徽女大学生扶老人被讹”“利辛女子被恶狗咬伤”，这些都是来源于网络视频或者是当事人的一面之词，经由网络传播后所形成的舆论热点。网民在接受单方面的信息后，偏向性地接受信息或激发对弱势群体的同情心，就会形成一种相对一致的网络舆论倾向。但是，对于新闻媒体而言，对于所传播的事实不加考证，或者顺应整体的舆论走向，作人云亦云的报道，自然是和专业精神相违背的。在反转新闻报道中，大多数媒体都盲目顺从群众呼声，或者仅凭现有资料加以分析论证，没有深度挖掘材料，特别是缺失独立的精神。

丰富的知识是新闻专业素养的具体体现。对于记者来说，除了解新闻报道的规律和方法外，还需要其他方面的知识储备。比如科技报道记者具备基本的科技知识是必不可少的，从事经济报道的记者不能说一定是经济专家，但至少要有一定的经济专业知识。在反转新闻中，相关知识缺乏是造成报道失实的重要原因，无论是“僵尸肉”“庆安枪击案”，还是“河南大学生掏鸟窝被判10年”报道，这些反转新闻的背后都折射出当前我们新闻行业从业人员的相关专业知识欠缺。“僵尸肉”的报道从自媒体扩展到了大众媒体，最后由涉事专业人员亲自出来辟谣，事件才逐步平息。“庆安枪击案”按照刑事诉讼法的相关规定，“刑事侦查中，原始证据的效力居首”，涉事的视频是经过剪辑的，在归类上业已属于“传来证据”，证明力远远低于作为“原始证据”的原视频，这样就要求公安机关必须走访大量在场人员，调查相关物证，来辅佐证明视频的真实性。在相关事件真相没有查实之前，一些媒体发表“庆安枪击事件，别再捂下去”这样的新闻，专业知识素养的缺乏可见一斑。与此相类似的，“河南大学生的知法犯法”“咎由自取的违法行为”等这些带有未审先判的报道语言和方法更是比比皆是。对我国法律制度、司法程序缺乏必要的了解，也是最终造成新闻反转的重要原因。

我国《新闻工作者职业道德准则》第四条就强调：“（新闻记者）应强化学习意识，养成学习习惯，不断提高政治和业务素质，增强政治意识、大局意识、责任意识，努力成为专家型新闻工作者。”这也从侧面印证了一名合格、专业的新闻工作人员，应当具备一定水平的相关领域知识，避免盲目性跟风和非专业化的报道。

第十四章
百年未有之大变局下的中国国际传播

2018年6月22日，习近平在中央外事工作会议上发表重要讲话强调:“当前，我国处于近代以来最好的发展时期，世界处于百年未有之大变局，两者同步交织、相互激荡。”这种大变局意味着，百年来世界各种力量相互作用所形成的相对稳定的基本格局正在发生深刻的变化，而且这种变化是多方位的，既有政治、经济，也有文化方面，既有宏观层面的，如全球治理，也有微观的，如国际传播等。与此同时，我们必须清醒地认识到变局中隐含着危机，但也蕴含着机遇。

在这百年未有之大变局中，中国国际传播格局也处于深刻而巨大的变化之中，也可以说处于突“变”中，这样变局中必然面临着巨大的调整，甚至危机，但同样也蕴含着巨大的机遇。从社会发展历史规律看，各种社会变化都不是随意、偶然的，这其中一定蕴含着某种规律，规律会影响社会发展，变局中也一定蕴含着某种趋势和发展规律。对于国际传播中的变局的“变”到底意味着什么，这其中又蕴含什么样的规律以及什么样的发展趋势，都需要我们认真洞彻分析。至此我们可以认识到，大变局中“危”与“机”，既是一种表现形态，也是一种内在规律，同时也为我们认识和解决这个国际传播面临的处境、未来发展趋势，解决问题的方略提供了一种宏阔的视野和解决问题的方法。

第一节　中国国际传播中的“危”

危字始见于战国，其古字为“危”，形上面是人，中间是山崖，下面是腿骨节形。本义是高、高处，引申为危险的、不安全的。许慎在《说文解字》中给出的解释是:“危，在高而惧也，从产(wēi)，自卩(jié)止之。”段玉裁又补充了“人在厓上”的意思，这似乎更贴合“危”字造字的意义指向。由此可见，“危”在古代是指处境险恶、令人恐惧，如同人在危崖之上。在现代汉语中“危”字有多重意义，主要指处境险恶；恐惧，忧惧；威胁，摧败；伤害，损伤，等等。由此可见，“危”不仅指向处境的险恶，同时这种处境可能带来诸多不良的后果，而且这种后果有时候是我们难以承受的。我们在讨论国际局势的时候，“危”字主要是指局势的险恶、险峻，以及由此可能引发的恶劣后果。当然，险恶局面有时是显在的，有时是隐含着的，对于中国国际传播的“危”局既与国际形势有关，也有其自身的一些特殊表现方式，具体表现在以下一些方面。

第一，逆全球化与意识形态对抗加剧。2008 年国际金融危机爆发后，全球贸易增长速度长期落后于经济增长速度，同时跨境投资的速度也一路下滑。美、欧、日等发达国家的经济自金融危机以后一直没有找到未来的增长点，于是一些欧美国家的政府越来越寄希望于贸易保护主义和“重振制造业”计划，这似乎成为西方脱困的最后一根“救命稻草”。也就是在这种背景下，全球化成为西方发达国家舆论的众矢之的；欧美各国政坛中的不同党派、不同的政治人物往往为了自己的利益也拿全球化说事。美国前总统特朗普，就把美国经济停滞不前的过错全部推到了国际贸易自由化上。当然，逆全球化也与美欧社会民众中极端主义情绪的增长也有着密切的关系。

意识形态对立由来已久，二战之后，社会主义国家集团同资本主义国家集团之间的两极对抗将意识形态对立推向了高潮。20 世纪 90 年代冷战结束后，世界各国家之间的关系主要由各种各样的需求和利益决定，意识形态对抗的痕迹越来越被淡化。但随着中国的崛起和俄罗斯与欧美之间矛盾日益尖锐，意识形态冲突又在西方沉渣泛起。2021 年 12 月美国举办了“民主国家峰会”，他们打出的主题就是：对抗专制、打击腐败、尊重人权。随着俄乌战事发生，国际舆论中，刻意挑动意识形态对立的种种言论大行其道。前美国国防部长罗伯特·盖茨在《华盛顿邮报》发文，直指俄乌战争“是浇醒民主国家政府直面新世界现实的一盆冷水”。而《华尔街日报》的社论更是明确宣告“俄罗斯入侵乌克兰意味着新冷战的到来”。

第二，西方媒体合力抹黑、打压中国。媒体合力主要体现在西方不同国家媒体之间和新旧媒体之间报道倾向上。世界十大通讯社中，西方的美联社、路透社、法新社、合众国际社占据着前四位；位居前十位的西方报纸有《华尔街日报》《读卖新闻》《太阳报》《图片报》《泰晤士报》，而且占据各类报纸的前列；西方传媒集团、广播公司也有着绝对的话语权。尽管西方不同国家、不同类型的媒体有着各自的利益，也有着各自不同新闻报道理念，但是对待非西方的“他者”，特别是近些年快速崛起的中国，他们几乎有着异乎寻常的“一致步调”。一方面表现为对中国报道的“他者化”；另外一个方面对他们热衷的有关中国议题相互炒作，相互应和；再者就是采用污名化手法，等等。2020 年下半年随着中国疫苗国际合作的不断开展，西方媒体抨击中国搞“疫苗外交”的声音不绝于耳。西方不同媒体以及不同国家的媒体几乎是异口同声地对中国加以“讨伐”，只要浏览几家媒体的标题就可见一斑：

《中国可能赢得“疫苗外交”的战役，但会输掉“疫苗战争”》（美国政治新闻网站 Politico）

《“疫苗外交”：一场“新冷战”》（《美洲季刊》）

《中国疫苗外交提振其在欧洲的影响力》（《华尔街日报》）

《中国可凭借疫苗夯实与非洲关系》（“德国之声”）

《中国疫苗外交给东盟国家留下烙印》（《外交学者》网站）

西方的自媒体主要有 Facebook、Twitter、YouTube、Instagram、Whatsapp，等等。自媒体作为一种交互性很强的媒体，不仅用户数量巨大，而且用户使用的时间也比较长。比如，Facebook 每天约有 14 亿活跃用户，日均上传照片约有 3 亿张，平台日均视频播放量达到了 80 亿。[①] 由于新媒体有跨地域、跨时空的特点，因此在国际舆论中也有着举足轻重的地位。面对迅速崛起的中国，西方的焦虑与挫败感日益增强，渲染、抹黑、打压中国的论调往往能在社交平台上吸引一批受众。一些西方媒体、部分政客、网红也正是利用大众的这些心理，以牟取他们的政治、经济利益，加上一些盲从的网民，在自媒体上反中、仇中颇有市场。根据《环球时报》粗略统计，《纽约时报》从 2019 年 12 月 9 日至 16 日发布约 600 条推荐文章，其中 25 条左右涉华；《华尔街日报》同一时间段发推总数与《纽约时报》不相上下，其中约 50 条涉华。《华盛顿邮报》在这期间发布的超过 750 条的推文中，涉华内容为 20 条左右。13 日至 15 日，《华尔街日报》有关中美经贸摩擦的推文收获点赞数最高刚过 100，转发数量最高不足 80。而《纽约时报》15 日一篇关于阶段性经贸协议是“中国强硬派的胜利”的文章，在推特上收获逾 500 个点赞和 300 多个转发。[②] 由此可见，越是反中的，越是抹黑中国的就越受追捧。2019 年 6 月香港发生“修例风波”，西方媒体合力鼓噪成为当时的一大媒介“景观”。比如，2019 年 11 月 11 日，57 岁的香港市民李伯遭暴徒点火焚烧，同日，一名香港交警在制服暴徒的过程中遭遇夺枪之后，被迫开枪。市民被焚烧完全被西方的各类媒体所无视，而“警察开枪”成为外媒以及社交媒体上大量传播的重点内容。西方媒体经常在社交平台上重点发布有关警方动作的内容，展示他们发射催泪弹、清场等具有视觉冲击力的画面。部分西方媒体甚至通过视频剪辑、随意拼接的方式扭曲真相，这样的内容却能够在社交媒体中广泛传播。

为了便于打压和抹黑中国，西方的传统主流媒体就是让有关中国的正面内容“失声”，而一些自媒体则直接对一些传播与中国有关真实内容的一些用户或者媒体实行禁言或者封号的措施。2021 年 Twitter 和 Facebook 先后宣布，将对“不当言论”账号进行封杀处理。官方的解释中称：其存在违规行为。其中被封杀的 3500 多个个人账号中全部都有“亲华”内容，或者对一些事实进行客观描述，或者只是单纯地喜欢中国。与此相反，对于反华内容的帖子则网开一面。2021 年 10 月，香港警方两度要求 Facebook 删除涉嫌诽谤或毫无根据指控的帖子，强调相关内容是不准确的报道，旨在煽动仇恨。这些捏造事实的帖子包括声称警察在东涌搜查汽车时“骚扰”一名女性示威者等。然而，删帖

---

① 资料来源，雨果跨境：《8 个海外社交媒体的用户数据》。

② 资料来源，肖岩，青木：《西方在社交平台上抹黑中国：挑选负面报道博眼球》，中新网，2019—12—18。

要求均被漠视。另一方面,Twitter 于 2021 年 9 月宣布关闭全球上万个账号,其中包括 4300 多个来自中国内地和香港"试图扰乱香港抗议运动"的账号。Facebook 曾在 8 月宣布,移除 7 个专页、3 个群组和 5 个账号,因为它们与中国政府有关。

第三,有组织、系统性地设置议题。一些西方政府成为抹黑、打压中国强有力的支持者和组织者。2022 年 2 月 9 日,美国参众两院通过了旨在加强美国竞争力的法案,其中就包含有"促进关于中国的负面报道"的专项拨款。按照该法案要求,美国未来将拨款 20 亿美元专门用于对华舆论战。美媒指出,美国将通过"独立媒体"等媒介发布和炒作与中国有关的负面报道。在组织上,不仅美国政府设置了中国工作组,而且议会也设有中国工作组,在这些中国工作组中还成立了专门策划、组织、协调舆论战的机构。美国已形成了以白宫为指挥总中心,国务院、国防部、国际开发署、国家情报总监办公室、国家反恐中心、广播理事会、国家安全创新基地为主体的传播架构。它们利用情报机构、网络平台、社会媒体、高端智库、大学研究机构等策划舆论战方案、设置舆论话题、控制舆论战进程,这种有组织、有预谋的舆论战,服务于整个国家战略。美国中情局专门成立"中国任务中心",不仅搜集有关中国的情报,同样也在操纵舆论战,捕风捉影抹黑中国,诋毁中国形象。他们通过招募会说普通话、上海话、粤语、客家话的特工,从与中国人的交往或者网络监控、社交媒体设圈套的方式,来获得有利于美国反华的蛛丝马迹,进而放大或者制造反华舆论,在人权、自由、劳工、投资、能源等多方面攻击中国,从而为美国战略服务。

长期以来,美国为了维持其全球霸权地位,打造一个单极世界,系统打击、遏制对手,成为他们惯用的手法。近些年为了应对中国的崛起,他们频频出"牌",而且呈现出系统化和惯常化的倾向。2022 年 5 月中国人民大学重阳金融研究院发布《大围剿:俄乌冲突以来,美国对华政策的进展评估与中国应对》研究报告,指出,美国针对中国的压制行动大概有 24 项,体现在经贸、金融、意识形态、军事科技、地缘政治等领域。美国对华战略竞争名为"综合威慑",实则开启"大围剿"之势。有学者将其称为对付中国的各种牌,具体表现为"贸易牌""涉港牌""人权牌""南海牌""台湾牌""新疆牌",等等。而这些"牌"又是如何转化为舆论的呢?具体的操作方式:通常由政府(白宫、国务院和国防部等)先表态引起关注,其他精英(国会议员及侧近人士、游说团体、智库、专家)跟进炒作,媒体再向政府人士求证、采访国会议员、与媒体同行交流,最终做出报道。[①] 美国媒体自觉或者不自觉地加入到系统抹黑中国的议题的行列中,这其中的原因比较复杂,除了政府引导,迎合美国的民意、获取更多的政治、经济利益也是重要的原因。

新冠疫情爆发后,美国政府和政客的"花式甩锅",通过媒体快速扩散到国际舆论场,诸如病毒起源问题、信息透明问题、抗疫成功等都成为抗疫初期美国媒体设置的重点议题。特别是疫情在美国爆发后,抹黑中国成为美国政府和媒体"合奏"的舆论最强音。在美媒的报道框架下,中国"什么也做不对",中国被塑造成"或无能或邪恶"的形象。正如

---

① 资料来源:《"伪圣"美国怎样编织抹黑中国的"盗梦空间"?更多套路被这本书揭穿》。

加拿大电子出版物“Passage”所观察的那样，这成为美国主流媒体报道新冠肺炎疫情以及中国的普遍方式。卢纲援引美国非营利性媒体监督组织“公正与准确报道”（FAIR, Fairness & Accuracy in Reporting）的一项研究表示，当中国普通民众自发协助抗击新冠病毒时，他们被描述成“邻里中爱管闲事的人”（出自《纽约时报》2020年2月15日的报道）。湖北省政府官员因隐瞒有关新冠病毒的信息而被撤职时，美国有线电视新闻网CNN（2月13日）和美国商业新闻网站“商业内幕”（2月11日）称他们遭到“清洗”。[①]

西方其他国家的媒体，也加入到相关议题的报道中。由于德国的媒体行业均由美国媒体巨头投资，德国媒体上的中国形象似乎已经固化，或者和美国媒体相互呼应。比如新疆、香港问题，经过几年的持续发酵，已经成为西方媒体普遍关注中国的议题，再加上新冠疫情的爆发，这些议题就更加容易被西方媒体热炒。以美国为代表的西方国家新闻舆论在国际关系、国际斗争中表现出惊人的“一致性”，是因为这些媒体的利益与他们国家的政府、政治、资本利益集团紧密结合在一起。

第四，炒作手段不断翻新，甚至毫无下限。西方媒体一方面通过系统的策划和议题设置来抹黑中国，另外一方面不断翻新炒作手段。主要表现在：

污名化、妖魔化手法。污名化就是给对象以不寻常和不光彩的身份记号；妖魔化就是将对方贴上“妖魔”“丑恶”的标签。标签化是他们的共同特征，丑化是他们常用的手法。在新冠疫情爆发初期，中国人民做出重大牺牲、为世界其他国家争取时间的事实，西方却为此贴上信息不透明、中国应承担疫情在全球蔓延的责任的标签；对于中国援助国际社会抗疫，则贴上“中国式政治宣传”的标签。对于新冠肺炎的名字，西方一些媒体更是竭尽污名和妖魔化之能事。《华尔街日报》曾发表题为《中国是名副其实的东亚病夫》（China is the real sick man of Asia）的评论。CNN的主播多次在节目中称新冠病毒为“中国病毒”“武汉病毒”。美国全国广播公司商业频道CNBC的北京站站长Eunice Yoon，从2020年1月21日至2月8日发布了25条带有＃Wuhan virus＃标签的推文，而一些美国政客更是不遗余力地“协同”利用病毒污名化中国。有丹麦媒体通过将新冠病毒与中国国旗叠加的方式来妖魔化中国，而这种手法其实早在SARS爆发时期就出现过。

颠倒黑白、混淆是非。西方新闻媒体一直标榜秉持专业、客观的报道原则，但是为了达到自己的目的，他们完全无视客观、平衡的存在。2019年发生的香港修例风波，西方新闻媒体完全将专业化抛到脑后，最具有代表性的例子是：2019年11月11日，四个暴徒从四个方向冲向警察，有抱腰的、有夺枪的，警察开枪果断回击暴徒的围攻，暴徒受伤。西方媒体整版都是香港警察“对示威者开枪”的画面和文字，《卫报》（如下图）通过剪辑，画面中只剩下了开枪的动作。

美联社第一时间刊出的消息是：“一段网络传播的视频显示，一名警官抓住一名抗议

① 资料来源，卢纲：《美媒如何片面报道中国抗疫举措》。

者的衣领，然后朝另一名接近的(抗议者)开枪。当第三名抗议者接近时，这名警官再度开枪。”

对香港修例风波中诸多事件的报道，有的媒体移花接木，只将摄像机对准警察执法，却模糊处理黑衣暴徒打砸抢烧甚至在光天化日之下当街活生生地用易燃液体焚烧意见不同的无辜市民的残忍暴行。有的媒体则倒因为果，不去谴责黑衣暴徒不断升级行动、破坏香港法治秩序的违法犯罪行为，反而援引莫须有的民调称中央和特区政府应为局势负责。

将一切问题政治化。所谓“政治化”，就是将非政治的内容政治化。新闻的政治化就是将经济、社会、科学、技术、文化、道德等非政治领域的事件冠以政治的思维和逻辑，强行与国家、政体、人权、意识形态等联系起来。新冠疫情爆发以来，有关新冠肺炎病毒起源问题一直备受关注，世界需要了解新冠肺炎病毒的起源，从而为下一次大流行做好准备，但西方的一些媒体和政客不是从科学的角度，而是从政治的角度，从早期鼓吹所谓的“新冠肺炎病毒是中国人为制造的”，或者“从中国实验室泄漏的”发展到诬称中国“缺乏透明度”“阻挠国际调查”“拒绝共享信息”等。2021 年 8 月英国记者 Sophia Yan 在《每日电报》上假借中国境内关于德尔塔变异病毒的输入情况报道，在竭力否定中国对疫情的有效控制外，还公然指责中国是“监控国家”。新闻报道的政治化，一方面为了一己之私抹黑、贬低对方，另外一方面就是为了甩锅推责。

无底线的炒作。2019 年 4 月，美国时任国务卿迈克·蓬佩奥在美国得克萨斯州 A&M 大学演讲时承认：“我曾担任美国中央情报局(CIA)的局长。我们撒谎、我们欺骗、我们偷窃，我们还有一门课程专门来教这些。这才是美国不断探索进取的荣耀。”早在 20 世纪 40 年代，美国中央情报局就通过“知更鸟计划”在世界各地收买媒体人员和机构捏造假新闻。该项目负责人之一正是时任《华盛顿邮报》出版人的菲利浦·格雷厄姆。美国中央情报局曾承认，“知更鸟计划”收买了全球至少 400 名记者和 25 个大型组织。时至今日，美国中央情报局仍然热衷于对媒体人进行威逼利诱，以求掌握信息、操控舆论。美国情报部门还曾直接提供假情报，为美国政客策划战争、无端指控提供借口。2013 年，美国国家安全局情报外包人员斯诺登披露，美国国家安全局与多家美国网络巨头签订了

秘密协议，监控美国公民的通话、邮件和其他信息。为了适应新形势下的舆论战，美国成立了网络战司令部、网络民主行动办公室等机构，协调 Facebook、Twitter、Google 这些美国网络巨头秘密开发躲避主权国家网络监控的软件，利用网络直接策划、煽动、支持、推进目的国家的“颜色革命”。西方对华舆论战最无下限的招数就是白色宣传、灰色宣传、黑色宣传。“白色宣传 ”，一般指公开表明信息来源，通过官方渠道发布一些破坏性、造假的信息。美国国务院发布《2020 年国别人权报告》，指责中国在新疆犯下“种族灭绝”罪，却拿不出任何实证。“灰色宣传”指不透露信息来源，而以民间组织或私人名义发布带有诱导性的模糊宣传，它可以让白的不那么白，黑的不那么黑，混淆视听，让人难辨真假。而“黑色宣传”，是一种隐藏真实信息来源，以传播谣言为核心的宣传方式。2020 年 3 月以来，一批有组织的“水军”在社交媒体上散布“新冠病毒为中国政府在武汉病毒研究所人为制造的生化武器”的阴谋论。而分发扩散这些信息的账号大多都被支持特朗普的极右翼团体操纵着。由“水军 ”精心炮制的政治病毒，经过媒体加以利用，产生的效果就是，由谣言所引导的话题被更广泛的边缘群体接受。

以上只是概括了西方对华舆论战中的具有代表性手法，在现实中远远不止这些，而且手段还在不断翻新，虽然这对中国国际传播造成了许多困扰和难题，但我们要相信困境中一定蕴含着机会、机遇。

第二节　中国国际传播中的“机”

机的繁体为“機”，始见于篆文，简体为“机”，二者均为形声字。繁体字本义为弩机，弩上的发动机关，引申为机缘、机遇、机会、时机等意义；简化字本义是树木名，即桤树木，引申为几案、小桌子等义。在汉字简化中，繁体字“機”被简化为“机”，这也使得现在的“机”包含了前二者的含义，它可以指事物的关键、枢纽，事物变化之所由，也可以指时机，机会，等等。如果把它放在“危机”中，“机”主要意味着时机和机遇。古语中的“祸兮福所倚，福兮祸所伏”就辩证地阐明了危机的双重本质。也就是说，“危”和“机”是可以相互转换的，而且“危机中育先机”。习近平总书记多次强调，要危中寻机、化危为机，要捕捉机遇、创造机遇。这也为中国国际传播如何抓住机遇指明了方向，这些机会、机遇，需要我们去寻找、去转化、去捕捉、去创造。

第一，在时和势的转化中抓机遇。势原先指力量惯性趋向，也引申为事物发展的趋势、规律，以及与事物发展密切相关的理念、策略等。在国际局势中的势指世界经济、全球治理等发展趋向。随着世界经济向东转向，特别是中国的崛起，引起了美欧的恐惧，逆全球化、操控意识形态外交，拉小圈子、突出对抗等甚嚣尘上，但从国际形势总体发展趋势上看，全球化是由经济、技术和政治等多方面原因决定的，这是由于人类发展的历史就是人类不断融合的历史，而经济、贸易、交通、技术等的不断发展进一步促进了人类融合，与此同时，融合也促进了经济、商品和资本流动、科技和文明进步，全球化给人类带来许多好处，而且全球化也已经深入人心了。中国大力坚持改革开放，成为全球化的坚强捍卫者。操控意识形态外交，拉小圈子、突出对抗等是不得人心的，因为世界各国人民都渴望和平，渴望经济发展和人民幸福。而且这些做法也被历史证明是行不通的，比如在二战前夕，法西斯主义试图建立起一种种族至上的法西斯国家，以及两次世界大战后所形成的"两极"格局都被历史证明是背历史潮流而动的。

"时"最初指时令季节，后引申为时间、时机。"时"对于中国也是十分有利的：中国经济持续发展使得中国在世界的影响力将越来越大；中国处理国际事务包括国际传播的能力越来越强；中国坚持独立自主、和平相处，以及建立人类共同体的意识也越来越受到欢迎。

与此同时，我们也要充分认识到，时和势之间包含事物发展的不同方面，而且时和势的发展都蕴含着变化，我们通常所说的"以势待时""以时取势"就是讨论时与势的关系以及变化的。"以势待时"，其实就是事物的发展已经具备变化的条件，在等待爆发点。正如古语所说，"万事俱备只欠东风"，这个"东风"来的时刻，就是我们需要等待的"时"。这就需要我们"时刻准备着"，我们通常所说的"机遇永远青睐有准备的人"也是这个意思。正如白居易《与元九书》中所言："大丈夫所守者道也，所待者时也。时之来，为云龙，为风鹏，勃然突然，陈力以出。" 近些年来，中国进一步加大对外开放的力度，加上网络直播技术的快速成熟，中央广播电视总台借第三届中国国际进口博览会这个时机，举办了"走近意大利"直播带货活动，"主流媒体 + 直播带货"这种国际传播的模式使这次活动成功引发了对象国主流社会、主流人群的密切关注和称赞，取得很好的传播效果。

"以时取势"就是在时间的发展中充分利用那些有利于中国国际传播的优势条件。自美国将中国定义为"主要战略竞争对手"开始，美国连同一些西方国家合力打压中国，"新冷战"的阴云开始笼罩在我们的周围，中国国际传播空间在世界不同地区、不同领域受到了前所未有的挤压，中国媒体也面临前所未有的压力。国际传播不仅成为各种力量、各个国家间政治、经济、军事领域的博弈工具，而且本身也成为博弈场。面对这种不利的局面，除了必须重视西方的攻讦，强调传播的对抗性、冷静应对，而且要积极有为，敢于作为，就是要在时间和发展中寻找有利于中国的"势"。对于新冠病毒起源、中国疫苗、中国抗疫政策的种种责难和攻击，中国媒体冷静应对，为国际舆论的正本清源起到了积极的作用。

第二，在经济发展中寻找传播机遇。国家统计局发布的《2021 年国民经济和社会发展统计公报》显示，2021 年中国 GDP 规模达 114.4 万亿元(17.7 万亿美元)，稳居全球第二；美国 2021 年 GDP 为 23.0 万亿美元，中国、美国占全球 GDP 比重分别超 18%和 23%。[①] 下面是近五年中美 GDP 变化的对比表：[②]

---

① 资料来源，任泽平：《于无声处听惊雷，从 2021 年统计公报看中国未来》。
② 资料来源，天华上邦：《2021 年中国 GDP 首超欧盟，拉开 6400 亿美元差距，与美国相比呢?》。

年份	GDP(万亿美元)		实际增速(%)	
	中国	美国	中国	美国
2021	17.73	23.02	8.1	5.7
2020	14.73	20.89	2.3	−3.5
2019	14.30	21.37	6.0	2.2
2018	13.89	20.6	6.7	3.0
2017	12.32	19.54	6.9	2.3

通过对比图我们可以了解中国经济发展的趋势，而且这种趋势已经持续了许多年。国力的强盛是媒体崛起的前提条件，因为国力不断增强，国家的影响力自然会增强，影响的范围也会增加，在国际场合发言的分量也会增大，这样，在国际媒体中的曝光率也会增加，而本国媒体也会借助于这种影响，逐步提高自己的国际传播力和影响力。综合国力的强盛令中国议题的全球关注度迅速上升。相关研究数据显示，2009 年至 2019 年十年间，境外英文媒体涉华报道总量呈稳定上升趋势，中国在国际舆论场中的曝光率持续上涨。可见，当今中国的一举一动、一言一行，都带有典型的大国特征，中国与国际社会的联系日益紧密，世界各地发生的事情也逐渐与中国国家利益产生紧密联系。综合国力的增强也有力地保障了媒体领域的有效投入，为国际传播能力的提升创造了必要的物质支持，比如 19 世纪中期的崛起《泰晤士报》、在 20 世纪初获得国际影响力的《纽约时报》等都与英、美国力强盛有着密切关系。

与西方国强必霸不同，我们走的是和平发展的路子，我们在同其他国家打交道的时候总是本着合作、共赢的方针，与世界许多国家建立了良好的关系，这也为中国媒体的国际传播打下了良好的基础。中非关系一直是第三世界国家关系的典范，《中国与非洲经贸关系报告(2021)》显示：2019 年，中非货物贸易进出口额达 2090.2 亿美元，同比增加 2.4%；2020 年，中国对非直接投资额为 29.6 亿美元，同比增长 9.5%；2020 年中国在非洲承包工程新签合同额同比增长 21.4%。[①] 良好的经济关系也使中国媒体在非洲影响力逐步加强。中国中央广播电视总台(CCTV)在非洲上线第 4 和第 9 频道。中国国际广播电台(CRI)、《中国日报》、新华社也都在非洲落地生根。StarTimes(简称 ST)，于 2002 年开展非洲业务，ST 的经营模式是寻找非洲本地的中小合作伙伴，用优势价格提供带机顶盒的数字信号电视(非洲本地电视台为模拟信号电视)。同时积极与国营电视台和政府协调关系，争取数字信号电视转换合同。2019 年，与其他国际媒体相比较，中国国际电视台，在坦桑尼亚收视率排名第三，在肯尼亚则排名第四。而《中国日报》在非洲最受欢迎报纸的调查中排第二，仅次于《纽约时报》。[②] "一带一路"倡议，是中国向世界贡献的中国

① 资料来源，郑晓明，刘世军：《中国连续 12 年保持非洲最大贸易伙伴国地位》。

② 资料来源，包胤彤：《对中国媒体在非洲传播的"软实力"思考》。

方案。随着倡议不断推进国际媒体越来越关注"一带一路"倡议。西方媒体对于"一带一路"持着怀疑、警惕,甚至是否定的态度,而第三世界世界总体上对"一带一路"倡议持肯定态度。中国媒体开始抓住机遇,特别是依靠中国与有关国家既有的双多边机制,借助于既有的、行之有效的区域合作平台,截至2022年5月中国已与150个国家、32个国际组织签署200多份共建"一带一路"合作文件。"一带一路"无疑为中国的国际传播增添了活力,也为中国的国际传播找到了新的抓手。有经济作为支撑中国媒体积极优化海外布局、推进本土化发展战略,有效实现内容建设阵地前移,直接影响目标受众,参与国际话语权斗争。

此外,外国在华企业、中国在外的企业、留学和旅游等活动,不仅增加了不同国家之间的经济和文化交流,同时也成为中国国际传播的重要部分。五分之二(超过2000家)的欧洲在华企业位于上海及其周边,上海拥有超过5600家日本企业。这对于中欧、中日的经济、文化交流必将产生影响。

第三,利用旧有国际格局有所松动的机遇。第二次世界大战前,英国和法国长期控制着世界大部分的商业。战后,虽然美国经济迅速发展,但英国路透社控制着国际新闻的"阀门",美国在国际传播中的影响十分有限。为了自身的利益,美国提出了所谓的"信息自由流通"原则,其根本目的是在攫取经济利益的同时推行政治、文化霸权。在美国的强力推动下,加上西方其他国家推波助澜,国际传播中的不平等、不均衡问题变得十分严重。1972—1973年,联合国教科文组织对电视节目的全球传播情况进行了一次研究,电视节目主要出口国有美国、英国、法国和西德,其中居于榜首的美国占绝对优势,它在20世纪七十年代每年出口的电视节目达15万小时,比其他三国总和的3倍还多。[①] 随着时间的推移和技术的发展,这种不平等、不均衡的现象引起了第三世界国家的高度警觉。

1973年召开的第四届不结盟会议上,提出了"关注大众传播领域里的工作",以"促进不结盟成员国之间的信息的进一步的相互交流",从1978年联合国教科文组织发表《大众传媒宣言》,到1980年发布"麦克布莱德委员会"的报告——《多种声音,一个世界》,反对以美国为主体的西方对国际传播垄断的声音越来越强烈。但这些只停留在认识和舆论层面,真正对西方媒介霸权提出挑战是传播技术的发展和技术的创新扩散,新兴国家的媒体具有向全球传播的能力,比如中国国际电视台(CGTN)、俄罗斯的今日俄罗斯电视台(RT)、巴西环球电视网(Globo)、卡塔尔的半岛电视台(Al Jazeera)等正在通过国际传播的实践,对既有的全球传播格局发起冲击。媒介技术尤其是互联网的发展极大地推动了传统媒体和新媒体的全球传播。许多国家和地区都开发了自己的社交媒体,俄罗斯的Vk. com、Ok. Ru,泰国的pentip. com,孟加拉国的Eskimi. Com,以及我国的Wechat、QQ、TikTOk。而且这些社交媒体还有自己的国际市场。相关统计表明,到

① 李彬:《大众传播学》,294页,中央广播电视大学出版社,2000。

2020 年，92 个国家和地区中，有 72 个国家和地区下载排名靠前的社交媒体均非美国产品。[①] 这自然会对国际传播格局产生影响。

经济发展也是促进国际传播变革的主要因素。金砖国家经济的迅速崛起，也正在成为推动新一轮全球传播秩序重构的主要推手。英国学者尤里·达杜什(Uri Dadush)和威廉·肖(William Shaw)在《2050：重塑世界的朱格诺》一书中指出，发展中国家成为世界经济快速增长的新兴力量并有可能全面冲击旧有的世界格局。届时，世界发展的主宰力量将发生转移，新兴经济体将接掌未来的全球资源分配。[②] 而"文明交流互鉴"的提出对于国际传播无疑是一个新的理念，也为国际传播开辟了一个新路径，提供了一种新方法。

西方媒体，如 CNN、BBC，自二战以来积累的"信息信用"历史红利正在被逐步解构。今天的信息生态正在整体性地从"信息"向"讯息"，乃至向"数据"滑动。信息有价，并且演变成"贵金属"，而发挥战略资源的功能。

第四，不断积累传播经验并抓住后发优势。改革开放以后是中国国际传播快速发展的阶段。从 1978 年到 1999 年是中国对外传播事业逐渐恢复时期，确立了以经济建设为中心，服务国家发展与现代化建设的外宣思想路线。从 2000 年起开始实施文化"走出去"战略，逐渐向建成具有一定国际影响力的现代传播体系发展。从 2018 年开始，媒体融合步入新阶段，在国际传播中逐步实现"局部破局"以及"于我向好"局面出现。随着国际局势的急剧变化，国际传播格局的重组成为一种必然，如何利用我们既有的经验，抓住后发优势，这是抓住战略机遇最佳时机。

后发优势又称为次动优势、后动优势。对于中国国际传播来说后发优势表现在：

第一，对国际传播的认识更加深刻，也容易形成合力。随着媒介技术的发展和国际传播实践的不断丰富以及国际交往的增多，对国际传播规律的认识也越来越深刻，国际传播也从原先单纯的传播走向战略传播，在传播规划上实现了从突进到务实，传播属性强调从一维向多维。对外传播也基本形成一种合力，主要表现在从管理部门到不同媒体之间，从传统媒体到新媒体之间，从官方媒体到自媒体之间等多个方面，也表现在具体的传播方式上。比如，对待具体事件的传播上就采用"定音不定调"，定音就是把传播的主调、主音定下来之后，不同的传播主体可以根据自己的媒体特点加以传播，这样就形成了多音、多调和"一个声音、多个声部"的传播"大合唱"。"一个声音"是"有利于中国"的声音，"多个声部"则应该调动政党、政府、人大、政协、司法机构、中央媒体、地方媒体、市场化媒体、网络媒体、自媒体、智库专家、意见领袖等不同传播主体的积极性，形成合力。

第二，可以直接借鉴成熟的国际传播技术和经验。中国改革开放的历史就是不断向外国学习借鉴的历史，中国的国际传播也不例外。外国在国际传播中积累的诸多经验无

---

① 田赞：《社交媒体格局变迁下的国际传播秩序研究》，西北大学，2021。

② 张毓强，潘璟玲：《交流与互鉴：文明视域下的全球传播新格局》，74 页，《对外传播》2021(10)。

疑为我们的国际传播带来启示。比如法国的对外传播就是通过“高级文化”争取关键少数,实现文化影响力在目标国家自上而下地提升,以精准定位和长期作用塑造法国的国际舆论话语权;以“多元联盟”理念统合“本土”和“全球”,协调“多元”与“联盟”,形成“联盟”带动“多元”的互动关系,构建区别于美国模式的国家形象。[①]

第三,对于未来有着清晰的预知,可以少走弯路,可以跨越许多不必要的阶段。先发国家如何进行国际传播,以及国际传播中成功和失败都为我们提供必要的借鉴。比如,冷战开启后,美国开始快速建立起国际传播机制、立法体制、研究和评估体系,并被各届政府逐步完善。为了避免直接用“对外宣传”给人带来压迫感,美国政府逐渐用“公共外交”取代“心理战”“对外宣传”等词汇。美国国际传播的主要目标有两个,一是对外宣传美国的政策,二是向其他国家介绍美国的社会文化和价值观念。[②]

国际传播的战略机遇是由许多因素造成的,如何充分地利用好各种因素,将战略机遇转化为传播的优势,最为重要的是主动作为,并善于抓住机遇。这其中包括从全局到局部,从上而下,从经济到技术等多方面形成合力,同时要抓住人这个关键,要充分发挥人的积极性和主动性。

第三节　开创中国国际传播新局面

认知,是指人们获得知识或应用知识的过程,也指信息加工过程。能力是生命体对自然探索、认知、改造水平的度量;行动是有意识的动作,韦伯把行动称为互动,也称为社会行动。认知、能力与行动之间的关系表现为,认知决定能力,能力影响行动,反之亦然。有人将这三者看作一个结构系统,而且是一个相互影响、相互制约的结构系统。国际传播无论是作为社会互动,或是信息的传递,或是共享,等等,都表现为具体的行为,这自然会和主体的认知、能力发生联系。这也为我们探究国际传播提供了一个系统性的框架,本节主要围绕中国国际传播的认知、国际传播能力和国际传播行动来讨论如何开创中国国际传播的新局面。

一、提高对国际传播的认识

20世纪八十年代初,“国际传播”作为一个概念,被中国学者及业界使用,但对国际传播本体的认识和界定却差异很大。有人把国际传播看作不同民族和国家的个人和组织之间跨文化的信息交流与沟通现象。[③] 也有人认为“国际传播的内涵有的包括国与国、

① 冯若谷,刘心怡:《法国对外传播的历史经验与借鉴意义》,78～80页,《对外传播》2022(1)。

② 陈静静,冯国雄:《战后美国国际传播机制研究(1945－2010)》,269页,《近代国际关系史研究》(第十四辑),世界知识出版社,2018。

③ 陈岳,雷伯勇:《国际传播在国际政治中的作用》,77页,《国际新闻界》1997(4)。

区域与区域、政治经济集团之间的政治、外交、政策、信号外交、传播政策比较研究；还有的是指不同文化、亚文化之间的传播。前者是现在所说的国际传播，其基础理论是社会学和政治学；后者是文化传播研究，其基础理论是文化学和心理学，研究对象和方法是不一样的”[①]。但总体上看，国际传播和文化传播都强调不同国家、不同民族、不同区域的政治、外交、政策、文化、信息的交流、沟通，传播主体可以是组织，也可以是个人，可以是信息接触，也可以是人员交往。

在国际传播实践中，由于受到传播认识的影响，不同时期，我们所采用的原则和方法也是不同的。在20世纪八十年代我们的国际传播特别强调宣传价值，其目的就是服务、服从于政治。到了20世纪九十年代，中国对国际播开始强调“传播”意识，“内外有别”“原则性与灵活性相统一”变成传播的主导原则，受众意识、效果意识也开始受到重视。进入21世纪，“大传播”的理念开始深入人心，“大传播”就是依靠大众传播、电信、交通为支撑，在发挥官方媒体主体作用的同时，也充分发挥民间媒体在跨文化传播实践中的作用，传播理念也从“国际传播”向“跨文化传播”转变。

面对世界百年未有之大变局，世界格局多极化加速推进，国际秩序正在经历再造和重构阶段。“要合作还是要对立，要开放还是要封闭，要互利共赢还是要以邻为壑，国际社会再次来到何去何从的十字路口”。[②] 人类命运共同体深刻回答了“世界怎么了，我们怎么办”[③]的世纪之问，这为徘徊在十字路口的人类世界指明了方向。也正是基于这样的认知，人类命运共同体成为中国处理国际问题与文明争端的基本出发点和国际传播实践的基本理念。人类命运共同体理念是根植于中国悠久的历史文化土壤中一种独特的理念，与“大同”理想、“天下为公”的价值信念密切相关。人类命运共同体的内涵和外延非常丰富，涵盖了政治、经济、文化等多个领域，这自然成为中国国际传播的根本理念和根本遵循。

人类命运共同体完全区别于基于意识形态的西方传播理念。人类命运共同体强调人类的合作、共赢、和平与发展，而西方的传播理念是基于强权政治、抽象的人性论、工具理性和价值对立建立起来的，他们强调的是强权、对立、自我和利益。人类命运共同体理念是中国国际传播的重要遵循，也是从事国际传播实践的指南；同时人类命运共同体也是国际传播的动力、话语体系、国际协作等的重要理论之源。

二、提升国际传播能力

能力是完成某个目标或者某项任务所体现出来的素质、本领。能力总是和一定的实践联系在一起，而且能力的强弱以及表现方式也会影响实践效果。国际传播能力是从事

① 李晓冬:《洪浚浩教授谈国际传播研究的现状与未来》,48页,《国际新闻界》1997(4)。
② 习近平:《习近平谈治国理政》(第3卷),第445页,外文出版社,2020。
③ 习近平:《共同构建人类命运共同体》,《人民日报》,2017－1－20.

国际传播的主体所具备的潜在素质或者本领,但又外在化地表现在实践活动中,国际传播实践活动涉及传播环境、传播过程、传播效果等多个方面,提升国际传播能力建设是一个系统、复杂工程,也是一个渐进、发展的过程。国际传播能否达到特定的传播目的,最终取决于传播效果的好坏。传播效果的实现涉及传播环境、传播技术、传播媒介、传播主体等多重因素和多方面的条件,拉扎斯菲尔德提出的提高传播效果的三个"有效条件",即"垄断、渠道和补充",[①]对于中国的国际传播而言,这些有效条件实际上体现了国际传播的三种能力——资源重组、渠道再建和直达受众等能力,但这些因素往往都和传播能力有关系,或者说是传播能力的具体表现。

(一)资源重组能力。

垄断就是对资料和信息的绝对占有和控制,在国际传播中,垄断是通过为对传播体系和传播信息广泛占有和控制来实现的。国际传播垄断最早出现在现代通讯社诞生到第一次世界大战期间,它以英法德等国家为主导,是基于殖民掠夺和殖民控制全球信息传播而形成信息控制体系。电影和广播电视的出现,开启了全球传播的第二次浪潮。第二次世界大战使得英法德等传统国际信息垄断的国家开始衰落,美国逐步变成国际传播强国。报纸、期刊、书籍、广播、电视这些媒介成就了美国文化的全球传播("美国梦"),美国主导的全球传播体系格局也开始逐步形成。国际信息传播控制和垄断的形成除了政治、经济、军事等原因,如何充分合理整合和调配资源成为十分重要的因素。二战结束后,美国动用了大量的人力、物力、财力从事国际传播活动,并在国际传播中实现了垄断,但这个过程也不是一帆风顺的。在早期,美国"对外传播面临着自身定位、组织和管理、政策与项目、设备与建设、人员与评价 、相关机构在政府中的地位等方面的难题。随着对外宣传在美国国家战略的地位逐渐确定,对外传播的目标也更加明确,这推动了国际传播机制不断健全、法律不断完备、评估体系更加科学。"[②]可见实现资源重组,并利用资源重组实现信息控制是一个系统的工作。

如何使得中国传播具有更加强大的国际影响力,从多个方面实现资源重组是一种必然的选择,这就需要从多个方面着手:首先需要完善各种体系,包括国际传播的决策协调体系、管理执行体系、法治体系和评估体系。其次把国际传播看作外交的一部分,加强国际传播机构和外交部门的联动。再次将各种目标有机结合起来,同时重视民间力量,也就是利用民间团体和非政府组织以及个人的力量。此外,注重研究、策划、方法也十分必要,特别是如何建立起我们传播的公信力、提高传播效果也是十分迫切的问题。

(二)渠道再建能力

中国国际传播真正开始于改革开放以后,1978 年中央人民广播电台的对外广播独立

---

① 宋建清:《跨文化传播视阈下的中国文化影响力提升研究》,129 页,山西经济出版社,2019。

② 陈静静,冯国雄:《战后美国国际传播机制研究(1945—2010)》,288~289 页,《近现代国际关系史研究》(第十四辑),世界知识出版社,2018。

为中国国际广播电台，1991 年中央电视台成立专门负责电视外宣的领导机构——对外电视中心，1992 年央视国际卫星频道（CCTV－4）正式对外开播，新华社、中新社海外分社分布数量明显增多（截至 20 世纪末，新华社海外分社达 101 个，中新社海外分社达 27 个）。到 20 世纪末已经初步形成“一社（新华社），两台（中央电视台和中国国际广播电台），两报（《中国日报》和《人民日报》海外版）”的格局。2015 年中国政府提出构建中国国际传播的“1＋6＋N”模式，其中“1”指 CGTN，“6”是六家央媒（《人民日报》、新华社、央视、国际台、《中国日报》、中新社），“N”是其他英文对外网站和有潜力发挥国际传播功能的平台和机构，同时实现融合传播。中国媒体借船出海的“跨国媒体”也成为对外传播体系的补充，传播主体也形成媒介传播和人际传播并行不悖的局面。

在互联网、物联网的支撑下，加上 5G 的运用和超前布局，国际传播的基础发生了深刻的变化，一方面是信息传播方式的数字化深度嵌入（量子化也隐约可见）；社交媒体和新兴平台在传媒领域攻城略地，进而实现传播全流域渗透。另一方面，技术和产业的变局出现变化，主要体现在传播资本和传播方式对国际传播影响力加大。这就需要首先树立以政府主导的大众传播、电信、交通，以及民间主体参与的自媒体、学习、工作、旅游等共同构成的大传播的格局和渠道。其次，战略政策需要利用海外传媒、民营资本以及新兴的传播技术重组中国国际传播渠道。比如，高科技互联网公司正在成为以资本为主导的、基于新兴技术为支撑的、具有国际化视野的、处于民营媒体和官方媒体之间的媒体集团，如优酷土豆、华谊兄弟、“今日头条”、字节跳动公司等。再次，紧密跟踪技术前沿，超前布局、超前谋划，为国际传播预设发展空间。

（三）直达受众能力

国际传播能力是一个传播主体综合运用各种渠道、手段向不同国家、不同地区、不同空间、不同文化区域的受众传播文化、知识、信息并能够被他们接受甚至可以产生某种程度的认同。国际传播的有效性是国际传播最终目的，如何实现有效性呢？其中最为重要的方式就是实现媒体直达受众，这涉及渠道建设和内容的建构，具体表现为渠道的接近性、媒介布局广泛性、媒介多样性、引导与互动、内容的转换性，等等。

直达受众能力是我们从事国际传播以来一直努力的方向。1978 年中国成立了中国国际广播电台，出版了《北京周报》《中国建设》《人民画报》等一系列外宣刊物。1981 年我国第一份全国性英文日报——《中国日报》诞生，1985 年《人民日报》增出海外版。新华社等通讯社开始扩大驻外记者站规模，到 1997 年，新华社驻国外总分社、分社、支社已达 101 个。随着媒介发展，中国对外传播布局、媒体种类和传播方式都发生了深刻变化。CGTN 成为全新起航的国际传播旗舰平台，《中国日报》《人民日报》、新华社英文客户端也出现各种应用商店。CGTN 新媒体运营了全球 12 大平台 23 个官方账号，其英文主账号粉丝数为 7000 万人，其各语种账号总粉丝数超过 8800 万。《人民日报》《中国日报》等除了在国内推出微博、微信社交媒体的官方账号，也利用海外社交媒体进行内容传播。

这些渠道的建设的目的就是直达目标国家的受众，这是最直接也是最简洁的方法。随着传播技术的发展和国际格局的变化，我们在国际传播上需要综合运用更多的方法和手段。

首先需要将国际传播扩展至一切信息载体和出口。把多元、立体作为渠道布局的核心，综合运用有效的和具有潜在效果的传播方式，推进国际传播矩阵建设。联通多渠道、多平台、多场景，建设集中统一的 平台，实现“一次采集、多元生成、多渠道发布”。其次要优化资源配置，推动国际传播布局。直达不是简单的受众可以接触到媒介就万事大吉，直达应该包含着最大范围的说服。在互联网时代，积极运用用户获取、激活、留存、转化、裂变的理念以及体系、流程、方法和工具，壮大用户规模，优化用户结构、提高增长速度。建立用户管理信息系统，监测用户规模、增长率、人口学特征、活跃度、转化率等指标，研判总体趋势，及时调整策略。

三、行动的路径与方法

意识形态对立、民族主义的兴起，加上新冠疫情、俄乌战争催化，国际间分裂、对立的倾向更加明显。面对复杂严峻的国际传播局势，我们的国际传播更需要行动，就行动的总体原则而言，“中国对外传播既要立足本土，又要放眼全球，厘清自身站位，在以效果、流量为核心的市场导向和以影响、话语为核心的政治导向之间取得平衡”。[①]传播行为包括具体的路径和方法。在路径选择上，需要从单一维度向多维度、从传统路径向现代转化；方法上，需要从自主到合作，从分销到直销，从分散到聚合传播，从脱离情景到现场传播，从单纯的传播到嵌入传播。

路径是指从起点到目的地的进程和轨迹，也指达到目的的方法。国际传播的路径选择就是如何使文化、政治等信息实现跨地域、跨文化传播进程的选择。从国际传播路径实现载具看，路径的选择可以是技术、可以是人，也可以是人和技术结合；从信息传播的符号来说，可以是文字，可以是声音，也可以是图像；而其话语方式也是多种多样。不同的载具、不同符号和不同话语使得国际传播的路径选择不是一维的，而是多维的。而媒介技术的发展、传播环境的变化，传播路径的选择也会随之发生变化，这种变化既是技术的，也是观念的，如何适应技术发展并进一步加强国家传播？如何适应时代的变化来达到国际传播的目的？这是路径选择问题，但也远远超出了路径。

方法是指人们有目的地行动，也表现为通过一连串有特定逻辑关系的动作来完成特定的任务。国际传播方法是多方面的，既有组织的、技术的、渠道的，也有终端和场景的，多样化和针对性的方法可以最大限度上实现传播的效果。

自主传播与合作传播协作。自主传播强调传播的行为主体按自己意愿行事，自主性主要表现在渠道和内容上，而且渠道显得尤为重要，所以在海外建立媒体平台吸引海外

① 胡正荣，李涵舒：《图景·逻辑·路径：2021 年的中国对外传播新变局》，6 页，《对外传播》2021(12)。

用户使用和互动，最为常见的是向海外发行报纸和杂志，开通国际广播电台，跨国传输电视信号，以及自主建设官方网站、将媒体产品数字化和终端化。合作是传播国际传播的重要方式，在国际传播实践中也被证明是十分有效的方式。在国际传播实践中，与外国媒体合作一直是中国国际传播常用的方法，特别是渠道合作，其主要形式有投稿撰稿、稿件定制、稿件互换、合作供版、开设栏目、顺带发行、专线传输、联合采制等。[①] 如人民网韩国公司员工就与当地电视台合作，参与韩语主流电视台节目制作；人民网南非分公司与当地主流媒体集团时代传媒、独立传媒合作围绕中南间交往制作和传播内容，并通过传统电脑和移动端为中南双方企业提供各类服务。而一些互联网企业也参与到国际传播合作中来。比如 Tik Tok 在海外的成功除了借助视频平台联动＋“黑科技”加持外就是加强和海外自媒体的合作，它在 Facebook 上分别注册了不同国家和地区的官方账号，在 YouTube 上，博主视频播放前的时段投放了大量广告等。

从分销模式到直营模式。传统媒体的国际传播，其内容产品大多通过第三方渠道进行分发，就是将我们需要发布的内容投放到特定的合作平台上，也类似于零售领域的分销模式。新媒体改变了国际传播的传统渠道，也催生了新的传播模式和形态，新媒体的数字化、交互性、便捷、快速、个性化以及跨文化、跨区域的特点，使之成为受众接触最多的媒体，世界上大约有 40 亿网民，理论上他们都可以通过新媒体接触互联网上传播的任何内容，所以，在国际传播中注重自建平台，进行自主分发成为一种趋势。2021 年 7 月，美国华纳传媒集团（WarnerMedia）宣布，旗下的美国有线电视新闻网（CNN）在 2022 年将推出直营的付费网络视频业务“有线电视新闻网 ＋”（CNN＋）。另外有一种倾向，新媒体也成为个体发声的“平台”，如何将个体的声音和国家、集体的声音结合，不仅涉及传播模式问题，还涉及传播其他方面的问题。

从分散到聚合传播。平台、资源、内容、渠道等的分散、聚合对传播的影响是十分显著的。尽管中国的国际传播在资源整合、媒体融合、全媒体打造上也做了许多工作，但是还存在许多问题，特别是在资源整合上，各自为政的现象时有发生。通过搭建信息聚合平台，对各类符合传播者价值取向的信息内容进行抓取、汇集、过滤、筛选、聚合和分发，而且主要形式是通过推出针对不同国家、区域推出中国媒体的聚合类客户端，或者利用户外的各种数字信息平台等方式来实现。

从脱离情景到临场传播。传统媒体无论是广播、电视，还是网络，尽管可以通过语言、画面、形象等带给观众某种情景感，但是与现场表演和利用 AR、VR、MR 等营造临场感还是有一定的距离。临场感是一种真实的、心理感知的，对于我们学习、感受对象都有正面的强化作用。开展国际传播活动，主要利用会议、展览、展会、联欢、演出等，以及通过 AR、VR、MR 构建各类虚拟场景为受众提供沉浸式体验。这样的传播可以让受众触摸感知真实场景，参与度、互动性和体验感强，易形成深刻印象和认识。

---

① 王峰，黄磊：《万物皆媒时代的国际传播路径研究》，20 页，《对外传播》2021(1)。

从媒体传播到嵌入传播。国际传播最初都是倚重媒体，比如早期的广播、电视、报纸，到网络，尽管传统媒体传播也有嵌入软性文章或者广告，但嵌入的程度、水平都比较低。嵌入方式有媒介渠道嵌入、融合式的嵌入，再发展到向物联网嵌入。比如早期的国际传播就是与当地运营商合作将电视频道纳入当地播出系统、把广播纳入当地播出频率，或把报纸纳入当地发行网络，等等。在互联网时代，媒体合作开始从覆盖转向嵌入，例如抖音在西班牙就主动与当地电信集团(Telefónica)合作开展包括产品营销、客户服务、市场拓展等活动，并以此为基础，将“抖音额外”(TikTok Extra)应用程序，嵌入西班牙电信集团“动感星＋直播”应用程序（Movistar＋ Living)和传统电视播出平台。随着5G的普及和物联网的广泛运用，通过预置信息或实时提供信息流，为消费品生产商提供定制化内容以嵌入物质载体的形式开展国际传播活动已经成为一种常态。比如将传播内容搭载在各类电子产品上，如智能化网络终端、电子玩具、家用电器、车载设备、可穿戴设备等。[①] 这样就可以极大拓展传播空间，使传播活动从文化传媒行业，延伸到日常生活各领域各方面，真正实现使具体物品都能成为传播的载体。

2020年以来，新冠疫情使全球公共卫生安全面临严重威胁，是百年来最严重的全球性非传统安全冲击；俄乌冲突所引发的“世界冲击波”，对国际秩序、全球安全等都产生了重大影响，国际格局和国际体系正在发生深刻调整，全球治理体系正在发生深刻变革。“百年未有之大变局”这一战略判断具有很强的方向感和历史纵深感，也充分显示中国作为一个负责任的大国在这场大变局中具有强烈责任感和使命感。国际传播作为国际政治的延伸，百年未有之变局，对我们是挑战，也要认识到其中蕴含的机遇，同时在这种变局中开创国际传播的新局面，这就需要我们站在人类命运共同体的高度，在正视意识形态差异中弘扬全人类共同价值，加强我们国际传播能力建设。

---

① 彭兰:《5G时代“物”对传播的再塑造》，55～56页，《探索与争鸣》，2019(9)。

参考文献

一、著作部分

新闻史

戈公振:《中国报学史》,台湾学生书局,1982年。
方汉奇:《中国新闻事业通史》(三卷本),中国人民大学出版社,1999年。
徐培汀:《20世纪新闻学与传播学·新闻史学卷》,复旦大学出版社,2001年。
倪延年:《中国古代报刊发展史》,东南大学出版社,2001年。
杨光辉等:《中国近代报刊发展概况》,新华出版社,1986年。
卓南生:《中国近代报业发展史》,中国社会科学出版社,2002年
李敬一:《中国传播史论》,武汉大学出版社,2003年。
冯爱群:《华侨报业史》,台湾学生书局,1976年。
姚福申:《中国编辑史》,复旦大学出版社,1990年。
肖东发:《中国编辑出版史》,辽宁教育出版社,1996年。
来新夏:《中国近代图书事业史》,上海人民出版社,2000年。
斯诺:《西行漫记》,三联书店,1979年。
郑超然等:《外国新闻传播史》,中国人民大学出版社,2000年。
李瞻:《世界新闻史》,台湾三民书局,1993年。
中国社会科学院新闻研究所:《七国新闻传播事业》,重庆出版社,1988年。

新闻学

《新闻研究资料》,中国社会科学出版社,1988年。
甘惜分:《新闻学大辞典》,河南人民出版社,1993年。
李良荣:《新闻学导论》,高等教育出版社,2002年。
雷跃捷:《新闻理论》,北京广播学院出版社,1997年。

黄旦:《新闻传播学》,浙江大学出版社,1997 年。
童兵:《20 世纪新闻学与传播学·理论新闻学卷》,复旦大学出版社,2001 年。
单波:《20 世纪新闻学与传播学·应用新闻学卷》,复旦大学出版社,2001 年
罗文辉:《新闻理论与实证》,台湾黎明文化事业公司,1993 年。
梁欣如:《电视新闻神话解读》,台湾三民书局,1993 年。
杰克·富勒:《信息时代的新闻价值观》,新华出版社,1999 年。
迪克:《作为话话语的新闻》,华夏出版社 2003。
俞燕敏等:《无冕之王与金钱:美国媒体与美国社会》,中国社会科学出版社,2000。
李希光:《畸变的媒体》,复旦大学出版社,2003 年。
李希光:《新闻学核心》,南方日报出版社,2002 年。
李希光、赵心树:《媒体的力量》,南方日报出版社,2002 年。
张骏德主编:《当代广播电视新闻学》,复旦大学出版社,2001。
黄道弘:《新闻边缘学科概论》,新华出版社,1996 年。

传播学

张隆栋:《大众传播学总论》,中国人民大学出版社,1993 年。
郭庆光:《传播学教程》,中国人民大学出版社,1999 年。
戴元光:《20 世纪新闻学与传播学·传播学卷》,复旦大学出版社,2001 年。
施拉姆:《传播学概论》,新华出版社,1984 年。
小约翰:《传播理论》,台湾远流出版公司,1993 年。
哈森:《世界新闻多棱镜》,新华出版社,2000 年。
联合国教科文组织:《世界交流报告》,中国华侨出版社,1992 年。
杭亭顿:《文明的冲突与世界秩序的重建》,台湾联经出版社,1997 年。
李少南:《国际传播》,台湾黎明文化事业公司,1994 年。
刘继南等:《国际传播与国家形象》,北京广播学院出版社,2002。
福特纳:《国际传播:全球都市的历史、冲突及控制》, 华夏出版社,2000。
赵雪波主编:《传播视野中的国际关系》,北京广播学院出版社,2006。
史蒂文森:《认识媒介》,商务印书馆,2001 年。
古德温:《电视的真相》,中央编译出版社,2001 年。
麦克奎恩:《理解电视》,华夏出版社,2003 年。
麦奎尔:《新闻报道与写作》,中国广播电视出版社,1981 年。
尹德刚:《当代新闻写作》,复旦大学出版社,1997 年。
克里斯蒂安:《媒体伦理学》,华夏出版社,2000 年。
马骥伸:《新闻伦理》,台湾三民书局,1997 年。

比较文化、新闻、文学等

方汉文:《比较文化学》,广西师范大学出版社,2003。

关世杰:《跨文化交流学》,北京大学出版社,1995 年。

斯梅尔塞:《社会科学的比较方法》,社会科学文献出版社,1992 年。

解恩泽:《跨学科研究思想方法》,山东教育出版社,1994 年。

童兵:《比较新闻传播学》,中国人民大学出版社,2002 年。

张威:《比较新闻学:方法与考证》,南方日报出版社,2003 年。

顾潜:《中西方新闻传播:冲突、交融、共存》,复旦大学出版社,2003 年。

吕超:《外国人的中国观》,辽宁教育出版社,1995 年。

张小劲、景跃进:《比较政治学导论》,中国人民大学出版社,2001 年。

杨乃乔等:《比较文学概论》,北京大学出版社,2002 年。

孟华:《比较文学形象学》,北京大学出版社,2002 年。

梵・第根:《比较文学论》,商务印书馆,1937 年。

孟华主编《比较文学形象学》,北京大学出版社,2001。

乐黛云等:《比较文学原理新编》,北京大学出版社,1998 年。

张弘编:《比较文学理论与实践》,华东师范大学出版社,2004。

大幸男:《比较文学原理》,陕西人民出版社,1985 年。

乐黛云等:《独角兽与龙》,北京大学出版社,1995。

乌尔利希・韦斯坦因:《比较文学与文学原理》,辽宁人民出版社,1987 年。

张隆溪:《比较文学译文集》,北京大学出版社,1982 年。

干永昌:《比较文学研究译文集》,上海译文出版社,1985 年。

温儒敏:《中西比较文学论集》,北京大学出版社,1988 年。

郁龙余:《中西文化异同论》,三联书店,1989 年。

杰弗森:《西方现代文学理论概述与比较》,湖南文艺出版社,1986 年。

文学、文化理论

卡西尔:《人论》,上海人民出版社,1985。

张汝伦:《意义的探究——当代西方释义学》,辽宁人民出版社,1986 年。

孙景尧:《新概念、新方法、新探索》,漓江出版社,1987 年。

John Fiske:《理解大众文化》,中央编译出版社,2001 年。

张锦华:《媒介文化、意识形态与女性》,台湾正中书局,1994 年。

张京媛:《后殖民理论与文化批评》,北京大学出版社,1999 年。

杨乃乔:《后殖民批评》,北京大学出版社,2001 年。

伯格:《通俗文化、媒介和日常生活中的叙事》,南京大学出版社,2000 年。

皮亚杰:《结构主义》,商务印书馆,1986 年。

默克罗比:《后现代主义与大众文化》,中央编译出版社,2001年。
斯特里纳蒂:《通俗文化导论》,商务印书馆,2001年。
米勒:《解读叙事》,北京大学出版社,2002年。
赫尔曼:《新叙事学》,北京大学出版社,2002年。
巴尔:《叙事学:叙事理论导论》,中国社会科学出版社,1995年。
张汝伦:《意义的探究——当代西方释义学》,辽宁人民出版社,1986。
巴赫金:《巴赫金文集》,河北教育出版社,1998。
朱立元:《现代西方美学史》,上海文艺出版社,1993年。
王一川:《语言乌托邦》,云南人民出版社,1994年。
张国义:《生存游戏的水圈》,北京大学出版社,1994年。
乐黛云:《独角兽与龙》,北京大学出版社,1995年。
张京媛:《当代女性主义文化批评》,三联书店,1995年。

其他

张启明:《启蒙与革命》,学林出版社,1998年。
维柯:《新科学》,商务印书馆,1997年。
福柯:《知识考古法》,三联书店,1998年。
莫兰:《方法思想观念(生境生命习性与组织)》,北京大学出版社,2002。
张巨青:《科学研究的艺术》,湖北人民出版社,1988年。
白寿彝:《中国通史》,上海人民出版社,1996年。
梁启超:《近三百年中国学术史》,东方出版社,1996年。
张伯里:《当代世界经济简明教程》,当代世界出版社,2001年。
竹内敏雄:《艺术理论》,中国人民大学出版社,1990年。
包鹏程、孔正毅:《艺术传播概论》,安徽大学出版社,2002年。
索绪尔:《普通语言学教程》,商务印书馆,1982年。
查普林:《心理学的体系与理论》,商务印书馆,1983年。
赖尔:《心的概念》,上海译文出版社,1988年。
冯特:《人与动物心理学论稿》,浙江教育出版社,1997年。

二、论文部分

张允若:《国际新闻传播:跨世纪的飞跃与挑战》,《国际新闻界》,1998(1)。
杨瑞明:《北欧传播研究中的女性主义视角》,《国际新闻界》,1998(3)。
李本乾:《中国新闻传播学学科建设的3PC模式构思》,《现代传播》,1999(3)。
蓝鸿文:《新闻伦理及其他》,《国际新闻界》,1999(4)。
刘京林:《新闻心理学研究断想》,《现代传播》,1999(6)。

张骏德:《新闻心理学学科发展趋势小议》,《中华新闻报》,1999年12月6日。

张允若:《关于“新闻自由”之说》,《新闻大学》,1999(夏)。

刘军:《新闻价值刍议》,《新闻世界》,1999(9)。

郭光华:《论新闻真实的双重含义》,《新闻记者》,1999(8)。

刘微:《变化中的新闻内涵》,《国际新闻界》,1999(5)。

屈小平:《美国电视新闻节目纵览》,《国际新闻界》,1999(6)。

鲁哲:《试论电视受众》,《新闻大学》,1999(夏)。

王君超:《媒介批评》,《国际新闻界》,1999(2)。

杨瑞明:《从“现代化”到“全球化”——“媒介帝国主义”理论的发展及其意义》,《新闻与传播研究》,1999(3)。

戴玉庆:《社会转型时期的国际新闻新秩序》,《国际新闻界》,1999(5)。

陈力丹:《20世纪世界新闻传播的六大变化趋势》,《国际新闻界》,1999(2)。

吴炜华:《新闻摄影的叙事学分析》,《现代传播》,1999(1)。

刘建明:《媒介批评的文本理论》,《现代传播》,2000(5)。

刘建明:《媒介批评的结构主义方法》,《国际新闻界》,2000(6)。

陈力丹:《九十年代西方新闻理论讨论了哪些话题》,《国际新闻界》,2000(1)。

张威:《比较新闻学:历史、现状与难题》,《国际新闻界》,2000(6)。

文有仁:《对传播学和新闻学关系的不同看法》,《当代传播》,2000(6)。

戴雨果:《变化中的新闻文化:当代英国媒体法规概览》,《新闻与传播研究》,2000(1)。

李良荣:《当今世界的三大电视体系》,《新闻大学》,2000(夏)。

刘海贵:《关于中国四大媒体现状与趋向研究》,《新闻大学》,2000(秋)。

童清艳:《信息时代媒介受众的认知结构分析》,《新闻与传播研究》,2000(4)。

马秋枫:《传播中女性话语的文化阐释》,《现代传播》,2000(3)。

卜卫:《关于中国妇女电视节目的研究报告》,《新闻与传播研究》,2000(3)。

李异平:《美国对菲律宾传媒的影响与控制》,《新闻大学》,2000(夏)。

徐新平:《略论徐宝璜的新闻伦理》,《新闻大学》,2000(冬)。

周庆元:《浅论新闻心理学的学科构架》,《现代传播》,2000(5)。

钟瑛:《论网络新闻的伦理与法制建设》,《新闻与传播研究》,2000(4)。

郭可:《从新闻客观性看中美两国报纸如何报道对方国家》,《新闻大学》,2000(夏)。

施:《死亡日记:一个媒介事件的构建和伦理分析》,《现代传播》,2001(2)。

时统宇:《伦理的追问与学理的批评》,《现代传播》,2001(5)。

童兵:《科学和人文的新闻观》,《新闻大学》,2001(夏)。

司景新:《对西方新闻价值理论的考察与思考》,《新闻大学》,2001(夏)。

祝建华:《精确化、理论化、本土化:20年受众研究心得谈》,《新闻与传播研究》,2001(4)。

张国良:《网络时代的媒介与受众》,《新闻大学》,2001(春)。

赵斌:《英国的传媒与文化研究》,《现代传播》,2001(5)。

陈雅珍:《当代中国媒介文化的引导》,《新闻与传播研究》,2001(4)。

李攀:《全球网络霸权和发展中国家的消解措施》,《新闻大学》,2001(春)。

杨先顺:《试论新闻写作的叙事角度》,《新闻大学》,2001(夏)。

万生云:《中西方灾难性事件新闻摄影报告的差异性分析研究》,《国际新闻界》,2001(2)。

高金萍:《就〈人民日报〉与〈纽约时报〉的悉尼奥运报道论中美文化差异》,《新闻与传播》,2001(2)。

吴非:《在思想与行为之间摆动的言论自由》,《新闻与传播研究》,2002(3)。

吴凌凌:《公共利益是杆秤》,《新闻与传播研究》,2002(3)。

朱渊:《从新闻影像谈新闻和隐私权的关系》,《新闻与传播研究》,2002(3)。

陈力丹:《大力加强新闻学科的理论和体系的建设》,《新闻界》,2002(5)。

邱林川:《多重现实:美国三大报对李文和的定性与争辩》,《新闻与传播研究》,2002(1)。

陈龙:《霸权理论与电视意识形态宰割论》,《新闻与传播研究》,2003(1)。

卓南生:《日本传媒如何解读北京"历史情节"》,《国际新闻界》,1999(2)。

库尔汀:《卫星电视时代的女性欲望》,《现代传播》,2000(1)。

莱维斯:《何谓文化研究》,《现代传播》,2000(3—4)。

罗德尼·本森:《比较语境中的场域理论:媒介研究的新范式》,《新闻与传播研究》,2003(1)。

后 记

几易寒暑，我们这本比较新闻传播学终于脱稿，此时此刻的心情正如一首歌所唱的："让我欢喜让我忧。"欢喜者是因为我们近年来的"学术闲聊"和思想火花终于凝结成了一份小小的"成果"，而且常常为试图建构一种全新的比较新闻传播理论体系而沾沾自喜；担忧者是因为我们的这种"凝结"还显得那样的仓促和粗糙，这种所谓的"体系建构"，其学理性、科学性和逻辑性到底能经得起多大考验，还有待学者方家的评判。当然，我们并不担心学界对我们的这种理论建构和学术创新提出批评、商榷乃至大加挞伐，而是担心这种创新犹如一介飘叶不能激起星星浪花。说实话，比较新闻传播学目前除了童兵先生的著作之外，尚未发现新的专著问世。然而，学术之路总如大河奔流，一往无前。筚路蓝缕，以启山林。在荆棘密布的学术山路上，总要有人留下遗憾的足迹和探索的身影，抑或成功抑或失败。

作者

2004 年冬于安徽大学

再版后记

人类的思维与认识世界的方式主要有分析、综合、比较、分类、抽象、概括、系统化、具体化等，而比较和分类是人类认识世界的重要方法之一。与一般的比较不同，比较研究是将比较研究方法系统地运用于科学研究并形成特定的研究活动和研究方式。比较学科的出现则是比较研究的高级阶段，它是在特定的学科领域的比较研究。相关的研究实践也表明，比较作为一种方法已经存在了很长，但比较作为一个学科出现的历史就很短了。

与其他学科相比，比较新闻学出现更晚，在西方可以追溯到二十世纪初，而中国的比较新闻学萌芽是在二十世纪二十年代。中国的改革开放打开了经济对外开放的大门，也让外部世界的各种学术思潮、流派涌入中国，比较中外学术、思想等更成为许多学科中的"显学"。这一时期，自然也是中国比较新闻学快速发展的时期，其标志就是出现了一些以"比较新闻学"为研究对象的论文和著作。但这个时期的比较新闻学研究还出于一种"自发"状态，缺少理论与实践的"自觉"，对于比较什么？如何比较？建立什么样的比较理论等与学科相关的基本问题都缺少相应的思考，更不要说如何进行"中国化"的研究了。面对这样的现实，我们开始思考的重点就是如何才能构建一个较为系统的、理论化的比较新闻研究。我们在前期资料收集、整理过程中，比较文学中的"总体性"以及系统化的研究方法给了我们诸多启示。文学总体性强调比较文学研究不是将不同民族、不同国家、不同作者或者作品进行简单的比较，而是对世界文学中有代表性的和倾向性的问题进行比较、概括，探究的是文学最普遍、最根本的规律。比较文学中的影响研究、平行研究，特别是中国学者所倡导的阐释研究，为我们的研究方法提供了有益的借鉴。但在具体的写作过程还是遇到了许多问题，加上当时资料和研究基础的限制，书中自然留下了的许多缺憾。

图书一旦出版，就像出生的婴儿，它有着自己的"生命"，加上我们各自研究的转向，这本著作似乎就与我们"渐行渐远"了。重新让我们审视这本书缘起于一个偶然的事情。2017 年由同济大学与英国全球中国研究院联合主办的 2017 年中外传媒比较研究国际学术会议，他们邀请了中国大陆、香港、台湾及英美近 30 所院校专家，我们也在受邀之列。在第一天会议午饭吃自助餐的时候，同济大学一位老师在寒暄中相互认识后，说了许多溢美的话，还说正是基于这本书而邀请我们参会的，并临时邀下午做一个发言……这次会议听了诸多中外学者的发言，给我们有了重新思考比较新闻学的机会，也萌生出找一个机会给这本旧作做一个修订的想法。

因学院的学科发展需要将这本旧作再版，但时间比较紧，即便如此，我们还是对书的内容和框架进行了调整。比如，将原书中的“变革论”改为“现象聚焦”，这样一方面可以将“阐释”的方法通过具体的分析得以展现，另外一方面也更加贴合比较新闻传播发展实际。新著中补充了“国际关系与国际传播：控制与对话”“反转新闻：被倾覆的新闻平衡”以及“百年未有之大变局下的中国国际传播”“后殖民批评理论作为批评研究方法”等章节的内容。在修改中还对相关章节的内容进行了完善，比如第十二章中就增添了多和新近发生的案例，在第七章中就增加了媒体与网络等方面的内容等。

从著作出版到再版，时间已经过去了快二十年了，二十年似乎是弹指一挥间，但这二十年间，新闻传播的实践已经发生了巨大的变化，比较新闻传播的研究也在不断深化。我们真诚地希望在未来的二十年乃至于更长的时间里，我们中国的比较新闻传播研究能够在国际学术领域有着属于自己的一篇“天地”。

作者
2023 年 6 月 2 号